• 内蒙古自治区级一流本科专业建设点（历史学）建设成果之一
• 赤峰学院教育专业学位硕士研究生（学科教学历史方向）课程建设成果

从教材到教学

中学历史教学设计

（《中外历史纲要（上）》）

唐志刚　李月新　编著

辽宁师范大学出版社
·大 连·

图书在版编目(CIP)数据

从教材到教学：中学历史教学设计(《中外历史纲要(上)》) / 唐志刚, 李月新编著. -- 大连：辽宁师范大学出版社, 2023.3
ISBN 978-7-5652-3979-3

Ⅰ.①从… Ⅱ.①唐… ②李… Ⅲ.①中学历史课—教学设计—高中 Ⅳ.①G633.512

中国国家版本馆CIP数据核字(2023)第014326号

CONG JIAOCAI DAO JIAOXUE : ZHONGXUE LISHI JIAOXUE SHEJI (《ZHONGWAI LISHI GANGYAO (SHANG)》)
从教材到教学：中学历史教学设计(《中外历史纲要(上)》)

出 版 人: 王　星
责任编辑: 王　硕
责任校对: 杨焯理
装帧设计: 陶　非

出 版 者: 辽宁师范大学出版社
地　　址: 大连市黄河路850号
网　　址: http://www.lnnup.net
　　　　　http://www.press.lnnu.edu.cn
邮　　编: 116029
营销电话: (0411)84206854　84215261　82159912(教材)
印 刷 者: 大连图腾彩色印刷有限公司
发 行 者: 辽宁师范大学出版社

幅面尺寸: 170mm×230mm
印　　张: 31.5
字　　数: 562千字

出版时间: 2023年3月第1版
印刷时间: 2023年3月第1次印刷
书　　号: ISBN 978-7-5652-3979-3

定　　价: 69.00元

序言一

但开风气不为师

李惠军

掩卷闭目，无限感慨！脑海中似乎浮现出一个个屏气凝神、秉烛探索者，浮现出在课改的大道与课堂的小径中孜孜以求的思者和行者的群像。

记得2018年9月13日、14日，应赤峰市教育科学研究中心之邀，我曾为全市历史老师上了《洋务运动》（八年级）、《启蒙运动》（高二年级）两节公开课，并以《大璞不完·淡薄至味——例谈从教材文本到教学文案的创作心流》为题，与全市老师进行了三个多小时的交流分享。整整一天半的劳作，使我这个"奔七"的曾经的历史老师精疲力竭，但是，老师们孜孜不倦、研精毕智的精神，同学们专心凝神、集思广益的场景，至今令我记忆犹新！

还记得，唐志刚老师与我在工作之余的交谈中，多次言及新课程标准在顶层设计上的新理念、新目标和新要求对于一线教师来说是新挑战和新课题。而新教科书所承载的庞大内容体系，及其所植入的学术界研究的新思想、新观点和新材料，更是对一线教师知识结构、史学素养和教学智慧的新考问和新检验。出于教研员的使命和责任，他渴望内蒙古广大中青年教师能够借助新课改的契机实现自我超越；他渴望为他们的专业发展搭建一个"众筹—分享—共进"的学习和研究平台；他渴望文化教育水平相对较低的内蒙古历史老师在新课改启动的节点上抢占高位。唐老师向我透露了一个令人顿生敬意的想法，他打算在新课程实施之前，组织部分骨干教师率先精读课程标准，解析历史教科书，创想教学范例，积极创造条件出版发行老师们的教研成果……我对唐老师这种对职业的久久守望、对后浪的殷切期望、对历史的温情肃然起敬，也对他未雨绸缪的前瞻规划力、指挥若定的周密组织力、坚定不移的行动执行力心悦诚服。或许，正是由于当时的感叹和冲动，便自不量力地脱口承诺：待到大作付之梨枣之时，我愿先行拜读，执笔为序！

弹指一挥，几年过去了。呈现在我面前的这本书，饱含的是对课改理念的领悟，对教材文本的深思；彰显的是对单元体系的理解，对教学愿景的期冀。以单元作为教学的基本载体，在单元视域下建构知识体系，形成课程教学的微细胞和微课程，不仅是突破历史新课程教学瓶颈的一种范式，也体现了本书编者们的创作智慧。

本书的每个单元设计基本都包含了以下内容。

在单元主题立意方面，概括了单元内容主旨，体现了情感取向和价值判断的诉求。

在单元内容结构方面，体现了单元要目的提炼，揭示了单元与单课之间的纵横关系。

然后，在单元主题立意和单元内容结构统摄下，以单元核心要义为轴，围绕立意与结构，分别揭示单元本体下各单课和单目之间的历史逻辑和文本结构的承接关系。在此基础上进一步对课程进行深入分析，并创设教学方案。

在此，我想顺着老师们的思路，就新课程单元教学说些一家之言。

2019年9月迄今，高中历史新课程渐次在全国范围实施。关于如何达成学业质量要求，落实学科核心素养，践行立德树人的宗旨，史学家、教学法专家、教研员和一线教师秉烛探索，提出诸多真知灼见，创设大量经典课例，交出了各自的答卷。其中单元教学无疑成了人们关注的焦点和思考的重点。一般意义上的单元，系指相对独立和自成体系的组合体。课程意义上的单元，系指针对学习者形成概念的思维过程特点，依据学科知识的逻辑体系，确立的教材内容和教学活动的基本单位。单元教学强调知识的整体性、逻辑的周密性、过程的建构性、思维的进阶性。单元教学注重围绕核心要义，借助问题驱动，将具体、微观、零星的知识点置于大体系、大格局、大观念中加以理解和诠释。问题是，一般课程意义上的单元教学理念和范式，是否与历史课程兼容，并适用于历史教学呢？要回答这个问题，有必要从单元教学理念和范式、历史学科的特征、史学编纂体例之间的关系，以及单元教学运用到历史学科教学中的价值与特征等角度加以简要阐述。

一、单元教学与历史课程教学的适切性

历史,是人类过往的故事。历史学是对人类往事的一种记忆、叙述和解释。而历史学之所以真正成为一门科学,则是由于马克思和恩格斯首先发现了人类社会发展的普遍规律,并创立了革命性与科学性相结合的辩证唯物主义和历史唯物主义。马克思、恩格斯在《德意志意识形态》中说:“我们仅仅知道一门唯一的科学,即历史科学。”①这是广义的历史科学,它包括自然科学、社会科学和人文科学。狭义的历史科学则是在唯物史观的科学理论和实证方法的指导下,叙述和阐释人类历史进程及其规律的学科,亦即“关于现实的人及其历史发展的科学”②。马克思主义史学强调历史事实的重要性,如果没有对历史现象的了解,就不可能“为历史提供世俗基础”③。但是,马克思、恩格斯并不仅仅停留于对历史现象的描述,而是在考察历史现象的基础上,发现了历史的内在结构和不同层次之间的联系,实如恩格斯所言:“正像达尔文发现有机界的发展规律一样,马克思发现了人类历史的发展规律。”④

马克思和恩格斯十分注重从看似微观和具体的历史现象中,发现历史的内在逻辑和相互关联,进而从人类历史的宏观性、总体性、综合性,跨越时空地总结和论证历史发展的规律性。比如历史必然性与偶然性、历史统一性与多样性、历史的表象性与实质性、历史发展的动力等问题的研究均属此类。在马克思主义史学方法论中,微观实证与宏大抽象之间存在着辩证统一的关系,它们是分析历史问题的两个维度。

马克思和恩格斯的《共产党宣言》简要回顾了压迫者和被压迫者的对立、斗争的历史,从宏大的历史概说中得出结论:每一次斗争的结局都是整个社会受到革命改造或者斗争的各阶级同归于尽。进而运用唯物史观分析生产力与生产关系、经济基础与上层建筑的矛盾,分析阶级和阶级斗争,特别是资本主义社会阶级斗争的产生、发展过程,论证资本主义必然灭亡和社会主义必然胜利的客观规律,以及作为资本主义掘墓人的无产阶级肩负的世界历史使命。如果说

①马克思恩格斯选集:第1卷[M].北京:人民出版社,2012:146.

②马克思恩格斯选集:第1卷[M].北京:人民出版社,2012:241.

③马克思恩格斯选集:第1卷[M].北京:人民出版社,2012:79.

④马克思恩格斯文集:第3卷[M].北京:人民出版社,2009:601.

《共产党宣言》为我们提供了一个从宏观叙事中揭示历史发展趋势的经典案例的话，那么马克思的《路易·波拿巴的雾月十八日》则是将微观叙事置于宏大的历史时空下进行历史理解和解释的史学典范。

历史解释，说到底其实就是人们解析和阐释过往事物的一种历史思维活动。其特征是解释的主体置身于特定的时空环境，以史料证据为支撑，以历史理解为基础，在科学历史观的指导下，对过往的历史事件、现象、人物等提出理性而系统的具有因果关系的叙述。因此，我们的历史教学要善于在微观实证的复杂性与宏大抽象的深刻性中培养学生的历史意识和历史思维，不仅要善于引导学生探究微观、具体的历史现象，而且要善于启发学生从更广阔的领域和视角发现并揭示历史总趋势和大走向。而单元教学，则注重在历史的宏观框架下，拓展特定历史事件、历史人物、历史现象的“认知边界”和“理解疆域”，走出单课的“局部辖区”和“外部盲区”，从更为广阔的时间、空间领域发现历史事件、人物、现象之间的逻辑关系，进而发现历史变化的规律。

例如，教材《中外历史纲要(下)》第7课《全球联系的初步建立与世界格局的演变》，在课程标准中明确要求学生能够通过了解新航路开辟所引发的全球性流动、人类认识世界的视野和能力的改变，以及对世界各区域文明的不同影响，理解新航路开辟是人类历史从分散走向整体过程中的重要节点。要达成上述学习目标，就必须将此课置于整个第三单元《走向整体的世界》当中，从全球航路开辟的条件、动因、历程，及由此带来的航海线路与世界面目的变化，引申出“全球联系”和“世界格局”的嬗变。而要真正彻悟“人类历史从分散走向整体过程中的重要节点”，仅仅将视点聚焦于第三单元本体内容是不够的。我们还需要从更为广阔的时空视角，也就是从单元界面的大尺度——穿越古代、中古、近古，抑或是教材第一、二、三单元去理解“过程”中的其他“节点”。比方说，出示不同时期人类认识世界的时间坐标和空间图示，将人类早期文明诞生之初多点勃兴、多元并立、由点到面，交互生辉；在剑与火和牧歌式(例如，希腊世界200多年的殖民，腓尼基商人的海上穿行，波斯、亚历山大、罗马三大帝国的形成等)的对外扩展中，人类早期文明相遇、相融催化出片状文明；中古时期区域文明在相对独立中多元交互、彼此交流中动态发展的脉络呈现给学生。学生在大历史和大单元的视野下找到历史的前因后果，深谙本课和本单元的历史定位和关于“人类历史从分散走向整体过程中的重要节点”的真谛，领悟关于“世界史不是过去一直存在的;作为世界史的历史是结果”[①]的精辟论述。

二、单元教学与史学编纂范式的关联性

单元教学的理念和范式,还与被学术界广泛认同的,具有代表性和典型性的史学研究观念和史学编纂范例——大历史观不谋而合。

由大卫·克里斯蒂安、辛西娅·斯托克斯·布朗、克雷格·本杰明三位美国学者所著的《大历史——虚无与万物之间》一书(北京联合出版公司,2016年)从大历史演进的视角,不仅为我们呈现了从宇宙到地球,从最初的生命到人类,从农耕文明到现代革命的大脉络,而且对我们的近期未来和遥远未来做出了预测。掩卷覃思,深以为然!我们将书中那些看似独立和简单的现象,放在无垠的宇宙背景当中,置于人类历史演进洪流当中,反而产生了更加清晰和真切的感觉。单元教学的理念和范式,强调的也是一种综合性、结构性、系统性、逻辑性的通性和通识。

如果说,《大历史——虚无与万物之间》属于广义的大历史,那么,黄仁宇先生的史学研究,则属于狭义的大历史,亦即人类社会的大历史。《中国大历史》以二十余万字的篇幅,将中国几千年的历史构建为若干既相对独立、自成体系,又彼此相关的历史单元和单元界面,利用归纳法将现有史料高度压缩,构成一个简明而连贯的纲领,为我们勾画了中国大历史的演进走向和全景图像。他的另外一部著作《万历十五年》则从宏观的研究视角出发,在微观层面敏锐地锁定明朝万历十五年(1587年)作为考察切入点,运用历史小说的叙事模式和传记体式的章节——实则是单元结构,通过对关键历史人物悲惨命运的描述,探析了晚明帝国走向衰落的深刻原因。这种将微观细节放置于动态渐变的宏观线条,将具体事件投影于相沿成型的历史传统(即汤因比所说的文明类型,或斯宾格勒所说的文化形态)中加以考察的研究范式,恰恰符合单元教学和跨单元教学(也称大单元,或单元界面)所倡导的基本原则,那就是在大单元的边框底纹中彰显大历史的尺度,用长时段、大空间、宽领域的视界,扫描其中看似彼此无关的繁杂现象,从中获得相互贯通、彼此关联的历史轨迹和解释逻辑。

关于这一点,黄仁宇先生在《放宽历史的视界》一书中,更为我们透析历史和单元教学提供了振聋发聩的启示。单元教学的重要特征之一,就是登高望远和一览群山,这是一种智慧的视界。视界决定了认识事物的深度和广度。历史

①马克思恩格斯选集:第2卷[M].北京:人民出版社,2012:710.

早已成为被时光磨损而隐身于远处的背影。只有放宽历史的视界,那些当初看似不合理的偶然事件才有了其必然的缘由,种种原本毫无关联的点状现象才可能珠连成串,有其前因后果的合理性解释。

说到放宽历史的视界,我们不能不顺便提及几位饮誉国际史坛的学界巨人。

汤因比的《历史研究》(十二卷本),可谓卷帙浩繁。他将人类史作为一个整体加以考察,不仅从时间纵向考察人类历史,而且从空间横向考察不同文明的特点和交互,展现了诸多文明成长、碰撞、融合的历程。在令人着迷的历史画卷中,作者以其博大精深的历史学知识和哲学睿智为我们带来了思考的快乐,也为我们在历史教学中进行单元建构、单元重组带来了启示。

作为法国年鉴学派第二代领军人物的布罗代尔,在其力作《地中海与菲利普二世时代的地中海世界》一书中,提出了三种不同的历史时间,即地理时间、社会时间、个体时间——“长时段”“中时段”“短时段”,分别表示三种不同层次的历史运动,并提出了相应的“结构”“情势”“事件”的概念。他用海洋来比喻三个时段的关系:历史的波浪挟着隆隆涛声和闪烁的浪花,在无边无际和深不可测的大海上奔腾,历史是阳光永远照射不到其底部的沉默之海。在巨大而沉默的大海之上,高踞着在历史上造成喧哗的人们。但恰恰像大海深处那样,沉默而无边无际的历史内部的背后,才是进步的本质、真正传统的本质。而短时段历史,那种就当前历史时刻缩写的一切不过是海面,是只要一载入书籍簿册时就冻结和凝固的表面。布罗代尔的历史时段理论,不仅为我们观察历史提供了一个关于时间的维度,同时也为我们在历史教学中进行跨时段的单元组合提供了一个范本。

斯塔夫里阿诺斯等人的《全球通史》——《1500年以前的世界》和《1500年以后的世界》,采用全新的史学观点和方法,即将整个世界看作一个不可分割的有机的统一整体,从全球的角度而不是从某一国家或某一地区的角度来考察世界各地区人类文明的产生和发展,把研究重点放在对人类历史进程有重大影响的历史运动、历史事件和它们的相互关联和相互影响上。这也为我们的历史教学,尤其是在全球视野下进行区域文明的单元教学,提供了重要参照。

其实,大历史观念和大单元教学范式并不是全新的概念。长期以来,在历史学术界和历史教育界,此类探讨和实践屡见不鲜。以2021年高考试题为例,此类跨单元——时序、空间、领域的综合性试题就比比皆是。在此仅举一例。

2021年全国甲卷第41题选取的三则材料如下:陶文钊等《中美关系史》中中华人民共和国成立前夕,美国严格管制对华贸易的政策,及1950年12月美国对中国大陆、香港、澳门实行全面禁运等;《中华人民共和国经济档案资料选编》中1955年对外贸易部部长提到的进口与出口政策的原则、策略,及积极开展对资本主义国家的贸易,加强国营对外贸易企业,实行对私营进出口商的社会主义改造等;1950—1957年中国进出口贸易总额计划完成情况表等。要求考生依据材料并结合所学知识,分析20世纪50年代前期美英对华贸易政策存在异、同的原因;概括1950—1957年中国进出口贸易的特征;评价20世纪50年代前期中国的对外贸易政策。

要回答上述问题,就必须具备全球视野和跨单元意识。从冷战局势、意识形态、朝鲜战争等方面入手寻找相同的原因;从美国的经济实力和称霸欲望、英国遭到削弱和香港地位、全面禁运损害英国利益、中国的态度与策略等方面寻找不同的原因。而且要从单元宏观视角——党的领导、经贸体制、经济发展、一化三改、外交政策等方面加以评价。

因此,提升教学设计的站位,从关注单课历史知识点,到关注单元本体和单元界面下的历史总体面相和历史发展脉络,亦即在大历史的格局和尺度下,洞观历史趋势,洞察历史大局,洞见历史真谛,洞明历史事理,是历史学科特性和历史课程要求得以体现和达成的一种明智而有效的选择。

三、将单元教学融入历史新课程教学

如前所述,大单元教学的特征和策略与大历史观念的范式和体例,在很大程度上具有高度的适切性和关联性。因此,将单元教学的理念和模式有机植入历史新课程教学不仅在义理上顺乎自然、在学理上顺理成章,而且具有十分重要的实践意义和推广价值。

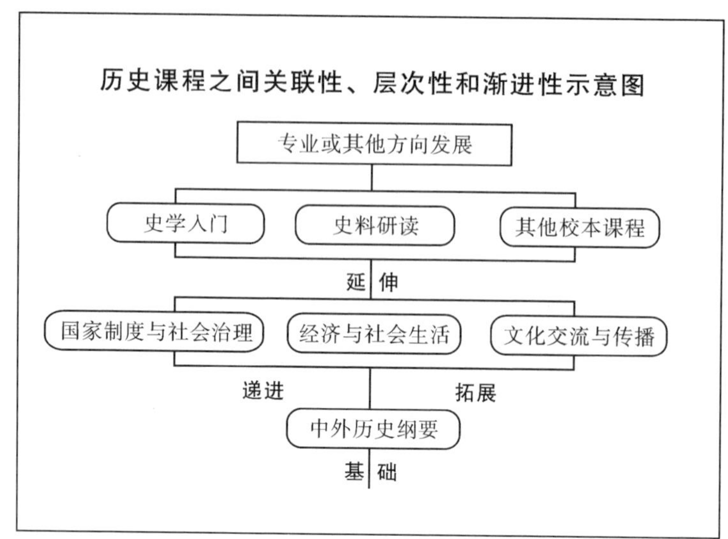

第一，单元教学理念与历史新课程体系的单元架构不谋而合。

众所周知，新一轮普通高中历史课程由必修、选择性必修和选修三类课程构成，并采用通史与专题史相结合的方式加以展开。

■必修课程《中外历史纲要》采取通史方式，旨在让学生掌握中外历史发展大势。所有内容均在历史时序框架下，由若干相对独立并前后关联的历史时代单元或专题单元构成。通过系统性的单元内容展现人类社会从古至今、从分散到整体、从低级到高级的发展历程。

■选择性必修课程设《国家制度与社会治理》、《经济与社会生活》和《文化交流与传播》三个模块，采取专题史方式，旨在让学生从多角度进一步了解人类历史的发展。各模块均采用专题单元形式，专题单元下的具体内容则依照时序加以叙写。

■历史选修课程（略）

新课程充分关注了三类课程的整体的结构性、逻辑的关联性、知识的层次性和思维的渐进性。由此可见，将一般课程教学论意义上的单元教学理念融入历史新课程，原本就是题中应有之义。

第二，单元教学理念可以弥补新教材内容呈现方面的不足。

应该说，历史新课程在总体构建上关注学生学科核心素养，提升课程的育人价值，是一个新突破；在内容选择上注意吸收历史学科研究的前沿成果，是一个新发展；在呈现方式上运用多种资源和相关栏目引导学生对历史的探究，是一个新形式。但是,正如教科书编者们多次在国家级培训中所说:新课程在实施中的确存在内容繁多与课时配置不足的矛盾。老师们普遍感到,由于历史教材微言大义的纲要式表述、抽象生涩概念式的罗列,完成教学计划非常困难。

在这种情况下,如何执简御繁、博约有度地凸显历史的核心概念和核心知识,成为大家探索的一个教学难点。而单元教学强调教学设计要从突破一个个历史单目或一节节历史单课转变为围绕学科核心素养的大教学单位和微课程,并"结合具体的教材,按某种大任务(或观念、项目、问题)的逻辑,将相关知识或内容结构化……对于改变以'知识点、习题项、活动控'为标志的课堂教学,及其导致的师生'忙得要死却碌碌无为'的现状,具有重要的理论价值与现实指导意义"①。

第三,单元教学理念有利于梳理知识序列和教学流程。

普通高中历史课程在编写体例上,采用通史与专题史相结合的方式。《中外历史纲要》单元内部在时序框架下由若干学习专题构成;选择性必修三个模块单元内部在主题框架下依照时序沿革进行表述。但是,要更好地疏通历史演进理路,并据此策划一套符合历史运动逻辑、历史思维逻辑、教学流程逻辑和学习进阶逻辑的实施方案,就不能亦步亦趋地照搬教材序列。例如,《中外历史纲要(上)》第五单元《晚清时期的内忧外患与救亡图存》下设《两次鸦片战争》《国家出路的探索与列强侵略的加剧》《挽救民族危亡的斗争》3课。很明显,教材编写是按照时序框架展开。机械地采用教材既定的顺序,很难最大限度凸显"内忧外患"和"救亡图存"两大核心要点。

单元教学强调在核心观念、学习主题、课题项目驱动下,重组知识要素,形成具有系统性和结构性、逻辑化和系列化的内容框架和教学流程。学术界关于晚清时期的历史讨论,诸如毛泽东关于两条线索的论述——半殖民地和半封建化与反侵略和反封建过程的论断、陈旭麓关于"新陈代谢"的提法、费正清的"冲击—反应"模式,为我们进行单元内容的疏通和重组提供了学术基础。综合上述学术观点,我们可以尝试将本单元内容提炼为一个学习主题——"屈辱—抗争—探索",围绕主题对本单元知识要素进行拆分重组,形成新的要目组合和教学流程(如下图)。

①崔允漷.学科核心素养呼唤大单元教学设计[J].上海教育科研,2019(4):1.

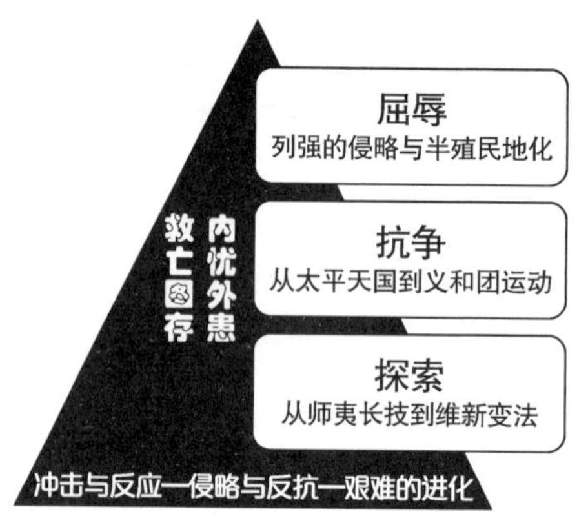

可见,单元教学为我们整合教材并适切规划教学流程打开了一扇窗口。

第四,单元教学理念有利于拓展学生认识视野和思维空间。

依据一般课程意义上的单元教学理念与范式,结合历史、历史学和历史教育的学科特点和目标要求,反观高中历史新课程实施以来的思考和实践,我们可以将历史学科单元教学最重要的特征概括为以下五点:

■大历史:强调时空观念,关注发展趋势,彰显宏观叙事的通识性。

■大系统:强调知识关联,关注内部结构,彰显历史面相的整体性。

■大界面:强调跨界融通,关注外部联系,彰显观察视野的宽广性。

■大洞见:强调高屋建瓴,关注统观概览,彰显历史意识的哲思性。

■大思维:强调多维发散,关注归纳聚敛,彰显学习过程的生成性。

从上述历史学科单元教学的主要特征来看,在新课程教学中,我们要善于"通过对课程内容的整合,引导学生深度学习,促进学生带着问题意识和证据意识在新情境下对历史进行探索,拓展其历史认识的广度和深度"①。创设单元教学方案,实施单元教学计划,不仅有助于涵养学生对历史认识的通感和通性,培养学生思接千载和视通万里的历史思维,而且有助于学生在单元学习主题的引领下,在挑战性任务的驱动下,抓住核心概念和关键问题,采用多种手段和途径建构历史发展的前后联系,认识历史发展的总体趋势。

正如马克思所说,科学的任务就是"把看得见的、只是表面的运动归结为内部的现实的运动"②。历史是思想之学、智慧之学,而历史学科单元教学的诉求之一,就是要借助那些微观具体的历史事件,在单课教学设计的时候要"仰望星

①普通高中历史课程标准:2017年版2020年修订[M].北京:人民教育出版社,2020:17-18.

②马克思恩格斯全集:第46卷[M].北京:人民出版社,2009:348.

空”，在单元规划的时候要“俯瞰大地”，促进学生的整体历史思维迭代升级，让历史的知识转化为历史的智识。

在课程改革启动伊始，我们还有很多困惑。例如，如何在宏大叙事中纵览历史？又如何在微观刻画中洞观历史？如何在初中历史学习的基础上，让学生在高中历史学习中进阶升级？如何贯通必修课通史与选择性必修专史之间的历史逻辑和教学流程？这些依然是我们面临的大课题，也是我们在实操中的大难题，更是我们需要攻关的大话题。但是，在唐老师的精心规划和引领下，大家已经起步，我们会在未来的征途中，带着冲劲，怀着理想，且歌且行！

不知不觉之间，这个冗长的序言已经写到了一万多字。与其说是序言，毋宁说是在老师们启发之下的浮想和感慨。在匆匆收笔之前，我还想敬请老师们再看一段我的表白：

感谢唐志刚老师！感谢赤峰市历史老师！正如乔治·古奇所说：“我们继续在热烈而又永不停止地探求真理，但斯芬克斯仍然对着我们微笑不肯吐露她的秘密。”①对历史新课程单元教学的思考与实践，何尝不是如此？

2022年11月25日于上海寒舍“观云书斋”（夜已深，该搁笔了）

（本序作者李惠军，中学特级教师，曾任职于上海市晋元高级中学，曾任全国历史教师教育专业委员会副理事长、教育部历史课程国培计划专家、上海市名师培养基地历史学科导师、李惠军历史名师工作室领衔人，兼任华东师大教师教育学院历史教育专业硕士生导师，担任《历史教学问题》和《中学历史教学参考》杂志编委。曾先后参与北师大版高中历史教材、华东师大版初中历史教材编写，参与上海市历史学科课程标准研制，先后出版《笃学行思录》等8部历史教学专著或读物，发表《灵魂的追问》《叙事与历史教师的教学研究》等历史教学研究论文和文章150余篇。）

①[英]乔治·皮博迪·古奇.十九世纪历史学与历史学家[M].耿淡如，译.北京：商务印书馆，2009：序言2.

序言二

单爱民

普通高中历史统编教材问世，是“十年磨一剑”，不容易；用好新教材，用教材创造性地教，春风化雨，更不容易。赤峰市教育科学研究中心历史教研员唐志刚，迎难而上，履职担责，汇聚精英，延揽才俊，历两年艰辛，编成《从教材到教学——中学历史教学设计(〈中外历史纲要(上)〉)》，付梓在即，我先睹为快，感慨颇多。

感慨之一，志刚用功之勤。700多日夜，运筹设策，提要钩玄，擘画编写框架，检校讹误，疏通文义句读，从优秀教师到成熟教研员，破茧成蝶，华美转身。

感慨之二，同人学力之坚。新教材带来新问题，需要在学习研究中改进设计，在编写实践中解决问题，做中学，学中做，学以致用，用以促学。编写团队36位成员焚膏继晷，夙兴夜寐，砥砺前行，终成正果。

感慨之三，成书质量之优。立足课程标准，基于学科素养，整合学习内容，统筹目标、教学和评价，深契课程改革初衷，着眼学生未来发展。

感慨之四，时机恰逢之幸。欣闻赤峰学院躬身入局，挺膺负责，与基础教育学校深度融合，资源共享，优势互补，携手推进教师发展。家乡教育再创辉煌，庶几可期。

“历尽天华成此景，人间万事出艰辛”，编纂过程虽苦，结果甘甜。真诚感谢唐志刚老师团队为全区3000名高中历史教师奉献的第一份厚礼，品读其味，可谓历久弥新。开卷有益，在乎用心教学，当如切如磋、如琢如磨，愿老师们依材而教，于常出新。诚然，从“教材到教学”、从设计到施教，尚有忒多变数，本书诸多未尽之处，在所难免，恳请读者批评指正。

(本序作者单爱民系内蒙古自治区教学研究室历史学科教研员、教育部国培项目优秀培训教师、国家教材委员会统编教材外聘培训专家、教育部中考试题评估组成员、全国优秀教研员、内蒙古师范大学外聘硕士研究生指导教师、本科生历史教学设计专业指导教师，曾参与国家级古籍整理项目《中华大典》和2003版人教社高中历史教材、内蒙古自治区中小学地方课程教材《内蒙古历史与文化》的编修工作。）

目录

第一单元

从中华文明起源到秦汉统一多民族封建国家的建立与巩固

第二单元

三国两晋南北朝的民族交融与隋唐统一多民族封建国家的发展

第三单元

辽宋夏金多民族政权的并立与元朝的统一

第四单元

明清中国版图的奠定与面临的挑战

第五单元

晚清时期的内忧外患与救亡图存

第六单元

辛亥革命与中华民国的建立

第七单元

中国共产党成立与新民主主义革命兴起

第八单元

中华民族的抗日战争和人民解放战争

第九单元

中华人民共和国成立和社会主义革命与建设

第十单元

改革开放与社会主义现代化建设新时期

第一单元

从中华文明起源到秦汉统一多民族封建国家的建立与巩固

单元设计

一、单元概述

《中外历史纲要(上)》①的第一单元学习内容上起远古,下迄秦汉,以"中华文明的起源与发展"作为贯穿整个单元的主线。恩格斯在《家庭、私有制和国家的起源》一书中,将人类社会分为蒙昧时代、野蛮时代和文明时代,国家的出现是人类社会进入文明阶段的重要标志。中国从先秦到秦汉,逐渐从早期国家向成熟国家过渡,具体表现一是大一统中央集权制度的建立;二是多元一体的中华民族逐步形成。

这一主线统领整个单元,各课内容的结构和关联紧紧围绕于此。第1课讲述中华大地是远古人类起源的重要地区,中华文明历史悠久,夏、商、西周作为早期国家独具特色,形成了分封制、宗法制和礼乐制度等;第2课讲述春秋战国时期的社会变革在制度和民族交融两个方面为后来秦汉统一奠定基础;第3课讲述秦朝开创统一局面,实施的一系列措施对后世产生深远影响,但短暂而亡;第4课讲述汉承秦制,统一的多民族的中央集权封建国家进一步巩固,也使统一成为中国人的价值认同,并成为中国历史发展的主流。中国古代文明能够长

①本书教学设计所依据的教科书均为人民教育出版社出版的《中外历史纲要(上)》,2019年8月第1版,2022年6月第2次印刷,不再一一标注。

期领先世界并绵延不绝，与国家统一和中央集权制度密切相关。

二、总体目标

根据课程标准的要求，本单元教学要让学生通过梳理从中华文明起源到秦汉统一多民族国家建立、巩固及其衰亡的重要史实，从时空变化上把握相关历史事件发生的背景，理解中华文明从早期国家向统一多民族国家过渡的内在逻辑，理解大一统国家早期治理的历史经验与教训。

在梳理先秦到两汉历史发展的基础上，知道古代中国从先秦到两汉国家的疆域不断扩展；在梳理中华大地上人类起源、中华文明的产生、早期国家特征、春秋战国社会变革、秦汉巩固大一统国家的措施等重要史实的基础上，认识中华文明较早地从早期国家过渡到了成熟国家，西周、春秋战国时期对中华民族的形成有重要影响，秦汉巩固统一的措施奠定了统一多民族国家的基本格局，对中国历史有深远影响。

通过甲骨文、青铜铭文、秦汉简牍等多种类型史料设置的探究活动，初步了解史实与史论的关系，知道考古材料、神话传说和传世文献在历史研究中的作用，提升从材料中发现问题、运用材料分析和解决问题的能力。

三、教学策略

该单元时间跨度大，涉及内容多。在学习本单元时，应该注意通过突破重点和疑难点，完成教学目标。

首先，要从整体上把握本单元的核心内容。

了解中华文明的起源与早期国家；春秋战国时期，国家由局部统一逐渐走向全国统一；秦朝开创了统一多民族封建国家；汉承秦制，又独具新意，发展出了新的历史内涵，统一多民族封建国家得到巩固。教学中，引导学生了解我国统一的多民族国家形成的历史，认识其对维护国家统一的重要现实意义。

认识中华文明多元一体的独特发展道路。教学中要引导学生理解，在汉族与少数民族的交往和交流中，出现了民族交融，各民族在国家发展中都起到了重要作用，推动了统一多民族封建国家的形成与巩固；引导学生认识到中华民族多元一体的发展格局是历史发展的结果，从而形成对中华民族的认同感，增强民族自信心和自豪感。

其次，要加强历史学科核心素养的培养。

教学中，要将教学目标、教学内容、教学过程及教学评价等聚焦于培养和发展学生的历史学科核心素养。在学习本单元时，引导学生运用唯物史观理解这一阶段的历史发展趋势。从石器时代、青铜时代向铁器时代过渡，体现了社会生产力的进步推动了经济发展、政治变革、思想进步，从而促进了社会的转型与发展。

最后，教学评价要充分体现学业质量标准的要求。

在学生完成本单元内容学习后，教师应当准确把握学业质量不同水平的表现特征，客观评价学生的学业成就表现。要关注学生是否能够从历史发展大势的角度认识历史问题；是否能够运用历史地图说明古代中国版图的变化；是否能准确论述统一多民族封建国家形成的重要意义。

总之，在本单元教学中，教师要依据课程标准，围绕中华文明的起源和统一多民族封建国家的建立与巩固，确立教学目标，整合教学内容，精选主要史实，合理设计教学过程，培养学生的历史学科素养。

四、活动建议

1.做好初高中统编教材的衔接和贯通，提升教学的有效性。初高中教科书内容有着密切的联系，本单元教学内容是高中学生历史学习的起始内容，涉及初中七年级上册教科书前三个单元的相关知识，对学生今后的学习至关重要。教师不但要熟悉初中教科书的相关内容，而且要在教学中引导学生回顾初中所学相关知识，为深入学习做好铺垫。

2.充分利用好教科书中的历史地图，培养学生时空观念。本单元共有9幅历史地图，包括2幅分布图、3幅示意图和4幅形势图，地图中包含了丰富的历史信息。教学中要让学生认真对照地图进行分析，理解在中华文明起源过程中主要文化遗址的分布特征和统一多民族国家建立及巩固过程中疆域的变化。

3.教学活动要符合学生的认知特点，做到循序渐进。高一学生对高中历史的学习要经历一个逐渐适应的过程，所以，设计教学活动要有一定的梯度，要充分调动学生学习历史的积极性，比较难懂的学习内容不宜要求学生很快掌握和理解。

4.加强对学生学习方法的指导，使他们尽快适应高中历史课程的学习。“工欲善其事，必先利其器”，初高中历史的学习方法有很大不同，教师要适时适当予以指导，使学生掌握高中学习的基本方法和要求，顺利实现从初中到高中学习的过渡。

五、评价检测要点

1.中华文明多元一体的形成过程和早期国家的特征。

2.春秋战国时期经济发展、社会变动与变法之间的关系,百家争鸣的历史意义。

3.秦朝统一多民族国家建立的历史意义。

4.汉朝巩固统一多民族国家的措施和气势恢宏的两汉文化。

第1课 中华文明的起源与早期国家

冷志明[①]

第一部分 课前预设系统

一、课标解读

课标的内容要求:通过了解石器时代中国境内有代表性的文化遗存,认识它们与中华文明起源以及私有制、阶级和国家产生的关系;通过甲骨文、青铜铭文及其他文献记载,了解私有制、阶级和早期国家的特征[②]。

对比《普通高中历史课程标准(2017年版2020年修订)》与《普通高中历史课程标准(实验)》发现:新课程标准增加了对中华文明起源的认识,要求学生了解私有制、阶级和国家产生的关系,理解早期国家的特征。学生在学习义务教育阶段历史的基本方法和技能的基础上,要进一步拓宽历史视野,发展历史思

①作者简介:冷志明,中学高级教师,内蒙古师范大学锦山实验中学历史教师。

②本书参照的课标内容均出自人民教育出版社出版的《普通高中历史课程标准(2017年版2020年修订)》,不再一一标注。

维，培养时空观念和史料实证等学科核心素养。

二、教学内容分析

中学历史教育的主要目标是培养和提高学生的历史学科核心素养，历史教科书作为历史教学中最主要、最基本的教材，对促进学生健康成长起到培根铸魂、启智增慧的作用。《中华文明的起源与早期国家》作为普通高中历史必修课程《中外历史纲要(上)》(以下简称“纲要上”)的开篇课，主要介绍了中华文明的起源与早期国家，共分三个子目：第一子目是“石器时代的古人类和文化遗存”，主要讲述中国境内石器时代的古人类及其文化遗存特点、私有制的产生；第二子目是“从部落到国家”，主要讲述新石器时代晚期的情况，当时阶级分化更加明显，已经初具国家形态，世袭制取代禅让制，夏王朝建立；第三子目是“商和西周”，主要讲述商和西周王朝的概况。本课教学内容时间跨度大、历史概念多、涉及内容复杂，包括多幅分布图、复原图和示意图，三个“历史纵横”，一个“学思之窗”，一组“探究与拓展”……教学难度非常大，同时又吸收了“中华文明探源工程”的考古研究成果，对高中学生学习历史提出了更高的要求。现将初、高中教科书内容对比排列如下：

<table>
<tr><th>高中统编版历史教科书“纲要上”</th><th colspan="2">初中统编版历史教科书七年级上册</th><th>初中课标内容要求(2022年版)</th></tr>
<tr><td>第1课
中华文明的起源与早期国家</td><td colspan="2">第一单元　史前时期：
中国境内早期人类与文明的起源</td><td rowspan="5">通过了解元谋人、蓝田人、北京人等旧石器时代的人类及其文化遗存，知道中国境内原始社会时期的人类活动；通过了解河姆渡、半坡、良渚、陶寺等新石器时代的文化遗存，知道中国的原始农耕生活；了解私有制、阶级和早期国家的产生；知道考古发现是了解原始社会的重要依据；通过古代文献中记述的黄帝、炎帝等神话传说，了解其中蕴含的历史信息。</td></tr>
<tr><td rowspan="4">第一子目
石器时代的古人类和文化遗存</td><td rowspan="2">第1课　中国境内早期人类的代表——北京人</td><td>我国境内的早期人类</td></tr>
<tr><td>北京人、山顶洞人</td></tr>
<tr><td rowspan="2">第2课　原始农耕生活</td><td>原始农业的发展</td></tr>
<tr><td>河姆渡人、半坡居民的生活</td></tr>
</table>

续表

<table>
<tr><th>高中统编版历史教科书“纲要上”</th><th colspan="2">初中统编版历史教科书七年级上册</th><th>初中课标内容要求（2022年版）</th></tr>
<tr><td rowspan="3">第二子目
从部落到国家</td><td rowspan="3">第3课　远古的传说</td><td>炎黄联盟</td><td rowspan="9">知道甲骨文是已知最早的汉字；通过了解甲骨文、青铜铭文、其他文献记载和典型器物，知道具有奴隶制特点的夏、商、西周王朝的建立与发展，了解西周分封制等重要制度。</td></tr>
<tr><td>传说中炎帝和黄帝的发明</td></tr>
<tr><td>尧舜禹的禅让</td></tr>
<tr><td rowspan="6">第三子目
商和西周</td><td colspan="2">第二单元　夏商周时期：早期国家与社会变革</td></tr>
<tr><td rowspan="3">第4课　夏商周的更替</td><td>夏朝的建立与“家天下”</td></tr>
<tr><td>商汤灭夏、武王伐纣</td></tr>
<tr><td>西周的分封制</td></tr>
<tr><td rowspan="2">第5课　青铜器与甲骨文</td><td>青铜器的高超工艺</td></tr>
<tr><td>甲骨文记事、甲骨文的造字特点</td></tr>
</table>

“中华文明的起源与早期国家”一课以初中七年级历史教科书相关内容为基础，整合相关教学内容。在编写上，与义务教育教科书注重叙述过程、强调历史知识的时序性和基础性不同，高中历史教科书对史事的叙述从简，更强调历史知识的概括性和综合性。通过对历史发展较长时段史实的概括，体现历史发展的基础性和多维性，与义务教育历史课程内容有机衔接，解决与义务教育历史课程内容简单重复的问题，使历史教育做到学段有机衔接。编者意在让学生通过本课内容的学习，感受中华民族先民的创造力，了解中华文明历史悠久、多元一体的特点，增强民族认同感，树立坚定的文化自信。

三、教学对象分析

高一学生在初中已经学习了部分相关内容，熟悉中国境内早期人类文明的代表——元谋人、北京人、山顶洞人等，对夏商西周的更替和甲骨文、青铜铭文都有一定的了解，但要在一节课的有限时间内学习繁多的内容，分析诸多史料，解读多幅历史地图和示意图等，仍会有不小的困难。这对刚刚开始统编教科书教学的历史教师来说也是一个不小的挑战。

四、教学目标

1.梳理石器时代的重要史实，正确划分石器时代的历史分期。

2.借用图表、文字等史料，准确说出石器时代中国境内有代表性的文化遗存，说明早期文明产生的多源性和统一性（多元一体）。

3.通过对生产力提高、私有制产生、阶级出现的逻辑分析，阐明国家产生的条件，解释国家的产生是人类社会进入文明阶段的重要标志。

4.通过甲骨文、青铜铭文及其他文献记载，分析早期国家的特征，说明早期文明家国同构、华夏一体的特点。

五、教学重难点

1.教学重点：认识中华文明起源的特点和早期国家特征。

2.教学难点：理解私有制、阶级与国家产生的关系。

六、教学立意与整体思路

任何国家和民族都有其根之所系、脉之所维，这个根脉就是历史和文明。中华文明历史悠久、源远流长，“中华文明探源工程”实施以来，浙江良渚、山西陶寺、陕西石峁和河南二里头等众多遗址被发现。经过几代考古人接续奋斗，我国考古工作取得了重大成就，延伸了历史轴线，增强了历史信度，丰富了历史内涵，活化了历史场景。我国考古发现的重大成就实证了我国百万年的人类史、一万年的文化史、五千多年的文明史[①]。众多考古发现和研究成果使中华文明起源和发展的历史脉络得以清晰展现。

让学生基本了解中华文明起源和早期国家的历史是落实立德树人任务的根本要求，也是高中历史教学的重要任务。教师要通过《中华文明的起源与早期国家》一课教学，使学生认识中华文明历史悠久、多元一体的特征，从而树立对传统文化的坚定自信。

---

①习近平.建设中国特色中国风格中国气派的考古学，更好认识源远流长博大精深的中华文明[J].中国文物科学研究，2020(04)：2-4.

七、板书设计

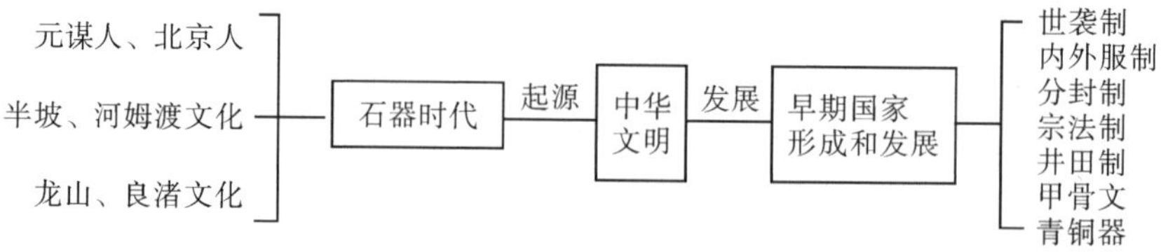

第二部分　课堂实施系统

一、教学活动过程

（一）导入环节

慎终追远，是我们与生俱来的情怀。千百年来，许多中国人心中都有这样的问题：从黄河两岸到长江流域，古老的中国究竟在哪里？中华文明是如何起源的？它经历了怎样的发展历程？经历百年考古大发现后，我们终于发现：古老的中国不仅仅在一个个遗址中，它更在我们广袤国土的每一寸土地上。古老的中国离我们很远，需要几代考古人跨世纪地去寻找，古老的中国又离我们很近，它就在我们的日常生活中，并深深融入我们的血脉。

（二）石器时代的古人类和文化遗存——考古遗迹溯文明

1. "旧石器时代"和"新石器时代"

教师：历史是由人创造的，人的智慧和创造，构成了人类文明的主要内容。制造和使用工具，是人和动物的本质区别。考古发现，人们最早制造的工具是石器，原始社会因石器制作技术不同而被区分为旧石器时代和新石器时代。

◆**设计意图**

遗址能为已经消逝的文明或者文化传统提供一种独特的至少是特殊的见证。通过分析《中国旧石器时代重要人类遗址分布教师活动：指导学生阅读教科书正文内容和《中国旧石器时代重要人类遗址分布图》(图略，见教科书第2页)。

问题1：我国旧石器时代的古人类的生活年代、地域分布、生产生活方面有怎样的特点？

学生：年代久远、分布广泛，主要使用打制石器、已经学会用火等。

图》，学生认识石器时代文化遗存和古代文明之间的关系，进而理解“物之所言比言之所言更有力”的道理。衔接初中历史课程，激活学生已有知识，实现初高中历史教学的衔接与过渡，培养学生的阅读理解能力、时空观念与归纳历史问题能力，使其深刻认识我国是远古人类的重要起源地之一。

教师活动：引导学生观察《中国新石器时代文化遗存分布图》(图略，见教科书第3页)。

问题2：我国新石器时代人类生产生活与旧石器时代相比发生了哪些变化？产生这种变化的原因是什么？

学生：新石器时代，人们主要使用经过磨制加工的石器。原始农业和畜牧业的产生、制陶术的发明为人类文明的产生奠定了基础。这是生产力发展的结果。

教师：考古发现，不同的文化遗址在生产生活方式、器物种类和农作物品种等方面有很多差异，但在本质上又蕴含了诸多相同的元素。中华文明从不同地域、各具特色的文化中逐渐融合发展而来。

问题3：这说明中华文明从起源上体现了怎样的特征？

学生：多元一体。

◆设计意图

通过前面层层铺垫，引导学生思考、分析，最后综合得出：中华文明从起源上就体现了多源性、包容性、统一性，最后呈现出多元一体的特点。“多元”是指各个地区文明都有自己的起源和发展过程；“一体”是指这些地区文明逐渐融合到以中原王朝为代表的文明当中，当然不同地区融入中原文明的时间和方式可能不同。

2. 私有制、阶级和国家的产生

教师活动：展示龙山文化遗址出土的典型器物蛋壳陶图片与良渚文化遗址出土的碳化稻谷遗存图片（图略）。

问题4：距今约5000年的龙山文化和良渚文化分别是黄河流域、长江流域最典型的文化遗存代表。蛋壳陶是龙山文化的代表性器物，器壁极薄，最薄处仅0.2～0.3毫米，非专业作坊不可能完成。2010年至2012年，考古人员在良渚文化遗址中发现碳化稻谷约11.5吨，数量之多远超人们想象。与早前的人类遗址相比，这些发现说明了什么？

◆**设计意图**

蛋壳陶和稻谷都是基本的生产要素和劳动产品，通过展示这些考古成果的图片，使学生得出当时生产技术提高，农业、手工业进一步发展，产品逐渐有了剩余等结论，有助于学生认识贫富差距、私有制的出现。

教师活动：指导学生观察《陕西西安临潼姜寨聚落遗址复原图》和《红山文化牛河梁遗址的祭坛、积石冢》两幅图（图略，见教科书第3—4页）。

问题5：作为中国北方辽河流域文化遗存代表的红山文化出土的大型祭坛和精美玉器，以及良渚文化出现的有严格等级区分的贵族和平民墓葬，说明了什么？

学生：随着生产力的发展，私有制出现，早期国家形成。

◆**设计意图**

帮助学生认识新石器时代晚期，随着生产力的提高，逐渐产生了剩余产品，并由此产生了私有观念。随着母系氏族被父系氏族取代、社会分工和商品交换的发展，私有制逐渐形成，这是原始社会末期社会生产力提高的结果。随着私有制的发展，以军事首长为代表的贵族终于依据其占统治地位的经济实力和手中的权势，把部落的管理机构变成了他们对外掠夺、对内压迫的工具，这样，氏族制度就被国家代替了，出现了凌驾于社会之上的公共权力，即军队、警察、法庭和监狱等暴力机关。人类历史上最早的国家出现了①。

---

①参见吴于廑，齐世荣．世界史：古代史编．上卷[M]．北京：高等教育出版社，2011：15-18.

◇总结与过渡

石器时代的古人类遗存星罗棋布、多姿多彩，为多元一体的中华文明奠定了基础。而国家的出现，是人类社会进入文明阶段的重要标志。接下来，我们一起学习“从部落到国家”。

（三）从部落到国家——神话传说探起源

1. 万邦林立的古国时代

教师活动：指导学生阅读以下材料。

材料1：中国当代著名考古学家夏鼐先生指出：现今史学界一般把“文明”界定为：……除了政治组织上的国家以外，已有城市作为政治（宫殿和官署）、经济（手工业以外，又有商业）、文化（包括宗教）各方面活动的中心。它们一般都已经发明文字和能够利用文字作记载，并且都已知道冶炼金属。文明的这些标志中以文字最为重要。①

材料2：浙江省考古研究院研究员赵晔指出：“文明”的定义最初是由西方人提出的，主要的三个标准是文字、青铜器和城市，但是后来，国际上的考古学家在考察不同区域的文明时发现，这个传统的标准是行不通的。因为东西方文明之间的差异很大，南北半球的文明也有很大的不同。有些地域虽然有文字但没有青铜器，有些地域虽然有青铜器但没有文字，所以传统的“文明”界定标准就很难作为判定依据。②

问题6：文明是人类文化与社会发展的高级阶段，那么人类社会进入文明阶段的标志是什么呢？

学生：世界文明的多样性决定了不同地区进入文明阶段的标志不能用同一标准来确定。

教师：所以，今天东西方史学界基本达成共识，把国家的产生作为人类社会进入文明阶段的重要标志。虽然良渚文化似乎不具有成熟的文字系统，也没有出土青铜器，但良渚文化同样具有文明的特征，因此在2019年良渚遗址成功申报为

①参见夏鼐．中国文明的起源[J]．文物，1985(8):1-8.

②李永博．申遗成功的良渚古城遗址，因何而特别？[J/OL].(2019-07-07)[2023-02-27].https://www.bjnews.com.cn/detail/156247404015677.html.

世界文化遗产。“探源工程”启动至今，已经确认在距今5000年前后，以良渚文明为代表，在黄河流域、长江流域这个大范围里面，一些地方率先进入文明阶段，有了自己的国家。而以此为起点，一直到距今3800年左右，在1000多年的时间里，各个地方的社会分别建立了自己的国家，步入了文明。这种诸多地方文明并立的现象和我们传说中所描述的那个时代是天下万国、天下万邦的情景相吻合，所以我们把这个时代叫作“古国时代”①。至此，分散的点状文明逐渐发展为较大范围的区域文明，进而发展为范围更大的文明圈。

2. 夏朝的建立

教师：夏朝是我国第一个奴隶制国家，在我国历史上具有非常重要的地位。禹死后，他的儿子启继承了王位。

问题7：关于启的继位，为什么会出现不同的说法？

学生活动：阅读教科书第5页“学思之窗”。

◆**设计意图**

通过展示对同一历史事件的不同历史记述，使学生认识到由于夏朝年代久远，相关文献记载不足，导致历史记载具有复杂性、多样性。无论启继位是禅让的还是争夺的，都表明禅让制在大禹的时代依然具有很大影响。两种不同的记载，涉及的是从禅让制到世袭制的转变，这一转变并非一帆风顺。以此培养学生史料实证和历史解释等核心素养。

◇总结与过渡

夏商西周三代，中国早期国家形态不断发展，世袭制取代禅让制，神权与王权相结合，政权与族权相结合，三代的政治制度既有继承，又有发展，体现出中华文明无穷的创造力、巨大的凝聚力和无限的生命力。接下来，我们学习“商和西周”。

①5000年前中国已进入“古国时代”[J/OL].(2018-05-29)[2023-02-27].art.people.com.cn/GB/nl/2018/0529/c226026-30019908.html.

(四)商和西周——文字记载揭面纱

1. 商的建立和灭亡

材料3:殷商的历史因有甲骨文和考古材料相印证,今人对它的了解较为准确。商的统治以河南为中心,包括今河北南部、山东西部、陕西西部。其统治区域可分为内服和外服,内服是商王直接管辖的地区,而外服则是“侯甸男卫邦伯”等诸侯管理的地区。在这之外,还存在众多的方国,北方有著名的鬼方、土方,是商的劲敌,经常和商作战,威胁其统治。西方是羌人,东方为东夷。商代晚年,纣王因为和东夷作战过久,虽然取胜但消耗太大,被西方的周乘机灭亡,所以“纣克东夷而殒其身”。①

教师:过去我们主要通过《史记》《尚书》等传世文献来了解商朝的历史。甲骨文的发现,证实了史书中有关商朝的记载,甲骨文成为研究商朝的实物证据,它主要记载的是商王室以龟甲和兽骨占卜的相关记录。

问题8:商王以占卜的方式来决定自己和国家的行动,反映出商王朝在政治上具有怎样的特点?

学生:反映出王权与神权相结合。

◆**设计意图**

让学生认识到甲骨文是迄今为止我国发现的年代最早的成熟文字系统,是汉字的源头和中华优秀传统文化传承的载体,更是中华文明的重要标志之一。运用相关史料,一方面落实了课标要求“通过甲骨文、青铜铭文及其他文献记载,了解私有制、阶级和早期国家的特征”,得出甲骨文是商朝王权与神权相结合的实证;另一方面明确甲骨文的档案性质,说明其具有极高的史料价值,是我们研究商朝历史最重要的史料,从而培养学生的史料意识和实证素养。

2. 西周的统治

学生活动:阅读《西周分封示意图》(图略,见教科书第6页)。

教师:西周统治者继续宣称“王权受命于天”,自称“天子”。面对比商朝更为广

①马克垚.世界文明史[M].2版.北京:北京大学出版社,2016:184.

阔的疆域,西周如何进一步加强国家政权建设和地方治理?

教师活动:展示青铜器“何尊”及铭文中的“中国”(图略,见教科书第6页)。

问题9:青铜器“何尊”及铭文内容证实了哪些历史事实?这说明西周为了巩固统治实行怎样的政治制度?

学生活动:概括中国早期国家的基本特点。

政治——①神权色彩浓厚(甲骨文、祭祀);

②血缘与政治紧密结合,家国同构(分封制、宗法制);

③中央权力逐渐加强,但尚未实现集权(从内外服制到分封制)。

经济——①农具粗糙,土地国有,集体劳作(井田制);

②青铜铸造发达(大量青铜器)。

文化——①成熟文字(甲骨文、金文);

②礼乐文化;

③逐渐形成统一的心理文化认同(华夏文化)。

◇总结与过渡

青铜器铭文能够证实武王克商和西周统治者营建都城、政权建设等史实,铭文中有“宅兹中国”的描述,这里的“中国”和我们今天的概念有很大区别,它最初是一个地理概念,指国之中央,但这是目前所见“中国”两字作为词组最早的实物见证,具有重要意义。西周实行分封制,目的是“以蕃屏周”,巩固周王的统治。为巩固分封制形成的统治秩序,西周又实行了以血缘亲疏与嫡庶确定继承关系的宗法制,以及严格规范不同等级人们行为的礼乐制度。宗法制与分封制互为表里,一定程度上解决了统治阶级内部在权力和财产分配方面的冲突与矛盾,实现了政权与族权的结合,家国同构的政治格局逐渐形成。

与商朝的内外服制相比,西周对地方的治理在机制上更完善、更有效。通过分封制、宗法制、礼乐制度,形成了众星拱月、天下共主的政治格局,国家政权由松散趋向严密。同时,在社会经济方面,西周王朝实行井田制,促进了农业的发展。在手工业方面,青铜器工艺高超,种类繁多,创造了灿烂的青铜文化。西周奴隶制社会经济得到发展并走向繁荣。

二、本课小结

文化是一个国家的根，更是一个民族的魂。随着中华文明探源工程不断深入推进，我们对中华文明起源和早期国家的认识也会更加清晰。中华文明的璀璨光芒将跨越时空，化作每一个中华儿女内心持久的力量，照亮中华民族未来前行之路。实现中华民族伟大复兴，需要唤起更广泛的文化认同、更坚定的文化自信。随着文化自信的力量在中华大地凝聚，中华文明发展将不断续写新的篇章，创造更大的辉煌。

第三部分　课后评价系统

一、教学评价

为了及时准确了解学生的学习情况，指导学生对今后的学习进行反思和规划，可以根据学业质量评价标准的1—4级水平对学生进行学习评价。

水平1：能够认识到中华文明的起源和早期国家形成是社会生产力长期发展的结果；知道中国古代石器时代的分期，熟记新旧石器时代的重要文化遗存，并能在地图上进行准确标注；了解中国远古时期的神话传说及其价值，知道考古是认识中华文明起源的重要手段；能够表现出对中华文明的认同，认识到本课的学习价值。

水平2：知道在中国社会从原始社会向奴隶社会的转变过程中，生产力的发展起了决定性作用；能够对中国古代旧石器时代和新石器时代的文化遗存分布特征进行描述；知道商和西周是我国奴隶制社会经济发展并走向繁荣的时期，了解这一时期奴隶制经济繁荣的表现；认识国家出现是人类社会进入文明阶段的重要标志；能够通过本课学习，增强对中华文明成就的认同感、对中华优秀传统文化的认同感。

水平3：能够从生产力与生产关系、经济基础与上层建筑的辩证关系来理解私有制、阶级和早期国家形成之间的关系；能够把握相关史事的时间、空间联系，并用特定的时间和空间术语对较长时段的史事加以描述和概括；能结合文物或文献资料说明中华文明多元一体的特征;通过了解中华文明的起源,感受中华文明的厚重和伟大,增强对家乡的热爱、对民族和国家的认同感。

水平4:能够从生产力与生产关系、经济基础与上层建筑的辩证关系来理解中华文明起源、形成过程中,生产力的发展是根本动力;对中华文明多元一体、中原核心特征形成的原因进行分析概括;分析西周分封制、宗法制的特点,说明早期国家的主要特征,并能结合当时的时代背景对其影响进行合理评价;能够在学习过程中表现出对中华文明形成过程中社会变化的反思,从历史中汲取经验和智慧,更全面、客观地认识现实社会问题,形成坚定的文化自信。

二、本节学业质量水平检测

材料4:著名考古学家苏秉琦先生提出了中华文明起源的"满天星斗说"。他将中国古代文化划分为六个区域:陕豫晋邻境地区、山东及邻省一部分地区、湖北和邻近地区、长江下游地区、以鄱阳湖—珠江三角洲为中轴的南方地区、以长城地带为重心的北方地区。……从中原经汾水通过山西全境到北方,再折返到中原这样一条文化连接带,在中国文化史上曾是一个最活跃的民族大熔炉,在距今六千年到四五千年间的诸文明火花中也是最早最光亮的地带。所以,它也是中国文化总根系中一个最重要的直根系。①

阅读材料,就中华文明的多源性与统一性写一篇历史小论文,论述中华文明起源多元一体的特征。(要求:300字左右,史论结合,符合历史逻辑关系,言简意赅。)

答案略。

三、教学设计特点与反思

本课历史概念特别多,所以在设计教学时要突出对历史概念的理解。历史概念是人们对历史事实的概括和总结,是对历史感知对象和历史记忆对象进行简化处理后产生的文字表达,是历史知识最重要的组成部分,是理解历史本质的关键和提高历史学科核心素养的抓手。所以在教学活动中,对文明、国家、私有观念、私有制、阶级、井田制、分封制、宗法制等进行重点释义,培养学生使用规范、逻辑严密、条理清晰的现代汉语进行书面表达的能力。

①参见苏秉琦.中国文明起源新探[M].北京:生活·读书·新知三联书店,1999:104-127.

坚持以学生为中心，围绕学生的感知、感受和现有知识、能力、素养进行教学设计，培养学生以物证史、透物见人的历史实证意识。

本节课是高中历史开篇第一课，要紧紧围绕文明起源和发展这一核心内容展开。讲授这一课时，要对“文明”这一重要概念进行必要的解释：文明一词最初用来形容人的行为方式，与有教养的、有礼貌的、开化的这一类词意思相似。在使用过程中，文明的含义逐渐具有了社会意义，当今学术界对文明概念的定义虽然五花八门，但一般说来可分为两大类：一类强调它的物质内容，另一类强调它的精神内容。文明又是不断变动的，它的物质内容和精神内容，随着时间的推移，在自己和外力的作用下不断发生变化。

本课内容时间跨度大，基本史实多，在教学过程中，要注意调动学生的学习兴趣，合理使用教科书内容，把教科书内容讲活，做好知识体系的构建，做到宏观和微观相结合，培养学生的历史学科核心素养。

第2课　诸侯纷争与变法运动（同课异构一）

董　波[①]

第一部分　课前预设系统

一、课标解读

课标的内容要求：通过了解春秋战国时期的经济发展和政治变动，理解战国时期变法运动的必然性；了解老子、孔子学说；通过孟子、荀子、庄子等了解百家争鸣的局面及其意义。

从课标要求来看，本课突出的主线是“变”。春秋战国时期是中国历史上重要的转型时期，这一时期的社会政治、经济、思想文化发生了很大变化，面对变

①作者简介：董波，中学二级教师，内蒙古自治区第二地质中学历史教师。

化的冲击,各诸侯国、各阶层都做出了反应。因此,本课的教学主要以“社会各阶层的变化”为主题对教科书进行整合,以利于学生更好地学习和理解本课内容,认识春秋战国时期由分裂走向统一的历史趋势。

二、教学内容分析

本课共有四个子目:第一子目是“列国纷争与华夏认同”,主要讲述政治上周王室衰微,诸侯争霸,社会动荡不安,同时民族关系出现重要变化;第二子目是“经济发展与变法运动”,主要讲述了春秋战国时期,经济上农业和工商业都有所发展,在政治和经济发展的基础上,社会发生了重大变化,商鞅变法等变法运动顺势而生;第三子目是“孔子和老子”,第四子目是“百家争鸣”,主要讲述政治、经济的发展引起了思想文化领域的变化,出现了百家争鸣的盛况,涌现出儒、道、法、墨等众多学派,它们纷纷提出自己改造社会的主张。百家争鸣是中国历史上第一次波澜壮阔的思想解放运动,成为后世中华思想文化的源头活水,影响十分深远。

三、教学对象分析

高一学生在学习本课内容前,已经在初中学习了部分相关知识:知道老子、孔子的生平与思想,初步理解春秋时期诸侯争霸局面的形成、战国时期商鞅变法等改革和百家争鸣局面的产生;通过《黄帝内经》和名医扁鹊,了解这一时期的医学成就;通过都江堰工程,感受古代劳动人民的智慧和创造力。限于学段的学习要求,初中教科书侧重讲述重要历史事件的过程,对历史事件背后的本质问题没有进行深入阐释。刚上高一的学生运用史料分析、解决问题的能力不足,缺乏对历史的整体感知,不能深入地体会中国统一多民族国家共同体的发展以及先秦时期中华文明发展的灿烂与繁荣。

为此,在教学过程中要创设情境,让学生走进历史、体悟历史,并能通过情境创设掌握解决历史问题的方法。

四、教学目标

1. 能够运用春秋战国时期的形势图说明此时期周王室和各诸侯国形势变化及民族交融情况。

2. 在梳理和概括春秋战国时期经济、政治变化和各学派思想主张等重要史实的基础上，准确说明变法的必然性及百家争鸣的意义。

3. 领悟中国统一多民族国家形成与发展的悠久历史，增强民族自豪感、自信心和自尊心，提高对祖国历史文化的认同感。

五、教学重难点

1. 教学重点：春秋战国时期社会变化与变法运动产生的原因、百家争鸣局面的形成及意义。

2. 教学难点：百家争鸣局面形成与社会变革之间的关系。

六、教学立意与整体思路

本课围绕“社会各阶层的变化”这一主题进行教学设计，分为大动荡（周王室衰微，诸侯混战）、大发展（农业、手工业和商业的新发展）、大繁荣（各学派百家争鸣）、大变革（各国纷纷开展变法运动）、大交融（华夏认同观念）五个子主题，揭示社会发展及转型是由生产力决定生产关系、经济基础决定上层建筑、社会存在决定社会意识等规律推动的。

本课通过释读春秋战国时期社会四大怪象，帮助学生理解这一时期的时代特征。教师给出图文、视频等材料，学生分析“天子礼制诸侯享”“天子竟比诸侯穷”“他国人士做丞相”等怪象，得出大动荡、大发展、大繁荣的具体表现及原因。

七、板书设计

第2课　诸侯纷争与变法运动

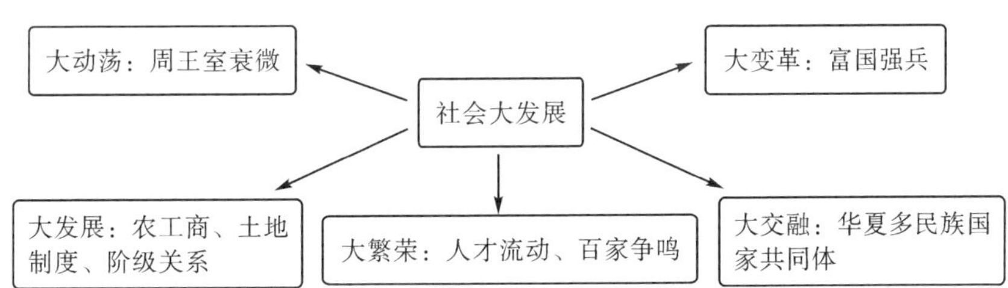

第二部分　课堂实施系统

一、教学活动过程

（一）导入环节

教师：春秋战国是中国历史上社会发生剧烈变化的重要时期。在这个变化过程中，出现了许多怪象。今天，我们就一起来了解有哪些典型的怪象以及它们反映的问题实质是什么。

◆设计意图

简短导入利于学生迅速进入课堂学习状态，通过“怪象”一词引起学生注意，激发学生学习本课的兴趣及对春秋战国时期重要历史事件的思考。

（二）教学内容

第一怪：“天子礼制诸侯享”

教师：首先来看第一怪“天子礼制诸侯享”，下面分享两则故事。

1. 八佾舞于庭：佾，古代乐舞的行列。一佾是指一列八人，八佾即八列，共六十四人。周礼规定，天子用八佾，诸侯用六佾，卿大夫用四佾，士用二佾，不可僭越。孔子周游列国来到鲁国，发现鲁国卿大夫季氏在祭祀家庙时，却用上了八佾祭舞。于是孔子怒而斥曰：“八佾舞于庭，是可忍也，孰不可忍也！”

问题1：面对季氏的行为，孔子为什么会这么愤怒？

2. 战国时期南方有个诸侯国叫曾国，国君乙即曾侯乙的墓中出土随葬品15000多件，其墓中有2件镬鼎，2件角形钮盖鼎，5件卧牛钮盖鼎和四环钮盖鼎、三环钮盖鼎各1件。周礼规定，天子九鼎八簋，诸侯七鼎六簋，卿大夫五鼎四簋。

问题2：诸侯国君为什么使用了周天子规制的陪葬品？

学生：诸侯僭越，破坏了西周的礼乐制度，造成春秋战国时期礼崩乐坏的局面。

教师：礼乐制度的本质是什么？

学生：是维系宗法分封制的工具。礼崩乐坏的实质是礼乐制度所维系的分封制和宗法制的瓦解崩溃。

◇总结与过渡

旧制度正在瓦解，新制度尚未建立，处于过渡阶段的社会呈现出大动荡的局面。

大动荡

教师：根据教科书第9—10页图文材料，归纳春秋战国时期社会大动荡的具体表现。

学生：周王室衰微，春秋争霸和战国兼并战争频繁。

◆设计意图

依据建构主义的教学理论和分层教学的需要，要设计具有梯度性、趣味性的问题，易于学生接受。通过回顾初中教科书有关春秋战国时期重要时代特征的内容，学生提高透过历史现象分析事物本质的能力。

◇总结与过渡

如果将通过分封制、宗法制和井田制维系起来的西周比作一座大厦，那么这座大厦倾斜的根源在于地基出现了破裂。这个“地基”就是我们唯物史观中所讲的经济基础。

第二怪：“天子竟比诸侯穷”

材料1：《西周分封示意图》、《春秋列国形势图》、《战国形势图》和“史料阅读”。（图文略，见教科书第6页、第9页、第10页、第11页。）

材料2：溥天之下，莫非王土，率土之滨，莫非王臣。

——《诗经·小雅·北山》

材料3：自幽、平之后，日以陵夷，至虖厄陿河洛之间，分为二周，有逃责之台，被窃铁之言。

——《汉书·诸侯王表》

材料4:要想以微薄的物质资源来维持一支军队的战备需要,谈何容易?……姬延决定向地主富商们借贷:约定胜利凯旋之日,用战利品奉还……自从军队无功而返的消息一传来,姬延的王宫就立马被人包围了,地主土豪们纷纷挥舞着手中的借条向他讨债……无可奈何的姬延只好跑到后宫的一座高台上躲债……给我们留下了"债台高筑"这个成语。①

教师:阅读材料后想一想,齐国都城临淄为什么如此富庶?周王直接控制的土地面积为什么不断缩小?周天子怎么会向地主富商借贷?什么时候出现了地主阶级?

学生:诸侯国经济的发展及周天子权力的削弱。地主是拥有自己土地的人,因此可推断国有的井田制瓦解。

教师:这一怪象反映的是春秋战国经济上的大发展。

教师活动:用PPT展示铁犁牛耕图片及井田制的演示图(图略)。

大发展

材料5:使用铁器与牛耕,使农业活动中最费劳力的耕地活动效率大大提高,而且农活也多为个人单独劳动,不需集体合作。这样,一个劳动力就可以耕种更多的土地,而且有较多余粮,单个家庭可以独立耕作。因此,集体活动的井田制也就被一家一户的单干户所取代。个体农户可以开垦、耕种土地来收获更多粮食,剩余粮食可以交换更多消费品和生产工具来改善生活。而且,作为土地所有者的贵族或国家可以通过赋税方式获得比原井田制的公田上更多的收益。②

教师:材料5反映出作者是以什么基本原理为指导描述社会发展的?请你据此概括社会发展变化。

学生:作者运用生产力决定生产关系的基本原理描述社会发展。铁犁牛耕的使用使农业生产进步,拓荒开田使井田制瓦解,土地私有逐步确立,小农经济初现,阶级关系发生变化,出现新兴地主阶级和佃农、自耕农。

---

①吴晔."贷款打仗"的周赧王[J].国土资源导刊,2012(5):17.

②王恩涌,张宝秀.春秋战国时期政治、经济、军事方面的变革[J].中学地理教学参考,2010(Z1):57-58.

◇总结与过渡

农业的发展促进了手工业和商业的发展。

材料6:春秋时期,出现了以生产商品为主的私营手工业者和专门从事商品经营的商人阶层。所谓"百工居肆,以成其事"(《论语·子张》),这些手工业者在城里开设作坊,从事独立的手工业生产。他们生产的产品,或是由自家销售,或是交给专门从事贩运的商人去销售。随着私营手工业的发展,社会需求的扩大,又出现了一批专门从事货物贩运和销售的商人队伍。他们有的"居肆列货,以待民来",在城里开设店铺,销售商品,被称为"坐贾";有的"负任担荷,服牛辂马,以周四方,以其所有,易其所无",这些被称为"行商"。①

教师活动:用PPT展示教科书第11页春秋战国时期各国货币图。补充两则历史故事。

材料7:吕不韦者,阳翟大贾人也。往来贩贱卖贵,家累千金……庄襄王元年,以吕不韦为丞相,封为文信侯,食河南雒阳十万户。庄襄王即位三年,薨,太子政立为王,尊吕不韦为相国,号称"仲父"。

—《史记·吕不韦列传》

材料8:昔者越王句践困于会稽之上,乃用范蠡、计然……修之十年,国富,厚赂战士,士赴矢石,如渴得饮,遂报强吴,观兵中国,称号"五霸"。

——《史记·货殖列传》

◆**设计意图**

这一环节设计的问题突出唯物史观的学习与理解,使学生理解农业的发展对社会关系、阶级关系、土地制度产生的影响,以及手工业和商业的大发展对诸侯战争和社会转型所起的作用。同时,补充具有历史细节的故事,使历史情境更加生动、通俗易懂,拉近学生与历史的距离。

问题3:工商业发展对春秋战国的社会发展产生怎样的影响?

学生:促进农业发展,促进社会商品经济发展和商业城市兴起,为诸侯战争提供了物质保障,使富商大贾势力壮大,影响诸侯国政治走向。

①周金华.试论春秋战国时期商品经济的产生和发展[J].郴州师范高等专科学校学报,2000(03):33-37.

◇总结与过渡

经济基础的变化引发上层建筑的变化,小农经济形成的过程中,地主阶级逐渐掌权,地区性的中央集权国家逐步建立。为了适应形势需要,各国大都推行了以国君为首、文武分职的中央集权体制。这种将相分职体制能够加强国君对官吏的控制,也有利于提高国家行政效率和行政决策能力。其中,国家日常行政管理事务由以相为首的文官体系承担。各国通常设"相"一职,作为国君的辅佐①。在各国的"相"的任命中,也存在一种怪象。

第三怪:"他国人士做丞相"

教师活动:补充有关苏秦、商鞅他国为官的两则历史故事。

教师:春秋战国为什么会出现这种"不拘一格用人才"的现象?

学生:诸侯国纷争需要人才,国君礼贤下士。

◇总结与过渡

乱世之中,各诸侯国要在激烈的竞争中处于优势地位,国家秩序需要重建,治国方案需要更新,富国强兵需要变革,变革需要人才。这些都推动了文化的发展、人才的流动。

大繁荣

教师:春秋时期提出治世主张的有孔子和老子。(学生自主归纳老子、孔子的主张。)

问题4:老子、孔子的主张对当时和后世产生了什么影响?为什么孔子的主张得不到当时统治者的重视?(补充孔子周游列国却惶惶如丧家之犬的历史故事。)

学生:老子创建道家学派,其提倡的道法自然、无为而治成为中国传统文化的重要组成部分,其辩证法思想为后世提供了相对科学的思维方式。但由于其

①于凯.战国史[M].上海:上海人民出版社,2015:42.

主张无为的思想,在当时社会并未受到诸侯王重视。孔子创建儒家学派,儒家学说后来成为两千多年来中国传统文化的主流思想;私人讲学的发展为各诸侯国培养了大量的人才。但孔子的主张在当时没有得到诸侯国的重视,因为孔子维护周礼的主张不符合春秋时期社会转型的历史趋势;孔子的仁和德治主张不符合春秋时期诸侯争霸斗争的现实需要。

教师:到了战国时期,社会发生巨大变革,思想上出现了百家争鸣的局面。根据教科书,归纳百家争鸣的背景及各学派的思想主张。

学生:背景:1.社会经济发展,阶级关系发生变化,旧的贵族等级体系瓦解,士阶层崛起,要求实现自己的主张。2.战国时期学在官府的传统被打破,出现学在民间的现象。3.各国统治者出于富国强兵的需要,礼贤下士,争相招揽人才。

教师:从这些背景中可以得出什么社会发展的规律?

学生:一定时期的思想文化由一定时期的政治经济所决定。

(战国)诸子学派及主张

学派	代表人物	主张
儒家	孟子、荀子	仁政、民本等
道家	庄子	逍遥、齐物论等
法家	韩非	法治观、改革观、集权观
墨家	墨子	兼爱、非攻、尚贤、节俭
阴阳家	邹衍	阴阳五行(学说)

教师:百家争鸣的焦点是什么?有什么意义?

学生:焦点是解决社会现实问题。它是中国历史上第一次波澜壮阔的思想解放运动,为当时统治者提供了治国方案,为诸侯国积累了人才资源,成为后世中华思想文化的源头活水,影响十分深远。

◆设计意图

这一环节是课标要求的重点内容,学生课下可以拓展阅读一些与诸学派代表人物及其主张相关的书籍。

教师：如果你是战国时期的诸侯国国君，你会采用哪家思想治国？为什么？

对百家争鸣的意义需要进行深入的探讨，这也体现唯物史观中一定时期的思想文化由一定时期的政治经济所决定的基本原理。

◇总结与过渡

大多数同学都选择了法家思想。法家思想更符合新兴地主阶级的利益要求。战国时期诸侯国之间的竞争更为激烈，为了在残酷的竞争中生存下来，各国先后进行变法。

大变革

课前分成的四个研究性学习小组进行教科书课后的“探究与拓展”活动。以教科书提供的史料和素材为依托，通过查找文献、阅读书籍、搜索网络资源等方式完成研究任务，并保存好相关史料文本、图片、音视频等素材，最后进行课堂展示。在研究有关资料的过程中，重点围绕“战国时期变法的必然性”展开，提炼出有效信息，完成各个小组的开放性任务。

小组	任务
第一组：魏国李悝组	编写李悝与魏王关于改革的对话
第二组：楚国吴起组	表演吴起被射杀于楚王身边的历史剧
第三组：秦国商鞅组	写出商鞅起兵造反前的内心独白
第四组：赵武灵王组	评价赵武灵王

课堂分小组展示。（此环节可作为一堂单独的历史角色表演课呈现，也可通过书面形式印发给学生，然后让各小组发言人课上简要汇报。）

各小组展示完成后，分享自己组在搜集、整理材料的过程中的感悟及启示：

1. 改革是社会发展的动力，但道路具有艰

◆设计意图

本环节着力调动学生积极参与小组合作学习，进行共同体式学习，充分发挥学生在历史学习中的主体作用。通过完成开放性的学习任务，学生能够发挥思维想象力和创造力，同时更加切实地培养史料实证和历史解释等核心素养。

难性、复杂性和曲折性。

2.商鞅变法是最为全面、彻底，影响最为深远的改革。

3.改革要循序渐进，要有法律做保证，依法治国。

4.改革家具有勇敢、创新、坚韧等精神品质。

…………

◇总结与过渡

在动荡与变革中，民族关系也在悄然发生着变化，其中也有怪象。

第四怪："胡人变成中原人"

材料9：中山国原为"白狄别种"，但从出土遗迹、遗物来看，到战国时代，它的文化基本上已和中原各国相同，它的文字、器物及墓葬制度基本和中原文化一致。[①]

教师活动：播放视频《如果国宝会说话第二季：鹰顶金冠饰》。

教师：根据材料和视频分析，中原和周边少数民族的界限为什么逐渐模糊？

学生：民族间交往交流交融。

大交融

教师：在春秋战国之前，华夏民族与周边少数民族界限非常明显。

材料10：历史纵横·华夏认同（略，见教科书第10页）。

教师：华夷观念在春秋战国时期是怎样被打破的？这对中华民族共同体的发展有何意义？

材料11：《春秋列国形势图》《战国形势图》（图略，见教科书第9—10页）。

材料12：鲁宣公十一年，辰陵之盟由楚主持，这是夷狄主会盟之始。春秋时著名的蜀之盟、宋之盟、虢之盟等皆由楚主盟。至哀公时，吴、越相继称霸，也主持中原会盟。[②]

①参见齐秀生．社会环境与人才[M]．济南：齐鲁书社，2005:232.

②张全民．试论春秋会盟的特点[J]．吉林大学社会科学学报，1995(4):29-34.

材料13：赵襄子姊出嫁北狄代君，秦女出嫁义渠君，以及蛮夷君长世尚秦女等等。“那时政府因以联姻政策，当作外交的手段，他们在通婚的关系上，却传来许多外族之婚姻制度的知识。”①

材料14：公元前544年，吴国公子季札出使鲁、郑、卫等中原诸国。季札对于各国贵族视为“文明”象征的乐舞与诗歌，皆能一一点评，得其精髓；对于各国政治现状，他也能做出准确的研判。各国原本视江南为蛮荒之地，为“文身断发”的“夷人”聚居之处，季札的到来让他们眼界一开。

——据《史记》等②

学生：通过战争、版图扩张、改革、姻亲关系、诸侯会盟、文化传播等方式促进民族间交往交流交融，以和平交往为主。缩小民族心理差异，使民族在地缘、血缘等方面充分交融，促进中原文化传播到江南，有利于改变中原诸国对江南的认识；有利于黄河与长江流域的文化认同。各民族同祖同源观念滋生和发展，有利于促进中华民族共同体的形成。

◆**设计意图**

本学习环节建立在前四个学习环节的基础上，学生已基本掌握春秋战国时期的时代特征。教学采用比较新的《如果国宝会说话》纪录片和形势图创设情境，激发学生学习的兴趣，为后面问题的回答提供了依据，培养学生时空观念等核心素养。在分析材料过程中，铸牢中华民族共同体意识，充分认识中华民族源远流长的历史和中华民族多元一体的发展历程，培养家国情怀和民族自信心。

◇总结与过渡

正是这样一次次的民族融合使中华民族不断有新鲜血液注入，才使其始终保持勃勃生机，进而创造了光辉灿烂的中华文明。

①刘举，顾丽华.从民族融合看春秋战国中原地区收继婚俗的兴衰[J].黑龙江民族丛刊，2009(1)：104-107.

②转引自2017年新课标全国一卷第47题材料。

二、本课小结

春秋时期，周王朝所确立的旧秩序开始崩溃，但这个时期还不是新制度大规模创建的时代。战国时期是我国历史上的大变革时代，这一时期社会生产方式、国家政治制度、社会意识以及民族关系都在急剧的变动之中。随着社会矛盾、阶级矛盾的激化，各诸侯国社会危机日益加深，在这种局势下，各国的政治家开始在国内推行政治、经济、军事及社会改革，掀起了轰轰烈烈的变法运动。百家争鸣成为后世中华思想文化的源头活水。

第三部分　课后评价系统

一、教学评价

根据《普通高中历史课程标准（2017年版2020年修订）》课程内容要求及学业质量水平的描述，对学生在完成本课学习后的学业成就表现进行评价。

水平1：能够知道春秋战国时期社会发生大变革的根本原因是社会生产力的发展。能够辨识《春秋战国形势图》和材料中的时间与空间表达方式，在叙述春秋战国时代变革时能够运用恰当的时间和空间表达方式。能够理解春秋战国时期是中国历史上的社会转型时期，并同西周与秦朝其他历史知识建立联系。能够辨别教学中对春秋战国时期的历史解释，比如周王室衰微、小农经济、农民阶级与地主阶级、人才流动、百家争鸣、华夏认同等。能够对春秋战国时期社会大变革加以分析，表现出对春秋战国时期社会进步的认同和欣赏。

水平2：能够知道春秋战国时期社会发生大变革的根本原因是社会生产力的发展。了解春秋战国时期是中国古代社会由奴隶社会向封建社会转型的过渡时期。能够将大动荡、大发展、大变革、大繁荣、大交融置于春秋战国的时空框架下，能够运用《春秋战国形势图》对春秋战国时期诸侯混战、经济发展、民族交融等加以描述。能够运用各种类型的史料对春秋战国时期的历史现象进行分析。能够在叙述春秋战国时期社会变革时把握大动荡、大发展、大变革、大繁荣、大交融的各种联系，对春秋战国时期社会变革做出解释。通过春秋战国时期各民族交融的方式，领悟中华民族多元一体的发展格局，并能够增强民族认同和文化认同。

水平3：能够通过生产力与生产关系、经济基础与上层建筑的辩证关系来理解西周到春秋战国时期的变化与延续及其意义。能够把握大动荡、大发展、大变革之间的时间、空间联系，并用特定的时间和空间术语对这一时期的社会变革加以描述和概括，如随着铁犁牛耕的使用，生产力水平提高，小农经济产生，新兴地主阶级为巩固统治纷纷进行变法运动等。小组合作探究活动中，能够利用不同类型史料，对春秋战国时期大变革任务中的材料去伪存真并且能够进行印证，形成对该任务更全面、丰富的解释。能够从这一时期民族交融的过程中，体会中华文明多元一体的发展特点。

水平4：能够通过生产力与生产关系、经济基础与上层建筑的辩证关系来理解西周到春秋战国时期的变化与延续及其意义。对大动荡、大发展、大繁荣的分析，能置于春秋战国时期的时空框架下进行；在对大变革的任务进行独立探究的过程中，能够恰当运用材料做出准确的论述或者提出新的解释。能够在学习过程中，对春秋战国时期繁荣和社会变革进行反思，从中汲取经验教训，更全面、客观地认识改革是社会进步的动力等问题；能够增强对中华文明的认同感，形成正确的民族观和价值观。

二、本节学业质量水平检测

春秋战国时期是中国历史上第一次大规模的人才积累时期，也是各派思想家为统治者提供多种治国理政方案的时期。结合所学，谈谈诸子百家思想对今天的人才观有哪些启示，为今天的治国模式提供了哪些借鉴。(12分)

评价标准	得分	答案示例
观点明确，表述清晰	4分	春秋战国时期各国变法富国强兵，因此当今中国也要进行改革创新，培养创新型人才
提出一个史实，得出较为片面且绝对的结论	6分	春秋战国时期各国进行土地制度改革与军事改革，因此当今社会应注重经济与军事改革，继续实行百家争鸣的学术方针
能够提炼多个史实，能够认识到问题的多个方面，但只能提出一个观点，不能建立起多方面的联系	8分	春秋战国时期，楚国的吴起、魏国的李悝先后进行变法，秦国招贤引进商鞅，这都说明人才对国家发展的重要性，因此要积极引进人才

续表

评价标准	得分	答案示例
能够对问题进行宏观的抽象的理论认识分析，并能总结出规律，进而进行拓展，论述充分，结构严谨，行文规范	12分	春秋战国是社会转型的剧烈变动时期，各国纷纷通过变法富国强兵。当今世界也处于剧变之中，因此需要不断深化改革，方能在激烈的国际竞争中处于不败之地。尤其要深化经济体制改革，同时也要注意人才选拔方式、民主法治、医疗保障等方面的制度健全。在人才培养制度上应不断改革创新，培养推动社会主义现代化建设的新型人才，同时注意国际交流与合作，引进优秀人才，进一步培养本国优秀人才

三、教学设计特点与反思

本课在建构主义的学习理论指导下，运用问题探究式与情境陶冶式相结合的教学模式，提升学生的思维能力，培养学生的家国情怀。

本课教学设计突出的特点在于充分发挥学生历史学习的主体性，运用小组合作的形式，帮助学生走进历史，感悟历史。在完成开放性任务的过程中，领悟改革的不易及改革家的勇敢、创新、坚韧等精神品质。

本课教学设计运用典型的历史故事，增加历史细节，拉近学生与历史的距离，在历史故事中潜移默化地培养学生的价值观。本课运用多种史料，既有文献史料，又有文物图片、形势图和文物纪录片等，使学习内容丰富且有趣。本课还涉及了许多核心历史概念，如会盟、礼乐制度和治国理念等，需要教师在教学过程中进行准确释义。

本课教学设计存在的不足之处在于补充的史料较多，学生可能在一课时内不能完成本课的学习任务。

第2课 诸侯纷争与变法运动(同课异构二)

陈 涛①

第一部分 课前预设系统

一、课标解读

课标的内容要求:通过了解春秋战国时期的经济发展和政治变动,理解战国时期变法运动的必然性;了解老子、孔子的学说;通过孟子、荀子、庄子等了解百家争鸣的局面及其意义。可以从政治、经济、文化三个维度了解这一时期社会的变动与发展,认识到经济基础变动中孕育着新的因素,这些因素推动着国家在政治与思想领域逐渐实现统一,理解统一是此时期社会转型的主流与发展趋势。

二、教学内容分析

春秋战国时期诸侯国在不断兼并的过程中数量不断减少并逐渐走向统一,反映出统一是时代的趋势。在统一的趋势中,各国疆域的变化及少数民族与中原民族的交融反映出华夏多民族共同体的发展。通过政治与经济的变动,理解这一时期变法的必然性,理解各国通过变革推动着时代前进。百家争鸣的实质是中国历史上的第一次思想解放运动,反映出中华文化的源远流长。本课的核心概念主要有社会变革、华夏认同、百家争鸣。关键问题有:诸侯国数量的变化反映出统一是春秋战国时期的大趋势,而这一切的根源都在于经济结构的变动,在变动中多元一体的中华民族逐渐形成。

三、教学对象分析

授课对象为高一学生,这些学生在初中时已初步学习春秋战国时期经济发展的基本状况、诸侯兼并、商鞅变法、百家争鸣等基础知识。但是,初中阶段对

①作者简介:陈涛,四川省东汽八一中学历史教师,赤峰学院历史文化学院2019级学科教学(历史)硕士研究生。

历史发展的客观规律及其本质问题并未展开深入探究。高中阶段,学生需要在原有的认知基础上进行新的意义建构。

四、教学目标

1.运用春秋初期与春秋晚期诸侯国分布图、诸侯兼并的史料、春秋战国诸侯国数量变化图,分析周王室地位的变化和诸侯纷争中所蕴含的统一趋势。通过分析史料“论武德”,评述春秋时期楚国对华夏文化的看法,感悟各民族间深层次的政治与文化认同。

2.通过铁犁牛耕、井田制的图片及对有关临淄富饶的史料的分析,说明春秋战国时期经济基础的变动,解释战国时期社会变法的必然性及变动中所孕育的新秩序。

3.阅读教科书,概括各学派的主要代表人物及思想主张,分析百家争鸣的历史意义,体会诸子百家寻求解决社会现实问题的社会责任感。

五、教学重难点

1.教学重点:春秋战国时期社会变化与变法运动产生的原因;百家争鸣局面的形成及意义。

2.教学难点:百家争鸣局面形成与社会变革之间的关系。

六、教学立意与整体思路

本课教学设计围绕“统一”主题展开。在已有知识的基础上,以问题为驱动,引导学生以史料研习为依托进行深入探究,理解这一时期“纷争中存统一、变动中孕新生、争鸣中有共性”的社会时代特征,认识这一时期在统一多民族国家形成进程中的地位和作用,从而获得新知识、新解释、新感悟,以实现新旧知识的融合与迁移。

展示周王室疆域变化图与诸侯国数量变化图,使学生了解统一是时代的大趋势;讲述“田氏代齐”与“三家分晋”的故事,使学生更深刻地理解上层建筑动荡的实质是分封制与宗法制的崩溃瓦解;展示“论武德”的材料并向学生讲述楚庄王的故事,使学生认识早期中华民族的交融与华夏观念的形成。

教师为学生展示材料与图片,学生理解生产力的发展推动社会的变革,随着社会生产力的发展,各国通过变法寻求富强是必然的选择;在一系列变动中旧秩序崩溃,新秩序孕育而生。

为学生提供图文材料，使其进一步理解统一不仅仅出现在政治领域，思想领域也开始出现寻求统一的需求，可见统一是时代的潮流。百家争鸣中各个学派的政治主张不同，但是它们都在为寻求社会的进步而不断努力，百家争鸣也成为中国思想文化发展的源头。

通过活动探究，学生能将诸子百家的思想融入生活实际，进而深入理解问题实质。

最后对本课进行小结，总结这一时期统一是大趋势，而政治上的变动是由于生产力的发展，思想领域的变化也进一步推动了此后统一多民族国家的发展。

七、板书设计

第二部分　课堂实施系统

一、教学活动过程

(一)导入环节

教师活动：展示虢国墓地出土的“虢太子元徒戈”图片(教材第9页)和材料1。

材料1：天下有道，则礼乐征伐自天子出；天下无道，则礼乐征伐自诸侯出。

——《论语·季氏》

◆**设计意图**

利用图文材料创设问题情境，引导学生思考，激发学习兴趣，导入新课学习。

教师：这件文物为什么会出现在诸侯的墓葬中？春秋战国时期礼乐制度为何会下移？礼乐制度下移的过程中，社会发生了怎样的变动？历史又将以何种趋势向前发展？这节课我们就一起来探究“诸侯纷争与变法运动”。

(二)教学内容

1. 纷争中存统一——列国纷争与华夏认同

教师活动：利用时间轴，理清历史事件发展脉络。

学生活动：回忆并联想所学相关知识。

教师活动：展示《西周分封示意图》《春秋列国形势图》(图略，见教科书第6、9页)。

学生：周朝疆域和天子地位发生变化。

教师活动：展示材料2及《春秋战国时期诸侯国数量变化图》①。

材料2：荆(楚)庄王并国二十六，开地三千里……齐桓公并国三十，启地三千里。

——《韩非子·有度》

(晋)献公并国十七，服国三十八。

——《韩非子·难二》

(秦穆公)益国十二，开地千里，遂霸西戎。

——《史记·秦本纪》

◆**设计意图**

利用时间轴，帮助学生定位重要历史事件的时间，培养时空素养。

◆**设计意图**

了解春秋时期周天子地位发生变化，国家从分裂走向统一。

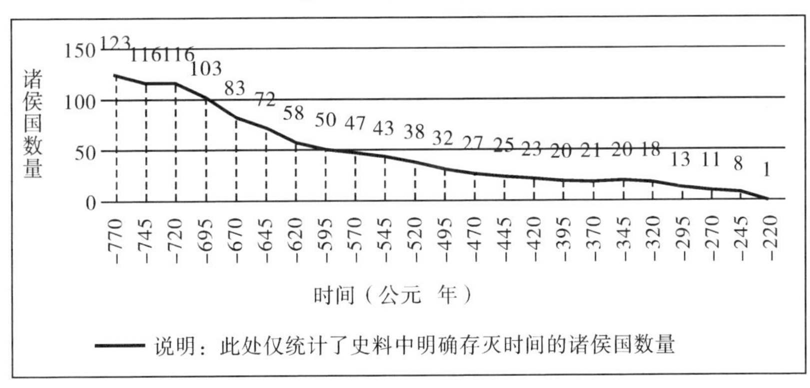

春秋战国时期诸侯国数量变化图

①据陈只信.深度教学视域下历史核心素养的渗透路径——以统编版《诸侯纷争与变法运动》一课为例[J].中学历史教学，2020(11)：13-15.

学生活动:思考诸侯国数量变化的原因。

教师活动:展示春秋初期与三家分晋后的形势图,讲述"三家分晋"与"田氏代齐"的故事。

学生活动:思考这两个事件造成的影响及礼乐制度的下移。

◆设计意图

通过问题思考帮助学生认识礼乐制度逐渐从诸侯下移到各国卿大夫手中。

◇总结与过渡

如果说,春秋时期列国还是在"周礼"的掩饰下进行"无义战",那么,到此时就是彻底的"礼崩乐坏",曾经雄霸中原的齐、晋两国皆被臣子颠覆,是不是意味着周王室也可以被取代呢?

教师活动:展示《战国形势图》(图略,见教科书第10页)。引导学生对这一时期社会形势形成自己的认识。

学生活动:理解上层建筑动荡的实质。

教师活动:展示《春秋列国形势图》(图略,见教科书第9页)及材料3。

◆设计意图

通过被称为蛮夷的楚国与中原交流的事例,了解此时民族交融的状况,理解华夏认同是深层的政治与文化认同。

材料3:潘党曰:"君盍筑武军而收晋尸以为京观?臣闻克敌必示子孙,以无忘武功。"

楚子曰:"……夫武,禁暴、戢兵、保大、定功、安民、和众、丰财者也……今罪无所,而民皆尽忠以死君命,又可(何)以为京观乎?"祀于河,作先君宫,告成事而还。①

学生活动:认识楚庄王对华夏"德"的理解并认识到在对抗中多元一体的中华民族逐渐形成。

◇总结与过渡

列国纷争中存在着统一的因素,民族关系的发展也促进了华夏认同,这都有助于推动历史发生巨大变革。一切的根源都来自经济基础的变动,在变动中新的社会秩序孕育而生。此时的社会经济发生了怎样的变化呢?

①杨伯峻.春秋左传注[M].北京:中华书局,2018:636-639.

2. 变动中孕新生——经济发展与变法运动

教师活动：展示铁制农具、青铜牛尊图片和材料4、材料5、材料6。

铁制农具　　　　青铜牛尊

材料4：今以众地者，公作则迟，有所匿其力也；分地则速，无所匿其力也。

——《吕氏春秋·审分》

> ◆设计意图
> 通过材料与图片设置问题，思考、理解“生产力的发展促进生产关系的变革，经济基础决定上层建筑”。

材料5：临淄甚富而实，其民无不吹竽鼓瑟，弹琴击筑，斗鸡走狗，六博蹋鞠者。临淄之途，车毂击，人肩摩，连衽成帷，举袂成幕，挥汗成雨，家殷人足，志高气扬。（教科书第11页）

材料6：吕不韦者，阳翟大贾人也。往来贩贱卖贵，家累千金……庄襄王元年，以吕不韦为丞相，封为文信侯……庄襄王即位三年，薨，太子政立为王，尊吕不韦为相国，号称“仲父”。

——《史记·吕不韦列传》

学生活动：认识这一时期经济上的变动。

◇总结与过渡

经济的发展，使新兴地主阶级出现，他们开始寻求在政治上维护自己的利益。同时，为了能够在残酷的社会环境中生存下来，各国开始寻求富国强兵之道，变法图强。在诸多的变法中，秦国的商鞅变法是最成功、最彻底的一次改革。

教师活动：展示商鞅变法内容表格。

学生活动：自主归纳表格并分析商鞅变法中的新因素。

◆**设计意图**

通过阅读教科书、归纳表格，总结商鞅变法中出现的新因素。经济基础的变化推动了新社会阶层以及新秩序的建立。

<table>
<tr><th>领域</th><th>破旧</th><th>立新</th></tr>
<tr><td rowspan="2">政治</td><td rowspan="2">打破“世卿世禄”制度</td><td>军功爵制</td></tr>
<tr><td>设县制</td></tr>
<tr><td rowspan="2">经济</td><td rowspan="2">废井田</td><td>开阡陌</td></tr>
<tr><td>重农抑商、奖励耕织</td></tr>
<tr><td>军事</td><td>打破贵族军事垄断</td><td>军功爵制</td></tr>
<tr><td>文化</td><td>“燔诗书”</td><td>“明法令”</td></tr>
<tr><td>社会风俗</td><td></td><td>民有二男以上不分异者，倍其赋
（行分户分家之策）</td></tr>
<tr><td>社会组织</td><td></td><td>令民为什伍，而相牧司连坐
（行什伍、连坐法）</td></tr>
<tr><td colspan="3">新的政治秩序：中央集权制度逐步建立</td></tr>
<tr><td colspan="3">新的选官制度：官僚制逐渐取代世袭制</td></tr>
<tr><td colspan="3">新的生产关系：土地私有制</td></tr>
<tr><td colspan="3">新的阶级：新兴地主阶级</td></tr>
</table>

◇总结与过渡

治世不一道，便国不法古。商鞅变法顺应了时代的要求与历史发展的潮流，使秦国逐步实现了富国强兵，最终能够结束分裂，实现统一。在一系列变动中旧秩序崩溃，新秩序孕育而生。

3. 争鸣中有共性——百家争鸣

教师活动:展示图片《孔子圣迹图·退修诗书》及材料7、材料8。

《孔子圣迹图·退修诗书》

材料7:孔子以《诗》《书》《礼》《乐》教,弟子盖三千焉,身通六艺者七十有二人。如颜浊邹之徒,颇受业者甚众。

——《史记·孔子世家》

材料8:主卖官爵,臣卖智力。

——《韩非子·外储说》

教师:士阶层的构成及其特点有哪些?

学生活动:阅读教科书,归纳孔子与老子的思想主张。

孔子	
政治主张	“仁”、为政以德、克己复礼
人性论	性相近
教育观	有教无类
人与自然	敬鬼神而远之

老子	
政治主张	小国寡民、无为而治
哲学观	“道”是万物本原、朴素辩证法、矛盾可互相转化

教师活动：讲述孔子在周游列国时颠沛流离的遭遇，引导学生理解其思想主张在当时不受统治者重视的原因。

◆设计意图

通过士阶层的崛起理解社会结构的变动。

教师活动：展示关于诸子百家主要思想内容的表格及材料9。

学派	代表人物	思想主张
儒家	孟子、荀子	仁政、民本等
墨家	墨子	兼爱、非攻、尚贤、尚俭
道家	庄子	齐物论、逍遥
法家	韩非子	法治观、改革观、集权观
阴阳家	邹衍	阴阳五行(学说)

材料9：定于一。

——《孟子·梁惠王上》

乱莫大于无天子，无天子则强者胜弱。

——《吕氏春秋·有始览·谨听》

学生活动：了解诸子百家力求解决社会现实问题的主张与思想领域中寻求统一的趋势。

◆设计意图

认识诸子百家的思想主张，理解百家争鸣局面形成的原因及其重要意义。统一不仅是政治上的趋势，在思想学术领域也是如此。

◇总结与过渡

百家争鸣是中国历史上第一次思想解放运动，此时的思想家大都对人类的前途、命运持乐观的态度，为实现他们理想的王道、霸道、小康、大同等目标而奋斗不息。百家争鸣奠定了中国思想文化发展的基础并成为后世中国思想文化的源头活水，极大地促进了中国学术文化和思想道德的繁荣发展。

问题探究：运用儒、墨、道、法四家思想主张为增强节约用水意识提出建议。

◆**设计意图**

结合现实生活问题，实现知识迁移运用。

二、本课小结

春秋战国是一个动荡的时代，在兼并战争中诸侯国数量不断减少，纷争中存统一；经济基础的变动，使新兴地主阶层出现，进一步推动了新的社会秩序的建立，变动中孕新生；围绕解决现实问题，士阶层提出了各自的思想主张，造就了百家争鸣的局面，争鸣中有共性。这些都是社会转型的体现，也推动了此后统一多民族国家的形成与发展。

第三部分 课后评价系统

一、教学评价

根据《普通高中历史课程标准（2017年版2020年修订）》课程内容要求及学业质量水平的描述，将学生在完成本课学习后的学业成就表现划分为4级水平。

水平1：能够认识春秋战国时期的诸侯兼并、经济发展是生产力发展的结果；在叙述春秋战国的基本史实时，能够运用恰当的时间与空间表达方式；能够对春秋战国时期的社会大变革进行多方面分析。

水平2：能够运用诸侯国数量分布图描述春秋战国时期的社会变化趋势；能够理解生产力的发展对于春秋战国社会发展的重要性；能够通过分析认识到王权的衰落与诸侯国实力的增强、楚国对中原文化的认同。

水平3：能够运用特定的历史术语对王权衰落、诸侯兼并、三家分晋、战国七雄等基本史实进行描述与概括；能够运用诸子百家的观点解释现实问题；能够对中原文化与周边少数民族文化的交融形成正确的认识。

水平4：能够在正确的时空下分析春秋战国的社会变化；能够对春秋战国的社会变革、经济发展、思想繁荣进行分析并做出合理解释。能够从春秋战国的社会大变革中认识统一的主流趋势；能够评述诸子百家思想观点。

二、本节学业质量水平检测

阅读材料，回答问题。

材料10：孔子极力倡导仁人君子之道。从理想人格的意义讲，孔子所谓的仁人君子不仅应关切个人自我道德品格修养，具备忠信、孝悌、克己、礼让、好学、知勇、仁恕等诸美德，而且更应怀抱经世济民的情怀，“老者安之，朋友信之，少者怀之”，“修己以安人”，“修己以安百姓”。

——林存光《孔子新论》①

材料11：早在先秦前，我国就有了社会保障思想。商朝建立初期，实施了许多爱民、利民的举措；周武王时期，大力提倡爱民、保民主张，西周王朝还实施了慈幼、养老、赈穷、恤贫、宽疾、安富等六项爱民政策。孔子在《礼记》指出“大道之行也，天下为公……故人不独亲其亲，不独子其子；使老有所终，壮有所用，幼有所长，鳏寡孤独废疾者皆有所养”。墨子提出“爱人者，必为人爱，恶人者，必为人恶……饥者得食，寒者得衣，劳者得息”。

——摘编自郭亚雄《中国古代社会保障思想及其行为探究》②

（1）材料10中孔子认为君子应具备怎样的品德？结合所学指出孔子提出这一主张的实质。

（2）据材料11，指出中国古代社会保障制度形成的思想基础。

答案示例：

（1）品德：注重自我修养，具有经世济民情怀。实质：稳定社会秩序，维护奴隶主贵族的统治。

（2）爱民、保民思想；儒家仁、德思想（大同思想）；墨家“兼爱”思想。

三、教学设计特点与反思

本课教学设计运用建构主义的理论，在学生已有知识的基础上，运用材料创设问题情境开展相关学习，帮助学生运用唯物史观看待历史问题，提升家国情怀、民族认同感。通过植入历史故事，吸引学生的学习注意力。但是，设计也存在一些问题。例如，有些问题过于浅显，不能直接引发学生的深度学习，也就不能形成对核心概念的深入理解；使用的史料过多等。

---

①材料转引自2015年天津高考文综试卷。

②郭亚雄．中国古代社会保障思想及其行为探究[J]．江西财经大学学报，2005(5)：58-61.

第3课　秦统一多民族封建国家的建立

王　芳[①]

第一部分　课前预设系统

一、课标解读

本课学习内容在课标中与有关汉朝的学习内容合为一个专题，具体表述：通过了解秦朝的统一业绩和汉朝削藩、开疆拓土、尊崇儒术等举措，认识统一多民族封建国家的建立及巩固在中国历史上的意义；通过了解秦汉时期的社会矛盾和农民起义，认识秦朝崩溃和两汉衰亡的原因。

本课主要包括两个学习要点。第一个学习要点是统一多民族封建国家的建立。首先概括秦朝统一的措施，然后分析秦朝统一在中国历史上的意义。第二个学习要点是秦朝崩溃。在了解秦朝社会矛盾和农民起义的基础上，分析秦朝崩溃的原因。

二、教学内容分析

本课是第一单元的第3课，上承第2课《诸侯纷争与变法运动》，下接第4课《西汉与东汉——统一多民族封建国家的巩固》，起到承上启下的重要作用。本课主要叙述的是秦统一多民族国家的建立，包括三个子目。第一子目“秦的统一”是本课的重点，包括统一的原因、措施和意义。第二、三子目内容较为简单，第二子目“秦朝的暴政”，涉及秦朝徭役繁重、大兴土木、严刑峻法，激化阶级矛盾；第三子目“秦末农民起义与秦的速亡”涉及陈胜、吴广农民起义和楚汉之争。

本课丰富的图文材料为教学设计提供了充实的史料资源。第14页和第18页设置的两个“学思之窗”，将正文、材料、问题三者结合，综合提升学生的分析思考能力和历史思维能力。第15页的“史料阅读”主要介绍历代给予秦始皇统

①作者简介：王芳，中学二级教师，赤峰第十中学历史教师。

一和秦制的高度评价,第17页的"史料阅读"主要介绍汉初贾谊在《过秦论》中分析秦朝速亡的原因。第19页的"探究与拓展"中的"问题探究"从秦良好吏治说明秦统一六国的原因,"学习拓展"介绍湖北云梦睡虎地秦墓出土有关秦律的竹简,使学生认识出土文献的重要性,提高史料实证的核心素养。

本课涉及大概念众多,例如大一统、远交近攻、君主专制中央集权、皇帝制度、三公九卿、郡县制、车同轨、书同文、统一度量衡、焚书坑儒、陈胜吴广起义、楚汉争霸等。

三、教学对象分析

学生经过七年级上册第三单元第9课《秦统一中国》与第10课《秦末农民大起义》的系统学习,对秦朝的统一与灭亡的史实有了基本的掌握。已学内容主要有秦灭六国、确立中央集权制度、巩固统一的措施、秦的暴政和秦末农民大起义,与本节高中课程的学习内容基本一致。为了既能避免与初中课程学习的视角重叠,又能使学生深入理解所学知识,本课的教学设计比较注重历史情境的创设、史料的解读和史观的引领,本着由浅入深的原则,能够让学生达到最近发展区。

四、教学目标

1.能够从历史发展规律的角度分析秦统一的原因,结合形势图描述秦统一的时空顺序,说明秦朝是我国第一个统一多民族封建国家。

2.能够概括秦朝统一的措施,解释君主专制主义中央集权制度的概念,分析秦建立统一多民族封建国家的历史意义。

3.结合相关所学阐述秦朝灭亡的原因,能够通过秦末农民大起义认识到以民为本的重要性,总结经验教训。

五、教学重难点

1.教学重点:秦统一多民族封建国家的建立及历史意义。

2.教学难点:理解君主专制主义中央集权制度的内涵。

六、教学立意与整体思路

本课设计将以"秦兴亡"为主题展开,具体设计分为:第一部分 兴——秦王扫六合,虎视何雄哉! 因为本课具有承上启下的地位,上承大一统国家尚未建立，下启大一统国家巩固，所以“兴”这一部分的立意在于“大一统”局面的创建，从疆域与政治等多个维度讲解；第二部分 亡——楚人一炬，可怜焦土！此部分内容与上一部分内容在逻辑上前后关联，结合史料探究秦朝灭亡的原因，总结经验教训。为了突破重难点，本课采用图文史料等创设问题情境。引导学生在阅读地图的过程中增强时空观念，在阅读、分析史料的过程中提高史料实证和历史解释等能力。

七、板书设计

第3课　秦统一多民族封建国家的建立

第二部分　课堂实施系统

一、教学活动过程

（一）导入环节

以万里长城为背景，用篆体字呈现“秦始皇”名称，并出示唐代李白《古风·其三》：“秦王扫六合，虎视何雄哉！挥剑决浮云，诸侯尽西来。”

教师：通过李白的诗句，我们可以感受到嬴政消灭六国一统天下的威风，凭借此“风”，我们首先学习秦始皇是如何一统天下的。

> **◆设计意图**
> 通过文字和图像史料，创设历史情境，激发学生学习的兴趣和求知欲，引导学生感受历史脉动。

(二)教学内容

第一部分:兴——秦王扫六合,虎视何雄哉!

解释"(大)统一"与"大一统"的区别:"(大)统一"指疆域统一,地理意义上的统一。"大一统"所涵盖的范围比"(大)统一"要广得多,"大一统"不仅是疆域的统一,更是政治、经济和思想文化等的统一。

1. 疆域统一

(1)统一的原因

材料1:《春秋列国形势图》《战国形势图》(图略,见教科书第9—10页)。

教师:图中诸侯国数量的变化说明了什么?

学生:春秋时期诸侯国数量多,经过长期征战,战国时期只剩下齐、楚、秦、燕、赵、魏、韩七个诸侯国,形成统一的趋势。

◆设计意图

学生通过形势图的变化可以更直观地感受到国家统一成为大势所趋。

◇总结与过渡

战国中后期,统一成为大势所趋,但最终为什么是秦国完成了统一,而不是其他六国呢?

材料2:秦的大一统,反映了春秋战国时代的历史大趋势,具有坚实的基础。随着商业和交通的发展,中原地区与周边地区的联系与交往也比以往更为密切,正如《荀子》所说,当时已出现"四海之内若一家"的状况。各国的变法虽有程度不同的差异,但总体目标是一致的,这种同一性为建立一个中央集权国家奠定了基础。况且分裂割据不利于经济、文化的交流,各国各阶层都渴望统一。①

教师:根据材料,并结合本课导言、第14页的"学思之窗"和第19页的"问题探究",提取关键历史信息,从客观与主观角度概括秦统一的原因。

①樊树志.国史概要[M].上海:复旦大学出版社,2021:65.

学生：客观原因：诸侯纷争给人民带来灾难，人民渴望安定统一；各民族、各地区之间经济文化交流加强。主观原因：秦国通过商鞅变法日益强盛；地理位置优越，物质基础雄厚；历代秦王励精图治，广纳贤才，吏治较为清明。

◆**设计意图**

初中统编教科书中对秦统一的条件分别从连年战争人民渴望统一、商鞅变法和秦王嬴政积极谋划统一大计三个方面进行了介绍。通过对高中教科书中史料的合理应用，引导学生开阔思路，提升论从史出的思维能力，从多种角度概括秦统一的原因。

◇总结与过渡

国家统一是历史发展的主流，也符合人民的利益和愿望。在战国时期群雄割据的局面下，实已蕴含着走向统一的有利因素，最终统一的重任落在秦国一方。

(2)统一的过程和意义

材料3：动态图——秦灭六国的过程（远交近攻策略）。

教师：秦国采取远交近攻策略相继灭掉东方六国，建立起第一个统一王朝——秦朝，定都咸阳。随后秦朝继续用兵，征服南越、控制西南夷、北击匈奴、夺取河套，并修筑长城，抵御游牧民族对中原地区的进攻。这些举措，进一步扩大了秦朝的统治范围。

材料4：《秦朝形势图》（图略，见教科书第16页）。

教师：秦朝统一后的疆域如图所示，请思考秦朝实现统一的意义。

学生：秦顺应了历史发展潮流，结束了春秋战国以来的诸侯割据局面，建立起我国历史上第一个统一多民族封建国家，有利于人民生活的安定和社会生产的发展。

◆**设计意图**

通过动态图和形势图，学生理解远交近攻的概念，了解秦朝的疆域，提高时空观念素养。同时引导学生思考秦朝统一的意义，实现重点问题突破。

材料5：根据里耶秦简的记载，前221年，就在秦始皇统一天下后不久，南郡迁陵县的越人便发动了一次规模不是很大的叛乱，袭击了秦朝的军营，很快就被平息。南郡原本是楚国的土地，从里耶秦简的记载来看，即使楚国已经灭亡了两年之久，但秦朝对南郡的统治仍然极为脆弱，这里的百姓，尤其是越人，不仅没有欢庆统一，反而对于秦朝的统治极为反感，经常发生叛乱。

——纪录片《从秦始皇到汉武帝》①

教师：根据材料，我们可以知道，秦虽然可以灭掉六国，但现实的情况并没有想象中的太平，面对空前辽阔的疆域和层出不穷的大小事件，如何进行有效的统治，是摆在秦朝开创者面前的重要问题。

2. 政治统一

政治上建立了君主专制中央集权制度，此制度由君主专制与中央集权组成。

（1）君主专制：是一种决策方式，体现皇帝个人专断独裁，皇帝集国家最高权力于一身，帝位终身，皇位世袭。君主专制解决的是君主个人专权与大臣权力分配的矛盾。

材料6：王初并天下，自以为德兼三皇，功过五帝，乃更号曰“皇帝”，命为“制”，令为“诏”……朕为始皇帝，后世以计数，二世、三世至于万世，传之无穷。

——《资治通鉴·秦纪二》

材料7：丞相诸大臣皆受成事，倚辨于上……天下之事无小大皆决于上。

——《史记·秦始皇本纪》

教师：材料反映出皇帝制度的基本特征及其本质是什么？

学生：皇帝制度的三大特征：皇位世袭、皇权至上、皇帝独尊。本质：君主专制，皇帝对国家事务拥有至高无上的决定权。

◆**设计意图**

通过对材料的分析，获取有效历史信息，提升对材料的概括能力，提高史料实证素养。君主专制的概念与材料相互印证，实现难点问题突破。

教师：三公九卿组成的中央官制建立起了以皇权为中心的行政管理体制（如下图），进一步加强了君主专制。国家军政大事由公卿大臣进行朝议，最后由皇帝决断，既保证皇帝大权独揽又相对减少决策失误。

①选自纪录片《从秦始皇到汉武帝》第二集，北京上造影视文化有限公司2015年出品。

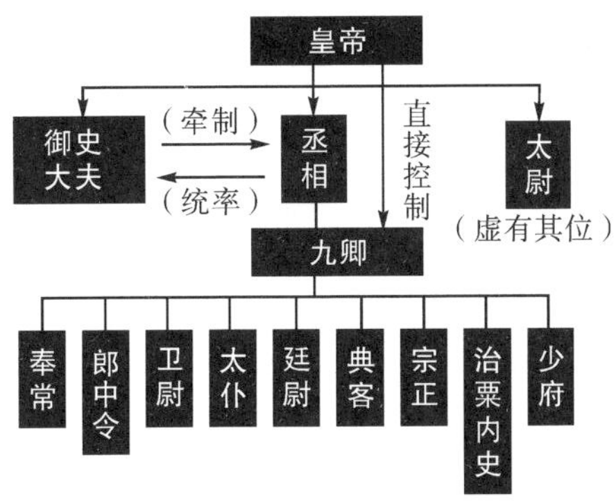

秦朝中央官制结构示意图

(2)中央集权：是相对于地方分权而言，其特点是地方政府在政治、经济、军事等方面没有独立性，必须严格服从中央政府的命令，一切受控于中央。

材料8：丞相绾等言："诸侯初破，燕、齐、荆地远，不为置王，毋以填之。请立诸子，唯上幸许。"……廷尉李斯议曰："周文武所封子弟同姓甚众，然后属疏远，相攻击如仇雠，诸侯更相诛伐，周天子弗能禁止。今海内赖陛下神灵一统，皆为郡县，诸子功臣以公赋税重赏赐之，甚足易制。天下无异意，则安宁之术也。置诸侯不便。"始皇曰："天下共苦战斗不休，以有侯王。赖宗庙，天下初定，又复立国，是树兵也，而求其宁息，岂不难哉！廷尉议是。"

——《史记·秦始皇本纪》

教师：阅读并分析材料，丞相王绾和廷尉李斯争论的焦点是什么？双方各持何种意见？秦始皇最终采纳了谁的建议？为什么？

学生：焦点：地方行政制度。意见：丞相王绾主张分封制，廷尉李斯主张郡县制。秦始皇最终采纳廷尉李斯的建议，因为它更有利于加强中央对地方的控制，符合当时形势需要。

教师活动：比较郡县制和分封制。

◆**设计意图**

通过层层设问，提高学生的历史思维水平。引导学生对分封制和郡县制进行比较，再结合秦始皇的政治需求理解采用郡县制的合理性。中央集权的概念与材料相互印证，实现难点问题突破。

	郡县制	分封制
划分标准	地域	血缘
地方与中央关系	郡县直属中央管辖	诸侯具有较大的独立性
官员产生方式	官员由中央任命	世卿世禄
性质	官僚政治	贵族政治
影响	加强中央对地方的控制	稳定政局,扩大统治范围,但容易出现诸侯割据的局面

通过比较得出结论:郡县制与分封制的主要区别在于地方官员不再世袭,贵族政治被官僚政治所取代,加强了中央对地方的控制。

材料9:郡县之制,垂二千年而弗能改矣,合古今上下皆安之。势之所趋,岂非理而能然哉![1]

教师:材料中王夫之对郡县制进行了高度的评价,结合前面学习的内容,思考秦朝确立的政治制度对当时和后世有何意义。

学生:对当时:君主专制中央集权制度有利于维护国家的统一和社会的安定。对后世:秦朝确立的政治制度被以后的王朝长期沿用,影响深远。

◆**设计意图**

引导学生用历史的眼光看问题,不仅要思考对当时的意义,还要思考对后世的意义,提高学生历史解释能力。

◇总结与过渡

君主专制中央集权制度延续两千余年,直至清朝灭亡才宣告终结。无论是中央还是地方制度的设计均服务于皇权统治的需要,从而确立起皇帝一个人对全国的专制统治。封建专制制度本身赋予了秦始皇至高无上的权力,使他日益走上刚愎自用、专权独裁的道路,为秦朝的灭亡埋下伏笔。

①〔清〕王夫之.读通鉴论[M].北京:中华书局,1975:1.

3. 其他方面的统一

教师:秦朝创制了从上至下的官僚机构,而上下层机构的交流方式是下发公文通知或者上传文件,由此,文字的统一势在必行。除此之外,秦朝还采取了哪些巩固政权的措施?

学生:统一车轨、货币和度量衡,修驰道、直道,颁行法律,编制户籍,迁徙六国贵族豪强到关中、巴蜀等地,整顿社会风俗等。

教师:请思考,秦朝在经济文化等方面的统一措施有何意义?

学生:文字的统一,使政令能够在全国顺利推行,也使不同地域的人民能够顺畅沟通,有利于文化的交流与发展;货币和度量衡的统一,有利于国家对经济的管理,促进各地经济的交流与发展;修驰道、直道等,加强了各地的交通往来。总之,空前统一的封建国家促进了各民族的交往交流交融,推动了统一多民族国家政治、经济、社会的发展。

> ◆**设计意图**
> 归纳概括秦朝巩固统治的措施,以措施为突破口进行探究,让学生思考措施的实际功用,提高学生历史解释能力,再次实现重点问题突破。

◇总结与过渡

秦朝采取的这些巩固政权的措施,不仅有利于巩固当时的统治,而且被后世王朝长期沿用,影响深远。秦始皇认为,他已经通过这些措施完成了内在和外在的统一,完成了一个统一大帝国的塑造,但秦统一措施的推行采取的是强制手段,而非使人心信服的手段,这又为秦朝的灭亡埋下伏笔。

第二部分:亡——楚人一炬,可怜焦土!

1. 秦的暴政

教师:根据教科书第16页的“历史纵横”思考,秦始皇后期国家统治呈现什么特点?表现是什么?

学生:外表强盛的秦朝,存在着严重的统治危机。①穷奢极欲,大兴土木,建造宫殿、陵墓;

> ◆**设计意图**
> 通过对教科书的解读,学生了解秦始皇统治后期秦朝在统治上呈现暴政与反抗相交织,秦朝强大的背后隐藏着巨大的危机。引

②花费巨额钱财求仙访药,以求长生不老;③兴师动众出外巡游、封禅;④刑法严苛,社会阶级矛盾严重激化;⑤焚书坑儒造成了恶劣影响。

导学生知道秦亡是必然的,秦始皇塑造的只是外在的统一,并未完成人心的向服。培养学生自主学习的能力,使其从唯物史观的角度认识秦朝的灭亡。

◇总结与过渡

历史是不断发展的,国家需要不断地做出改变才能适应发展趋势。兼并战争期间与和平治国时期应该采取不同的治国理念,如果采取单一、僵化的治国理念,将会导致灭亡。公元前210年,秦始皇在巡行途中病逝,秦二世继位。他实行严刑峻法,加重人民负担,阶级矛盾和统治阶层内部矛盾尖锐化,人民再也无法忍受下去,一场大规模的农民起义终于爆发。

2. 秦的灭亡

材料10:二世元年七月,发闾左適戍渔阳,九百人屯大泽乡。陈胜、吴广皆次当行,为屯长。会天大雨,道不通,度已失期。失期,法皆斩。

——《史记·陈涉世家》

教师:根据材料,指出陈胜、吴广起义的原因。结合上面秦暴政的表现,解释起义爆发的偶然性与必然性。

学生:必然性——秦的暴政(根本原因)。偶然性——遇雨误期(直接原因)。

教师:陈胜、吴广"斩木为兵,揭竿为旗",天下云集响应。虽然最终陈胜、吴广的起义失败了,但沉重打击了秦朝的统治。这是中国历史上第一次大规模的农民起义,为项羽、刘邦灭秦创造了有利条件。

◆设计意图

指导学生在掌握基本史实的同时注意前后知识的贯通性,与上部分暴政的表现相结合,理解起义爆发的偶然性与必然性,提高学生历史解释的能力。

◇总结与过渡

秦末的农民起义展示了人民的力量,充分表明人民是历史的创造者,水能载舟,亦能覆舟。

3. 楚汉之争

性质：秦朝灭亡后的楚汉之争已非农民起义的范畴，而是属于封建势力内部的争权夺位。

教师：秦朝灭亡后，刘邦和项羽展开了长达四年的楚汉之争。刘邦“约法三章”，废秦苛法，善于用人，听取谏言，指挥得当；项羽刚愎自用，不善用人，赏罚不明，烧杀掳掠，加之分封政策失当，缺乏稳固的根据地，最终被刘邦击败。

◇总结与过渡

楚汉之争已经演变为封建势力内部争权夺位的斗争。刘邦的成功，除了军事策略正确外，更主要的原因是他善于用人、深得民心。

教师：请结合教科书第17页的“史料阅读”，分析秦二世而亡的教训。

学生：①得民心，统一六国；失民心，二世而亡。②法治，治国之保证；人和，强国之源；仁政，安国之策。三者缺一不可。

◆**设计意图**

总结秦短命而亡的教训，有利于塑造健全的人格，树立正确的世界观、人生观和价值观。

二、本课小结

用纪录片《复活的军团》（配合兵马俑的图片）里的一段话作为本课的结束语：让我们再一次凝视这些两千多年前的军人，他们曾经造就了当时世界上庞大的帝国，也造就了我们的历史，两千多年前的那个大帝国仍然和我们血脉相连。

第三部分　课后评价系统

一、教学评价

根据《普通高中历史课程标准(2017年版2020年修订)》课程内容要求及学业质量水平的描述,将学生在完成本课学习后的学业成就表现划分为4级水平。

水平1:能够认识到秦朝实现国家的统一是生产力发展的必然结果,是中国社会转型的必然结果。能够辨识《秦朝形势图》及相关史料中的时间与空间表达方式;在叙述秦朝实现统一、巩固中央集权以及暴政而亡的史实时,能够运用恰当的时间和空间表达方式。在分析秦朝统一的历史背景时,能够依据史料获取信息;能够理解国家统一、中央集权、民族交融等史实之间的内在关联;能够解释秦朝统一的历史意义、秦朝巩固中央集权的各项措施、秦朝灭亡的历史原因等。能够认识统一多民族封建国家建立在中国历史上的意义,增强民族认同感和自豪感。

水平2:能够认识到秦朝实现国家的统一是生产力发展的必然结果,是中国社会转型的必然结果。能够利用秦灭六国的动态图及相关史料对秦的统一进程加以描述,利用《秦朝形势图》和史料对秦朝巩固中央集权的措施加以描述;能够理解空间和环境因素对于秦朝实现统一的重要性。能够运用《史记》等史料对秦朝统一和巩固中央集权的措施进行论证。能够对秦朝迅速灭亡的深层原因等问题提出自己的解释,并能够在叙述中将史实陈述与历史解释结合起来。能够从多种类型的史料中提取相关信息,认识统一多民族封建国家的建立在中国历史上的意义,增强民族认同感和自豪感。

水平3:能够从生产力与生产关系、经济基础与上层建筑的辩证关系来理解秦朝统一和制度变革的过程及意义。能够概括说明秦国后期的变法改革、优越的地理环境、丰厚的物质基础为实现全国性统一奠定了基础。能够利用秦代竹简提供的信息对秦朝制度建设以及迅速灭亡等情况进行深入分析。能够把握秦的统一与春秋战国时期诸侯纷争和变法运动、两汉时期大一统国家的巩固之间的历史联系,从统一多民族国家发展的角度认识秦朝统一和制度建设的意义,增强维护国家统一、民族团结的使命感和责任感。

水平4:能够从生产力与生产关系、经济基础与上层建筑的辩证关系来理解秦朝统一和制度变革的过程及意义。能够利用《春秋列国形势图》和《战国形势图》等材料，在春秋战国这一特定的时间和空间框架下认识秦统一的历史必然性。能够根据教科书和《史记》相关记载独立绘制秦朝大事年表；能够比较、分析不同来源、不同观点的史料，并恰当利用史料论述秦朝制度建设对后世的影响。能够在尽可能占有史料的基础上，尝试验证以往的假说或提出新的解释。比如，秦朝二世而亡是暴政还是急政的结果，或是暴政急政综合作用的结果。能够全面、客观地认识秦朝统一和制度建设的意义，增强维护国家统一、民族团结的使命感和责任感。

二、本节学业质量水平检测

秦始皇用他惊人的气魄和旺盛的精力，在经济、政治、思想文化、社会习俗、交通运输等方面进行了重大的创新，他开创的诸多制度被后世沿用千年，他的丰功伟绩彪炳史册，但他的暴政也警醒着后人。请大家结合今天所学知识，以及教科书第17页的“史料阅读”，就如何评价秦始皇的功与过，谈谈你自己的看法。

方法指导：评价历史人物的一般方法

①要看其是否有利于生产力的发展、社会的进步和国家的统一等。

②抓住历史背景，必须将历史人物放到他所生活的特定历史时代进行评价。

③要坚持论从史出，史论结合；要坚持辩证的方法，一分为二，全面客观。

④克服英雄史观，在承认历史人物个性特点对历史有一定影响的同时，又不能夸大个人在历史上的作用。

三、教学设计特点与反思

本课依据苏联教育家维果茨基提出的“最近发展区”的教学理论进行设计。维果茨基认为学生的发展有两种水平：一种是学生的现有水平，指独立活动时所能达到的解决问题的水平；另一种是学生可能的发展水平，也就是通过教学所获得的潜力。两者之间的差异就是“最近发展区”。学生在初中阶段对本课涉及的秦朝的这段历史已经基本掌握，因此，教师应着眼于学生这个“最近发展区”，为学生提供有难度进阶的问题，调动学生的积极性，发挥其潜能。

本教学设计的不足之处在于个别问题设计比较枯燥，需要增加问题的趣味性，以调动学生学习的积极性。

第4课 西汉与东汉——统一多民族封建国家的巩固

谢 鹏[①]

第一部分 课前预设系统

一、课标解读

课标中关于本课的内容要求:通过了解汉朝削藩、开疆拓土、尊崇儒术等举措,认识统一多民族封建国家的巩固在中国历史上的意义;通过了解两汉时期的社会矛盾和农民起义,认识两汉衰亡的原因。

汉朝变更制度、开疆拓土、尊崇儒术等举措,有利于国家版图的拓展,影响了后世大一统国家的发展模式,发展和巩固了封建君主专制中央集权制度。通过制度建设使政权组织结构更加严密,加大了管理力度;儒家独尊地位的确立,使儒学成为通经入世的重要途径;将儒学作为治国安邦的指导思想,不仅是中国政治发展的里程碑,也自此构建了中国两千多年的以儒学为核心的文化价值体系。西汉中期以来,因选官制度的重大改革,一些具备商业资本、投资土地的地主,既拥有宗族和经济势力,又拥有文化背景,形成盘根错节的高门士族,对朝廷政治进行干预和影响。豪强地主不断积累、发展、壮大,地方豪强地主纷纷拥兵自重。东汉中后期,皇权旁落,外戚与宦官交替专权,豪强地主发展壮大并逐渐转化为割据势力,成为瓦解东汉王朝的重要力量。

①作者简介:谢鹏,中学一级教师,赤峰学院附属中学历史教师。

二、教学内容分析

本课内容包括四个子目:第一子目“西汉的建立与‘文景之治’”,教科书概括了西汉建立,然后介绍了汉初的“汉承秦制”有所损益,休养生息政策及“文景之治”;第二子目“西汉的强盛”是本课重点,用两大段文字来叙述,分量较重,并配了文献和文物图片,内容涉及汉武帝为加强中央集权在政治、经济、思想方面的措施和巩固统一多民族封建国家的意义;第三子目“东汉的兴衰”,主要内容有光武帝强化政治权力、重视经济和儒学,东汉的政治、经济问题,两汉的农民起义;第四子目“两汉的文化”,主要内容包括董仲舒的思想、《史记》与《汉书》、文学及科技等内容。

本课涉及的大概念为大一统、专制主义中央集权、统一多民族国家。本课关键问题是汉武帝时期的大一统举措促进统一多民族国家的巩固。

三、教学对象分析

本课内容涉及初中七年级上册第三单元《秦汉时期:统一多民族国家的建立和巩固》,《义务教育历史课程标准(2022年版)》对这一部分做了如下规定:通过了解西汉“削藩”和尊崇儒术,知道统一多民族封建国家建立和早期发展的过程;通过了解休养生息政策、“文景之治”、张骞通西域、“丝绸之路”的开辟、汉武帝的大一统,知道西汉从建立之初的社会残破发展到国力强盛的变化及原因;通过了解西汉末到东汉的政治、社会动荡,了解佛教传入和道教产生的背景;知道这一时期的重要文化和科技成就,如司马迁与《史记》、蔡伦与造纸术、张仲景与《伤寒杂病论》、华佗的故事等。

初中教科书以五课时详尽介绍。第11课《西汉建立和“文景之治”》,从汉初社会凋敝,采取休养生息政策的原因、内容、影响和文景之治的具体措施展开叙述。第12课《汉武帝巩固大一统王朝》,从“推恩令”的实施,“罢黜百家,独尊儒术”,经济上盐铁专卖,军事上北击匈奴展开介绍。第13课《东汉的兴衰》主要介绍了光武中兴(王莽改制、新朝建立、刘秀称帝、光武中兴的具体措施);东汉中期以后,外戚宦官交替专权,导致东汉走向衰亡;农民起义性质的黄巾起义。第14课《沟通中外文明的“丝绸之路”》主要介绍了张骞通西域、丝绸之路、西汉王朝对西域的管理措施。第15课《两汉的科技和文化》着重介绍了造纸术、张仲景和华佗、历史巨著《史记》、道教和佛教的发展演变。经过初中的学习,学生对一些典故和人物有印象，但对一些概念还缺乏深入理解。高中要用1课时学习这部分内容，学习侧重点应放在对历史思辨能力的培养上。

四、教学目标

1.通过阅读教科书相关内容，梳理西汉初期的经济和政治政策，准确归纳出大一统提出的背景。

2.通过阅读教科书相关内容和史料，分析汉武帝巩固统一多民族封建国家的措施及意义，增强对中华民族、中华文化的认同感。

3.通过阅读教科书相关内容和史料，归纳西汉末年社会矛盾和东汉后期社会问题，分析两汉衰亡的原因。

五、教学重难点

1.教学重点：汉代巩固大一统国家的措施及意义。

2.教学难点：两汉衰亡的原因。

六、教学立意与整体思路

大一统推动统一多民族封建国家的巩固是本课的主题。无论是汉初“无为”、汉武帝“事功”，还是光武帝“柔道”，都是围绕统一多民族封建国家巩固、发展这一内核展开。

本节课由西汉从“无为”到“有为”、东汉由兴到衰和两汉文化三部分内容组成。通过自制汉朝历史发展脉络图，引导学生回顾初中相关历史知识，再现两汉历史发展脉络，进行时空定位，激发学生学习兴趣。

本课第一部分“奠基大一统”由两部分内容组成，一是西汉建立，帮助学生通过阅读教科书，知道西汉建立的基本过程；二是文景之治，通过秦朝灭亡的教训以及汉初面临的社会形势，引导学生得出休养生息的概念，让学生结合教科书和材料，找出“无为”的结果，得出汉初的“无为”之治为汉武帝的“有为”奠定基础的结论。

第二部分“巩固大一统”主要介绍汉武帝时期的“有为”，这是本课重点。由于汉初奠定的基础以及汉武帝即位时期面临的一系列问题，实行“有为”举措是必要的，通过政治大一统、经济大一统、文化大一统等举措，建立起汉大一统王朝相对完整的框架，促进了中华民族的发展，使西汉成为当时世界上最强盛的国家之一。

第三部分"冲击大一统"。西汉灭亡部分,引导学生通过阅读材料,归纳西汉灭亡的原因。光武中兴不是本课重点,让学生自主阅读教科书,知道光武帝的主要举措和取得的效果。东汉灭亡部分,让学生通过阅读材料总结出东汉灭亡的原因。

通过本课的学习,让学生认识到汉朝为国家的统一做出了巨大贡献,维护国家统一是中华民族永恒的任务;体会历史人物对时代的推动,使学生认识到每一个人都是历史的缔造者,鼓励学生顺应时代,树立从自身出发、维护和巩固国家大一统的家国情怀。

七、板书设计

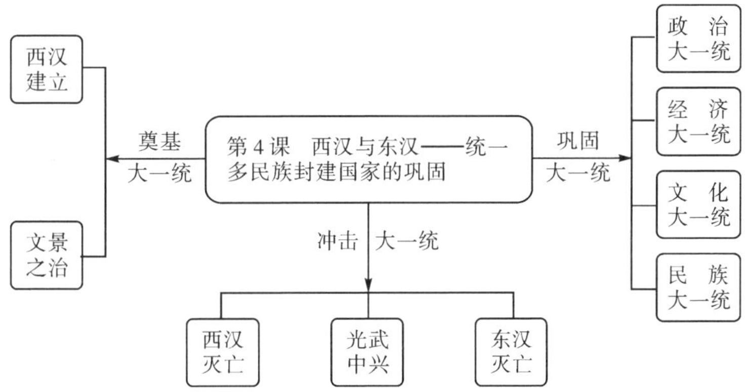

第二部分　课堂实施系统

一、教学活动过程

(一)导入环节

教师活动:播放自制汉朝历史发展脉络图片,时长3分钟,师生互动,构建汉朝历史发展脉络和线索。

教师:从战乱中走出的汉王朝需要休养生息,无为而治的道家思想成为汉初统治者的选择,儒家思想在秉持仁义礼乐的基础上主张维护大一统的中央集权,儒学思想由此真正成为国家的政治统治思想。生产力的提高、制度的完善、人才的涌现,使汉王朝社会稳定、国富民强、思想开放、文化繁荣,形成了我国封建社会又一文明高峰。让我们共同感受这段历史,学习第4课《西汉与东汉——统一多民族封建国家的巩固》。

◆设计意图

引导学生回顾初中知识,同时再现两汉历史发展脉络。

(二)奠基大一统

1. 西汉建立

教师活动:利用PPT演示楚汉战争及西汉建立的过程,运用简短的语言进行概括:公元前202年,刘邦建立汉朝,定都长安,史称西汉。

◇总结与过渡

汉初基本沿袭秦制,但为政方针有重大调整,将恢复经济、稳定社会作为首要任务,取得了显著效果。

2. 文景之治

教师:汉高祖称帝后,汉朝经济萧条,“自天子不能具醇驷,而将相或乘牛车”(《汉书·食货志》)。有鉴于秦亡经验,遂在政策上采取道家“无为而治”的理念。统治者采取休养生息政策,自汉高祖开始,历经几代统治者(惠帝、吕后、文帝、景帝),执行了六七十年,使海内殷富,国力充实。

材料1:汉兴,扫除烦苛,与民休息。至于孝文,加之以恭俭,孝景遵业,五六十载之间,至于移风易俗,黎民醇厚。

——《汉书·景帝纪》

材料2:都鄙廪庾皆满,而府库余货财。京师之钱累巨万,贯朽而不可校。太仓之粟陈陈相因,充溢露积于外,至腐败不可食。众庶街巷有马,阡陌之间成群……为吏者长子孙,居官者以为姓号。

——《史记·平准书》

教师：什么是休养生息政策？其结果如何？

学生：休养生息政策是指西汉初期统治者尊奉无为而治的思想，采取“与民休息”政策，减轻赋税、徭役和刑罚，提倡节俭，减少财政支出等。结果是文帝、景帝时期，经济得到恢复和发展，社会稳定，史称“文景之治”。

◆**设计意图**

通过史料分析，认识“与民休息”的必要性，了解“文景之治”的措施和效果。

◇总结与过渡

经过60余年的休养生息，西汉国力强盛，雄才大略的汉武帝积极有为，顺应时代需要，采取了一系列巩固和发展大一统国家的措施。

（三）巩固大一统

1. 政治大一统

教师：西汉初年的各种制度基本沿袭秦朝，但地方行政制度采取郡县与分封并行制。刘邦在统一战争中分封了7个异姓功臣为诸侯王，他们拥兵自重，对中央集权造成严重威胁。不久，汉高祖将异姓诸侯王逐渐剪除，但又“惩亡秦孤立之败”，陆续分封了一批同姓诸侯王，并对外宣布“非刘氏而王，天下共击之”（《史记·吕太后本纪》）。这些诸侯王“夸州兼郡，连城数十，宫室百官同制京师”。汉中央直接管辖的只有15个郡。这给汉王朝的统治和稳定埋下了隐患。汉景帝在位时，削减诸侯封地，引发了吴楚等七国叛乱。但叛乱不得人心，3个月内即被平定。汉武帝时期，实行了相应的举措。

材料3：偃说上曰：“……愿陛下令诸侯得推恩分子弟，以地侯之。彼人人喜得所愿，上以德施，实分其国，不削而稍弱矣。”于是上从其计。

——《史记·平津侯主父列传》

材料4：制诏御史：“诸侯王或欲推私恩分子弟邑者，令各条上，朕且临定其号名。”

——《史记·建元以来王子侯者年表》

教师：上述材料反映了汉武帝时期实行什么政策？以上措施起到什么作用？

学生：政策——推行“推恩令”。

作用——削弱了诸侯的势力，加强了中央集权。

◇总结与过渡

汉武帝在解决政治危机的同时也意识到，地方之所以能够威胁中央，主要是他们手握国家的经济命脉，所以，汉武帝在经济上也进行了一系列改革。

2. 经济大一统

教师：阅读教科书第21页，归纳汉武帝经济改革的主要措施，并分析其影响。

学生：将铸币权收归中央——加强中央集权；盐铁官营——抑制了豪强富商，形成官府垄断；均输平准——增加国家收入，平抑物价；颁布算缗、告缗令——增加财产税。

◇总结与过渡

维持这样的一个大帝国，经济制度至关重要。汉朝对匈奴的战争动员了几十万兵力，更需要庞大的财政支出。如何集中物力财力办大事，这是摆在汉武帝面前的大问题。汉武帝任用桑弘羊、东郭咸阳、孔仅三个大商人进行经济改革。

(1)统一货币为五铢钱

汉初货币延续秦始皇时代的半两钱，吕后时期发行八铢半两钱，文帝时期发行四铢半两钱(一两为二十四铢)，重量与面额有差异。同时，民间私铸货币，诸侯国自铸货币现象给国内统一市场造成不利影响。武帝统一货币，将铸币权收归中央，提高铸造技术，防止盗铸。五铢钱最初铸于汉武帝元狩五年(前118年)，唐高祖武德四年(621年)废止。它是中国历史上流通最久的钱币。

(2)盐铁官营

盐铁是生活必需品，战国中期，铁农具在富裕阶层广泛使用，到了汉代已经在一般农民中普及。当时的盐铁市场被许多豪强控制，他们囤积居奇，牟取暴利。武帝实行盐铁专卖。在全国设置铁官四十四处，盐官三十二处，没收工具，禁止私自铸铁和煮盐，一方面稳定物价，另一方面扩大财源。后来又把酒的酿造和贩卖收归国营。盐铁官营,打击了豪强,增加了财政收入。

(3)推行均输和平准

谷物价格不稳定威胁到财政安全,为了抑制谷物价格波动,武帝任命洛阳商人之子桑弘羊为治粟都尉,他提出了在地方设置均输官,中央设平准官。均输官负责运输,让物资流通平均化;平准官负责市场,让物价稳定化。平准官熟悉各地物价,让均输官在价低的地方买进货物,运到价格贵的地方出售,运输工具由政府制造,运输人力由农民服役。因此获得了巨大的盈利。

(4)抑制工商业者,征收财产税

据《史记·平准书》记载,通过系列经济措施,政府获得的财物以亿计、奴婢千万人,田地面积大县数百顷、小县百余顷。

汉武帝通过系列经济措施,让各地的货物凭借政治力量得以大量流通,政治力量也因为货物的流通而愈发加强。

◇总结与过渡

在汉武帝采取的所有改革措施之中,影响最为久远的措施就是他采纳董仲舒的建议,实行的"罢黜百家,尊崇儒术"。

3. 文化大一统

材料5:《春秋》大一统者,天地之常经,古今之通谊也。今师异道,人异论,百家殊方,指意不同,是以上亡以持一统;法制数变,下不知所守。臣愚以为诸不在六艺之科孔子之术者,皆绝其道,勿使并进。邪辟之说灭息,然后统纪可一而法度可明,民知所从矣。

——《汉书·董仲舒传》

教师:董仲舒提出了什么建议?目的是什么?结果如何?

学生:建议——罢黜百家,尊崇儒术。

目的——通过思想统一维护大一统政治局面,加强君主专制中央集权。

结果——汉武帝采纳董仲舒建议,独尊儒术,儒学成为我国封建社会的主流意识形态。

材料6:官方儒学……为国家的统治提供了合法性基础,为臣民的生活提供了道德准则,在社会精英层面上维持了一个同质性的文化,为社会下层群体提供了一定程度的从政入仕的机会……官方儒学的产生给予了帝国的精英统一的文化和认同感,弥补了帝国控制能力的不足,这就是大一统局面在两千多年中能得以维持的关键。①

教师:尊崇儒术为何能成为大一统局面在两千多年中得以维持的关键?

学生:为国家统治提供理论支撑,为臣民提供道德准则,为精英提供文化认同,为百姓提供入仕机会。

◇总结与过渡

随着汉武帝大一统思想的逐渐形成和确立,汉武帝在民族关系方面采取了新的举措。

4. 民族大一统

材料7:西汉王朝对边疆各族经略以国力为后盾,依情况不同或战或和,战和相济。在统治方式上亦有所别,有的采取郡县直接管辖而又与汉民有别;有的仍保留该民族原有统治制度,与汉为臣属关系;有的是专设一些统治机构因俗而治。②

教师:依据材料概括西汉对边疆经略的特点。

学生:以维护边疆稳定为出发点,因地制宜,因俗而治。

◇总结与过渡

汉武帝的大一统思想在政治、经济、文化、民族关系等领域得以实践,对中华民族产生了深远影响。

5. 大一统意义

教师:汉武帝顺应时代的需要,内改制度,外攘四夷,采取了一系列巩固和发展大一统的措施。

材料8:尽管汉族与各民族各有其起源、形成、发展的历史,他们的文化、生活方式也不尽相同,但在长期的发展中相互关联、相互补充、相互依存,有

①赵鼎新.中国大一统的历史根源[J].文化纵横,2009(6):102.

②刘彦威.西汉王朝的边疆经略[J].中国边疆史地研究,1997(3):10-20.

整体与不可分割的内在联系,逐渐形成共同的民族利益。因此,汉族是多元一体。汉代是我国多元民族融合的非常重要时期,也是中华民族发展史上一个重要的里程碑。所以,汉族形成于汉代,汉族不是一个单一血统的民族,而是包含了众多民族血脉的民族。①

教师:据材料思考,汉族的形成有何特点?

学生:是华夏族同众多其他民族相互吸附、共同交融形成的新民族,是包含了众多民族血脉的民族。

◆**设计意图**

通过了解汉武帝时期为巩固大一统所采取的措施,从具体措施的历史表象中发现问题,认识到措施和大一统之间的因果关系,建立起相对完整的对汉代大一统王朝的认知框架。

◇总结与过渡

中华民族统一的政治体制和中华文化共同体的观念造就了全民族的政治文化认同心理。统一逐渐成为中华文明的核心思想,并且深深地影响着中国历史发展的轨迹。

(四)冲击大一统

1. 西汉灭亡

教师:西汉后期,政治日趋黑暗,土地兼并剧烈,赋税徭役沉重,破产农民沦为奴婢或流亡,社会动荡不安。

材料9:西汉末年,许多有识之士都看到,当时“民众流亡,去城郭,盗贼并起”的原因,是“吏为残贼,岁增于前”;“百姓贫,盗贼多”的原因,是“吏不良,风俗薄”。汉成帝建始三年(公元前30年)九月颁布的诏书也说,流民众多,正是因为吏治的黑暗难以改变,“苛暴深刻之吏未息”……西汉末年,吏治的腐败已经相当严重。对下层民众残酷压榨,“贪财而慕势”,已经成为“俗吏之治”的普遍风气。②

教师:材料认为导致西汉衰亡的因素是什么?

①朱绍侯,张海鹏,齐涛.中国古代史·上[M].福州:福建人民出版社,2004:217.

②张岂之.中国历史(秦汉魏晋南北朝卷)[M].北京:高等教育出版社,2001:76.

学生：吏治的黑暗。

2. 光武中兴

教师：公元9年，外戚王莽夺取皇位，改国号为新，西汉灭亡。25年，西汉宗室刘秀重建汉朝，不久定都洛阳，史称东汉。刘秀即汉光武帝。随后，刘秀又平定一些割据政权，实现全国统一。光武帝治理天下，“亦欲以柔道行之”，实现了短暂的中兴。

材料10：吾理天下，亦欲以柔道行之。

——《后汉书·光武帝纪》

材料11：光武长于民间，颇达情伪，见稼穑艰难，百姓病害，至天下已定，务用安静，解王莽之繁密，还汉世之轻法。

——《后汉书·循吏列传》

教师：阅读材料并结合教科书第22页，归纳光武帝巩固政权的措施，分析这些措施取得了怎样的效果。

学生：政治上，吸取西汉后期的教训，加强中央集权，严格控制外戚干政；裁并机构，裁减地方官吏，节省政府开支，提倡节俭；整顿吏治，惩处贪污腐败。经济上，恢复西汉的三十税一制；清查全国垦田、户口数量；六次下诏释放奴婢。思想上，提倡文教，重视儒学，“退功臣而进文吏”，以“柔道”治天下。这些措施使社会经济在稳定的政局下重新发展起来。

◇总结与过渡

西汉时期，无论文治还是武功都有巨大的成就。但当辉煌时期一过，帝国便开始衰败。

3. 东汉灭亡

材料12：东汉自和帝以后，几乎都是幼主继位，由太后临朝听政，不便接触大臣，太后就倚重娘家父兄协助处理政务，政权落入外戚之手。皇帝成年后，不甘心受外戚的控制，为了夺回权力，便结纳身边的宦官发动政变，除掉外戚，这又为宦官弄权制造了绝佳的机会。这种围绕皇权争夺而出现的外戚、宦官交替专权，激烈斗争的恶性循环局面，一直持续到东汉灭亡。[①]

①赵长欣.政治腐败下东汉的灭亡[J].长江大学学报(社会科学版),2011(6):185-186.

教师:材料认为导致东汉衰亡的因素是什么?

学生:幼主继位,无力控制政权;外戚、宦官交替专权,恶性斗争。

◆**设计意图**

通过丰富的史料,学生能够多角度观察汉末的社会状况,从而总结出两汉衰亡的原因。在这一过程中,学生的史料实证意识得到增强,能从历史叙述中找到可靠证据,得出自己的历史认识。

二、本课小结

两汉时期,中国历史曲折而灿烂,汉代的政治、经济、思想文化形成新的高峰。俯瞰汉朝历史的足迹,汉民族生根发芽,即将演绎出更多的传奇故事。汉朝的繁荣为中华民族的繁荣昌盛奠定了坚实的基础。

第三部分 课后评价系统

一、教学评价

根据《普通高中历史课程标准(2017年版2020年修订)》课程内容要求及学业质量水平的描述,对学生在完成本课学习后的学业成就表现进行评价。

水平1:能够说出汉初的经济和政治政策。知道从西汉到东汉的演变的基本脉络。归纳汉武帝巩固统一多民族封建国家的措施。能够说出汉朝初期实行休养生息政策、汉武帝推行“推恩令”等基本史实。能够表现出对汉武帝大一统措施的认同,欣赏汉武帝的雄才大略。

水平2:知道西汉从建立之初的社会残破发展到国力强盛的变化是人民群众创造的结果。能够利用时间轴表述两汉时期政权演变进程。能够选择、组织和运用相关材料并使用相关历史术语,对汉武帝实行大一统做出解释。能够通过本课学习增强对两汉文明成就的认同感。

水平3:能够分析两汉后期社会矛盾和农民起义是造成汉朝走向衰亡的重要原因。能够理解儒学作为治国安邦的指导思想,不仅是中国政治发展的里程碑,也自此构建了中国两千多年的以儒学为核心的文化价值体系。能够增强对两汉文明成就的认同感。

水平4:能够独立列举汉武帝巩固政权的措施并加以评析。能够论述大一统对汉民族发展产生的深远意义。能够解释导致两汉衰亡的原因并加以评析。

二、本节学业质量水平检测

1.连环画是一种古老的中国传统艺术,以连续的图画叙述故事、刻画人物,题材广泛,内容多样,是一种老少皆宜的通俗读物。两汉时期是统一的多民族封建国家版图奠基时期,请以“两汉经略边疆”为主题,穿插人物活动,设计一幅边疆管理制度(事件)的组图。

要求:突出汉武帝在边疆管理制度举措上的创新,组图不少于三幅,图文并茂。

2.拓展作业:关于统一成为中国历史发展主流的原因中外专家多有论及。近代学者梁启超认为“中国地形,平原磅礴,阨塞交通,其势自趋于统一”。美国学者费正清对中国古代统一多民族国家内部的一体化现象发出感慨,并指出“中国的地理因素实际上并不利于中央集权,更多的是制度的力量”。现代学者许倬云认为,“秦汉中国能够熔铸为坚实的整体,乃是基于文化、政治、经济各项的‘软实力’”。现代学者田余庆认为,秦汉统一帝国,这样一个帝国不同于世界上任何一个军事政治帝国(亚历山大帝国、古罗马帝国、拿破仑帝国),因为他们所建立的大帝国,不像中国出现秦汉大帝国之前那样有一种几百年来历史的铺垫,没有这样一种坚牢的基础。

根据材料,提取任意一个观点并对其进行评论(要求观点明确,史论结合,逻辑严密)。

[答案示例一]

观点:中华大一统现象的存在,必然有其缘由。

评论:第一,中国中原地区位于欧亚大陆的东部,这里东有大海,西有青藏高原和荒漠,北有西伯利亚高寒区,南有南海和热带高温区。因此,中原地区自然成为亚洲东部的地理中心。第二,以炎帝族和黄帝族为主体的部族各部通婚有利于部族交融,进而促进大一统的形成。第三,从仓颉造字到秦始皇书同文,中国人始终使用象形文字符号,这种文字非常稳定,能够超越语言进行信息交流,极大促成了不同地区、不同民族之间的认同,有利于大一统国家的形成。

结论:中国特殊的地理位置、自然环境、文化传统和文化交流等因素共同造就了中华大一统现象。

[答案示例二]

观点:地理因素是中国古代社会长期统一的原因。

评论:我认为梁启超关于中国古代社会长期统一的原因的观点是片面的。地理环境的相对封闭固然是中国古代社会长期统一的重要因素,但不是决定性因素。古代长期统一,还有很多因素。经济因素:小农经济发展,客观上加强各地经济联系,推动国家统一。制度因素:郡县制等中央集权制度以及封建国家采取的其他巩固统一的措施,促进了国家统一。民族关系因素:民族交融不断加强使民族矛盾逐渐缓和,中华民族内部凝聚力的日益加强是封建国家统一的基本原因。文化心理因素:受儒家大一统文化的影响,文人、君主都以统一中国为目标。

结论:古代中国统一多民族国家不断发展和巩固,由多种因素促成,地理因素只是原因之一。我们要多角度分析问题。

三、教学设计特点与反思

本课围绕课程标准确定主题。这节课时间跨度长,课程容量大,史实众多,若按子目顺序常规讲解,会导致线索零散,思路会比较混乱,所以对教科书内容进行大胆取舍,突出主题教学,将本课内容置于统一多民族国家发展阶段中进行学习。

充分尊重学生的主体性和认知规律,层层推进,由浅入深,既注重基础的落实,又注重对学生思维的拓展与引领,力图让学生对这一历史时期有一个全面且客观的认识,在提出问题解决问题的过程中,充分发挥学生的主体作用,辅之以教师必要的讲解和点拨,从而有效地突破重难点。

充分合理利用教科书资源,培育学生学科核心素养。为了不加重学生负担,对教科书上的资料进行充分挖掘,遵循论从史出的原则,将历史学科核心素养的培养有机融入教学的各个环节,使学生的学科视野得以拓展,学科思维得以提升,学习能力得到提高。

当然,在本课的设计过程中,也存在不足之处。由于时间的关系,一些史料的价值没有得到充分挖掘,一些重要的历史概念也需要进一步阐释。

第二单元

三国两晋南北朝的民族交融与隋唐统一多民族封建国家的发展

单元设计

一、单元概述

本单元学习内容从三国至隋唐，时间跨度近700年，其中三国两晋南北朝是中国历史上典型的动荡时期，同时也是制度变革、区域经济开发、民族交融和思想激烈碰撞的时期。在动荡中孕育的新的发展因素，为隋唐统一的盛世奠定了基础。例如，民族交融大规模发生主要是在两晋南北朝，而隋唐盛世在很大程度上得益于两晋南北朝的民族交融，当时的皇室多有少数民族血统。正如陈寅恪先生所说“李唐一族之所以崛兴，盖取塞外野蛮精悍之血”[①]。在制度创新、区域开发、思想文化方面亦是如此。

所以，在认识三国至隋唐制度变化与创新、民族交融、区域开发和思想文化领域的新成就时，要注重把握这一时期两个时段的内在联系、阶段性特征和历史发展的延续性、发展性，认识到中华民族的发展是各民族共同参与的结果，统一是人心所向、大势所趋。同时要注意把中国历史的发展置于区域历史乃至世界历史发展之中，认识到中华文化对区域文化乃至世界文化发展的影响。

①陈寅恪.金明馆丛稿二编[M].北京:生活·读书·新知三联书店,2001:344.

二、总体目标

课标对本单元的要求:通过了解三国两晋南北朝政权更迭的历史脉络,隋唐时期封建社会的高度繁荣,认识三国两晋南北朝至隋唐时期的制度变化与创新、民族交融、区域开发和思想文化领域的新成就。课标内容分为了解和认识两个层面,分布在本单元的四课之中。依据课标确定本单元的大概念为“民族交融,国家发展”。围绕着单元大概念进行本单元教学,注意引导学生通过了解三国至隋唐时期由分裂走向统一的历史过程,认识到中华民族的发展是各民族不断交融、共同创造的结果。过程中虽有分裂,但统一才是历史发展的必然趋势。要认识到这一时期制度变化与创新、民族交融、区域开发、思想文化领域新成就的取得是诸多因素综合作用的结果,是时代变迁的产物;这一时期国家强盛、交融创新促使文化繁荣领先,文化繁荣领先又促进交融创新、国家强盛。本单元的学习重点是认识三国至隋唐时期民族交融、区域开发、制度创新及中外交流的历史意义,以及思想文化领域的新成就。本单元的学习难点是认识三国至隋唐时期制度变化与创新、民族交融、区域开发、思想文化领域新成就取得的原因。

三、教学策略

围绕单元大概念,通过设置问题和学习任务,引导学生提出问题、主动探究,进行深度学习,实现对知识的理解与迁移运用。

四、活动建议

建议充分利用教科书给出的图片和文字材料,适当取舍;注意问题设置要紧紧围绕业已确定的单元大概念,即“民族交融,国家发展”,以问题为导向,推进教学进程,破解教学重难点;史料运用避免“印证式”史料实证;注意三国两晋南北朝至隋唐时期制度变化与创新、民族交融、区域开发和思想文化内在的延续性、发展性、外延性。

五、评价检测要点

三国至隋唐时期制度变化与创新、民族交融、区域开发和思想文化领域的新成就的表现、特征及形成的原因和影响。

第5课　三国两晋南北朝的政权更迭与民族交融（同课异构一）

鲍彦波①

第一部分　课前预设系统

一、课标解读

课标的内容要求：通过了解三国两晋南北朝政权更迭的历史脉络，认识这一时期制度变化与创新、民族交融、区域开发和思想文化领域的新成就。结合三国两晋南北朝时期国家长期分裂、政权分立和对峙的时代特征，构建这一特定历史时期的历史发展脉络。结合少数民族内迁和三国两晋南北朝时期江南经济的开发等内容，认识北方各民族的交流与交融及江南区域经济的发展成就。结合北魏孝文帝改革的内容、影响和各民族交融的具体史实，探究三国两晋南北朝的民族交融在统一多民族国家发展中的意义。

二、教学内容分析

本课是第二单元第一课，包括三个子目——“三国与西晋”“东晋与南朝”“十六国与北朝”，叙述了三国两晋南北朝的政权更迭与民族交融的全过程。从时空方面看，内容时空跨度大，第一子目注重时序性，第二、三子目则重点围绕政权空间变换。从内容方面看，知识含量大、主题繁多。所以，在授课过程中要注意引导学生准确定位时空，同时还要重点突出这一时期民族交融的新成就、历史意义和现实价值。

三、教学对象分析

初中统编教科书用五课对该部分进行了比较详尽的叙述。在具体内容方

①作者简介：鲍彦波，中学一级教师，赤峰市敖汉旗新惠第六中学历史教师。

面，初中学生对这部分内容缺乏时空上的整体感知，对政权更迭的内在逻辑性也缺乏理解。在学科素养和关键能力方面，刚上高一的学生在史料实证、历史解释、发现问题、分析问题和解决问题等方面有待提高。由于本课涉及的内容时间跨度比较大、知识点比较多，所以课堂教学在夯实基础知识的同时要把教学重点放在学生核心素养培养及思辨能力提升方面。

四、教学目标

1. 运用时间轴、思维导图、历史地图梳理并构建魏晋南北朝政权更迭的基本历史发展脉络，准确地分析魏晋南北朝时期政治大动荡、大分裂的时局变迁。

2. 结合史料从民族交融的角度说明该时期南方经济开发原因、表现及意义。

3. 以北魏孝文帝改革为例，运用相关图文材料从国家大一统和中华民族多元一体角度解释民族交融的历史意义和现实价值，并举例说明统一多民族国家是中华各族人民共同缔造的。

五、教学重难点

1. 教学重点：认识三国两晋南北朝时期民族交融的新成就。

2. 教学难点：理清三国两晋南北朝政权更迭的历史脉络。

六、教学立意与整体思路

本课教学设计依据课标和学情采用逆向设计的方法，确定教学目标—明确评价标准—确定教学任务—整合教学内容。由于本课内容时间跨度大、空间范围广、知识点多，根据课标具体要求，把本课知识进行了重新整合与取舍，主要把握一个主题——变迁与交融，三个层次，分别以三目呈现。第一目“乱世变迁”主要将三国两晋南北朝的时空以及重大史实整合为一部分，这一目又可以根据政权的局部统一和分裂划分为三个阶段。第二目“江南之兴”通过第一部分的政权更迭和民族迁移关系的主线，突出时代特征下的江南经济开发等具体内容。第三目“民族交融”为本课重点内容，通过典型史料来帮助学生认识和体会民族交融的重要意义。

七、板书设计

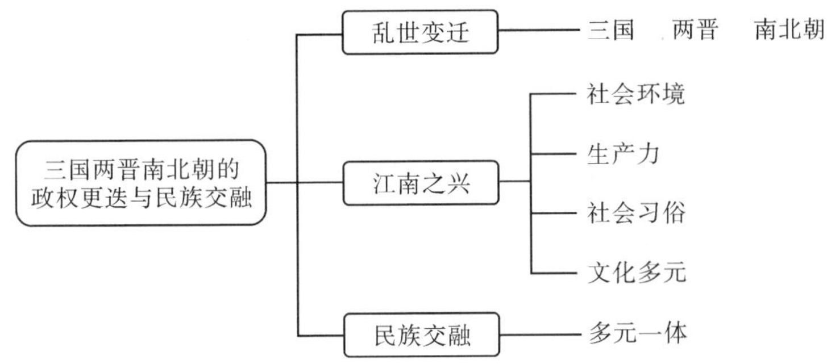

第二部分　课堂实施系统

一、教学活动过程

(一)导入环节

教师:观察《北魏文官俑》《北魏掌衡武士》《魏晋汉人胡食图(魏晋墓砖壁画)》《北魏帝王出御图》四幅图片(图略),你能提取哪些历史信息?

学生:汉族与少数民族在生产、生活、政治等方面相互学习,逐步交融。

◆**设计意图**

利用图文史料,从多个角度直观呈现这一时期的民族交融情况,引导学生从多个视角认识这个时代的主要特征和本课的重难点。再从家国情怀入手突出时代主题,使历史教学贴近社会现实,激发学生的学习兴趣。

◇总结与过渡

一部中国史,就是一部各民族交融汇聚成多元一体中华民族的历史,就是各民族共同缔造、发展、巩固统一的伟大祖国的历史。各民族之所以

◇总结与过渡

团结融合，多元之所以聚为一体，源自各民族文化上的兼收并蓄、经济上的相互依存、情感上的相互亲近，源自中华民族追求团结统一的内生动力[①]。

今天，就让我们一起走近大动荡、大变局、大融合的时代。

（二）新课讲授

第一目　乱世变迁

教师活动：要求学生通读教科书，结合初中历史知识和PPT展示的政权变迁图，抓住几个关键政权名称、时间、人物等信息，简单描述这一时期主要政权更迭的顺序，并小组内创造性地构建时空导图。

学生活动：首先自主学习，通读教科书后，结合PPT展示的政权变迁图在笔记上画出时间轴。其次，小组内部合作完善时间轴并构建时空导图。

材料1：《三国鼎立形势图（262年）》《西晋末年内迁少数民族分布与北方流民南迁示意图》《东晋十六国形势图》（图略，分别见教科书第26、27、29页）。

学生活动：简述朝代更迭，小组内部合作完成时空导图并展示成果。（略）

教师活动：呈现时空导图，帮助学生查缺补漏。

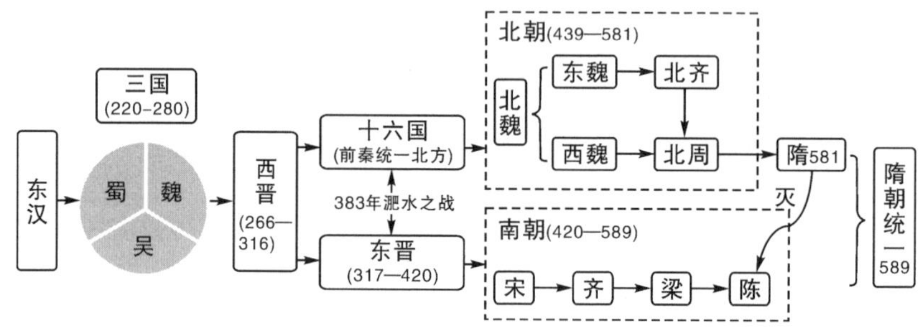

教师：通过以上观察和学习，你发现这一时期具有哪些时代特征？

学生：分裂、动荡、交融、南方经济得到开发……

教师：从这个时期错综复杂的政权更迭中我们可以梳理出以下内容。从时间

①习近平．在全国民族团结进步表彰大会上的讲话[N]．人民日报，2019-09-28(002)．

和空间上梳理出三国（分裂）、西晋（短暂统一）；北方前秦的短暂统一和十六国、北朝（四个政权），南方东晋的局部统一和南朝（四个政权）。这一时期最大的特点之一就是政权更迭频繁。这一时期是介于两个统一帝国之间的分裂动荡时期，有30多个由少数民族和汉民族建立的政权在中原舞台相继登场，上演了一场近400年的民族交融和纷争大戏。

◆设计意图

培养学生"时空观念"的史学素养，以空间调动时间，并运用建构主义方法充分调动学生初中已学知识，让学生通过独立学习获取和解读信息，通过主动选择、加工和处理信息逐步构建新的知识体系。

◇总结与过渡

在政权的纷争与更迭过程中，人口大量迁徙，民族交流频繁，对当时乃至后世的南北方经济影响巨大。假如我们生活在那个时代，请你选取一个角色（南下中原的少数民族、迁往南方的北方流民、南方居民、北方居民等），借助史料及所学知识，体验一下当时的南北方经济和社会习俗等方面的变化并思考变化原因。

第二目　江南之兴

材料2："学思之窗"（略，见教科书第28页）。

材料3：在农业发展的基础上，南方的商业交换也发展起来。魏晋开始，金属货币在北方几乎绝迹，谷帛代替了钱币。但在南方，金属货币的使用却是不断扩大……因为商业交换发达，"关市之征"成为南朝财政收入的必要构成部分。北魏世宗时，甄琛上疏，曾以南朝关市税比北朝的谷帛之输……商业及商业有关的税收在南朝税收中占有重要的地位。

中国和南海各地的贸易，在宋齐这一时期也有发展。广州是南海贸易的大港口。南海各地的货物多从这里进入中国，中国各地的货物也多从这里输出国外。历史记载宋齐时期凡在广州做官的，无不发大财。①

①白寿彝，何兹全．中国通史　第五卷　中古时代·三国两晋南北朝时期（上册）[M].上海：上海人民出版社，1995：306-308.

教师：结合两则材料从农业、手工业、商业及贸易等角度，谈一谈江南地区发生了哪些变化。假如你生活在当时的北方，又会看到哪些景象？

学生活动：从不同角度列举南方各个方面的成就。了解北方此时战乱不休，大批流民逃难到南方。在此基础上回答第二问。

◆设计意图

通过创设情境，帮助学生再现历史，激发学生探究问题的积极性；同时，强化学生对历史背景知识的理解，让学生在学习历史的过程中对历史给予同情和理解。

◇总结与过渡

南方相对稳定，北方人为躲避战祸，大量南迁，在同当地其他民族交错杂居生活过程中，促进了民族交融和江南经济的开发与发展，缩小了南北经济发展差距，为全国经济复兴、全面发展、民族交融奠定坚实基础。同时，北方少数民族的内迁，为中原文化注入了新鲜血液，这些少数民族也感受到了中原文化的巨大魅力。各民族之间经济差异、文化差异、社会习俗和政治差异逐步缩小，民族交融不断加深。

第三目　民族交融

教师：这一时期少数民族内迁，其中北方大部分政权由内迁少数民族建立。它们都采用了中原模式的国号、年号，学习汉族的典章制度。下面各小组通过图文史料从国家大一统和中华民族多元一体角度探究民族交融的历史作用和现实价值。

材料4：《西晋颁给内迁少数民族酋长的“晋归义羌侯”印文》《鲜卑旧墟石室嘎仙洞及祝文》（图略，见教科书第27、29页）。

材料5：北魏开始留意汉制的礼仪文化，仿照汉制建立新的政治框架。“初建台省、置百官，拜公侯、将军、刺史、太守，尚书郎以下悉用文人。”①

材料6：今欲断诸北语，一从正音。年三十以上，习性已久，容或不可卒革；三十以下，见在朝廷之人，语音不听仍旧。若有故为，当降爵黜官。各宜深戒。如此渐习，风化可新。

——《魏书·献文六王传》

①周建江.太和十五年——北魏政治变革研究[M].广州：广东人民出版社，2001:9.

材料7：胡族利用从汉族那儿学到的农耕技术种植五谷杂粮、瓜果蔬菜，使之取代牛羊肉而成为饮食生活的主要部分。①

材料8：南北朝首都的空间距离缩小，双方的制度差异也大大缩小了。改革令北魏进入了一段盛期。王朝着意“文治”，汉族士族的地位明显上升……但没跟上“汉化”时尚的鲜卑武人，未免在政治上黯然失色了……随着洛阳朝廷转向文治，六镇鲜卑将士的仕途变狭窄了，升迁无望，部分人甚至沦落到了“役同所养”的地步。北魏社会由此出现了深刻裂痕。

有远见的人士不禁发出了这样的感慨：“往在代都，武质而治安；中京以来，文华而政乱!”武、质、文、华之词与治、乱之词联系起来，用来指示急剧汉化所造成的种族、文化和阶级裂痕，以及社会的脱序、失调和错位。②

材料9：“学习拓展”(略，见教科书第31页)。

学生：(第一组和第四组解读材料4和材料5)从《西晋颁给内迁少数民族酋长的“晋归义羌侯”印文》中可知羌族在这一时期归顺了西晋；从《鲜卑旧墟石室嘎仙洞及祝文》中能得出鲜卑族是我国古代北方少数民族之一的结论，结合教科书得知北魏孝文帝采取的一系列措施极大地推动了民族交融。

学生：(第二组解读材料6和材料7)依据史料说明这一时期少数民族和汉族的社会习俗互相影响，推动民族交融，民族间差异缩小，但主要以少数民族学习汉文化为主。

学生：(第三组解读材料8和材料9)依据史料说明民族交融的过程从长远来看有着巨大的积极意义，但在当时产生一定的负面影响，例如材料中的移植门阀制度，生活腐化、政治日益腐败，引发社会矛盾；造成统治集团内部分裂，为后来北魏分裂埋下隐患；改鲜卑勇武之风为汉人文弱之风，削弱北魏军事力量等。民族交融的历史并非一帆风顺，而是具有长期性和曲折性。

教师：总的来说，这一时期民族的交往交流交融体现了各民族相互影响的特点，但是主要以少数民族学习中原文化为主，同样少数民族也在

◆设计意图

通过分组研读和探究相关史料，培养学生甄别史料和提取有效信息的能力，提高学生史料实证的素养。从具体教学内容上看，通过史料解读和相互交流，学生对民族交融的意义形成正确理解和解释，认识中华民族多元一体的发展趋势。

①刘岩松.魏晋南北朝胡汉饮食文化的交流与融合[J].经济研究导刊，2012(31)：269-270.

②阎步克.波峰与波谷——秦汉魏晋南北朝的政治文明[M].2版.北京：北京大学出版社，2017：123-124.

服饰、语言、体质、文化习俗等方面影响着汉族，为中原文化注入了新的血液和活力。这使得中华文明的内涵不断丰富，魏晋南北朝经历近400年的分裂和动荡，各民族在交融过程中获得了民族文化认同，增强了民族凝聚力，为下一个大一统时期的到来奠定基础。

◇总结与过渡

回顾历史，中华民族创造了世界历史上唯一从未中断的历史文明，在历史的起伏与文明的兴衰中，各民族共同缔造了统一多民族国家。

二、本课小结

三国两晋南北朝时期各民族的交往交流交融，为中华民族的发展注入了新的动力，进一步丰富了中华民族的物质文明和精神文明，并为隋唐时期统一多民族国家的发展与繁荣奠定了基础。展望未来，铸牢中华民族共同体意识，加强民族团结，加强民族凝聚力，各族人民亲如一家，是中华民族伟大复兴的根本保证。实现中华民族伟大复兴，铸牢中华民族共同体意识就必须树立正确的政治观、历史观、民族观、国家观和文化观，使各族人民充分认识到中华民族是命运共同体，各民族只有把自己的命运同中华民族的命运紧紧联系在一起，才能拥有更加光明的前途，走向更加美好的明天。

◆**设计意图**

将热点内容与教学内容有机结合，既能激发学生的学习兴趣，又能让学生以古鉴今，达到学以致用的目的。学生通过学习能够深刻体会树立正确的政治观、历史观、民族观、国家观和文化观的重要意义，培养民族认同感和历史责任感。

第三部分　课后评价系统

一、教学评价

根据《普通高中历史课程标准（2017年版2020年修订）》课程内容要求及学业质量水平的描述，对学生在完成本课学习后的学业成就表现进行评价。

水平1:能够从生产生活、社会习俗等方面认识魏晋南北朝的时代特征,理解少数民族接受和学习中原文化有利于少数民族的社会转型和民族交融,同时也是生产力发展的必然结果。能够辨识《三国鼎立形势图》等示意图和教科书中的时间、空间的表达方式,初步认识魏晋南北朝在整个中国古代史中的时间和空间定位。能够辨识多种类型史料,描述魏晋南北朝时期政治大动荡、大分裂的时局变迁过程。能够表现出对少数民族风俗、文化的尊重,但不过分强调民族差异。

水平2:能够从政治、经济、文化、思想等多个方面分析出这一时期的民族交融的主要成就。能够利用历史地图、年代表、思维导图等,准确描述魏晋南北朝时期朝代更迭的来龙去脉。通过对多种类型史料的分析,能够以史实为依据对民族交融的意义形成正确的解释。

水平3:能够从生产力与生产关系的辩证关系理解南方经济开发的原因和意义。能够利用印文、鲜卑旧墟石室嘎仙洞及祝文等实物史料和记载魏晋南北朝时期史事的文献史料,论证魏晋南北朝时期民族交融的特点,从而做到论从史出、史论结合,增强实证意识。能够对所给材料进行充分解读,多角度、全面地评价魏晋南北朝时期民族交融的影响,对民族交融的意义形成理性的认识。能够综合本课所学知识,深刻体会铸牢中华民族共同体意识与实现中华民族伟大复兴的关系,表现出对中华民族文化等方面的认同。

水平4:从生产力与生产关系、经济基础与上层建筑的辩证关系理解魏晋南北朝时期的时局变迁,尝试运用不同类型的史料论证魏晋南北朝时期江南经济的开发与民族交融之间的关系。能够将魏晋南北朝时期的民族交融情况放在整个中华民族交融的历史框架中,说明魏晋南北朝时期是中华民族大融合的关键时期。在充分理解史料的基础上,对魏晋南北朝时期的民族交融进行全面、客观的论述,能够阐释这一时期少数民族文化与汉族文化的双向互动。综合本课所学内容能够准确叙述中华民族多元一体的发展过程,从国家大一统和中华民族多元一体角度探究民族交融的历史作用和现实价值,践行铸牢中华民族共同体意识。

二、本节学业质量水平检测

各民族交往交流交融是中华民族发展的大势,请简述三国两晋南北朝时期民族交融的主要过程,说明民族交往交流交融对中华民族发展的历史意义与现实作用。

请充分利用网络资源搜集资料，小组合作展示。

评价标准：

1. 能够从生产力是社会发展的决定性因素这一角度出发，认识在生产力不断发展的状况下，各民族相互吸引、相互融合，共同缔造了统一的多民族国家。

2. 能够利用史料，按时间顺序说出或写出这一历史时期中华民族交融的过程。

3. 能够举例说明民族交融的意义，初步了解铸牢中华民族共同体意识的内涵。

◆设计意图

利用所学知识和网络资源，全面了解这一时期民族交融的过程，认识中华民族多元一体的历史发展趋势。通过历史和现实的结合，逐步形成正确的民族观和对中华民族的历史认同感。

4. 通过对所学知识的运用，能够对历史进行反思，能够将历史与现实社会正确联系起来，认识中华民族多元一体的格局是历史发展的必然趋势。

三、教学设计特点与反思

本课教学设计是基于课标设计的，教学的具体实施也应和课标相一致，这样更有利于学习目标的达成。根据新课程改革的相关内容，本课设计以学生学习为中心，以培养学生历史学科五大核心素养为落脚点，采用逆向设计的方法，运用了情境复现、资料研习和问题探究的教学模式。依据课标和学情确定教学目标，再依据教学目标，明确评价标准，确定教学任务，整合教学内容。在教学策略和教学方法上，通过知识构建、创设情境（史料教学）、问题导向（教师启发引领）、学法指导（自主学习、合作学习、探究学习）、多媒体辅助、课堂评价（显性、隐性）等策略和方法，形成“导学—评价—导学”的学生学习型课堂模式。

本课教学设计充分体现了历史学科的育人功能。在授课过程中始终准确把握课标，能够较好地引导学生形成正确的历史观、民族观、国家观、文化观，有利于增强中华民族认同感，对铸牢中华民族共同体意识有着重大现实意义。

从具体的授课过程看，虽然形式有所创新，但课堂教学中学生的知识生成明显不足，直接造成了第二部分讲授的低效；对史料的选取主观性太强，受到预设结果的限制，出现为结论而结论的现象。从内容上看，本课文字史料过多，课堂阅读量比较大，无形中增加了学生的学习负担，学生容易产生疲劳感，与预期让学生达到“乐学、好学、能学”的目标有较大差距。

第5课　三国两晋南北朝的政权更迭与民族交融（同课异构二）

李　明　高慎晶①

第一部分　课前预设系统

一、课标解读

课标的内容要求：通过了解三国两晋南北朝政权更迭的历史脉络，认识这一时期的制度变化与创新、民族交融、区域开发和思想文化领域的新成就。本课作为第二单元第一课，在本单元的教学中起着承上启下的重要作用。应在本单元大概念“民族交融，国家发展”的基础上，重点突出三国两晋南北朝时期民族交融与区域开发等方面的新成就，体现统一多民族封建国家的发展。

学习本课前要厘清“历史的发展历程”“历史的发展脉络”和“民族融合”“民族交融”这两组历史概念。“历史的发展历程”是指历史的发展经过，包括事件发生的原因、经过及影响。“历史的发展脉络”是指在历史的发展过程中发生的大事件，是研究历史的关键点，是历史发展的连接点。“民族融合”一指各民族在发展中相互接近、吸收，民族差别逐渐消失，世界各民族形成一个共同整体的过程。这是历史发展的必然趋势，其结果是民族消亡。二指历史上一些民族（或其一部分）自然形成一体的现象。“民族交融”是对我国各民族在当前的交往交流中共同性不断增加，相互之间的关系朝着更加包容、亲近、认同的趋势发展的概括，是为推动各民族共同团结进步、共同繁荣发展提出的新思路②。民族交融是民族关系发展中的一个自然状态，它意味着不同民族之间各方面交往、交流的增多，更多的是包容“文化多元”的心态和心境，一种对他文化的认可，对中华民族多元一体发展形态的认同。在此基础上相互理解、相互包容、互帮互助，共

①作者简介：李明、高慎晶，赤峰学院历史文化学院2020级学科教学（历史）硕士研究生。

②杨须爱.“三交”理念提出以来的争论及反思[J].西南民族大学学报（人文社会科学版），2016(4):31-37.

同发展，是“和而不同”思想的真正体现①。为何要用“民族交融”替代“民族融合”？根据上面对概念的梳理，我们可以看到二者有很大的差异。民族融合包含着民族差异的消失、民族消亡的意思，而民族交融则包含着尊重差异、包容多样的意思。因此，民族交融比民族融合更加符合我国国情。

区域开发在本课中主要指江南地区的开发，而新成就是指江南开发过程中取得的成就，这也是本课的重点问题。因此在教学过程中，要着重强调江南开发对国家统一、民族交融的重要影响。

二、教学内容分析

本单元主要讲授三国两晋南北朝大分裂和隋唐大一统两个时期（3—10世纪），三国两晋南北朝时期注重民族交融的时代特征，隋唐时期则更加注重大一统的时代特征。本单元在纵向上看是从分裂走向统一的过程，横向上则突出制度的变化与创新、民族交融、区域开发和思想文化领域的新成就。

本课作为第二单元第一课，主要内容为三国两晋南北朝这一以分裂为主的历史时期在分裂中蕴含着统一的趋势。因此，应将国家的分裂统一问题作为本课的核心问题。在讲授中要把握在“国家从分裂到统一”背景下的政权更迭、区域开发和民族交融等重要概念。在政权更迭方面，要注意建构历史事件、历史人物、历史现象之间的相互关联，认识到在政权更迭中实现了区域统一，这蕴含着国家必将统一的因素。在区域开发方面，讲述清楚江南的区域开发和北方经济的恢复这两大核心概念，指出它们一方面促进了南方地区的民族交融，另一方面为之后的统一奠定基础。民族交融主要出现在两晋南北朝时期，正视民族交融的新成就，如少数民族政权顺应历史潮流的封建化改革，促进了国家的统一以及隋唐盛世的出现。

三、教学对象分析

学生通过对初中统编教材第17、18、19课的学习，已经知道官渡之战、赤壁之战、三国鼎立、西晋的兴亡、北方地区的民族交融、北魏孝文帝改革、东晋的兴亡、南朝的政治、江南地区的开发等基本史实。大部分学生已经初步把握了三国两晋南北朝时期政权交替频繁、民族交融加强的阶段性特征。

---

①彭谦，李晓婉．关于促进民族间交往交流交融的思考[J]．齐齐哈尔大学学报（哲学社会科学版），2015(11)：29-31.

高中学习要注重从形象思维向抽象思维的转变。通过运用一定史料将政权更迭、民族交融和区域开发置于国家由分裂走向统一的大背景下，逐步提高学生提取历史信息、归纳总结概括的能力。

四、教学目标

1.通过时空定位，绘制三国两晋南北朝政权更迭图，分析国家分裂的原因，领悟国家统一的必要性。

2.根据教科书并结合材料进行小组讨论，概述江南开发的新成就和影响。

3.通过分析教科书与相关史料，说明民族交融的新成就与影响，加深对我国统一多民族封建国家发展的认识。

4.能运用唯物史观阐明三国两晋南北朝时期国家分裂与统一的历史现象。

五、教学重难点

1.教学重点：民族交融和区域开发。

2.教学难点：运用唯物史观阐明三国两晋南北朝时期国家分裂与统一的历史现象。

六、教学立意与整体思路

本课以“国家的分裂与统一”为主线，将三国两晋南北朝这一时期的政权更迭、区域开发、民族交融相串联，增强学生对国家统一的情感认同。首先以“天下大势，分久必合，合久必分”进行导入，激发学生对本课学习的兴趣，从而过渡到本课第一个教学环节“国家的分裂与统　”。通过梳理二国两晋南北朝时期政权更迭的历史脉络，引导学生认识到国家分裂的原因及危害，进而增强维护国家统一、反对国家分裂的意识。以“八王之乱”、北方战乱频繁，导入第二个环节“江南的开发”的学习。通过引导学生分析相关史料，使其认识到江南经济的开发既促进了南方经济的发展，又促进了民族交融，为国家的统一奠定基础。第三环节“民族交融”以北魏孝文帝改革为切入点，对比前秦苻坚以战争的方式回避已激化的民族矛盾导致战败，北魏孝文帝选用和平的方式进行封建化改革，使北魏政权迅速强大。由此得出：在妥善处理民族矛盾基础上取得的民族交融新成就，不仅使经济进一步发展，也让人们意识到文化认同是分裂走向统一的重要条件。之后，以叙事方式讲述民族政权的再分裂与多民族国家的再统一，使学生进一步掌握三国两晋南北朝时期的阶段特征。最后，课堂小结使学生领悟到“天下大势，分久必合，合久必分”的错误性，进而点明国家统一是历史发展的必然趋势。

七、板书设计

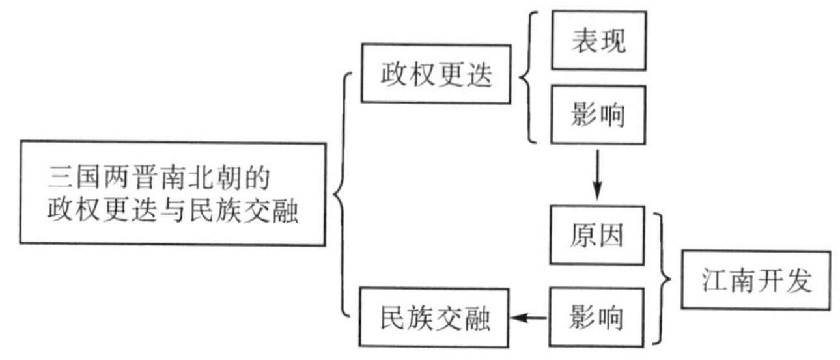

第二部分 课堂实施系统

一、教学活动过程

(一)课前任务

结合《三国鼎立形势图(262年)》《西晋末年内迁少数民族分布与北方流民南迁示意图》《东晋十六国形势图》《北齐、北周、陈对峙形势图(572年)》(图略，分别见教科书第26、27、29、30页)，提取该时间段历史变迁的信息。

◆**设计意图**
使学生对魏晋南北朝的政权更迭有初步的认识。

(二)导入环节

话说天下大势，分久必合，合久必分。周末七国分争，并入于秦。及秦灭之后，楚、汉分争，又并入于汉。汉朝自高祖斩白蛇而起义，一统天下，后来光武中兴，传至献帝，遂分为三国。

——《三国演义(第一回)》

教师：如何理解“天下大势，分久必合，合久必分”？请阐述自己的观点并说明理由。

◆**设计意图**
引导学生多角度分析“天下大势，分久必合，合久必分”这句话，激发学生探寻解决问题的积极性。

(三)新课讲授

环节一:国家的分裂与统一

1.由学生展示课前任务:根据四幅历史地图,阐述你所得到的历史信息。

学生:民族交融、民族大迁徙(少数民族内迁与汉族南迁);国家由分裂到局部统一再到统一的局面(政权管辖范围、区域性统一、分裂中统一的趋势)。

教师:政权更替频繁,国家最终走向统一。

◆**设计意图**

通过分析四幅地图,培养学生提取历史信息、归纳总结的能力,培养学生的时空观。

2.教师与学生共同梳理三国两晋南北朝时期政权更迭的历史脉络。

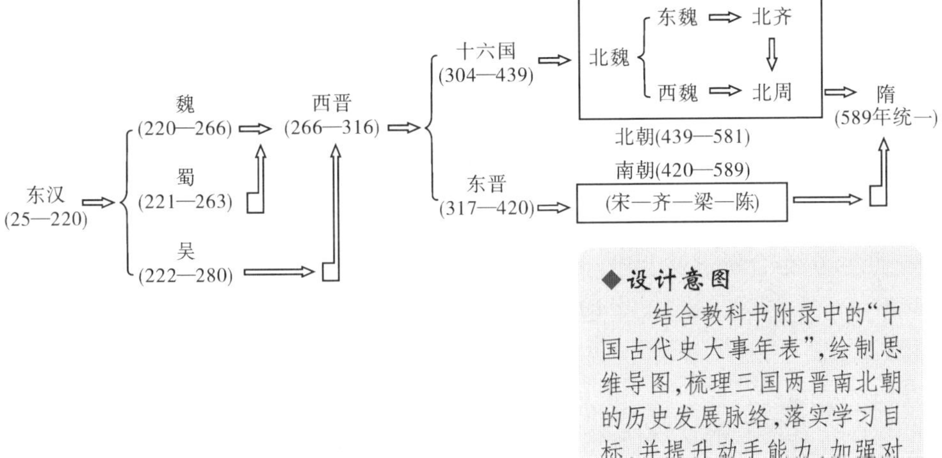

◆**设计意图**

结合教科书附录中的"中国古代史大事年表",绘制思维导图,梳理三国两晋南北朝的历史发展脉络,落实学习目标,并提升动手能力,加强对历史关键问题的理解。

3.国家分裂的原因及危害

材料1:自魏晋以来,仕者多世家。逮南北分裂,凡三百年,而用人之法,多取之世族,如南之王、谢,北之崔、卢,虽朝代推移,鼎迁物改,犹印然以门地自负,上之人亦缘其门地而用之……其起自单族匹士而显贵者,盖所罕见。

——马端临《文献通考》①

材料2:非我族类,其心必异,戎狄志态,不与华同。而因其衰弊,迁之畿服,士庶玩习,侮其轻弱,使其怨恨之气毒于骨髓。至于蕃育众盛,则坐生其心。以贪悍之性,挟愤怒之情,候隙乘便,辄为横逆。

——《晋书》②

①②转引自课程教材研究所、历史课程教材研究开发中心.教师教学用书(中外历史纲要上)[M].北京:人民教育出版社,2019:67.

教师：根据材料并结合所学知识，简述国家分裂的重要原因。

学生：东汉末年以来统治阶层内部腐化、土地兼并严重（第4课所学：东汉的兴衰）；世家大族垄断仕途（材料1）；不平等的民族政策（材料2）……

◆设计意图

通过分析三国两晋南北朝时期国家分裂的原因，学生认识到国家分裂是因为国家的社会治理出现了问题，进而体会社会主义现代化治理体系的重要性。

材料3：西晋末至十六国时期，北方一直处于战乱之中。攻伐相维，兵燹连绵。据《中国军事史》附卷《历代战争年表》统计，在晋、十六国（公元317—420年）全国共有战争272次，居整个封建社会各阶段战争爆发频率之首。而其中发生在北方或与北方交战的就有225次，占83%。时北方战争之多，远超历代，为害之酷亦属罕见。西晋后期的十余年里，史籍中有明确数字记载的因战争而死者达六十万以上。此外，因战乱、饥荒而死的更多。太兴二年（319年）石勒即赵王位，拥有河内等24郡，29万户，而西晋太康元年上述地区约有户60万余，现只剩不到一半。人口减耗，于此可见。十六国时期更甚，"诸夏纷乱，无复农者"，为历史上罕见的动乱年代。①

教师活动：结合所学及上述材料，谈谈你的认识。

◆设计意图

引导学生认识到国家分裂给百姓带来的伤害，认识国家治理体系和治理能力的重要性，提升学生维护国家统一、反对国家分裂的意识。

环节二：江南的开发

教师：晋武帝死后，宗室诸王展开对中央权力的争夺（八王之乱），北方人民为躲避战乱，大批流亡南下，带来了先进的生产技术，也充实了劳动力资源，这为江南的开发带来了契机。

材料4：学思之窗（略，见教科书第28页）。

材料5：《后汉书·郡国志》所载江南的郡国约三十个，而《晋书·地理志上》在总述全国郡国一百七十三之后，云："仍吴所置二十五，仍蜀新置十一，仍魏所置二十一，仍汉旧九十三，置二十三。"以此言之，仅吴、蜀之世就新增了三十六郡，

①李向军.略论十六国时期的少数民族人口——兼与王育民先生商榷[J].民族研究，1990(06)：76-88.

比东汉江南的郡国数增加了一倍多。东晋以降，析增、新置郡县屡见不鲜。①

材料6：1963年底，考古工作者在广东连县西晋“永嘉六年”墓发现的陶水田犁耙模型……横把下面有六个较长耙齿，可以深入土层，划碎那些经犁翻动而未破碎的土块，起到碎土、平整稻田的作用。

……

《晋书·吴隐之传》云：“广州包山带海，珍异所出，一箧之宝，可资数世。”……《南齐书·东南夷传》也说：“南夷……四方珍怪，莫此为先，藏山隐海，瑰宝溢目。商舶远届，委输南州，故交、广富实，牣积王府。”②

教师：根据以上三则材料并结合教科书相关内容，概述江南开发带来的新成就。

学生：汉族与少数民族交融（教科书）；农田开发与耕作方式进步（材料4、材料6）；手工业发展（教科书、材料4）；海外贸易崛起（材料6）；城市大量涌现（材料5）……

◆**设计意图**

本部分属于课标中重点强调的内容，通过小组讨论调动学生学习兴趣，提升学生分析史料、获取信息的能力。引导学生掌握江南经济的开发促进了民族交融，为国家统一奠定基础。

◇总结与过渡

在江南开发的过程中，许多山区的少数民族逐步与汉族交融，促进了民族交融。南方经济逐步赶上北方，有利于南方政权免于分裂，为国家统一奠定基础。

环节三：民族交融

教师：刚才我们讲到了这一时期北方战乱，大量人口南迁，不但促进了江南地区的开发，更促进了南方少数民族和汉族的交融。同学们还知道哪些有关民族交融的历史事实？

学生：北魏孝文帝改革等。

①朱和平．试论六朝南方城市大量涌现的原因、表现及城市经济的特征[J]．中国社会经济史研究，1995(1)：16-24.

②赵庆伟．六朝时期珠江三角洲的经济开发[J]．东南文化，1996(1)：115-120.

1. 民族交融新成就

材料7:西晋王朝崩溃后,北方成为内迁诸少数民族统治者横行的地盘……直到魏孝文帝改革……《洛阳伽蓝记》记载,洛阳城西有周围八里的洛阳大市,按行业分类,有通商、达货、调音、乐律……等10个大商业区……在洛阳的市场里,吃、穿、戴、用、玩乐之物,包括婚丧喜庆所需用品及“天下难得之货”应有尽有,南北口味色色具备,还可尽情享乐冶游。①

材料8:胡服便于骑射,早在战国时就从匈奴传入。东汉末又有不少胡物传进中原,不过当时仅限于少数汉族统治阶级使用,尚未进入寻常百姓家……十六国时,大量胡物随着胡汉杂居,在中原各族中推广……汉族在语言、文学、艺术等方面吸收了少数民族的精华,胡歌、胡乐、胡舞、胡戏等的流行,给汉族为主体的中原文化增添新鲜色彩。②

教师:根据材料并结合教科书相关内容,简述民族交融的方式以及取得的新成就。

学生:民族交融方式主要包括战争和改革两种方式(教科书)。

新成就:少数民族政权封建化(教科书);北方经济的恢复(材料7);农业经济迅速发展(教科书);社会生活发生变化(材料8)……

教师:前秦和北魏在政权建立之初,民族关系都异常严峻,前者以战争(淝水之战)为手段,忽视、回避已激化的民族矛盾,去推进统一大业,结果失败;后者则是直面内部复杂的民族矛盾,采取和平的方式进行封建化改革,促进北方地区民族的交融和经济的恢复,使北魏政权迅速强大起来。无论战争还是改革,都是民族交融的方式。而民族交融、文化认同本身也是由分裂走向统一的重要条件,尽管北魏政权最终并没有完成全国范围的统一,但在北方民族交融的过程中,统一的时机已渐趋成熟。

2. 民族政权分裂与统一

499年孝文帝去世后,北魏即进入内部动乱不已的多事之秋。二十余年之后,爆发了六镇起义,再过十余年,北魏分裂为东魏、西魏二国,实权分别落入高欢、宇文泰之手。稍后,又分别被北齐、北周所取代。

教师:刚刚我们讲到北魏孝文帝改革顺应了北方民族交往交流交融的历史趋势,大大缓解了民族矛盾,促进了北魏的经济发展和社会繁荣。那么,在北魏废

①蒋福亚.魏晋南北朝时期的商品经济和传统市场[J].中国经济史研究,2001(3):108-119.

②白翠琴.论魏晋南北朝民族融合对汉族发展的影响[J].民族研究,1990(3):47-56.

墟上建立的东魏—北齐、西魏—北周两大势力，谁能够继续推动民族交融，在长时间的竞争中占据优势呢？

学生：北周继承了北魏留下的开放、包容的民族政策，综合实力不断提升。577年，北周灭北齐，统一北方。581年，杨坚受禅代周称帝，改国号为隋，北周亡。不久隋灭陈，全国统一，结束了分裂割据的局面。

教师：北周继承了北魏留下的开放、包容的民族政策，保证了西魏—北周政权没有出现明显的民族或文化冲突，有力地推动了民族交融，强化了内部凝聚力，在与东魏—北齐、梁—陈政权竞争中占据上风，为后来隋朝的统一和隋唐盛世的出现奠定了基础。

二、本课小结

展示导入新课《三国演义(第一回)》材料。根据唯物史观并结合本节课所学知识，如何评价这一观点？

教师：通过这节课的学习，我们看到了政权的更迭、战争的残酷，人民群众的内心更加渴望和平。不断的区域性统一、南方区域经济的开发、北方经济在民族交融中不断恢复发展，这一系列因素也为国家统一奠定了基础。

> **◆设计意图**
>
> 点明国家统一不是偶然的，而是在一系列因素下必然发生的结果，在唯物史观的视角下点明“天下大势，分久必合，合久必分”的错误性。

这段材料是对历史表象的简单归纳，没有揭示出历史分裂与统一的特征和深层次原因，只将国家的分裂和统一归纳为时间往复的阶段性特征。它将这一历史结论上升为历史定论，完全是一种简单的历史循环论，是唯心主义的观点，不符合唯物史观，所以，这种说法是错误的。

第三部分 课后评价系统

一、教学评价

根据《普通高中历史课程标准(2017年版2020年修订)》课程内容要求及学业质量水平的描述，将学生在完成本课学习后的学业成就表现划分为4级水平。

水平1:能够认识到北方经济的恢复与发展、南方经济的开发、区域统一以及人民群众渴望和平的愿望为国家统一以及隋唐盛世的出现奠定基础。能够利用教科书地图和相关材料,辨识这一时期政权更迭、江南开发、民族交融和国家统一的相关状况。能够依据史料提取这一时期区域统一、民族交融、江南开发的历史信息并结合所学进行合理说明。能够理解三国两晋南北朝时期民族交融的历史发展趋势,提高对国家、民族的认同感。

水平2:能够认识到北方经济的恢复与发展、南方经济的开发、区域统一以及人民群众渴望和平的愿望为国家统一以及隋唐盛世的出现奠定基础。能够利用教科书地图和相关材料,从时间和空间上理解江南开发、民族交融和国家统一的重要意义。能够利用材料并结合相关历史术语,对民族交融,区域开发的原因、成就等问题做出自己的解释。能够理解三国两晋南北朝时期民族交融的历史发展趋势,提高对国家、民族的认同感。

水平3:能够从生产力与生产关系、经济基础与上层建筑的辩证关系来理解三国两晋南北朝时期的变化、成就及意义。能够把握北方战乱、江南开发和民族交融的时间、空间联系,并用特定的时间和空间术语对三国两晋南北朝这一时期的关键史事加以描述和概括。能够分辨材料中对江南开发、民族交融新成就的不同解释,并尝试说明它们与国家统一的关系。通过建构这段历史发展的前后联系,认识大一统是历史发展的基本趋势和规律、多民族共同缔造是我们的国情。

水平4:能够从生产力与生产关系、经济基础与上层建筑的辩证关系来理解三国两晋南北朝时期的变化、成就及意义。能够在具体的时空框架下,从不同角度对这一时期民族交融和国家统一进行分析,并在此基础上利用不同来源、不同观点的史料对其做出合理论述。通过建构这段历史发展的前后联系,认识大一统是历史发展的基本趋势和规律、多民族共同缔造是我们的国情。

二、本节学业质量水平检测

材料9:一部中国史,就是一部各民族交融汇聚成多元一体中华民族的历史,就是各民族共同缔造、发展、巩固统一的伟大祖国的历史。①

◆**设计意图**

本开放性试题,紧扣民族交融这一重点,帮助学生内化知识,并为接下来隋唐盛世的讲述奠定基础。

①习近平.在全国民族团结进步表彰大会上的讲话[N].人民日报,2019-09-28(002).

材料10：李唐一族之所以崛兴，盖取塞外野蛮精悍之精血，注入中华文化颓废之躯，旧染既除，新机重启，扩大恢张，遂能别创空前之世局。①

任选以上一则材料并结合所学知识，就材料整体或其中任意一点拟定一个论题，并予以阐述。（要求：论题明确，持论有据，论证充分，表达清晰。）

等级	描述
1	没有理解我国统一多民族国家的发展趋势；论述过程没有围绕主题，观点不明确，没有使用相关术语，没有显示出概括或推理的能力。
2	初步阐明了我国统一多民族国家的发展趋势；论述过程大部分游离主题，观点与主题无逻辑，很少使用学科专业术语，概括推理能力未能明显体现。
3	基本阐明了我国统一多民族国家的发展趋势；论述过程基本围绕主题，部分观点可以论证主题，正确使用部分学科专业术语，部分内容体现逻辑概括和推理能力。
4	阐明了我国统一多民族国家的发展趋势；论述过程围绕主题，大部分观点可以证明主题，正确使用大部分学科术语，大部分内容体现出较强的逻辑概括和推理能力。
5	紧紧围绕我国统一多民族国家的发展趋势；论述过程紧紧围绕主题，观点非常契合主题，正确使用学科术语展开论述，整体内容体现出非常强的逻辑概括和推理能力。

三、教学设计特点与反思

1.教学设计特点：

符合理解为先的单元教学设计模式。在课程开始前，对单元主旨进行归纳，并提出核心问题：民族交融与国家统一。在这一核心问题的基础上提出本课的关键问题“国家的分裂与统一”，并以此为线，将本时期的政权更迭、区域开发、民族交融与国家的分裂和统一相关联。根据学情，教师在课前明确学习预期结果、确定恰当评估办法，继而规划相应教学过程，确保学生通过主动建构来巩固所学知识，并将其迁移到新情境中。

符合建构主义相关理念。学生在学习本课时不是空着脑袋进入课堂，他们在初中的学习中已获得一定的知识和经验。在教学中将本课内容设计为三个学习项目，每个项目围绕问题展开，通过图文材料创设历史情境，让学生以合作

①陈寅恪.金明馆丛稿二编[M].北京：生活·读书·新知三联书店，2001：344.

的方式来分析问题和解决问题。这有助于帮助学生提高灵活运用知识的能力，形成有效的问题解决和推理策略，发展他们的自主学习能力。

指向发展学生核心素养的教学理念符合课标要求。设计本课过程中，始终坚持创设历史情境、以问题引领，进行史料研习的教学活动。通过解决本课核心问题“三国两晋南北朝时期国家分裂与统一”，提升了学生的批判性思维和创新能力，培育了学生的唯物史观、历史解释和家国情怀核心素养；结合教科书第188页大事年表和四幅地图绘制脉络图，提升学生的信息获取能力、语言表达能力，培育了学生的时空观念；在探究区域开发和民族交融时，引用部分材料创设历史情境，提升了学生的语言表达以及解决问题的能力。

2.教学反思:

本课在设计过程中共提出三个问题，为突破这三个问题需要运用大量史料，在教学中可能占用过多时间，出现教学任务无法完成的状况，需要教师合理把握教学进度。

历史教学中应更加注重创设情境、情理交融，使理性思维和感性思维相统一，实现学生兴趣和学习目标两者的统一，最终让学生更好地完成学习任务。

第6课 从隋唐盛世到五代十国

杨秋月[①]

第一部分 课前预设系统

一、课标解读

课标的要求:通过了解三国两晋南北朝政权更迭的历史脉络，隋唐时期封建社会的高度繁荣，认识三国两晋南北朝至隋唐时期的制度变化与创新、民族交融、区域开发和思想文化领域的新成就。

①作者简介:杨秋月，中学一级教师，赤峰市阿鲁科尔沁旗天山第一中学副校长。

本课主要讲述从隋唐盛世到五代十国近380年的历史。从历史发展的纵向来看，三国两晋南北朝时期的制度建设、民族交融、区域开发和思想文化成就都为隋唐时期的盛世大一统局面奠定了基础。因此在实际授课中，要注意把这两个时段联系起来考虑，既要探究从隋唐盛世到五代十国的历史兴亡原因，又要联系上一个历史发展阶段思考推动历史发展变化的深层原因和内在联系。例如，本课中，隋朝的“国富”就是在北魏实施均田制以及魏晋南北朝时期江淮以南地区开发的基础上发展起来的，再加之大运河的开凿把政治中心长安、洛阳和江淮以南的富饶之地连接起来，这些都对隋朝的“国富”起到了重要作用。隋唐盛世很大程度上也是两晋南北朝民族交融的成果。从横向来看，制度变化与创新、民族交融、区域开发和思想文化领域的新成就是这一时段的主要特色。据此，本课教学设计侧重民族交融和区域经济开发这两方面。

二、教学内容分析

本单元共有四课，本课是这一单元的第二课，第一课主要讲述三国两晋南北朝的政权更迭和民族交融，在此过程中，北方的民族交融为北朝政权带去了朝气与活力，为隋唐统一在客观上准备了条件。第二课主要叙述隋唐五代十国的历史变迁，这是学习第三、四课制度和文化的基础。本课主要有三个子目：隋朝兴亡，唐朝的繁荣与民族交融，安史之乱、黄巢起义和五代十国。三个子目讲述了王朝兴衰更替的历史脉络以及政权更替的前因后果。根据课标和单元要求，本课的重点内容为：首先，要把隋唐五代的历史放在整个单元的长时段进行时空定位，认识到隋唐盛世局面是在前代的基础上发展起来的；其次是民族关系，主要探讨中原政权的兴衰及其与周边少数民族的互动、对边疆开发的意义；最后是分析唐朝中后期政治局势的变化，即安史之乱、藩镇割据、农民起义的出现，以至唐朝的灭亡、五代十国局面出现。本课的大概念是民族交融和区域开发。关键问题是：第一子目，通过对大运河修建意义的全面认识，分析隋朝盛极一时却短命而亡的原因；第二子目，认识唐朝兴盛的原因以及与周边民族的交融；第三子目，分析安史之乱的原因以及藩镇割据局面的形成。

三、教学对象分析

初中统编历史教科书七年级下册第一单元“繁荣与开放的时代”用五课的内容非常详细地介绍了大运河的开通、唐朝统治者的治国之策、盛唐气象和唐朝的灭亡等重要史实。鉴于高一的学生已经比较系统地学习了隋唐的历史，对此也有了一定了解,高中教科书则又简要介绍隋唐至五代的兴衰过程,所以,本课教学重点突出在“大一统”前提下统一多民族封建国家的发展。根据学生的认知能力,让其通过地图及所学知识,分析地理上的统一;通过对史料的设问与解读,让学生在探究中感受民族交融之下的中华文明的包容性和开放性。

四、教学目标

1.通过对隋炀帝功绩的梳理以及隋朝开通大运河意义的分析,解释隋朝盛极一时和短命而亡的原因。

2.通过分析唐初君臣对隋末长期动乱原因的总结的材料,说明唐初统治者形成不同的时代理想和精神风貌对推动大一统的作用。

3.通过对教科书内容的梳理,指出不同时期唐朝统治者对少数民族的不同政策和民族交融的方式,全面分析民族交融的影响。在此基础上,通过对不同史料的解读,阐述唐朝盛衰与多民族发展之间的关系,领悟中华民族多元一体的发展趋势。

4.通过对比汉唐对待被征服异族政策的不同,分析唐朝安史之乱的原因;通过构建知识框架的方式,总结唐朝走向分裂的过程,认识到五代十国的分裂局面是唐朝藩镇割据的继续,历史的发展必然会走向统一。

五、教学重难点

1.教学重点:隋朝“国富”却短命而亡的原因;唐朝盛衰与多民族发展之间的关系。

2.教学难点:唐朝盛衰与多民族发展之间的关系;安史之乱。

六、教学立意与整体思路

隋唐时期是我国统一多民族封建国家发展的重要阶段,这一阶段盛世气象的出现,是魏晋南北朝时期各民族深刻交融的结果,因此,本课在教学中始终以“民族交融”为核心。本节课对民族关系的分析,要突出唐朝周边少数民族政权对祖国边疆地区开发的积极贡献。

七、板书设计

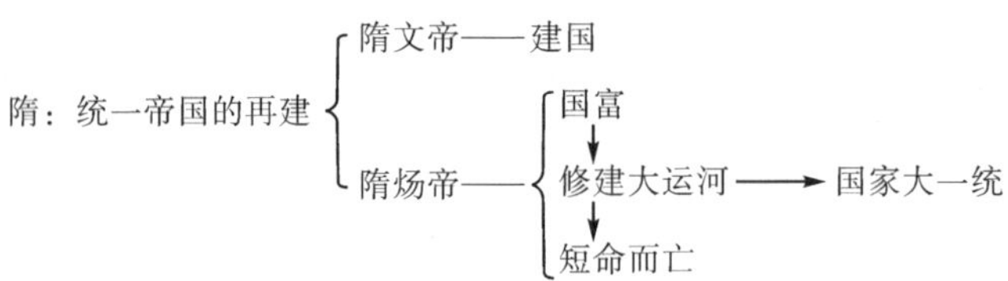

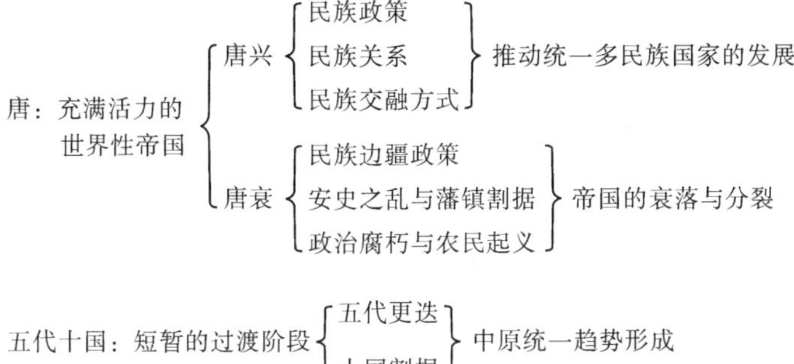

五代十国：短暂的过渡阶段｛五代更迭、十国割据｝中原统一趋势形成

第二部分 课堂实施系统

一、教学活动过程

(一)导入环节

从东汉末到隋初的四百年间,统一势力一直在增长,不管割据势力如何嚣张、游牧民族如何驰骋,最后还是归于统一。

——樊树志《国史概要》[①]

教师:自东汉末年战乱以来,除了西晋的短暂统一,分裂了四百多年的中国在隋唐重新归于一统,在南北朝的对峙中,南朝虽继承了东晋所谓的正统与北朝相抗衡,但也继承了东晋以来腐朽的门阀政治,而北朝的民族交融却给北朝带来了朝气与活力,并结束了南北朝分裂的局面。

(二)新课讲授

隋:统一帝国的再建

隋文帝杨坚有着汉族与鲜卑族混合血统,在他身上兼具汉人胡化、胡人汉化的双重色彩,这种汉人与胡人传统兼容的身份,使他轻而易举地征服了南方的陈朝,恢复了中华帝国的统一。

——樊树志《国史概要》[②]

①②樊树志.国史概要[M].4版.上海:复旦大学出版社,2021:146.

教师:隋文帝杨坚凭借自己北周外戚的特殊身份,代周称帝,建立隋朝,之后便进行了一系列的内政改革,积极进行灭陈准备。尤其是人口清查和按照户等从轻定税的措施,增加了国家的赋税收入,为之后隋朝的繁荣奠定了基础。589年隋文帝派次子杨广率军灭陈,结束了南北长期分裂的局面。(教师出示表一、表二让学生直观了解隋文帝与隋炀帝的建树)

表一

隋文帝 (581—604年)	581年代周称帝——隋朝建立 583年“大索貌阅”——进行人口调查,增加国家编户 585年“输籍定样”——增加政府税收,使“库藏皆满” 589年伐陈统一——结束南北分裂

表二

隋炀帝 (605—618年)	营建东都——统治中心东移 修筑运河——贯通南北漕运的血管 巡游四方——实现“四夷宾服”的霸主地位 三征高丽——权力在秦汉版图上延伸,成就千秋霸业

◇总结与过渡

文帝在位时,有善政也有秕政,他又偏听皇后独孤氏的话,立杨广为太子。隋炀帝在位时,改革科举制度、开运河、营建东都,尽显治国风范。史家评论其“负其富强之资,思逞无厌之欲,狭殷周之制度,尚秦汉之规摹”,从表二中我们可以看出隋炀帝的一系列重大公共工程和对外活动,在隋炀帝的各项活动中,开凿以洛阳为中心的大运河,以其创建帝国的控制体系而饱受争议。

材料1:图一《隋朝大运河示意图》(图略,见义务教育统编教材七年级下册第3页);图二《北齐、北周、陈对峙形势图(572年)》(图略,见教科书第30页)。

材料2:大隋帝国本来是由西边的北周、东边的北齐,还有南边的陈朝三部分组成的。隋文帝时,虽然用军事力量将这三部分强行捆绑为一个统一体,但是内部的裂痕还是无法抹平的。要将这三部分真正焊接为一个不可分割的有机整体，只有靠东都洛阳和大运河将其串接起来。①

材料3：这一网络运河把长江流域、黄河流域以及北方长城沿线，连成一片，使隋帝国能够以南方的粮食和其他物资供养政治中心洛阳，并且给北方边境提供战略后勤保障，为再建的统一帝国提供具体而坚实的物质基础。②

教师：阅读材料1—3，从地理位置、政治作用、经济意义等角度分析隋朝开通大运河的意义。

学生：从地理位置上来说，大运河如一个“人”字，以洛阳为中心，形成了西通关中（洛阳），北抵华北（北京），南达太湖流域（杭州）的通航范围。这条运河纵贯中国最富饶的华北平原和东南沿海地区，沟通了海河、黄河、淮河、长江、钱塘江五大水系，是南北交通的大动脉，是当时各族人民智慧和辛勤劳动的结晶。

从历史价值来看，大运河促进了南北的统一，真正地将北周、北齐和陈朝联系成一个整体；同时大运河又成为南北经济交流的大动脉，提高了洛阳的政治地位，为隋朝的统一奠定坚实的物质基础。

◆**设计意图**

通过读图，学生能够更加直观地定位大运河，并从地理位置的角度总结出大运河对全国疆域统一起到的纽带作用，同时通过补充材料的阅读，学生进一步理解魏晋南北朝时期南方经济的开发对隋朝“国富”的奠基作用以及大运河开通对隋朝政治、经济的影响。

◇总结与过渡

大运河的开凿，把政治中心长安、洛阳和江淮以南的富饶之地联系起来。可见，隋朝的“国富”亦是在魏晋南北朝时期对南方开发基础上的积淀。隋朝开通大运河的全部工程仅用了六年时间，速度之快、效率之高、质量之好都是惊人的，而这些又是当时国家统一、经济发展的反映。隋朝虽短命而亡，但“古今国计之富莫如隋”。

①宗承灏.帝国往事：隋唐大繁华背后的暗伤（605—758）[M].西安：陕西师范大学出版总社，2017：8.

②摘编自樊树志.国史十六讲[M].北京：中华书局，2006：94.

> ◆设计意图
> 通过阅读“问题探究”中的史料,学生感受隋朝的富庶,同时结合皮日休的诗,探究隋朝短命而亡的原因,从而培养历史解释能力。

教师:教科书36页的“问题探究”中有两段史料,反映了隋朝的富庶程度。隋朝在长安、洛阳两都均设有供应朝廷和百姓粮食物资的仓库,除此之外,位于今河南汲县的黎阳仓更是毗邻永济渠的重要粮仓,成为隋炀帝讨伐高丽的供应基地。直到唐朝初年,这些仓库中的粮食布帛还未用尽,但就是这样富庶的隋朝却短命而亡。诗人皮日休通过《汴河怀古二首》表达了对隋炀帝的看法。阅读材料,思考隋朝灭亡与其他朝代灭亡不同的原因。

学生:隋朝国库充盈,但隋炀帝穷奢极欲、大兴土木、滥用民力造成徭役繁重。不仅是修建大运河,隋炀帝征伐高丽、巡游四方更是造成了民不聊生的局面。

◇总结与过渡

隋炀帝自恃国富而滥用民力最终引发大规模起义,导致了隋朝的灭亡。唐初的统治者据此认识到“为君之道”必须以人为本,关心民生,这也成了贞观时期的统治之道。

唐:充满活力的世界性帝国

材料4:上(太宗)御翠微殿,问侍臣曰:“自古帝王虽平定中夏,不能服戎、狄。朕才不逮古人而成功过之,自不谕其故,诸公各率意以实言之。”……上曰:“不然。朕所以能及此者,止由五事耳。自古帝王多疾胜己者,朕见人之善,若己有之。人之行能,不能兼备,朕常弃其所短,取其所长……自古皆贵中华,贱夷、狄,朕独爱之如一,故其种落皆依朕如父母。此五者,朕所以成今日之功也。”

——《资治通鉴·唐纪》

材料5:为君之道,必须先存百姓,若损百姓以奉其身,犹割股以啖腹,腹饱而身毙。

——《贞观政要·君道》

教师：从这两段文字中我们可以看出，唐太宗和大臣们总结的贞观之治的经验有哪些？

学生：知人善任、虚怀纳谏、选贤任能以及开明的民族政策；以民为本的统治思想。

◆**设计意图**

认识唐初贞观之治对唐朝统一安定的重要作用，尤其突出唐太宗的民族观对推进统一多民族国家发展的意义。

◇总结与过渡

贞观君臣认为“民”是一种可以使王朝颠覆的力量，这种“畏民”的思想，使唐初统治者在一段时间里保持居安思危的意识；知人善任，从谏如流，形成了君臣合契的政治理念；对周边少数民族采取一视同仁的民族观，进一步巩固了统一的多民族国家的发展，这些都对唐朝的统一盛世局面发挥了重要作用。

教师：唐朝面临着与以往不同的民族发展格局。根据《唐朝前期疆域和边疆各族分布图（669年）》（图略，见教科书第35页），归纳唐朝民族关系的发展状况。

学生：

◆**设计意图**

学生通过对比汉唐不同的民族政策，在梳理唐朝周边更复杂的民族关系的基础上，体会唐前期统一多民族国家发展的盛世局面。

西汉		唐朝	
北方	匈奴（征战）	北方	东突厥、回纥
西北		西北	西突厥
东北		东北	靺鞨
西部		西部	吐蕃

◇总结与过渡

面对周边的少数民族，唐太宗以“华夏安宁、远戎宾服”作为统治思想，正是这样的民族政策进一步促进了少数民族和汉族的交融，同时对唐朝边疆地区的开发做出了积极贡献。唐朝的国家由它的核心区域和周边的都护府组成，其中安东都护府在平壤，安北都护府在蒙古，安西都护府在中亚，安南都护府在河内[①]。可见，当时政权对周边少数民族的管理已经有专门的机构。

①甘阳，侯旭东．新雅中国史八讲[M]．北京：三联书店，2021:116.

材料6：东突厥灭亡后，唐太宗采取“全其部落，顺其土俗”的开明政策，在东起幽州，西至灵州一带设置了顺、祐、长、化四个都督府，安置内附的十多万突厥人。又在颉利可汗所辖的今内蒙古地区，东面置定襄都督府、西面置云中都督府，下设六州，以原突厥酋长为刺史，进行治理。①

材料7：《唐三彩骑驼乐舞俑》(图片略，见义务教育统编教材七年级下第13页)。

教师：通过阅读教科书并结合材料6、7，总结各民族交融的方式并用史实举例。

学生：汉族与边疆民族从外显下的民族冲突到和平交往，逐步走向内在的交融，包括政治、经济、文化、生活上的交往。

战争、册封、设置机构管理——贞观初年，唐军击败并俘获东突厥可汗，草原各族共同尊奉唐太宗为“天可汗”；唐高宗联合回纥灭西突厥，唐朝中央政权为加强对西域的管理，设安西都护府和北庭都护府，唐玄宗封东北靺鞨族粟末部首领大祚荣为渤海郡王。

民族协作——回纥在配合唐军对抗突厥中起着重要的作用。

和亲——文成公主入藏。

民间经济、生活上的交流——大量展现边疆民族风情的唐三彩，既反映唐朝高超的制陶工艺，也说明各民族经济文化的交往交流；文成公主入藏，推动了汉藏的友好关系和经济文化交流。

◆**设计意图**

通过不同史料多角度展现唐朝的民族政策，通过对不同的民族交融方式的总结，提高学生提取历史信息和概括的能力，帮助学生理解隋唐民族交融对边疆开发和多元一体的中华民族形成的重要意义。

◇总结与过渡

正是各民族的战与和促进了各民族的交流与交融，稳定了唐朝的统治秩序，对我国边疆的开发做出了积极贡献。唐朝中央政权加强对西域的管理，保障了“丝绸之路”的畅通，使西域与中原的经济文化交流更加密切，中原文化深刻影响了西域，西域文化也传入中原，丰富了中华文化。羁縻府州的设置较好地处理了中央政权和边疆少数民族的关系，在保持少数民族原有的社会组织形式和管理机构的前提下，任用少数民族地方首领为地方官吏，维护了统一多民族国家在少数民族地区的政治统治。和亲政策既维护

①施建中.中国古代史 下册[M].北京：北京师范大学出版社，1996:92.

◇总结与过渡

了安定团结的政治局面，又搭起了民族交融的桥梁。

唐朝采取羁縻府州的方式对少数民族进行管理，委其首领自治，驻军较少。但是这种统治方式并不稳定，后东突厥重为边患，契丹等族也一再生事。为防御边疆，守住疆土，唐朝被迫大量增加边军，形成了若干边防大军区，其长官为节度使。兵制的改变也使唐朝走向了分裂局面。

材料8：汉武帝时，攻击匈奴，前后凡数十次；以至征伐大宛，救护乌孙，都是仗自己的实力去摧破强敌。唐朝征服突厥、薛延陀等则多因利乘便，且对外多用蕃兵。玄宗时，府兵制度业已废坏，而吐蕃、突厥都强，契丹势亦渐盛。欲图控制、守御，都不得不加重边兵，所谓藩镇，遂兴起于此时，天下势成偏重。①

唐代藩镇之弊，总括起来，是“地擅于将，将擅于兵”八个字。一地方的兵甲、财赋，固为节度使所专，中央不能过问。节度使更代之际，也至少无全权过问，或竟全不能过问。②

教师：通过材料8，总结唐朝由盛转衰的原因。

学生：唐玄宗时期加强边防，军镇长官节度使兵力扩大，且由自己在防区内筹措军费，对中央的离心力也会日渐增大，便出现了“外重内轻”的局面，因此引发了安史之乱。从此，唐朝由盛转衰，安史之乱平定之后，又形成了藩镇割据的局面。

◆设计意图

通过阅读史料，学生从统治者以及唐朝兵制的角度分析安史之乱的原因；同时从节度使所辖权力层面，认识地方分权对中央集权的威胁。

◇总结与过渡

伏尔泰说：“国家的繁荣昌盛仅仅系于一个人的性格，这就是君主国的命运。”随着唐朝统治者忧患意识的减弱、唐朝后期宦官专权和朋党之争的加剧，以及农民起义对王朝的重击，公元907年，驻扎在开封地区的宣武节度使朱温逐渐控制政权。在这之后若干实力强大的节度使都摇身一变，成为一个政权的国主，出现了政权林立的局面，历史称之为五代十国，这一时期是中国历史上又一个分裂的时期。

①吕思勉.吕思勉讲中国政治史[M].北京：团结出版社，2019：111.

②见上书124页。

五代十国:短暂的过渡阶段

教师:结合《五代十国形势图(后周时期)》(图略,见教科书第36页),我们会发现五代十国是唐末藩镇割据的继续和发展,五代统治者既以兵得国,便深知武装的重要性,所以致力于建设禁军,削弱藩镇,加之不断地进行兼并战争,其中比较强大的割据势力会转化成统一的力量。因此,这一时期又是由长期的分裂割据局面转向统一的过渡时期。中原王朝的正朔地位是五代十国割据形态的一大特征,中原各王朝始终都认为自己是正统的中央王朝,十国是僭伪偏霸政权。中原王朝的正朔地位,决定了统一事业势必由中原王朝来完成。这也是五代十国分裂割据半个世纪后迅速走向统一的政治因素之一。

◆**设计意图**

简化处理这个部分,让学生结合地图认识到五代十国的分裂是唐朝藩镇割据的继续,同时辩证地看待五代十国的发展趋势。

二、本课小结

隋文帝灭陈,结束了汉末以来近四百年之久的分裂局面,再建统一的多民族国家。唐初的统治者吸取隋亡的教训,关注民生、完善制度,协调民族关系,使唐朝出现了盛世局面,唐后期的安史之乱和藩镇割据成为唐朝由盛而衰的转折点,动乱与分裂的五代十国取代了安定统一的局面。但是,为解决各种社会矛盾,又会出现新的制度和思想,为封建社会后期的发展开辟道路,历史的发展也必然会走向统一。

第三部分　课后评价系统

一、教学评价

根据《普通高中历史课程标准(2017年版2020年修订)》及学业质量评价标准相关要求,将学生对本课内容的学习及掌握情况划分为4个水平。

水平1:能够利用图示的方法,理清隋唐五代十国的历史发展脉络,尤其是发展过程中的重大历史事件;能够辩证地看待大运河的历史意义,同时能够在特定时空下，理解隋朝盛极一时和短命而亡的原因；能够认识唐朝“贞观之治”“开元盛世”出现的原因；能够梳理教科书内容，明确不同时期唐朝统治者对少数民族的不同政策和民族交融的方式；能够分析安史之乱的原因和影响。

水平2：能够通过研读材料，把隋唐的历史放在整个单元的时空下进行学习，理解隋唐盛世局面的出现是以魏晋南北朝为基础的；能够辩证地认识大运河开通的历史作用，同时能够理解隋朝盛极一时和短命而亡的原因；能够通过分析唐初君臣对隋末长期动乱总结的材料，认识到唐初统治者形成不同的时代理想和精神风貌对推动大一统的作用。能够梳理教材内容，明确不同时期唐朝统治者对少数民族的不同政策和民族交融的方式。能够理解安史之乱是唐朝由盛转衰的转折点，而五代十国实质是唐末藩镇割据的延续。

水平3：能够将隋唐历史放在魏晋南北朝时期民族交融的发展、文化的融合以及对江南的开发等背景下进行关联；能够通过唐朝处理少数民族的不同政策，感受唐朝盛世局面出现的原因，认识唐朝民族关系对边疆开发和管理的意义，理解隋唐时期是中华民族多元一体格局发展的鼎盛时期；能够通过安史之乱，认识到国力强弱对民族关系的影响，同时辩证地看待安史之乱对唐后期政权延续的影响。

水平4：能够认识到隋唐时期疆域的开发和统一、社会的开放和包容推动了“中华文明一体化”格局的发展，五代十国的分裂局面是唐朝藩镇割据的继续，而历史的发展必然会走向统一；能够从统治者以及民族关系的角度分析安史之乱的原因，辩证地看待安史之乱的影响；能够把握中华民族“大一统”的发展趋势，强化中华民族多元一体格局。

二、本节学业质量水平检测

阅读教科书中《秦朝形势图》《西汉形势图》《三国鼎立形势图(262年)》《东晋十六国形势图》《唐朝前期疆域和边疆各族分布图(669年)》(图略，见教科书第16、22、26、29、35页)，在图中标出当时主要的少数民族分布方位，同时通过收集材料，列举唐朝时期民族交往交流交融的史实。

水平	评价标准
水平1	能够标出不同时期的少数民族分布方位，在叙述时能够运用恰当的时间和空间表达方式。在列举民族交往交流交融的史实时，能够尝试依据教科书中的史料解答问题

续表

水平	评价标准
水平2	能够标出不同时期的少数民族分布方位，在叙述时能够运用恰当的时间和空间表达方式。在列举民族交往交流交融的史实时，能够尝试自己收集史料并从政治、经济、文化、生活习俗等多角度解答问题
水平3	能够标出不同时期的少数民族分布方位，同时能够根据少数民族分布的情况判断历史时期。在列举民族交往交流交融的史实时，能够尝试自己收集史料从政治、经济、文化、生活习俗等多角度解答问题，并对民族交融史实的意义进行阐释，在叙述中将史实陈述与历史解释结合起来
水平4	能够标出不同时期的少数民族分布方位，同时能够根据少数民族分布的情况判断历史时期。在列举民族交往交流交融的史实时，能够尝试自己收集史料从政治、经济、文化、生活习俗等多角度解答问题，同时对民族交融史实的意义进行阐释，在叙述中将史实陈述与历史解释结合起来。能够通过民族交融的史实，增强对民族交融的认同感，正确认识古代民族交流和对外交流的区别

三、教学设计特点与反思

本课教学设计根据课标的要求，关注长时段历史的发展变化，把握朝代更迭的因果关系；从大单元设计的角度出发，突出历史发展的曲折性，体现了历史从分裂走向统一的基本趋势，体现出“大一统”的观念和民族交流交融的实践。

本课通过展示历史地图、教师绘制的结构图构建时空，有利于学生在叙述历史时把握历史发展的各种联系，如古今联系，并将历史知识和地理知识加以联系；选择不同的朝代进行对比，也利于学生进行分析和综合，并在此基础上做出合理解释。同时通过史料实证，让学生对具体时间做出解释，形成正确的历史观。

关注史料与教科书的有机结合。这节课中所选取的史料既对教科书进行了补充，促进了学生历史辩证思维的发展，又对教科书中的材料进行了整合，比如唐朝的民族关系和民族交融方式，让学生在充分阅读教科书的前提下，尝试以史料为论据论证自己的观点，并对所学内容中的结论加以分析。

本课围绕课标的要求进行教学设计，对文中的材料进行了整合和一定的删减，凸显的是王朝的兴衰以及民族交融带来的区域经济的开发，所以在每个子目设计了一个主要的探究问题，同时根据探究问题又适当地增加了一些史料，但是对教科书中的图片史料运用不够，所以这部分内容可放在学生的学业水平测试题中来补充，即学生通过课下整合教科书中的图片史料，并通过图片史料分析其中蕴含的历史信息，来增加对本节课的理解。

第7课 隋唐制度的变化与创新

赵昕昕[①]

第一部分 课前预设系统

一、课标解读

课标对本课内容的相关要求：通过了解三国两晋南北朝政权更迭的历史脉络，隋唐时期封建社会的高度繁荣，认识三国两晋南北朝至隋唐时期的制度变化与创新。由此可见，课标不仅要求学生通过学习能够从较长时段对选官制度、中央官制以及赋税制度变化的历史概况进行准确描述，在具体时空背景下了解变化背后的原因，还要从三国两晋南北朝至隋唐时期变迁的高度来理解制度革新对隋唐盛世产生的影响。

二、教学内容分析

教科书对三个重要制度分三个子目进行了平行编排，从“选官制度”“三省六部制”“赋税制度”三个角度阐述隋唐的制度变化，体现出制度在历史发展过程中的调整和创新。学生需要通过认识这一时期的制度变化与创新来了解隋唐时期社会的高度繁荣。本课内容虽然主要讲隋唐时期的制度创新，实则与本

①作者简介：赵昕昕，中学二级教师，赤峰二中历史教师。

单元乃至整个中国古代史的价值主线一脉相承。隋唐时期的诸多制度，是历经三国两晋南北朝多个朝代创建、调整、传承，逐渐走向完备的成果，隋唐的制度创新是统一多民族国家繁荣发展的重要体现和推动力。本课的学习应重点引导学生体会中国古代制度文明的创新性与生命力对国家繁荣发展的意义。

基于对本课重点内容的分析，将本课的核心概念确定为"制度创新与隋唐盛世"，借此让学生通过学习体悟蕴含在具体知识背后的历史规律、历史智慧——盛世的出现呼唤制度创新，制度创新又推动社会进一步繁荣发展。关键问题主要有：三国两晋南北朝至隋唐时期选官制度、中央官制和赋税制度的变迁；科举制、三省六部制和两税法的影响；制度创新对国家发展和社会进步的意义。

三、教学对象分析

高一学生求知欲强，对历史学习有着较为浓厚的兴趣，对三国两晋南北朝到隋唐时期朝代更替、经济发展、民族交融、中外交往和科技文化成就的相关史实和一些重要历史人物已具备一定了解。但是，他们面对高中历史教学中频繁出现的文言文史料时容易出现畏难心理；且初中历史教科书对这一时期制度变迁的历史涉及较少，仅对北魏孝文帝改革的相关措施和隋唐时期科举制的发展有所交代。本课概念较多，知识专业化程度高，而教科书叙述又比较简略，这就需要学生在教师的引导下，通过难易适中的史料阅读对相关历史概念加以辨析和理解，并利用初中所学基础知识，在具体的时空背景下去认识制度的变化和延续、继承和发展，进而辩证地认识各项制度的作用和影响，总结历史发展的趋势和规律，形成正确的历史观，培养高中阶段学习所需的历史思维能力。

四、教学目标

1. 基于时空定位，叙述三国两晋南北朝至隋唐选官制度、中央官制和赋税制度的基本演变过程。

2. 通过史料解读，分析科举制、三省六部制和两税法对当时和后世的积极影响及局限性，说明制度创新与隋唐盛世的关联。

3. 综合本课所学知识，归纳三国两晋南北朝至隋唐制度演变与发展的趋势，分析制度创新对国家发展和社会进步的意义。

五、教学重难点

1.教学重点：分析科举制、三省六部制、两税法对当时和后世的积极影响及局限性。

2.教学难点：分析制度创新对国家发展和社会进步的意义。

六、教学立意与整体思路

考虑到新教材“满地珍珠”的特点，本课选取张九龄为线索人物，选取其部分经历按时序串联起教学的主线，让知识体系更清晰、更完整。在教学内容设计上，本课围绕“制度创新与隋唐盛世”这一核心，采取由浅入深、层层推进的教学策略，辅以多样化的教学方法，开展教学活动。首先，让学生通过具体事例及与前代制度的比较分析隋唐制度创新的背景及其创新之处，进而从正反两方面对制度创新进行全面认识和评价；接着，引导学生在所学基础上对隋唐及以前中国古代制度变迁历程进行溯源，归纳其发展趋势及对隋唐盛世的历史意义；进而依据材料从更高的层面上总结归纳制度创新对社会发展的意义。在材料选取上，本课充分利用教科书所提供的史料，补充史料主要源自《旧唐书》，还选取了张九龄的部分诗歌作品。《旧唐书》的修撰离唐朝灭亡时间不远，资料来源比较丰富，史料价值高，有助于培养学生的史料实证素养；而诗歌的引入可以激发学生的学习兴趣，引导学生挖掘其中内涵，理解作者情感，进行文史互证，从而更全面地把握诗歌创作所处的时空背景及其所反映的历史信息。关于本课教学重点的突出和强化，选取来源权威、难易适中、紧扣所学内容的史料，设置可供学生思考的问题，引导学生自主阅读、分析，强化学生对相关历史结论的理解；关于本课教学难点的突破和化解，引导学生采用协同学习的方式，基于所学，通过讨论和分享得出结论，完成认识水平的提升。

七、板书设计

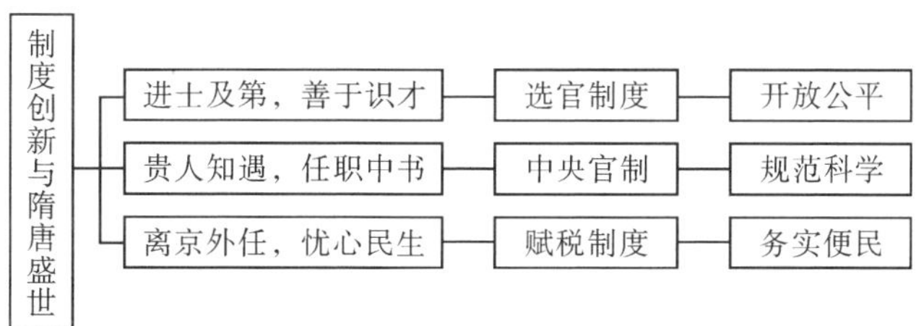

第二部分　课堂实施系统

一、教学活动过程

(一)导入环节

呈现唐代诗人张九龄《望月怀远》中的名句:海上生明月,天涯共此时。

介绍作者生平、导入新课:生在岭南,出身寒门;聪明敏捷,善于属文;一朝得显,任职中枢。他是开元盛世最后的名相,是诗文俱佳、才华横溢的文学家,更是无数寒门弟子追随的偶像,他就是张九龄。张九龄的成长、成才和成功显然与他所处的时代密不可分,今天,就让我们通过《旧唐书·张九龄传》和张九龄的诗文一起走近这位传奇人物,跟随他的足迹探寻有唐一代的制度变迁和盛世图景。

◆**设计意图**

利用学生熟悉的诗句拉近其与历史的距离,引出本课线索人物张九龄。简要介绍其生平,引发学生对张九龄这一历史人物本身以及开元盛世的兴趣,进而引出本节课的教学主题:制度创新与隋唐盛世。

(二)教学内容与教学活动

环节一:进士及第,善于识才

材料1:张九龄,字子寿,一名博物……九龄幼聪敏,善属文。年十三,以书干广州刺史王方庆,大嗟赏之,曰:"此子必能致远。"登进士第,应举登乙第,拜校书郎。玄宗在东宫,举天下文藻之士,亲加策问,九龄对策高第,迁右拾遗……九龄以才鉴见推,当时吏部试拔萃选人及应举者,咸令九龄与右拾遗赵冬曦考其等第,前后数四,每称平允。

——《旧唐书·张九龄传》

教师：根据材料概括张九龄步入仕途的大致过程，说明这反映了唐朝怎样的选官制度。根据材料分析，科举制选拔人才的标准是什么？阅读教科书第38页正文第一、二段，梳理并概括科举制形成和发展的过程，找出科举制出现之前中国古代实行怎样的选官制度。

◆设计意图

从张九龄生平出发，依托本课线索，吸引学生兴趣；问题设计简单化，由浅入深，防止学生在新课学习初期产生畏难心理；充分利用教科书正文内容，引导学生自主阅读，寻找答案，引入九品中正制相关内容。

材料2：九品访人，唯问中正。故据上品者，非公侯之子孙，则当涂之昆弟也。

——《晋书·段灼传》

今立中正，定九品，高下任意，荣辱在手……是以上品无寒门，下品无势族。

——《晋书·刘毅传》

教师：根据材料和教科书内容分析九品中正制存在怎样的问题。

结合教科书第38页“历史纵横”分析九品中正制产生的历史背景和作用。

综合材料1、2和教科书第39页“学思之窗”，分析科举制相对于九品中正制具有怎样的特点，产生了怎样的影响。

学生：

特点如下。

标准——趋向公开公平。

选官权——从地方收归中央，加强中央集权。

选择方式——趋向严密、科学。

影响如下。

积极——促进阶层流动，加强中央集权，扩大官吏人才来源和统治基础，提高官员文化素质和行政效率，形成读书重学风气。

消极——考试内容以儒学经义为主，忽视实用性，阻碍了科技发展和社会进步。

◆设计意图

通过对九品中正制的创立、异化的简要了解，学生初步意识到每种制度的设立都在一定时期适应了社会的需要。但时移世易，制度异化，因而需要适应形势做出新的调整。在这一部分中，教师要充分利用教科书中现有的史料进行重点突破。在此基础上，学生可以将科举制与九品中正制进行对比，得出对科举制特点和影响的初步认识，配合教师的补充和完善，从而意识到科举制适应了隋唐时期社会形势的变化，推动了这一时期专制集权制度的完善、文化的繁荣和社会的进步。

◇总结与过渡

通过这一部分内容的学习，我们可以看到，正是通过科举制这一相对公平开放的入仕途径，青年张九龄得以凭借才能踏入仕途，并通过科举取士为政府选拔人才，评定等第，公允服人，帮助更多的贤能之士实现个人价值，促进政府行政效率和国家治理能力的提高。而在官场崭露头角之后，张九龄也即将迎来官宦生涯的又一次飞跃。

环节二：贵人知遇，任职中书

材料3：开元十年，三迁司勋员外郎。时张说为中书令（注：中书省长官），与九龄同姓，叙为昭穆，尤亲重之……十一年，拜中书舍人（注：中书省官员，任起草诏令之职）。

十三年，车驾东巡，行封禅之礼。说自定侍从升中之官，多引两省录事主书及己之所亲摄官而上，遂加特进阶，超授五品。初，令九龄草诏，九龄言于说曰："官爵者，天下之公器，德望为先，劳旧次焉。若颠倒衣裳，则讥谤起矣。今登封霈泽，千载一遇。清流高品，不沐殊恩。胥吏末班，先加章绂。但恐制出之后，四方失望。今进草之际，事犹可改，唯令公审筹之，无贻后悔也。"说曰："事已决矣，悠悠之谈，何足虑也！"竟不从。及制出，内外甚咎于说。

——《旧唐书·张九龄传》

教师：根据材料，结合教科书第39页正文，绘制三省六部制职权分工示意图。

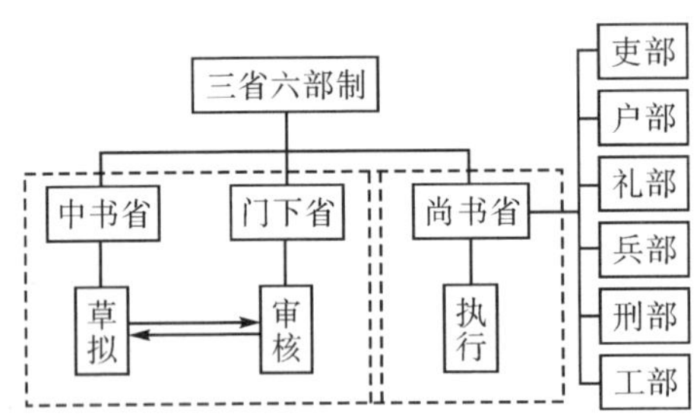

◆**设计意图**

所选材料中张九龄任中书舍人的经历可以帮助学生发现隋唐中央官制改革和本课线索人物之间的联系，进而通过这一具体事例自主阅读和了解三省六部制的工作流程，通过示意图和口头叙述的方式加以外显和巩固。历史没有如果，但设置假设性的问题，有助于帮助学生深入历史，进一步认识三省六部制有助于集思广益，减少行政失误的优势所在。

根据材料和所绘示意图分析，张九龄草拟的诏书从起草到执行需要经过哪些流程？如果张说接受了张九龄的意见，情况是否会有所不同？

材料4：

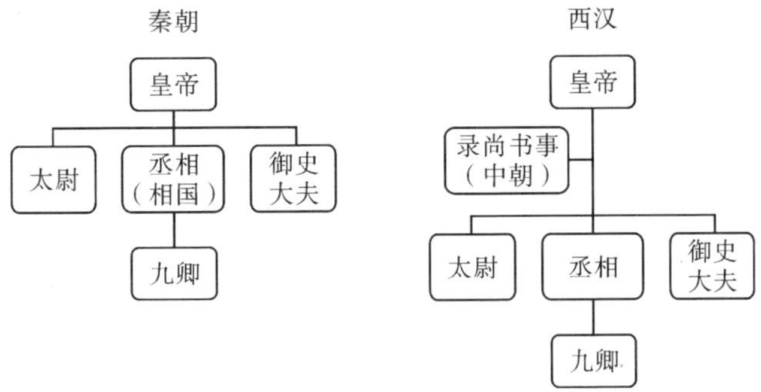

教师：对比三省六部制和三公九卿制、内外朝制示意图，思考唐朝宰相与秦汉丞相相比，权力是增大了还是减小了。

综合上述材料分析，三省六部制具有怎样的特点，发挥了怎样的作用？

◆**设计意图**

帮助学生回顾秦汉中央官制的变迁历程，引导学生通过对比得出结论，即从秦汉到隋唐中央官制的变迁促使相权分散、君主专制进一步强化。综合本部分思考成果，学生可以加以总结，归纳三省六部制的特点及积极影响，自然地完成重点的突破。

学生：

特点	作用
三省合作，分工明确	集思广益，减少决策失误，提高办事效率
三分相权，相互牵制监督	避免权臣独揽大权，保证君权独尊

◇总结与过渡

任职中书省，标志着张九龄的仕途迎来了一个小高峰，他也得以在更高的位置上发挥个人才干，为开元盛世的繁荣图景贡献力量。然而，宦海浮沉，绝非一片坦途。开元十四年(726年)四月，宇文融和李林甫等人弹劾张说，张说被罢相，张九龄也受牵连，改任太常少卿，后离京外任，虽于是年秋一度返京，但仍被指为亲附张说，终于翌年三月，改任洪州(治所今江西南昌)都督。

环节三：离京外任，忧心民生

材料5：开元十五年(727年)，在洪州任上，张九龄写下了这样的诗句：

万井缘津渚，千艘咽渡头。渔商多末事，耕稼少良畴。

教师：请同学们阅读并翻译诗句，思考其所反映的社会现象和诗人的思想感情。

学生：这两句诗体现出张九龄对当时民间商业繁荣和农业相对萧条深感担忧。

教师：阅读教科书第40页正文和“史料阅读”，分析张九龄所担心问题的成因，概述唐代统治者是如何解决这一问题的。

学生：一方面，由于当时唐朝政府实行租庸调制，按人丁收税，同样的人口，农户和商户上缴税额相差无几，但从事商业获利更多，因此吸引了一部分人从事商业和交通运输业，影响农业生产；另一方面，中唐以后，均田制已无法继续实行，无田可耕的农民迫于生计开始涉足工商业领域，造成工商业从业者数量的增加和农业生产人数的减少。

780年，唐德宗接受宰相杨炎的建议，实行两税法，取消租庸调和一切杂税。两税法实行以后，根据资产收税，减轻了农民的负担，有助于农业生产的发展；对于没有固定居住地的商贾游贩，在所在郡县按其收入的三十分之一征收赋税，使其与定居者税负压力相当，也在一定程度上抑制了商业，保护了农业生产。

教师：根据教科书第40页内容，以表格形式归纳两税法的内容，结合教科书第41页“探究与拓展”，讨论两税法的利弊。

学生：

◆设计意图

本课中，税制改革属于专业性最强，最易使学生感到陌生、难以理解的内容。在这一部分的处理上，利用诗歌导入情境，借助具体化的问题，层层设问，引导学生阅读教科书、锁定内容、组织答案。两税法的利弊是本课重点中的难点，让学生在归纳两税法基本内容的基础上结合材料进行讨论和分析，有助于对这一问题形成较为完整的认识。

项目	内容
征税依据	以土地、财产为主
征收名目	户税、地税，取消租庸调和一切杂税、杂役
征税对象	不分主户和客户，一律就地落籍纳税

利——减轻了政府对农民的人身控制,体现了公平公正;简化税收名目,减轻人民负担,缓和社会矛盾;扩大收税对象,增加财政收入。

弊——没有规定全国统一税额,各州之间税赋轻重不均;各类加征及苛敛杂税,没有真正减税,人民负担不断增加;没有解决土地兼并问题(土地合法买卖,土地兼并更加盛行,富人勒逼贫民卖地而不移税,产去税存,到后来贫民无法交纳,只有逃亡);以资产为宗,而资产并不容易估算。

二、本课小结

教师:张九龄去世后不久,曾被其断言“必反”的安禄山果然掀起了安史之乱,从而导致唐朝迅速从全盛走向衰落。唐玄宗奔蜀,因追思张九龄的卓见而痛悔不已,遣使至曲江祭张九龄,追赠其为司徒。自此以后,唐玄宗对宰相推荐之士,总问其“风度得如九龄否”。我们常说“时势造英雄”,纵观这位开元名相的一生,从少年成才、进士及第到任职中书、一展宏图,他生命中的高光时刻总是与隋唐时期的制度创新有着密切关系,而这些新制度所产生的动力不仅成就了张九龄,也成就了隋唐时期的盛世图景。请同学们结合本课及一、二单元所学知识,完成中国古代(隋唐及以前)制度演变表,并据此结合所学知识分析,各项制度的发展过程呈现出怎样的变化趋势,又对隋唐盛世的繁荣发展发挥了怎样的作用。

学生:

	选官制度/依据	中央官制	赋税制度
商周	世卿世禄制/血缘		
秦	军功爵/军功	三公九卿制	
汉	察举制/孝廉	内外朝制	
魏晋南北朝	九品中正制/门第	三省制	租调制
隋唐	科举制/才学	三省六部制	租调制、租庸调制、两税法

选官制度及选官标准的演变———→开放公平

中央官制的演变——————→规范科学

赋税制度的演变——————→务实便民

提示:隋唐盛世的表现有社会安定、经济繁荣、政治清明、国力强大。

学生可综合本课所学自选角度进行阐述。

第三部分　课后评价系统

一、教学评价

根据《普通高中历史课程标准(2017年版2020年修订)》课程内容要求及学业质量水平的描述,对学生在完成本课学习后的学业成就表现进行评价。

水平1:能够归纳科举制形成的过程及其选拔人才的标准。能够通过与九品中正制的比较分析得出科举制的特点及其产生的影响。能够归纳三省六部制下三省分工及工作流程,并通过与秦汉时期中央官制的比较分析得出三省六部制的特点及影响。能够根据材料和教科书内容分析得出唐朝税制改革的背景,能够以表格形式归纳两税法的内容,在此基础上讨论两税法的利弊。能够通过长时段的纵向梳理总结隋唐时期制度创新的发展方向,并分析其对隋唐盛世的意义。能够综合本课所学知识分析制度创新与国家发展和社会进步之间的辩证关系。

水平2:能够将科举制的形成和发展过程定位在隋唐时期特定的时间框架下,认识这一制度发生发展的来龙去脉。能够在对不同的选官制度进行比较和分析的过程中,尝试以史料为证据论证自己的观点。能够在学习中央官制变迁的过程中把握制度发展中的联系和创新之处,能够选择、组织和运用相关材料并使用相关历史术语,对具体史事做出解释。知道经济基础与上层建筑之间的辩证关系,在此基础上分析唐朝土地制度和赋税制度的变迁,能够充分提取有效信息,并以此为论据对两税法加以全面评价。能够在叙述中国古代制度变迁的历史时把握历史发展的联系和趋势,进而将初高中历史知识加以联系,运用所学知识做出解释。能够综合本课所学知识分析制度创新与国家发展和社会进步之间的辩证关系，增强对中华政治文明成果的认同与理解。

水平3：能够将科举制的形成和发展过程定位在隋唐时期特定的时间框架下，认识这一制度发生发展的来龙去脉，并运用特定的时间和空间术语进行概括说明。能够在对不同的选官制度进行比较和分析的过程中，尝试以不同类型的史料为证据论证自己的观点。能够在学习中央官制变迁的过程中把握制度发展中的联系和创新之处，并能够选择、组织、运用相关材料并使用相关历史术语，在正确的历史观和方法论的指导下，对具体史事做出解释。知道生产力与生产关系、经济基础与上层建筑之间的辩证关系，在此基础上分析唐朝土地制度和赋税制度的变迁，理解人民群众在历史发展中的重要作用。能够充分提取有效信息，并以此为论据对两税法加以全面评价，在这一过程中表现出对历史的反思。能够在叙述中国古代制度变迁的历史时把握历史发展的联系和趋势，进而将初高中历史知识加以联系，运用所学知识对较长时段的史事做出解释。能够综合本课所学知识分析制度创新与国家发展和社会进步之间的辩证关系，表现出对中华政治文明成果的认同与理解，从而更加全面、客观地认识历史和现实社会问题。

水平4：能够将科举制的形成和发展过程定位在隋唐时期特定的时间框架下，认识这一制度发生发展的来龙去脉，并选择恰当的时空尺度、运用特定的时间和空间术语进行概括说明。能够在对不同的选官制度进行比较和分析的过程中，尝试以不同类型的史料为证据，史论结合、实事求是地对自己的观点进行论证。能够在学习中央官制变迁的过程中把握制度发展中的联系和创新之处，并能够根据需要选择、运用相关材料并使用相关历史术语，在正确的历史观和方法论的指导下，对具体史事做出解释。能够运用生产力与生产关系、经济基础与上层建筑之间辩证关系的基本原理分析唐朝土地制度和赋税制度的变迁，理解人民群众在历史发展中的重要作用。能够在尽可能占有史料的基础上，符合规范地引用史料，对两税法进行全面、客观的评价，在这一过程中表现出对历史的反思。能够在叙述中国古代制度变迁的历史时把握历史发展的联系和趋势，进而将初高中历史知识加以联系，运用所学知识对较长时段的史事做出解释，准确把握历史发展的进步历程。能够综合本课所学知识分析制度创新与国家发展和社会进步之间的辩证关系，表现出对中华政治文明成果的认同与理解，从而更加全面、客观地认识历史和现实社会问题，立志为新时代中国特色社会主义建设做出自己的贡献。

二、本节学业质量水平检测

三省六部制是中国古代政治文明的重要内容。阅读材料,回答问题。

材料6:《唐朝三省位置图》(图略,见教科书第39页)。

材料7:在制敕行下过程中,如发现其中有违背法令之处,都省(即尚书省)与相关部曹官员皆有权否决……尚书省拥有对全国政务的行政监督权,其对制敕的否决权即是行政监督权的表现形式之一。①

提取材料中有关三省的两条信息,并加以解读。

水平划分	评价标准
水平1	能够辨识唐朝三省位置图中的时间与空间表达方式,在此基础上结合文字材料提取信息并加以概括;能够根据材料信息尝试与所学知识建立联系,组织相关史实对提取信息加以解读
水平2	能够从图片和文字材料中充分提取信息,并从空间分布和职能分工两个维度加以概括;能够选择、组织和运用所学知识并使用相关历史术语对提取信息加以解读,能够在叙述中将史实陈述与历史解释结合起来(具体可参考下方示例)

[答案示例]

信息:中书、门下两省位于宫城内皇宫的两侧,尚书省则位于宫城之外;尚书省对门下省的诏敕有一定的否决权。

隋唐时期为加强皇权正式设立三省制度,三省的这种空间布局体现了决策权、审议权和执行权的分解:中书省和门下省为辅助皇帝决策的机构,地近宫城是为便于皇帝决策;而尚书省是皇帝诏令的执行机构,对距皇宫的距离要求不高。这种空间布局和职责分工有利于提高行政效率、加强皇权,也造成中书省和门下省在三省中的权力、地位不断提升。

尚书省对门下省的诏敕有一定的否决权,能在一定程度上避免决策失误,有利于中枢权力机构决策的规范化和科学化。

三、教学设计特点与反思

本课教学设计以材料为支撑,以问题为导向,以活动为载体,借助历史情

①王孙盈政.天下政本——从公文运行考察尚书省在唐代中书门下体制下的地位[J].历史教学,2012(24):35-39.

境层层设问，充分发挥学生的主导作用和教师的引导作用，基本体现了以学生为中心的教学理念。在设计思路上选取关键人物串联本课内容，围绕核心问题突出重点难点，问题设计注重开放性，对大部分问题不设置和出示标准答案，有助于锻炼学生从多角度出发思考问题的能力，提升学生历史思维品质，培养其历史解释核心素养。在材料选取上注重难易度、趣味性、丰富性等，在充分利用教科书所提供材料的基础上，从正史文献中选取故事性较强的历史材料，设置富有历史感的问题情境，引导学生深入历史，并辅以既饱含历史人物主观情感又反映历史时空客观状况的诗文材料，较好地调动学生学习兴趣和积极性，注重培养学生史料实证和时空观念核心素养。在教学立意上侧重历史唯物主义和情感态度价值观培育，重视引导学生认识制度创新与国家发展和社会进步之间的辩证关系，突出展现关键人物张九龄以才报国、忧心民生的高尚情操，帮助学生从更高角度和更深层次体悟历史，培养学生唯物史观和家国情怀核心素养。

第8课　三国至隋唐的文化

张文久[①]

第一部分　课前预设系统

一、课标解读

课标要求学生在了解三国至隋唐时期政治、经济、思想文化、民族交融、对外关系发展变化的基础上，认识这一时期思想文化领域的新成就。注意魏晋南北朝文化和隋唐文化发展的继承性和创新性，认识思想文化发展与社会变迁的辩证关系。

①作者简介：张文久，中学一级教师，赤峰二中历史教师。

二、教学内容分析

本课有四个子目：儒学、道教与佛教的发展，文学艺术，科技，中外文化交流，分别从思想、文学、艺术、科技和文化交流等方面呈现了三国至隋唐的文化成就。三国至隋唐时期是国家由分裂走向统一的时期，这一时期的思想文化在继承中发展，在发展中创新，呈现出延续性、多元性等特点。学生要认识到这一时期思想文化经魏晋时期奠基，到隋唐时期达到高度繁荣、领先世界；思想文化的繁荣领先是一定时期社会发展的产物，即社会意识是社会存在的反映。所以，本课在引导学生感受文化成就，增强民族自豪感的同时，重点分析思想文化繁荣背后的原因，探究思想文化与社会变迁的辩证关系。

从单元整体出发，基于本课内容，确定本课的核心概念为“多元·成就·交流”，围绕核心概念，引导学生领略三国至隋唐时期文化成就，厚植家国情怀，探究思想文化与社会变迁的关系。

关键问题有：三国至隋唐儒学、佛教、道教思想演变的原因和影响；三国至隋唐文学、艺术和科技的新成就；这一时期文化繁荣领先的原因；三国至隋唐中外文化交流的影响。

三、教学对象分析

高一年级的学生已经具备基本的历史基础知识和学科素养，能够在阅读教科书和史料的基础上对历史知识进行基本的概括、归纳、总结以及初步的理解、分析、运用；但在探寻历史发展规律、构建历史观及对知识的深层分析、理解、运用方面有待提高。所以应注重对学生进行思维训练，提升其能力和素养。

三国至隋唐时期，上承秦汉，下启宋元，是中国封建社会发展的关键时期，初中教科书以通史体例呈现，分别从政治、经济、文化、民族交融和中外交流等多角度，系统地介绍了这一时段历史发展脉络，但对思想领域没有涉及。所以应将思想的演变、文化发展的特征、思想文化与社会变迁的关系，作为教学的重点、难点，引导学生深入分析、理解。

四、教学目标

1. 分析三国至隋唐儒学、佛教、道教思想演变的原因和影响。

2. 概述三国至隋唐文学、艺术和科技的新成就，分析这一时期文化繁荣领先的原因。

3. 探究这一时期中外文化交流的影响。

五、教学重难点

1. 教学重点：三国至隋唐思想文化领域的新成就。

2. 教学难点：思想文化成就与社会变迁的关系。

六、教学立意与整体思路

从落实立德树人的根本任务出发，以唯物史观的基本原理、经济基础决定上层建筑、社会存在和社会意识之间的辩证关系为指导，引导学生了解三国至隋唐文化的演变历程，探究文化发展与时代变迁之间的关系，增强学生的文化自信、文化认同，塑造新时代民族精神，厚植家国情怀。

本课围绕“多元·成就·交流”这一核心概念，将三国至隋唐的文化置于时代变迁的大背景之下考察。三国至隋唐时期，封建经济持续发展，国家由分裂动荡走向统一强盛，官僚制度日臻成熟，民族交融、中外交流频繁，促成了文化由魏晋南北朝的全面发展到隋唐的全面繁荣，而文化的全面繁荣又促成中华文化领先世界。

七、板书设计

第 8 课 三国至隋唐的文化

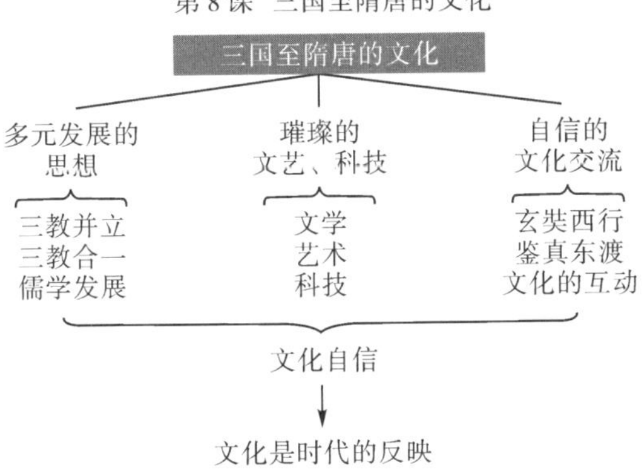

第二部分　课堂实施系统

一、教学活动过程

(一)导入环节

明朝万历年间,西方传教士利玛窦来到中国传教,他发现中国的知识分子处处以儒者自居,但遇事却喜欢到庙里去拜佛、烧香,平时还注重养生、炼丹、修道。那为什么中国的知识分子身为儒者,还能兼信佛教和道教呢?这节课我们就来共同探寻中国知识分子这种独特文化气质的根源。

◆**设计意图**

以探寻中国知识分子独特文化气质的根源来导入,吸引学生兴趣的同时,切入本节课的主题。

(二)教学内容及教学活动

环节一:多元发展的思想

	儒学	道教	佛教
汉朝	汉武帝时确立正统地位	东汉末兴起	两汉之际传入中国
魏晋南北朝	吸收佛、道精神,有新发展	在民间广为传播,主张“贵儒”和“尊道”	在中国盛行,吸收儒、道思想,渐趋本土化
隋朝	儒学家提出儒、佛、道“三教合归儒”,以儒为主		
唐朝	“三教并行”,韩愈提出复兴儒学	道教最受尊崇	武则天时有很大发展,禅宗影响最大

学生活动:阅读教科书,自主梳理三国至隋唐时期儒学、道教、佛教思想演变的过程,完成表格。

教师活动:通过对思想演变的梳理,分析得出这一时期思想发展呈现多元化的态势,儒学的主流思想地位受到严重的挑战。

◆**设计意图**

通过对这一时期思想演变的自主归纳,培养学生自主学习能力;概括这一时期思想领域发展的态势,培养学生分析概括的能力。

◇总结与过渡

西汉罢黜百家，儒学独尊。那么三国至隋唐时期，儒学的主流思想地位为什么会受到挑战呢？

任务一：阅读教科书第42页，结合材料，分析为什么儒学主流思想地位受到挑战。

材料1：

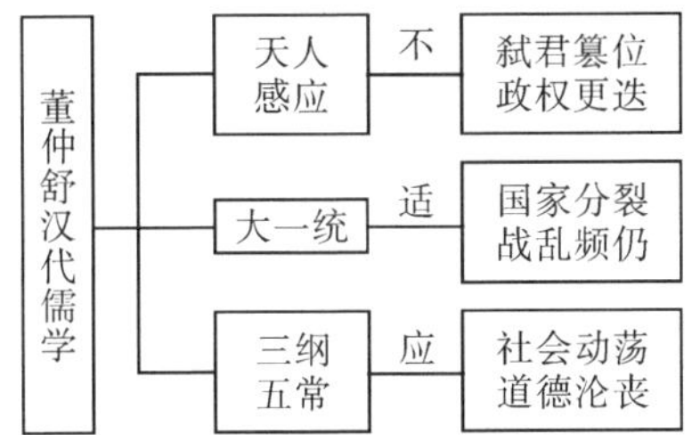

材料2：正因为两汉经学所宣扬的是一种整体秩序规范，缺乏关于个体人格方面的理论……所以一旦社会出现动荡变化，其苍白贫困的本质便立即暴露出来了。①

材料3：道教所关心的，是社稷荣衰、战争胜负、命运穷达、人生贫富、寿命长短、前途吉凶、祛病消灾等社会现实问题……在人生目标追求上，从对涅槃境的专注变成对人生利益的兼顾，这表明佛教正在向中国化转变。②

学生：社会动荡，儒学理论不适应现实需要；佛、道盛行，冲击儒学。

◆**设计意图**

学生通过解读史料，分析儒学主流思想受到挑战的原因，进而真正理解这一时期思想多元发展的必然趋势。

教师：汉末儒学发展出现了问题，迷信谶纬、沉迷训诂，陷入僵化。汉末大乱，统一王朝解体，通经致仕的道路中断。社会动荡，人们渴求精神安慰。儒学缺乏对鬼神、生死、世界本体等问题的探索，无法给予人们精神安慰，不再适应现实发展的需要。而佛、道作为宗教，回答了世界的本源和人生的归宿问题，为身处乱世的人们提供了精神安慰，迅速发展，挑战儒学主流思想的地位。

①马良怀.崩溃与重建中的困惑：魏晋风度研究[M].北京：中国社会科学出版社，1993:54.

②卜宪群.中国通史：大字本.2，秦汉魏晋南北朝[M].北京：华夏出版社，2017.

◇总结与过渡

宗教固然能够给予人们精神安慰,但宗教的过度发展又会严重影响现实生活。

材料4:夫竭财以赴僧,破产以趋佛,而不恤亲戚,不怜穷匮者,何邪?……家家弃其亲爱,人人绝其嗣续。致使兵挫于行间,吏空于官府,粟罄于惰游(指僧侣的游手好闲),货殚于土木(指修建寺院)。

——范缜《神灭论》①

材料5:作为宗教,佛、道两教虽然具有使人们排遣精神苦闷、消除死亡恐惧的作用,但在遇到如何规范现实世界的社会秩序和处理具体社会问题时,则又不能与儒学抗衡了。②

教师:一方面,佛、道作为宗教为身处乱世的人们提供了精神安慰,但在维护现实社会秩序方面远不及重入世的儒学;另一方面,过分的宗教狂热有悖传统伦理纲常,不利于国家征收赋税徭役,动摇世俗统治,引起了民间和官方的反佛和灭佛,但这些打击不能彻底抑制宗教。所以,儒、佛、道三种思想必然朝着共生共存的方向发展,思想的多元化成为历史发展的必然趋势。

◆**设计意图**

学生通过分析儒家主流思想受到挑战的原因,以及宗教过度发展的影响,理解这一时期思想多元发展的必然趋势及思想发展与社会变迁的关系。

◇总结与过渡

面对儒学的僵化和信仰危机,以及佛道两教的冲击,汉魏之际的儒学家有没有寻求突破呢?魏晋时期,一些儒生援道入儒,用老庄的思想解释《周易》等儒家经典,同时吸收佛教思想,批判两汉经学,掀起了一种新的哲学思潮,即魏晋玄学。

①转引自唐明邦、程静宇.中国古代哲学名著选读[M].武昌:武汉大学出版社,1988:366.
②郑师渠.中国文化通史:魏晋南北朝卷[M].北京:北京师范大学出版社,2009:34.

材料6：邓粲《晋纪》曰："籍母将死，与人围棋如故，对者求止，籍不肯，留与决赌。既而饮酒三斗，举声一号，呕血数升，废顿久之。"①

材料7：以"魏晋风度"为开端的儒道互补的士大夫精神，从根本上奠定了中国知识分子的人格基础，影响相当深远。②

教师：阮籍的行为打破了儒学的伦理纲常，但其内心仍然是儒家礼教的忠实信徒。正如鲁迅先生所说，魏晋时代，表面上毁坏礼教者，实则倒是承认礼教，太相信礼教。玄学没有完全脱离传统儒学来构建一种符合时代发展的新的理论体系。但玄学对儒学、道教、佛教思想融合的尝试，为三教之间相互吸收、借鉴、融合提供了一种范式，同时也奠定了中国知识分子的文化气质。

◆**设计意图**

学生通过阅读史料，结合教师的讲解，理解玄学对思想的调和作用为三教之间相互吸收、借鉴、融合提供了一种范式。

◇总结与过渡

到隋朝，统治者提出"三教合归儒"，唐朝皇帝大都尊儒、崇道、信佛，实行三教并行政策。

任务二：阅读材料并结合所学分析，三国至隋唐时期思想的多元化对文化发展产生了哪些影响？

材料8：儒家与佛、道，自中古以后，均是中国文化的重要成分，三者之间，佛、道两家，既有竞争，又有交融；儒家与佛、道，则是入世与出世两途之间，互相背反，却又彼此互补。③

材料9：夫佛本夷狄之人……不知君臣之义，父子之情。

——韩愈《论佛骨表》

学生：思想的多元化促进思想的融合，刺激了儒学的复兴；思想的多元、精神自由，为文艺、科技的发展奠定了思想基础。

◆**设计意图**

学生理解思想的多元化促进思想的融合，刺激儒学复兴的同时，也为文艺、科技的发展奠定思想基础。

①〔南朝宋〕刘义庆．世说新语[M]．杭州：浙江古籍出版社，2010：198.

②徐侠．大学语文[M]．天津：天津大学出版社，2006：53.

③许倬云．万古江河：中国历史文化的转折与开展[M]．上海：上海文艺出版社，2006：128.

教师:思想的多元化,一方面促进了儒学、道教、佛教的相互吸收和借鉴,推动了思想的融合;另一方面,三种思想的激烈竞争也刺激了儒学的复兴。同时,思想的多元、精神自由,为文艺、科技的发展奠定了思想基础。

◇总结与过渡

作为思想载体的文学、艺术和科技在这一时期又取得了哪些新成就?

环节二:璀璨的文艺、科技

任务三:分析诗歌的风格特点,谈一谈从中得到的认识。

材料10:对酒当歌,人生几何。譬如朝露,去日苦多。……周公吐哺,天下归心。

——曹操《短歌行》

采菊东篱下,悠然见南山。……山气日夕佳,飞鸟相与还。此中有真意,欲辨已忘言。

——陶渊明《饮酒(其五)》

天苍苍,野茫茫。风吹草低见牛羊。

——《敕勒歌》

天生我材必有用,千金散尽还复来。

——李白《将进酒》

教师:建安文学抒发了人生哀伤与英雄壮志交织的复杂情感;东晋田园诗反映了社会动荡,士大夫归隐田园,逃避现实,追寻个体的理想人格;北朝民歌抒发了北方少数民族热爱草原、热爱生活的豪情,语言质朴,风格豪迈。在继承魏晋南北朝诗歌传统的基础上,唐诗应时而生,抒发诗人的雄心壮志,彰显大一统王朝的恢宏气度。通过分析不同时代诗歌的风格特点,我们能得出文学作品是现实的写照,即社会意识是社会存在的反映;而文学的风格和形式是在继承中发展,在发展中不断创新。

◆设计意图

进一步理解文学作为思想的重要载体,是时代发展的产物,其发展具有内在的继承性和创新性,理解社会意识是社会存在的客观反映。

◇总结与过渡

这一时期不仅文学发展到了一个新的高度，艺术也是多元繁荣。

教师：书法这种“线性艺术”为中国所独有。魏晋南北朝时期，各种书体均已完备，书法超越实用的书写功能，更注重审美功能，这正是当时时代的反映。门阀政治之下，世家大族作为特权阶层有充足的精力和财力投身文化活动，推动书法艺术的发展。隋唐时期，书法艺术融汇了南朝的秀美和北朝的雄健，创造出新风格。“癫张醉素”极具个性的书法作品，正是这一时代多元开放的体现。

◆**设计意图**

学生通过梳理艺术发展的脉络，结合艺术作品，理解艺术的形式和风格是时代的反映，其发展具有内在的继承性和延续性，理解社会意识是社会存在的客观反映。

这一时期，除书法之外，绘画、雕塑、舞蹈、音乐等也是大放光彩，并且深受少数民族文化和异域文化的影响。如唐代吴道子的《送子天王图》以佛教故事为主题，但画中人物、鬼神都是中国化的、儒家化的和道教化的，这正是这一时期思想多元融合在绘画上的反映。

◇总结与过渡

魏晋南北朝及隋唐时期，文学艺术取得了很高的成就，出现了“诗圣”“书圣”“画圣”等杰出人物。文艺发展的同时，科技也取得了举世瞩目的成就。

任务四：阅读教科书第45页，结合表格，归纳这一时期科技发展的特点。

领域	时期	人物	主要成就
地理	西晋	裴秀	绘制出《禹贡地域图》，提出“制图六体”
数学	南朝	祖冲之	精确地计算出圆周率是在3.1415926和3.1415927之间
农学	北朝	贾思勰	《齐民要术》是中国现存最早的一部完整的农书

续表

领域	时期	人物	主要成就
建筑	隋朝	李春	设计建造的赵州桥是世界上现存最古老的石拱桥
印刷术	唐朝		雕版印刷的佛经、日历和书籍
火药	唐中期		书籍中记载了火药的配方;唐末火药开始用于战争
天文学	唐朝	僧一行	用科学方法实测地球子午线长度
医学	唐朝	孙思邈	《千金方》
		唐高宗	《唐本草》是世界上最早由国家颁行的药典

学生:从分布领域来看,主要集中在农学、天文历法及医学方面;从内容来看,注重实用性;从目的来看,主要服务于封建农业经济;从研究方法来看,主要为经验总结;从主要成就来看,全面繁荣,领先世界。

◆**设计意图**

学生直观感受科技成就的同时,多角度分析古代科技的特点。

教师:这一时期,科技发展成就突出,门类众多,领先世界。但基于当时农业经济的底色,加之重农抑商的整体经济思想,科技偏重实用,缺乏理论探索,未能上升到科学理论层面,这也是近世中国科学落后的原因之一。

◇总结与过渡

经过魏晋南北朝的奠基,到隋唐时期,中华文化全面繁荣,领先世界,加之丝绸之路的畅通,中外文化交流空前发展。

环节三:自信的文化交流

教师:佛教的传播和中外文化交流密不可分,伴随佛法东传和高僧西行,以及往来于丝绸之路的阿拉伯、波斯商人,异域的宗教、乐舞、建筑、金属制造技术等传入中国。中国的造纸术、雕版印刷术等传到中亚。佛教经中国传入朝鲜半岛和日本,日本和新罗派遣学问僧和留学生到长安求法、学习。中国的政治制度、儒学、建筑、汉字等不断东传,在东亚地区逐渐形成了唐文化圈。日本深受唐文化影响,日本京都按长安的式样建造。

任务五：结合所学，分析这一时期中外文化交流的影响。

学生：对中国：为传统文化的繁盛奠基，唐文化成为世界性文化。对世界：为世界文化的多元发展做出贡献。

教师：在这一时期的文化交流中，中华文化不断地吸收异域文化因素，为传统文化的繁盛奠定基础；同时，中华文化将自身的先进文化传播到周边国家乃至世界，推动唐文化成为世界性文化，进而为世界文化的多元发展做出贡献。

◆设计意图

学生结合中外文化交流的基本史实，归纳这一时期中外文化交流的特征，分析文化交流对中国和世界的双重影响。促使学生对当时的中外文化交流形成一个整体认识，增强学生的文化自信和民族自豪感。

◇总结与过渡

我们从思想、文学、艺术、科技、中外文化交流等方面了解了三国至隋唐的文化，这一时期文化成就多元繁荣、领先世界，那么为什么这一时期能够取得如此辉煌的文化成就呢？

任务六：阅读材料结合所学，探究三国至隋唐文化繁荣领先的原因。

材料11：江南……地广野丰，民勤本业，一岁或稔，则数郡忘饥……丝绵布帛之饶，覆衣天下。

——《宋书》

材料12：由于大一统文化组织拥有国家所鼎助的雄厚的财力、人力和物力，又能藉政权之力，充分吸收民间传统的智慧，从而得以克服个体科学研究所面临的势单力薄、孤立无援等一系列困难，创造突出的文化成果。①

材料13：自古皆贵中华，贱夷、狄，朕独爱之如一。

——《资治通鉴》

材料14：唐代的艺术，在绘画与书法、雕塑与石刻以及音乐与舞蹈等方面，都取得了前所未有的辉煌成就，其中既有对于南北朝文化的继承与发展，也有对于域外文化的吸收、融合与创新。②

①冯天瑜，何晓明，周积明．中华文化史[M].3版．上海：上海人民出版社，2010:378-379.

②袁行霈，严文明，张传玺，等．中华文明史·第三卷[M].北京：北京大学出版社，2006:357.

学生：经济持续发展、繁荣；国家统一，中央集权制度完备；开明的民族政策和开放的外交政策；继承发展，兼收并蓄。

教师：社会存在决定社会意识。三国至隋唐的文化成就作为社会意识，必然是这一时期政治、经济、文化、外交政策等诸多因素作用的结果。北方经济的发展、江南地区的开发，为文化发展提供了物质保障；由魏晋南北朝的动荡走向隋唐的统一，选官制度与官僚政治逐渐成熟，中央集权制度日益完备，为文化发展提供了制度保障，同时奠定了人才基础；开明的民族政策和开放的外交政策，为文化繁荣提供了多元的基因；这一时期文化成就，是继承秦汉文化，吸收少数民族及域外文化，交融、创新发展而来的，具有深刻的时代烙印。

◆设计意图

通过探究三国至隋唐文化取得新成就的原因，学生从政治、经济、文化、民族、外交等方面进一步认识三国至隋唐的时代特征，深入理解“一定时期的思想文化是一定时期政治经济的反映”，明确文化发展与社会变迁的关系。

二、本课小结

本节课我们从思想、文艺科技、中外文化交流三个方面学习了三国至隋唐的文化，了解了这一时期的主要文化成就，并分析了其形成原因和影响，增强了文化自信，明确了思想文化与社会变迁的关系，即文化是时代的反映。三国至隋唐的文化正是那个国力强盛、经济发达、文教昌盛、开放包容的时代的写照。正如鲁迅先生所说：“那时我们的祖先对于自己的文化抱有极坚强的把握，决不轻易动摇他们的自信心，同时对于别系文化抱有极恢廓的胸襟与极精严的抉择，决不轻易地崇拜或轻易地唾弃。”在中华民族伟大复兴的今天，我们也要以自信、包容、开放的文化态度去面对世界、面向未来。

第三部分　课后评价系统

一、教学评价

根据《普通高中历史课程标准（2017年版2020年修订）》课程内容要求及学业质量水平的描述，对学生在完成本课学习后的学业成就表现进行评价。

水平1:能够认识到三国至隋唐文化繁荣领先是生产力发展的结果。在叙述思想变迁、文艺、科技发展时,能够运用恰当的时间和空间表达方式。在解答问题时,能够依据史料尝试多渠道获取信息。能够理解三国至隋唐思想文化的繁荣,并同三国至隋唐时期其他的历史知识建立联系。能够辨别教学中对三国至隋唐文化的历史解释,如思想的多元并存、文艺科技的繁荣、中外交流等。能够将这些历史解释与自己课前认识相比较;能够对三国至隋唐思想文化繁荣领先加以分析,认识本课的学习价值。

水平2:能够认识到三国至隋唐文化繁荣领先是生产力发展的结果,是这一时期社会变迁的反映。能够利用示意图和材料对三国至隋唐的文化加以描述;能够理解空间和环境因素对三国至隋唐文化繁荣领先的重要性;能够认识示意图和文献资料所具有的不同史料价值;在论述问题的过程中,能够尝试以材料为证据论证自己的观点。如,能分析出三国至隋唐文化繁荣领先是建立在这一时期国家由分裂走向统一、封建制度发展、江南经济开发、封建经济发展、中外交流规模空前的基础上的。在对材料的解读中,依据三国至隋唐历史发展的阶段性特征,理解三国至隋唐文化的繁荣;在理解材料的基础上认识三国至隋唐的文化。能够选择、组织和运用相关材料并使用相关历史术语,对三国至隋唐文化繁荣的特点和原因等问题提出自己的解释,并能够在叙述中将史实陈述与历史解释结合起来。能够通过本课学习,增强对中国古代文明成就和中华优秀传统文化的认同感;促进积极进取的人生态度和健全人格的形成。

水平3:能够从生产力与生产关系、经济基础与上层建筑的辩证关系来理解三国至隋唐儒家思想变化与延续及其意义。能够把握相关史事的时间、空间联系,并用特定的时间和空间术语对较长时段的史事加以描述概括。如,儒学、道教、佛教三家思想经过魏晋时期碰撞、交融,到隋朝儒学家提出“三教合归儒”以儒为主,调和并吸收佛、道思想,再到唐朝统治者奉行三教并行,思想发展出现了多元融合的趋势。能够利用诗歌、绘画、雕塑、音乐、舞蹈等不同类型史料的长处,对三国至隋唐文学艺术成就是社会变迁的反映这一问题进行相互佐证。能够分析材料中对三国至隋唐文化繁荣的不同历史解释;尝试多方面说明导致这些不同解释的原因并加以评析。如,三国至隋唐文学、绘画作品形式多样与不同时期政治形势、民族关系、中外交流密切相关。能够判明三国至隋唐文化变迁背后的价值取向变化,增强文化认同。

水平4:能够从生产力与生产关系、经济基础与上层建筑的辩证关系来综合分析三国至隋唐文化与这一时期政治演变、经济发展、民族交融、中外交流之间的辩证关系,理解隋唐文化对三国两晋南北朝文化的延续及意义。在对三国至隋唐文化繁荣领先的分析过程中,能将其置于具体的时空框架下说明;能够选择恰当的时空尺度对其进行分析、综合、比较,在此基础上做出合理的解释。如,隋唐文化繁荣领先建立在三国两晋南北朝文化发展的基础上。在对三国至隋唐文化繁荣领先的问题进行独立探究的过程中,能够恰当地运用材料对三国至隋唐文化繁荣领先的原因做出自己的论述。能够在尽可能占有史料的基础上,阐述三国至隋唐文化多元繁荣的原因或尝试对这一时期文化繁荣领先的原因提出新的解释,从唐文化的繁荣及其对日本、西亚的影响中能够做出对唐文化开拓、自信的古典精神的叙述。从魏晋思想多元碰撞中能够做出自己对魏晋思想特点的叙述。如,魏晋时期佛、道思想盛行,玄学兴起,具有多元并存、交融合一的趋势。能够在学习过程中表现出对三国至隋唐文化繁荣和社会变化的反思,从中汲取历史教训,更全面、客观地认识现实社会;能够在对三国至隋唐文化变迁历史的叙述中体现出正确的历史观。

二、本节学业质量水平检测

阅读材料,回答问题:

材料15:2021年河南省春节晚会上,由郑州歌舞剧院表演的舞蹈《唐宫夜宴》,一经亮相,艳惊四座。该作品的创作灵感源自1959年河南安阳张盛墓出土的隋代乐舞俑,作品讲述的是一千三百多年前的一个夜晚,唐高宗和武则天在洛阳上阳宫设宴,一群风姿绰约的唐宫少女赴宴表演途中发生的趣事。(注:在唐朝的十部乐中,除了燕乐、清商乐外,西凉乐、天竺乐、龟兹乐、高丽乐、安国乐、疏勒乐、康国乐、高昌乐都是外来乐。)

材料16:敦煌莫高窟壁画《胡旋舞》(图略,见教科书第44页)。

请从材料中提取一条历史信息并加以说明。

水平等级	评价标准
水平1	能够定位唐朝文化发展的时间和空间范畴，明确唐朝文化受外来文化的影响，在此基础上结合图片和文字材料提取信息；能够将材料信息与所学知识建立联系，组织相关史实对提取的信息加以解读
水平2	能够利用文物图片和文字材料充分提取信息，并做出准确的时空定位；能够厘清文化发展与社会存在的关系；能够选择、组织和运用相关材料，使用历史学科术语，对唐朝文化成就取得的原因、文化成就的特征等问题做出解释，并能够在解释的过程中做到史论结合

[答案示例]

信息：唐朝文化深受异域文化影响。

说明：唐朝国家统一，国力强盛，经济繁荣，疆域辽阔，统治者奉行开明的民族政策和开放的对外政策，加之海陆交通条件便利，各民族之间、中外之间经济、文化交流频繁，文化艺术受西域文化及周边外来文化影响较深。

三、教学设计特点与反思

本课设计主要参考了威金斯和麦克泰的“理解为先”模式、“单元教学”、“逆向设计”等教学理论，从立德树人出发，注重培养学生的学科核心素养。

本课内容为三国至隋唐的文化，时间跨度长，教学内容庞杂。对于一些基本史实，如文化成就，学生在初中阶段已经进行了系统全面的学习。基于以上情况，本课在设计上侧重以下三点：

第一，侧重这一时期的思想演变，强化思想是文化的“内核”这一核心概念。有关这一时期的思想演变，初中教科书并未涉及，对学生来说是新知识。与初中学习有重复的基本史实类知识由学生自主梳理，目的是强化学生的自学能力。在掌握基本史实的基础上，侧重训练学生分析、运用史料的能力，把握历史规律，提升学生的核心素养。

第二，以课程的内在逻辑为主线，抓大放小，突出重点。国家统一强盛、民族交融、中外交流促成文化繁荣领先；文化繁荣领先又促进民族交融、中外交流及国家强盛。思想发展是文化繁荣的先导，文艺、科技是思想发展文化繁荣的具体表现。魏晋南北朝时期思想多元，文艺、科技推陈出新。伴随民族交融，中外交流，江南地区开发，封建经济发展，国家逐渐走向统一，政治制度日臻成熟，至隋唐时期，中华文化全面繁荣、领先世界，在中外交流中吸收外来文化，传播中华文化，为区域乃至世界文化的发展贡献力量。

第三，教学过程中注重开阔学生的视野，让学生认识到中华文化对东亚区域文化乃至世界文化发展的贡献，增强文化自信心，厚植家国情怀。

本课在设计上仍有诸多不足之处：史料的选取过于单一，致使情境创设缺乏生动性；在问题设置上缺乏反复推敲；抓大放小，难免忽略一些具体知识；整体逻辑上还需反复推敲。

第三单元

辽宋夏金多民族政权的并立与元朝的统一

单元设计

一、单元概述

辽宋夏金元时期是继三国两晋南北朝之后又一个北方民族活跃的时期。这一时期既是中华文明在政治、经济、思想文化上持续发展的时期,又是各民族多元交融的时期。无论是两宋局部统一政权、辽夏金北方少数民族政权,还是元朝大一统政权,都为中华文明的发展和民族交融做出了重要贡献。

二、总体目标

1.结合两宋时期的基本发展线索,了解两宋政治、经济、文化与社会等方面的新变化。具体而言,通过了解北宋建立的历史背景,认识宋初强化专制集权的措施;通过了解北宋中期的危机,认识庆历新政与王安石变法;通过了解两宋经济的发展,认识两宋文化与社会的发展,深刻体悟唯物史观中社会存在与社会意识的辩证关系。

2.通过梳理辽宋夏金与元两个阶段的时序脉络及辽宋夏金多民族政权并立的空间关系,结合其因俗而治或兼顾不同民族的统治制度、政策,理解北方少数民族政权为统一多民族国家的治理积累了有益的经验并促进了统一多民族国家的发展。在时空框架下体会各民族文化的相互交融与共同进步,领悟中华文明多元一体的发展特征,培育文化自信与民族自豪感。

三、教学策略

引导学生运用唯物史观的基本立场、观点和方法，梳理把握北宋与辽、西夏的对峙，南宋与金、西夏的并立，元朝的统一三个阶段的时序脉络以及辽宋夏金多民族政权并立的空间关系。通过史料实证、历史解释等方法深入理解这一时期重要历史变化和复杂历史现象。围绕统一多民族封建国家发展这一主题，培养家国情怀。

四、活动建议

1.阅读教科书或史料，提取信息，概括观点。

2.小组讨论，思考并分析问题。

3.绘制表格或思维导图，总结归纳核心知识。

五、评价检测要点

1.辽宋夏金与元两个阶段的时序脉络及辽宋夏金多民族政权并立的空间关系。

2.辽宋夏金与元的统治制度和政策，重点是宋初强化专制集权的措施、王安石变法、辽的南北面官制、金的猛安谋克制、元朝的行省制。

3.辽宋夏金与元的民族交融、社会经济发展及文化交流状况。

第9课 两宋的政治和军事

董清伟①

第一部分 课前预设系统

一、课标解读

《义务教育历史课程标准(2022年版)》对两宋时期政治和军事的要求：认识

①作者简介：董清伟，中学二级教师，赤峰红旗中学历史教师。

北宋面临的新形势，了解辽、宋、西夏的并立与北宋强化中央集权和重文轻武的政策；通过了解宋金之战、南宋偏安和南方地区的经济繁荣，知道中国古代经济重心的进一步南移；通过岳飞、文天祥等人的英雄事迹，体会中华民族英勇不屈的精神。关于两宋的建立、两宋与周边少数民族政权对峙的历史，学生在初中已经习得，基本能够建立起两宋时期的时空框架。

《普通高中历史课程标准(2017年版2020年修订)》对本课做了如下要求：通过了解两宋的政治和军事，认识这一时期在政治、经济、文化与社会等方面的新变化。课标使用了“了解”和“认识”两个行为动词，对两宋政权的更替、北宋的制度创新及两宋的军事行动提出了基本的学习要求。而“新变化”应聚焦宋初强化专制集权、北宋中期的危机与王安石变法。

二、教学内容分析

本课内容的时间跨度很长，内容体量很大。统编版高中历史教科书与初中历史教科书是一脉相承的，预判学生已经在初中习得了基本的史实。本课对应初中历史七年级下册第6课《北宋的政治》、第7课《辽、西夏与北宋的并立》、第8课《金与南宋的对峙》这三课的内容，完整概括了北宋由盛转衰的历史。为了避免泛泛地教教科书，现整合教科书内容，确立如下四个学习主题：

1. 防弊之政：宋初强化专制集权的措施及影响
2. 危机渐现：北宋与辽、西夏的并立，北宋中期的危机
3. 因势应变：庆历新政与王安石变法
4. 偏安一隅：南宋的偏安

三、教学对象分析

根据建构主义的原理，学生不是一张白纸，学生已有的认知成为我们课程设计的主要依据和基础。在知识层面，学生在初中已经了解了北宋的建立、宋初强化专制集权的措施、重文轻武、宋与北方少数民族政权的关系、两宋更替等重要史实。高中阶段，学生需要进一步认识宋初强化专制集权的历史背景以及深远影响，能够对北宋中期的危机与王安石变法有一个深入的认识。在素养层面，生活中的影视、文学作品等使学生对两宋的历史人物和事迹有所了解，也培养了他们对历史时空和基本史实的初步认知，使学生对本课的学习具有较浓厚的兴趣。学生带着这样的已有认知和素养走进历史课堂。

四、教学目标

1. 阐述宋初强化专制集权的背景、措施,辩证地分析其影响。

2. 运用地图,叙述两宋与北方少数民族政权的相对空间位置和时间更替。在此基础上,探究北宋中期的危机。

3. 归纳王安石变法的内容,分析其影响及失败的原因。

五、教学重难点

1. 教学重点:认识宋初强化专制集权的措施及影响。

2. 教学难点:王安石变法的内容及失败原因。

六、教学立意与整体思路

本课以两宋为中心,讲述了从北宋建立到南宋偏安的历史。北宋结束了五代十国的割据混乱,但无法阻挡北方少数民族政权的崛起。所以这一时期,从纵向的时间线索来看,以宋王朝为代表的中原封建王朝将中华文明发展到了一个新的高度,本课侧重于北宋在政治文明上的创造;从横向的空间线索来看,两宋的发展始终伴随着与北方少数民族政权的碰撞与交流,这些在给两宋带来严重的边患危机的同时,更进一步促进了民族交融。

本课运用建构主义理论的模式,根据已有的知识进行意义建构,创设历史情境。具体采用的教学方法有情境创设法、史料分析法、问题探究法、图示法等。

七、板书设计

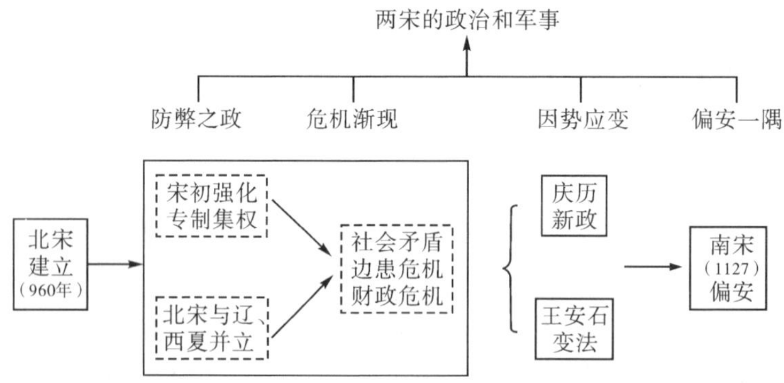

第二部分　课堂实施系统

一、教学活动过程

(一)导入环节

情境创设:出示司马光《涑水记闻》中有关陈桥兵变的史料等(略)。

教师活动:依据史料讲述事件发生的过程。

出示《五代十国形势图(后周时期)》(图略,见教科书第36页)、五代十国开国君主的身份信息(节度使)。

"黄袍加身"是被迫还是权谋,我们不得而知,但是如此当上皇帝的赵匡胤,再回望过去百年武人争雄、武人乱政的历史,不得不深思熟虑。那么,宋太祖的心病有哪些呢?

◆**设计意图**

学习历史,探究历史中的人,尤其是分析历史人物的主动思考与选择是必要的。在历史教学中探究特定历史人物的目的性,有利于提高学生的历史理解力。导课以宋太祖赵匡胤为着眼点,将学生的注意力和兴趣引入宋朝的历史。以问题结尾,为后续探究做好铺垫。

(二)讲授新课

主题一:防弊之政——宋初强化专制集权的措施及影响

第一部分:前车之鉴——宋太祖有哪些心病?

材料1:大约郡将自擅,常赋殆绝,藩侯废置,不自朝廷,王业于是荡然。

——《旧唐书》

材料2:唐自肃、代以后,上失其柄,藩镇自相雄长,擅其土地人民,用其甲兵财赋,官爵惟其所命,而人才亦各尽心于其所事,卒以成君弱臣强、正统数易之祸。

——《宋史》

材料3:呜呼,五代之乱极矣!《传》所谓"天地闭,贤人隐"之时欤?当此之时,臣弑其君,子弑其父,而搢绅之士安其禄而立其朝,充然无复廉耻之色者皆是也。

——《新五代史》

教师：上述材料可以反映出五代十国哪些弊病？

学生活动：阅读思考并讨论。

藩镇割据，地方权大（地方权力太大了）。

君弱臣强，正统数易（宰相权力太大了）。

武将专权，纲常失纪（武将权力太大了）。

第二部分：对症下药——如何祛除心病？

1. 地方权大

情境创设：太祖问策

太祖既得天下……召赵普问曰："……吾欲息天下之兵，为国家建长久计，其道何如？"

普曰："……今所以治之，无他奇巧也，惟稍夺其权，制其钱谷，收其精兵，则天下自安矣。"

——司马光《涑水记闻》[①]

教师：赵普所说的正是针对"藩镇割据，地方权大"所采取的措施。加强中央对地方的控制，也就是收权。

稍夺其权——文官出任知州，节度使逐渐变为虚衔。

制其钱谷——诸路转运司统管地方财政。

收其精兵——将地方精锐部队编入中央禁军。

教师：除了收权，针对地方权大，宋太祖还采用什么方法？

出示《北宋地方权力分配示意图》（图略，见教科书第50页）。

学生活动：阅读思考并讨论。

分散各级机构权力，相互牵制。四监司监控各州；州增设通判，制约知州。

教师：如此一来，就使得地方难以形成完整的权力中心，无法独立地对抗中央政府。通过收权、分权，最终削弱了地方权力，加强了中央集权。

2. 宰相权大

教师：权力收归中央，收上来的权力该如何分配呢？如何避免"君弱臣强，宰相权大"呢？

出示《北宋中央权力分配示意图》（图略，见教科书第50页）。

学生活动：阅读思考并讨论。

---

①转引自倪进．唐宋笔记选注（上）［M］．上海：上海教育出版社，2015：147.

分割宰相权力，增设参知政事，枢密院调兵，三衙统兵。

教师：经过严密的分化事权，大大分割了相权，加强了皇权。

3.武将专权

教师：仅在制度上加强中央集权君主专制就够了吗？如何一劳永逸地解决唐末以来“武将专权”的局面呢？

学生活动：阅读思考并讨论。

出示大唐西市博物馆三彩女骑马俑图片、西安博物院唐三彩腾空马图片。（图片略）

教师：武将专权的社会基础正是唐以来的尚武之风。为了改变这种局面，就要在政治文化上推行崇文抑武（重文轻武）。

抑武——罢免宿将兵权；文官担任枢密院长官；更成法。

崇文——大力提倡文治，扩大科举规模；抬高文官和士人的地位。

> ◆**设计意图**
>
> 这一部分是本主题的核心，围绕宋太祖亟须解决的三个心病将宋初加强专制集权进行细化，并用故事化的情境对照教科书结论性的话语帮助学生理解这些措施的针对性。

第三部分：专制集权——利弊如何评说？

教科书“史料阅读”（略，见教科书第50页）中苏洵和范祖禹的观点。

教科书“问题探究”（略，见教科书第53页）中叶适的观点。

教师：结合所学知识，谈谈你对上述材料的理解，分析宋初加强专制集权措施的利弊得失。

学生活动：阅读思考并讨论。

教师：苏洵和范祖禹认为北宋的防弊之政使各级机构逐层统辖，最后集权于朝廷。即使临时给远离中央的某人很大权力，他也不可能脱离朝廷的控制。这样十分有利于防范内部动乱，维护统治稳定。藩镇割据的现象，在北宋就再也不可能发生。叶适认为这套防弊之政十分严密，对各种不稳定因素和管理漏洞的防范十分到位，但矫枉过正，严重束缚了人的积极性和创造性，导致体制僵化，行政效率低下，新出现的问题得不到及时有效的解决，北宋“无内乱”之下隐含着统治危机。

> ◆**设计意图**
>
> 充分利用教科书提供的史料，使学生对宋初加强专制集权的影响做出辩证分析。使学生得出结论：在专制集权强化的背景下，北宋“无内乱”之下隐含着危机。

主题二:危机渐现——北宋与辽、西夏的并立,北宋中期的危机

教师活动:就教科书"问题探究"(略,见教科书第53页)中叶适第二段话的观点设置问题。

1.唐朝人"不能自安"指的是什么?

2.宋朝是如何"自安"的?

3.宋朝的"大不可安者"指的又是什么?

学生活动:结合教科书"边防压力与财政危机"内容及以下史料进行思考,小组讨论。

材料4:宋太宗曾经承认当时的赋税"两倍于唐",事实上还不止如此。随着时光的推移还有不断增加的趋势。林勋是北宋后期的人,他讲宋代的赋税是唐代的七倍之多。朱熹也认为,古时候刻剥下民之法,宋朝都已采用了。

宋初到仁宗时代,官员增加了5倍之多!史料记载真宗咸平四年(1001年)皇帝下令"减天下冗吏195000余人,所减者如此,未减者可知也"。

宋太祖建国之初禁军厢军总额才22万,太宗至道时(995—997年)达66万,真宗天禧年间(1017—1021年)为91万,仁宗庆历时(1041—1048年)激增到126万之多![①]

材料5:宋神宗即位时的财政状况

年财政收入	年财政支出	
6300万—6800万缗	军费	约4800万缗
	官俸	约1200万缗
	皇室	约720万缗
	祭祀	约325万缗
	岁币	75万缗

——据李亚平《帝国政界往事——公元1127年大宋实录》[②]

①叶坦.大变法:宋神宗与十一世纪的改革运动[M].北京:生活·读书·新知三联书店,1996:21.

②李亚平.帝国政界往事——公元1127年大宋实录[M].北京:北京出版社,2004:62.

教师:北宋的防弊之政虽然大大削弱了内部动乱因素,但也造成了军备废弛、军事力量削弱,在与辽、西夏的军事对峙中形成严重的边患危机,最后只得花钱买和平(澶渊之盟、庆历和议)。而冗官、冗兵、冗费,又造成了严重的财政危机,连同阶级矛盾,一同构成了北宋中期的统治危机,最终形成积贫积弱的危局。

◆设计意图

这一部分作为北宋中期危机的背景并不是本课的重点,第10课会专门论述两宋与辽夏金元的民族关系,所以采用课下自主学习的方法处理。但对两宋与周边少数民族的空间认识与基本历史线索的梳理有利于学生时空观念的培养。

主题三:因势应变——庆历新政与王安石变法

1.庆历新政(根据教科书内容略讲)

2.王安石变法

为解决财政危机,宋神宗起用了善理财的王安石进行改革。

出示王安石变法措施:

富国之法	均输法(熙宁二年七月行于东南六路)
	青苗法(熙宁二年九月实行)
	农田水利法(熙宁二年十一月实行)
	免役法(熙宁二年十二月公布)
	市易法(熙宁五年三月实行)
	方田均税法(熙宁五年八月颁行)
强兵之法	保甲法(熙宁三年十二月实行)
	保马法(熙宁六年八月实行)
	设军器监(熙宁六年八月设置)
	将兵法(熙宁七年九月颁布)
取士之法	改革科举制度,整顿太学,唯才用人

官府向农民提供农业贷款——青苗法;拨巨资从事商业经营等手段——市易法;对农民进行编制管理和军事训练,以征兵制取代募兵制——保甲法。

◆设计意图

关于王安石变法的内容,教科书叙述较为简略,为方便学生深入理解,故按照措施出台的先后顺序将变法内容补充完整,学生据此可了解王安石变法的理论效果。

◇总结与过渡

王安石推行变法之后,很多措施在当时和后世引发争议,试以青苗法论之。

青苗法定义:在每年二月、五月青黄不接时,由官府给农民贷款、贷粮,农民以青苗作抵押,待到夏秋两季收获之后,还本付息,利息为半年百分之二十。

教师:青苗法的实施初衷是什么?

学生活动:阅读思考并讨论。

材料6:叶坦《大变法》关于青苗法的议论:

原规定不许强制,实际上却强行抑配。规定是半年为百分之二十的息钱,实际上像王广渊在河北散青苗,就执行百分之三十的息钱。

青苗法之下的百姓,不仅要承受国家的贷款,辗转于春借秋偿,而且为偿青苗欠债,许多人不得已"乃复举贷于兼并之家,出倍称之息,以偿官逋"。青苗法结果反与民间高利贷互相交织,彼此助长,备受其害的是贫苦农民。王岩叟说:"名曰抑兼并,乃所以助兼并也。"①

教师:青苗法的实际效果如何?

学生活动:阅读思考并讨论。

教师:正如教科书所言,(王安石变法)一些措施在执行过程中加重了人民的负担,也引起激烈争议。而变法措施本身存在缺陷,加重百姓负担。这成为王安石变法招致反对的原因之一。

教师:王安石遭到反对还有哪些原因?

材料7:"枣核形曲线"示意图——王安石变法后各个阶级财富归之于公的部分②

---

①参见叶坦.大变法:宋神宗与十一世纪的改革运动[M].北京:生活·读书·新知三联书店,1996:91-92.

②参见叶坦.大变法:宋神宗与十一世纪的改革运动[M].北京:生活·读书·新知三联书店,1996:87.

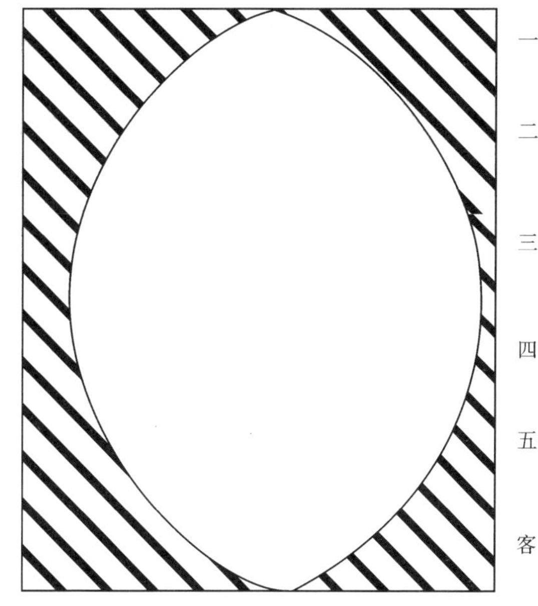

材料8:“学思之窗”(略,见教科书第52页)。

材料9:荆公以古之道,变今之俗无不可者,顾一代成法扫地无存焉,其更张既聚,而其执拗又甚,攻之愈众而持之愈坚,余故曰荆公之法非尽不善也,荆公之拗而执以为是者,则天下后世之乱首也。

——范光宙《王安石新法》①

学生:既得利益集团以及下层百姓的反对;王安石固执己见,排除异己,用人不当,导致变法措施走样;变法力度过大,牵涉范围过广,引起社会各阶层的不安。

教师:同学们的总结都是合理的。但是从根本上看,在专制皇权强化的前提下,王安石变法没有触及社会的根本问题,没有给农民以更大利益,一切以理财为着力点的变法措施虽然收到短期成效,但是却加重了百姓负担,更引发了统治集团内部的分裂,此后的北宋也开始走向衰落。

◆**设计意图**

分析关于王安石变法招致反对的原因,有利于学生史料实证、历史解释等历史思维能力的训练。同时王安石变法因其阶级属性,没有给普通百姓尤其是农民以更大利益,也照应了唯物史观中“人民群众是社会历史的创造者”的观点。

①转引自李华瑞.王安石变法研究史[M].北京:人民出版社,2004:237.

主题四:偏安一隅——南宋的偏安

第一部分:结合《金、南宋、西夏形势图(1142年)》(略,见教科书第53页),简单梳理金灭北宋、南宋建立、绍兴和议的内容。

第二部分:关注特定历史时期的重要人物——岳飞。

材料10:闻卿见苦寒嗽,乃能勉为朕行,国尔忘身,谁知卿者。

——《赐岳飞批答》[①]

材料11:韩世忠不平,诣桧诘其实,桧曰:"飞子云与张宪书虽不明,其事体莫须有。"世忠曰:"'莫须有'三字,何以服天下?"

——《宋史·岳飞传》

材料12:中华民族内部的战争不存在"侵略"、"反侵略"的问题,但有正义、非正义之分……反抗压迫……的民族战争具有正义性。[②]

教师:岳飞被杀的根本原因是什么?几百年后的今天,中华儿女依然纪念岳飞,岳飞为何能被世人代代铭记?只是因为他誓死都在守卫软弱的南宋王朝吗?

◆设计意图

培养学生客观公正地评价历史人物及其行动,同时进行家国情怀的教育。

学生活动:小组自由讨论发言。

教师:实际上,专制集权的强化从北宋一直延续到南宋,是赵宋王朝的基本治国理念,同样也是历史的大趋势。岳飞作为武将虽然战功赫赫,但是在赵宋皇帝看来同样也是其专制皇权的巨大威胁,这是导致岳飞悲剧结局的根本原因。由岳飞在后世的境遇,我们看到岳飞的精神价值绝不仅仅只是对一个封建王朝的忠义,岳飞的不折不挠的精神力量鼓舞着我们去反抗,去斗争。所以岳飞会被中国人世世代代铭记。

(三)课后延伸

观看热播历史剧《清平乐》或《大宋宫词》,截取剧中反映的有关宋代政治及军事方面的信息,结合所学知识撰写一篇解说词。同步分享到班级邮箱及微信群。

◆设计意图

在日常生活中关注历史的点点滴滴,学以致用,不断构筑自己历史学习的前理解。

①转引自朱家溍.宋高宗付岳飞敕书和批答[J].文物,1997(2):82-84.

②王宗信.正确看待两宋时期的民族关系[J].中学历史教学,2007(6):22-23.

二、本课小结

不同于汉唐大一统的气势磅礴，两宋为代表的中原王朝对内以防弊为政，对外以防御为策，这些在强化专制集权的基础上引发了新的问题，王安石变法无力进行上层建筑的根本调整，两宋走向衰落。当我们把目光投向历史深处，21岁的辛弃疾意气风发，参加抗金斗争失败后渡过淮水，他对来日北上抗金、建功立业仍充满希望。然而结果却是20年不被重用，蹉跎岁月，“可怜白发生”。偏安一隅的南宋朝廷不思进取，这是辛弃疾的悲哀，更是那个时代的悲哀。那么，偏安一隅的南宋就能从此平安无事了吗？并没有。

第三部分　课后评价系统

一、教学评价

根据《普通高中历史课程标准（2017年版2020年修订）》课程内容要求及学业质量水平的描述，将学生在完成本课学习后的学业成就表现划分为4级水平。

水平1：能够认识到两宋时期的制度创设是生产关系以及上层建筑的调整，目的是适应生产力和经济基础的发展。能够辨识两宋时期与周边少数民族政权互动交流的时间与空间表达方式；在叙述两宋的演进及两宋与辽、西夏、金碰撞时能够运用恰当的时间和空间表达方式。能够辨别关于宋初加强专制集权的不同历史解释。能够对宋初在制度创设的新变化、北宋中期的危机和王安石变法措施加以分析。能够对两宋的政治文明表现出理性的认识。

水平2：能够认识到两宋时期的制度创设是生产关系以及上层建筑的调整，目的是适应生产力和经济基础的发展。能够将某一史事定位在特定的时空框架下，例如宋初强化专制集权、北宋中期的危机、南宋的偏安。能够利用历史形势图、示意图和材料对辽、夏、金少数民族政权的发展线索以及岳飞抗金等史事加以描述。能够认识历史地图、示意图和文献史料所具有的不同价值；在论述问题的过程中，能够尝试运用材料作为证据论证自己的观点。例如，通过史料探究分析出社会矛盾、边患危机、财政危机共同构成了北宋中期的危机。能够选择、组织和运用相关材料并使用相关历史术语，对宋初强化专制集权的评价、王安石变法失败的原因等问题做出自己的解释，并能够在叙述中将史实陈述与历史解释结合起来。

水平3：能够把握相关史事的时间、空间联系，并用特定的时间和空间术语对较长时段的史事加以描述和概括。例如，经过唐后期藩镇割据和五代十国的混乱，到宋朝实行强干弱枝、守内虚外的政策，呈现出专制集权强化的趋势。能够分辨材料中对王安石变法失败原因的不同解释。例如，可以从既得利益集团以及下层百姓的反对；变法措施超越时代，不合时宜；王安石固执己见，排除异己，用人不当，导致变法措施走样等方面进行解释。能够增强对两宋时期民族交融的认同感，正确认识中国古代的民族交流，认识到战争、榷场贸易、文化交流都是民族交流的方式。

水平4：在对宋初强化专制集权、北宋中期危机、王安石变法、两宋与周边少数民族关系的分析过程中，将其置于具体的时空框架下；在对宋太祖黄袍加身是被迫还是权谋以及岳飞人物评价的探究中，能够恰当地运用材料做出自己对所探究问题的论述，并形成自己新的解释。能够把握中华民族多元一体的发展趋势，能够在学习过程中表现出对两宋制度创新和军事斗争的反思，从历史中汲取经验教训，更全面、客观地认识现实社会问题。

二、本节学业质量水平检测

阅读材料，完成下列要求。

材料13：国内学界一般提到宋朝历史总是与经济上积贫、军事上积弱画等号，这其中的原因绕不开宋朝重文轻武的基本国策。但也有学者认为，“重文轻武”国策的推行，促进了宋朝的繁荣。

根据材料，从中提炼出一个观点，自拟论题，并结合所学知识进行简要论述。（要求：观点明确，论述须有史实依据，史论结合。）

［答案示例一］

宋朝“重文轻武”国策促进了宋朝的繁荣。

论述：宋朝实行“重文轻武”政策，在政治上铲除割据势力，维护了国家统一和社会稳定；安定的社会局面，有利于经济发展、科技进步；社会环境宽松，文人享有较多自由，推动了理学兴起和文学艺术的发展。

综上所述,“重文轻武”国策的推行促进了宋朝社会政治、经济、科技、文化的全面繁荣。

[答案示例二]

宋朝“重文轻武”国策导致了积贫积弱局面。

论述:宋朝强化皇权,实施“重文轻武”政策,军事上调兵权和统兵权分离,严重削弱了军队的战斗力和国防力量,在对辽、西夏的战争中屡战屡败。大量文职官员的设置,导致官僚机构越来越臃肿,造成了严重的冗官、冗费的局面,财政支出紧张,国力虚弱。

综上所述,“重文轻武”国策的推行与宋朝军事上的失利、政治上的冗官有重要关联,使宋朝最终陷于积贫积弱的局面。

[答案示例三]

宋朝“重文轻武”国策一方面推动了宋朝社会繁荣,同时也导致了积贫积弱局面。

论述:言之有理即可,兼采示例一与示例二的观点。

综上,宋朝“重文轻武”国策既有其积极意义,又有社会局限。对国家政策的评价,应该采取全面辩证的方法,既要看到其优点又要看到其不足。

三、教学设计特点与反思

历史课是“讲理”的课,而这个理就是逻辑。那么一堂有逻辑的课该如何建构呢?笔者认为教师要在研读课标、精读教科书、搜集资料、分析学情的基础上做好课程定位,让课程定位成为教学设计的宏观指导。关于两宋的政治和军事,本课的时间线索十分清晰,就是从北宋的建立到南宋的偏安这段历史。但是围绕两宋的发展实际上有两条主线,一条是纵向的以宋王朝为代表的中原封建王朝自身的调整与发展;另一条是横向的周边少数民族政权的崛起。两条主线交织发展,造就了两宋历史异于前代的独特气质。有了这个基本的认识,在教学设计上两条线索合理安排,取舍得当,有利于教学过程的实施。

当然,在课程定位的指导下充分整合历史信息极有可能造成课堂容量过大,如果组织不当,很容易造成学生的思维混乱。而且新课程理念要求以学生为主体,教师是一个引领者的角色,一味地“满堂灌”,不顾学生的认知规律,将使课程的有效性大打折扣,更不利于学生关键能力的培养。所以,教学重点的选择、历史情境的引入、小组活动的设计尤为重要。本课的教学重点无疑是宋初强化专制集权的措施及王安石变法。笔者在教学设计上将两者有机结合起来,使得因果联系更有逻辑。而且大量经过故事化的历史情境的引入、有效设问、分组讨论,充分激发了学生的学习兴趣,最终在师生对话中很自然地完成了既定的教学任务。

第10课　辽夏金元的统治

史秀艳[1]

第一部分　课前预设系统

一、课标解读

本课课标的内容要求:通过了解辽夏金元诸政权的建立、发展和相关制度建设,认识北方少数民族政权在统一多民族封建国家发展中的重要作用。

北方少数民族政权的历史是一条贯穿整个中国古代史的重要线索,而辽夏金元的历史重要之处在于,这些政权导致了中国的政治中心确定在北方,政治中心与经济中心的分离改变了统一王朝之下南北关系的格局,由此也开创了中原王朝与周边(边疆)地区关系的新局面。传统历史教学受汉族中心论和中原王朝中心论的影响,"往往把北族政权攻打中原王朝视为'侵扰''掠夺',而把中原王朝攻打边疆民族地区视为'开拓'甚至'统一'"[2],这显然是不客观的,也是有失公允的。

---

①作者简介:史秀艳,中学高级教师,赤峰二中历史教师。

②徐蓝,朱汉国.普通高中历史课程标准(2017年版2020年修订)解读[M].北京:高等教育出版社,2020:80.

“以往对于辽、夏、金、元历史的讲述,主要侧重在它们与两宋的和战,对于其自身的发展,包括契丹、党项、女真、蒙古社会在政权建立前后的发展,以及制度建设和对北方地区的开发等,涉及不多。”①本课则从辽夏金元四个政权的发展历程及其确立的相关制度来认识它们在中国历史上的重要作用,同时也说明在中华民族发展的历史长河中,各民族共同努力,都做出了突出的贡献。

二、教学内容分析

本课从政治史角度简述辽夏金元几个少数民族政权的发展情况,基本按照时间顺序设置。先讲与北宋大致同时的辽和西夏,然后讲与南宋大致同时的金,再后面讲完成全国统一的元朝。

辽宋夏金元时期各民族交融杂居,创造了各民族相互学习、相互了解的机会。而辽夏金元政权的存在,拓展了中国版图,丰富了中国制度,促进了中国政治中心北定,推动了中国经济重心南移,促进了中华民族从多元走向一体,为中华民族的最终形成注入了新鲜血液。

本课大概念是中华民族从多元走向一体,核心问题为少数民族政权并立与统一多民族封建国家的发展。

三、教学对象分析

初中统编教科书对辽夏金元在政治方面的讲授侧重其兴起、发展历程,对于制度建设涉及不多,学生对辽夏金元的历史了解不够深入。特别是学生对辽夏金元制度建设的原因和影响缺乏理性分析,也很难从整个中华民族的发展角度来理解这些制度的影响。为此,为培养高一学生分析问题和解决问题的能力,本课教学通过出示不同时期的史料,提取有效的历史信息,恰当地论述所探究的问题,对历史进行深刻反思,客观公正地认识北方各民族在长期历史发展进程中,为辉煌灿烂的中华民族文化做出了突出贡献。

四、教学目标

1.阅读教科书并结合地图,说出辽夏金元政权建立、发展的基本史实。

2.结合史料,解释辽夏金元的“因俗而治”,总结北方少数民族政权对统一

---

①徐蓝,朱汉国．普通高中历史课程标准(2017年版2020年修订)解读[M].北京:高等教育出版社,2020:80。

多民族国家发展做出的贡献。

3. 能够分析辽金元政权的建立导致了中国的政治中心确定在北方。

4. 能够说明元朝统一和实行行省制度的意义。

5. 能够阐述处理民族关系的历史意义和现实意义。

五、教学重难点

1. 教学重点：北方少数民族政权对中华民族多元一体国家制度形成的贡献；北方少数民族政权对中国政治中心北定的影响。

2. 教学难点：认识北方少数民族政权在统一多民族封建国家发展中的重要作用。

六、教学立意与整体思路

本节课以唯物史观为指导，基于培养核心素养的单元设计理念，通过建构本课的大概念、核心问题、学习目标、基本问题、评估证据、学生体验等一系列教学活动，培养学生的时空观念以及史料实证和历史解释等能力，树立学生热爱祖国、热爱民族的家国情怀。为此，通过讨论、交流、合作探究、分享学习成果等形式，完成以下几个基本问题：

1. 说出辽夏金元少数民族政权建立的时间、建立者、都城等，并归纳这一时期的历史发展趋势。

2. 能够分析辽朝职官设置的特点，探讨辽朝实行双轨行政制度的原因。

3. 理解猛安谋克制的含义以及前后期产生的不同影响。

4. 为“辽金元政权的建立导致了中国的政治中心确定在北方”提供2至3个合理可信的证据。

5. 叙述元朝的统一，说明行省制度性质的变化，分析行省制度产生的影响。

6. 理解草原文化与农耕文化的融合与冲突。

7. 从统一多民族国家发展的角度，探讨辽宋夏金元时期中华民族是如何从多元走向一体的。

七、板书设计

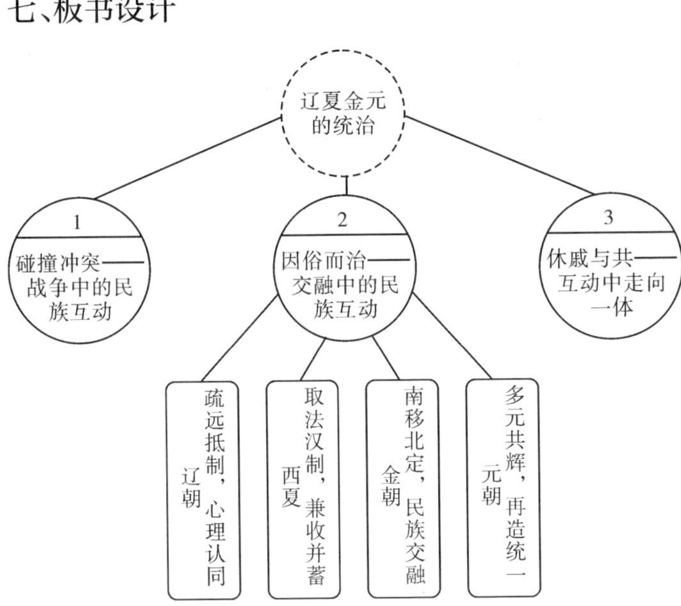

第二部分　课堂实施系统

一、教学活动过程

(一)导入环节:创设情境,出示材料。

一部中国史,就是一部各民族交融汇聚成多元一体中华民族的历史,就是各民族共同缔造、发展、巩固统一的伟大祖国的历史。我们辽阔的疆域是各民族共同开拓的,我们悠久的历史是各民族共同书写的,我们灿烂的文化是各民族共同创造的,我们伟大的精神是各民族共同培育的。中华民族多元一体是先人们留给我们的丰厚遗产,也是我国发展的巨大优势。

——摘自习近平《在全国民族团结进步表彰大会上的讲话》①

①习近平.在全国民族团结进步表彰大会上的讲话[EB/OL].(2019-09-27)[2023-3-23].www.gov.cn/gongbao/content/2019/content_5442260.htm.

教师：习近平总书记关于民族团结进步的讲话，明确指出中国历史是各民族共同缔造、发展的历史，而中国古代辽夏金元诸政权的建立、发展和相关的制度建设，正是北方少数民族政权在统一多民族封建国家发展中发挥重要作用的真实写照。下面我们共同了解一下这段历史。

◆设计意图

通过引用习近平总书记关于民族团结进步的讲话，导出辽夏金元等北方少数民族政权在统一多民族国家发展中发挥了重要的作用，以此调动学生学习本课的兴趣和参与研讨的积极性。

(二)讲授新课

1. 碰撞冲突——战争中的民族互动

任务一：阅读教科书第51页《辽、北宋、西夏形势图（1111年）》、第53页《金、南宋、西夏形势图（1142年）》、第57页《元朝形势图(1330年)》，观察这一时期中国疆域的变化，说出该时期少数民族政权建立的时间、建立者、都城等，并归纳这一时期的历史发展趋势。

学生活动1：看图并结合教科书知识，通过表格完成第一问。

政权	辽(契丹族)	西夏(党项族)	金(女真族)	元(蒙古族)
时间	916—1125	1038—1227	1115—1234	1271—1368
建立者	耶律阿保机	元昊	完颜阿骨打	忽必烈
都城	上京	兴庆府	会宁府	大都

学生活动2：总结这一时期的历史发展趋势是由分裂逐渐走向统一。

◇总结与过渡

辽夏金等少数民族政权虽然政治分裂、军事对峙，政权更迭频繁，但是各民族在分布上交错杂居、互通有无、相互交融，为以后元朝统一多民族国家的建立和发展奠定了基础。为有效消化理解本节课知识，我们先了解一下“民族交融”的概念，然后再进入第二部分的学习。

概念解读：民族交融是指各民族间平等相处、经济文化交流、生活习惯互相影响、生产方式逐渐趋于一致，民族差异和民族隔阂的消除，即不同民族之间在民族迁徙、杂居相处、长期交往、矛盾斗争的过程中，不同生产方式、风俗习惯、文化心理特征等的相互影响和渗透。①

这一时期北方少数民族交融，为中华民族多元一体国家制度的建设做出了突出的贡献。

◆设计意图

本环节主要是通过出示地图并结合教科书内容，帮助学生梳理这一时期并存的少数民族政权名称、建立者、都城等基本史实，理解基本概念，自然导出北方少数民族对中华民族多元一体国家制度的形成做出的贡献。

2. 因俗而治——交融中的民族互动

任务二：辽——疏远抵制，心理认同。

教师：阅读教科书第54页“学思之窗”，回答相关问题。

学生活动：阅读材料归纳特点“因俗而治”。了解辽朝设南面官和北面官分管不同的地区。

◇总结与过渡

由于当时辽境内民族成分复杂，辽统治者为有效治理统辖地区，采取开明的民族政策，因势利导，实行了南面官和北面官分管不同地区的双轨行政制度。

教师：结合材料1和材料2，分析辽朝实行双轨行政制度的原因并探讨辽统治者对汉族文化的态度。

材料1：契丹本族，地处大漠之间，多寒多风，到10世纪初仍然处于畜牧业为主的奴隶制阶段。而渤海王国(位于今东北地区)和幽云十六州(位于今华北平原)都是农业耕作区，有很发达的封建经济文化。经济文化与生产力发展水平的巨大差异迫使契丹“因俗而治”，实行两面官制……阿保机时契丹已深受汉文化的影响：政治上，设头下城以汉法治汉民；经济上，学习中原先进农业和手工业技术，逐步实现了从畜牧业向半牧半农的转化；文化上，在汉字简化或增添笔划的基础上制成契丹大字。②

材料2：文化上，阿保机虽会说汉语但对自己的部属绝不讲汉话，并主持制定契丹文字以避免汉字在契丹地区的通行。习俗上，注意契丹原有习俗的保持……政治权力的分配上，极端偏于契丹人。契丹统治者虽然任用了许多汉官

①人民教育出版社课程教材研究所历史课程教材研究开发中心.普通高中历史教学设计丛书：中外历史纲要(上)[M].北京：人民教育出版社，2019:30.

②赵剑峰，苏峰，何成刚.历史课标解析与史料研习·中国古代史[M].上海：复旦大学出版社，2018:173-174.

(南面官),但多经理财赋与州县诉讼事务,不能参与军国机密。①

师生共同活动:依据材料提取信息。原因:受自然地理环境和社会政治条件,以及汉族文化的影响。态度:辽统治者对汉族文化的态度具有两面性,既重视利用又疏远抵制。

◇总结与过渡

基于诸多因素,辽朝根据境内蕃汉杂处的特点,为保证权力最大限度地集中于辽帝,中央决策又实行了"四时捺钵"制度。

概念解读:所谓"捺钵"是指大辽皇帝在渔猎地区所设的行帐(行宫),随四季而迁徙,辽帝一年四季都往返于"春水、消夏、秋山、坐冬"四时捺钵之间,契丹内外臣僚及杂役人等,北、南官各机构的主要负责人,都跟随皇帝在捺钵活动,辽的最高决策机构——北南臣僚会议就设在捺钵,其机制亦在迁徙中运作,捺钵本身就是朝廷……四时捺钵与境设五京,政治与经济双轨运行,既照顾了境内蕃汉杂处的特点,同时又保证了权力最大限度地集中于辽帝。②

与辽同时并存的北方少数民族政权还有党项族建立的西夏政权,接下来我们就了解一下西夏的政治制度建设。

任务三:西夏——取法汉制,兼收并蓄。

学生活动:阅读材料3,并结合教科书第55页正文第一段,了解西夏的取法汉制,一制二称。

材料3:西夏政治制度具有竭力模仿中原政治制度的特点。李继迁时开始模仿宋朝官制,沿用左、右都押衙、蕃部指挥使等中原官职。李德明当政期间设置了行军左司马、都知兵马使等职,继续照搬宋朝官制。李元昊建国后积极效仿中原统治制度,官分文武班,包括中书、枢密、三司等,职掌与宋朝基本一致。更有甚者,李元昊还将开封府作为管理首都兴庆府的

◆**设计意图**

辽、西夏政治制度的教学设计主要是通过史料引导学生分析多元包容的文化发展特征,培养学生史料实证的历史素养,拓宽学生的视野,引导学生运用唯物史观分析历史问题,肯定少数民族杰出的政治智慧,感受多元并存的文化,培养学生的家国情怀。

①赵剑峰,苏峰,何成刚.历史课标解析与史料研习·中国古代史[M].上海:复旦大学出版社,2018:174.

②见上书173页。

衙门名称。①

◇总结与过渡

西夏的政治制度特点是极力模仿汉族的政治制度,而且是一套制度、两种称谓,民族交融更加明显。在辽、北宋、西夏三足鼎立局面结束之际,历史的长河发展到了金与南宋的对峙时期,女真人建立的金政权雄霸北方,对中国多元一体文化的形成和发展产生了深远的影响。

任务四:金——南移北定,民族交融。

教师:请结合材料4和材料5说出猛安谋克制的含义,并分析该制度前后期产生的不同影响。

材料4:猛安谋克是女真族的特有制度,是金朝地方政权建设的重要组成部分。猛安谋克初始于女真族古代出猎制度的生产组织,从民族组织形式演化而来。1116年,阿骨打对猛安谋克进行了一次重大政治改革……这样就使得猛安谋克与地域性的村寨结合起来,形成了地方政权的雏形,由地缘政权代替了血缘的氏族组织……从猛安谋克发生、演化中不难看出,它不仅是女真族建立政权的重要生产组织,而且金朝政权建立之后,在社会中也占相当重要的地位。②

材料5:金朝中后期,随着猛安谋克组织内部的腐化变质,作为军事组织的猛安谋克日益瓦解。特别是遭到蒙古进攻后,猛安谋克每况愈下。

金朝前期,将大批原住东北的猛安谋克户迁入中原,定居于汉族社会的村落之间。他们入居中原日久,受到汉族文明的影响,多习汉语,穿汉服,仿效汉族生活和享乐习惯,本民族原有的尚武精神逐渐沦丧。又因不善耕作,好逸恶劳导致贫困化,金廷为其括地重授,反而激化了民族矛盾。

猛安谋克制的盛衰是有金一代兴衰的缩影。随着猛安谋克制的崩溃,金朝也走向了灭亡。③

①赵剑峰,苏峰,何成刚.历史课标解析与史料研习·中国古代史[M].上海:复旦大学出版社,2018:175.

②见上书177页。

③周刘波.中外历史纲要:学习精要与史学导读[M].重庆:西南师范大学出版社,2020:109-110.

学生:阅读材料后概括其含义,猛安谋克制是女真族的特有制度,是金朝的地方组织。影响为推动了金朝的发展,但也加速了金的灭亡。

◆**设计意图**

让学生提取史料信息,理解基本概念,培养学生的史料实证意识等学科素养,提高学生归纳总结和深入理解历史知识的能力。

◇总结与过渡

猛安谋克制是女真人的一种兵民合一的社会组织。猛安谋克制前期维护了金的统治,推动了女真族的发展;但是后期却滋生腐败,民族矛盾激化,出现了危机。

辽、金长期统治北方,统治者采取积极的汉化政策,南下中原,既巩固了自己的政权,客观上也加快了中国政治中心的北定。

教师:为“辽金元政权的建立导致了中国的政治中心确定在北方”提供2至3个合理可信的证据。

材料6:北京作为都城,始于辽朝,是辽五京之一——南京。1153年,金朝将北京确定为国都,称中都。1267年,忽必烈汗将燕京定为两都之一,1271年改称为大都,北京第一次成为统一国家的国都。中国政治中心的北移是中华民族多元一体国家建设的需要,是多民族统一国家历史发展的必然结果,在地缘上,北京地接华北、东北和蒙古高原,忽必烈汗的大将霸突鲁对北京战略地位的评判一语切中要害。霸突鲁指出“幽燕之地,龙蟠虎踞,形势雄伟,南控江淮,北连漠朔,且天子必居中以受四方朝觐……欲经营天下,驻跸之所,非燕不可”。北京的政治中心地位由此确立,并被明清两朝沿袭。①

证据一:根据材料6,找出北京作为都城在辽金元时期的不同名称,并思考元朝定都北京的意义。

学生活动:阅读材料提取信息。南京—中都—燕京—大都。有利于统一多民族国家的建设和发展;战略地位重要,有利于国家安全稳定。

①乌恩.草原民族对中华民族多元一体格局形成的历史贡献[J].内蒙古社会科学(汉文版),2013(6):125-131.

材料7:从辽、金朝起,政治上的统治重心北移,燕京(今北京)成为此后历朝统治的政治中心,使得长城南北在政治、经济、社会、文化上完全成为统一和不可分割的整体。中原先进的生产技术和文化以空前的规模向北方传入,汉族向北方迁徙也空前增加,极大地改变了草原树海的面貌,对我国统一多民族国家的发展,起到了积极的促进作用,奠定了祖国统一的牢固基础。由于此期民族的南北大调动、大迁徙、大融合,改变了民族人口分布的格局,民族意识、中国观念也发生重大变化,契丹人、汉人、党项人、女真人,同是国人,今皆一家,这是形成中华民族多元一体、统一多民族国家的思想基础。①

证据二:请结合材料7,分析辽金元时期政治中心北移产生了怎样的影响。

学生教师共同活动:分析总结。有利于国家统一,促进了南北政治、经济、文化和民族的交融;使民族意识和中国观念发生了重大变化,有利于中华民族多元一体文化的形成。

证据三:请结合教科书第55页《金、元、明北京城址变迁图》以及相关的文字材料,了解金元明等朝代先后定都北京,并不断营建改造,使北京作为政治中心最终固定下来。

学生活动:阅读教科书。

◆设计意图

本环节通过图片和文字材料,让学生了解辽金元政治中心的选择以及该时期民族关系的发展所处的特定的时空环境和阶段特征,分析中国政治中心北移是历史发展的必然,培养学生探究和分析历史问题的能力。

◇总结与过渡

定都北京是中国历史发展的必然,政治中心的北移有利于北方地区的稳定和开发,在统一多民族国家的历史发展中产生了深远的影响。

任务五:元朝——多元共辉,再造统一

教师活动:要求学生阅读教科书第56—57页,叙述元朝统一过程。

学生活动:阅读教科书。

①曹大为,等.中国大通史·金[M].北京:学苑出版社,2018:7.

◇总结与过渡

元朝完成统一,疆域辽阔。为巩固统一多民族国家,加强中央集权,元朝开创了行省制度。

教师:请结合教科书第57页最后一段指出行省制度的性质发生了怎样的变化。根据材料8和材料9,分析行省制度产生了怎样的影响。

材料8:在行省区划上以形成犬牙交错和以北制南的格局。秦汉以来,地方行政区划一般是依山川形势的自然界限或历史传统等来确定。从元代开始,行政区划主要以中央军事控制为目的,不惜打破自然地理界限以及经济区域联系,人为地造成犬牙交错和以北制南的统治格局……这种以北制南、北向门户洞开和人为形格势禁的政策,在汉地诸行省颇为突出。①

材料9:行省制度的确立,无疑将中央政府的行政管辖范围进一步扩展到了边远地区,加强了中央和地方、中原和边疆的联系。元朝通过行省制度,在唐宋设置羁縻府州的民族地区设置了与内地相同的路、府、州、县等行政统治机构,并在这些地区驻军、屯田、征收赋税,从而加强了边疆民族地区的经济开发,增进了各族人民之间的交往,对边疆民族地区的政治、经济和文化发展起到了促进作用。②

学生活动:阅读材料并归纳。变化——行省最初是中书省临时派出机构,后演变为中央管理地方的常设机构。影响——形成了南北相制的格局,有利于巩固统治,加强中央集权;开发了边疆;促进了民族交融。

◇总结与过渡

元朝疆域辽阔,行省制度的确立,发展完善了我国的地方行政区划,有效地加强了中央集权,巩固了元朝的统治,是中国省制的开端。但是元朝却是一个短命王朝,这是为什么呢?

教师活动:结合材料10和教科书第58页“元朝的民族关系”,你怎样理解草原文化与农耕文化的融合与冲突?

①②赵剑峰,苏峰,何成刚.历史课标解析与史料研习·中国古代史[M].上海:复旦大学出版社,2018:179.

材料10:元朝有着和传统王朝不尽相同的自身特点和历史地位。具体来说:第一,元朝是首次由少数民族建立的大一统王朝……第二,疆域广,民族多,国祚短。就民族成分来说,元朝时期,女真人、契丹人及部分蒙古人,相继融入了汉族群体,汉人族群的成分更为兼容多样。其中,回族就是元代西域人大规模东来的聚合物……可见,元朝在中国历史上不仅是首个由少数民族建立起来的大一统王朝,给我们带来了广袤的疆域和众多的民族,推进了新的民族交融,同时也留下了社会关系和专制主义等方面复杂沉重的遗产。①

◆设计意图

本环节主要通过材料提供的有效信息,帮助学生认识元朝统一,疆域辽阔,实行行省制度,巩固了统一多民族国家,对后世影响深远,培养学生的史料实证素养和探究分析历史问题的能力。同时通过分析草原文化与农耕文化的融合与冲突,客观地评价历史,培养学生运用历史唯物主义分析问题和解决问题的能力。

学生:元朝统治时期民族交融加强,形成了新的民族,有利于经济文化交流,但是实行民族歧视政策却不利于长久统治。

◇总结与过渡

元朝统治时期,疆域辽阔,不但加速了北方少数民族同汉族的融合,而且还形成了新的民族。但是元朝对不同民族采取差别对待的政策,激化了社会矛盾,不利于社会关系的缓和,走向灭亡也就成为历史的必然了。

通过学习辽夏金元诸政权的建立、发展和相关制度建设,我们认识到北方少数民族政权在统一多民族封建国家发展中发挥了重要作用,各民族在相互交往、相互借鉴中逐渐走向一体。

3. 休戚与共——互动中走向一体

任务六:依据材料11,并结合所学知识,从巩固统一多民族国家发展的角度,探讨辽宋夏金元时期中华民族是如何从多元走向一体的。

材料11:五代十国之后,中国历史进入辽、宋、夏、金等民族政权政治上的分裂和军事上的对峙时期,但中国民族的一体化进程并未因此而中断。这一时

①赵剑峰,苏峰,何成刚.历史课标解析与史料研习·中国古代史[M].上海:复旦大学出版社,2018:182.

期，北方游牧文化区的各民族不断南下进入中原汉族农耕文化区，促进了各游牧民族的经济发展和社会文化转型，并通过与汉族在分布上的交错杂居、经济上的互通有无、政治上的相互借鉴、文化上的相互交融，推进了中国各民族经济、政治和文化的一体化进程，对元明清时期统一多民族国家的形成和发展产生了积极的影响。①

学生活动：小组自由讨论，可以各抒己见，言之成理即可。

教师总结：民族迁徙与交错杂居使各民族在政治上相互借鉴，加速了各游牧民族的社会转型；经济上的互通有无，相互依存，有利于各民族经济发展一体化的进程；文化上的相互交融，有利于形成共同的文化认同感，促进中华民族从多元走向一体。

◆**设计意图**

本环节通过展示辽宋夏金元时期的民族交往，让学生认识北方各民族在长期相处中休戚与共，共同缔造了中华民族辉煌的历史文化，培养学生树立民族共同体意识，树立家国情怀。

二、本课小结

本课的重点是北方少数民族政权对中华民族多元一体国家制度形成的贡献以及北方少数民族政权对中国政治中心北定的影响。难点则是这些少数民族政权在统一多民族封建国家发展中的重要作用。该时期北方各民族政权为了维护统治，在承袭自身文化传统的同时，不断学习其他民族的文化，在民族交往中既互相借鉴又保持自身的特性。这一时期的发展变化，是全方位的、整体性的、有生命力的，各民族共同缔造了中华文明，促进了中华民族从多元走向一体。

第三部分　课后评价系统

一、教学评价

根据《普通高中历史课程标准（2017年版2020年修订）》课程内容要求及学业质量水平描述，将学生在完成本课学习后的学业成就表现划分为4级水平。

①赵剑峰，苏峰，何成刚．历史课标解析与史料研习·中国古代史［M］．上海：复旦大学出版社，2018：185．

水平1:通过阅读地图、图表等方式,学生能够梳理辽夏金元等少数民族政权建立的基本史实,并了解辽金元政治中心的选择和当时民族关系的发展所处的特定的时空环境,从而培养时空观念。同时,能够从材料中提取有效的历史信息,有条理地说出重要的历史事件、历史人物、历史现象等。

水平2:通过阅读文字材料,在了解辽朝的捺钵制度、金朝猛安谋克制和元朝的行省制等史实的基础上,学生能够区分历史叙述中的史实与解释,从辽夏金元政权因俗而治的历史角度解释现实问题,并且能够从唯物史观的角度分析这一时期多元包容的文化特征,肯定少数民族政权在统一多民族国家的发展中做出的突出贡献,从而培养对祖国的深情厚爱。

水平3:通过探究相关史料,学生能够从生产关系适应生产力发展的角度解释辽夏金元不同时期的社会政治制度的发展变化;能够通过分析草原文化与农耕文化的融合与冲突,客观地评价历史,认识中华民族文化多元一体的发展趋势。

水平4:学生能够比较、分析不同的史料,史论结合,对材料适当取舍,恰当地论述所探究的问题。学生通过了解该时期的民族交往,能够表现出对历史的反思,更客观地认识北方各民族在长期交往中共同缔造了中华民族辉煌的历史文化,树立民族共同体意识,涵养家国情怀。

二、本节学业质量水平检测

阅读材料,完成下列要求。

材料12:中国历史发展的进程一再表明,政治上处于分裂、动荡的时期往往是中国民族交融处于大发展、大变革的时期,魏晋南北朝是这样,辽宋夏金对峙时期也是如此,这一时期,中国民族虽然在政治上处于分裂动荡的时期,但以汉民族和汉文化为主体的中国民族一体化进程并没有改变。在这场各民族间新一轮的竞争和碰撞中,各民族通过大规模的民族迁徙而加强了我中有你、你中有我的民族分布格局,通过茶马互市等经贸交流而进一步密切了北方游牧区域和中原农耕区域的联系,通过相互吸收比自己优秀的文化而促进了各民族文化的进一步交融。

总而言之,通过辽宋金夏时期各民族的碰撞和交流,以汉族和汉文化为主体的中国民族多元一体格局得到了进一步发展,为元代政治的统一和各民族间更大范围的经济文化交流奠定了基础，对中国民族的发展产生了积极的影响。①

根据材料12，并结合所学知识，简要评述政治动荡与民族交融之间的关系。（要求：观点明确，史实准确，论证充分，表述清晰。）

本题属于开放性试题，作答需要言之成理。具体评价标准如下。

水平4：能够合理引用史实，进行多角度论述，论证充分，逻辑严密，表述清晰，结论深刻。

水平3：能够充分运用史实，评述政治动荡与民族交融之间的关系，论证充分，表述清晰。

水平2：能够明确提出政治动荡与民族交融之间的关系，并组织相关材料和信息对此论证。

水平1：能够指出政治动荡与民族交融之间的关系。

无水平：未能指出并论证政治动荡与民族交融之间的关系。

三、教学设计特点与反思

本课从辩证唯物主义的角度出发，注重落实核心素养教学，培养学生的时空观念、历史素养和家国情怀等。

本课依据历史学科核心素养和学业质量水平要求，从了解基本史实、基本概念入手，在分析不同情境的历史史料时，设计出不同层次的问题，逐步拓展学生理解问题和分析问题的深度和广度，培养并提高学生学习探究历史的积极性和主动性。

当然，本课容量大、文字阅读量大，要求文言文基础必须扎实。同时涉及的朝代多，概念新，知识有些琐碎，要求有较强的提取信息的能力和综合概括能力，对于高一学生来说，本课设计有些偏难，学生的参与程度还有待提高。下一步需要改进之处是，尽量简化并选取易懂的史学资料，帮助学生设计简单明了的思维导图，构建知识框架；设计问题时注重内在联系，降低难度；课堂上多用鼓励性的语言，调动学生的参与意识。

---

①赵剑峰，苏峰，何成刚．历史课标解析与史料研习·中国古代史[M]．上海：复旦大学出版社，2018：205.

第11课 辽宋夏金元的经济与社会

刘灵燕①

第一部分 课前预设系统

一、课标解读

课标对本课的相关要求:认识辽宋夏金元时期在经济与社会方面的新变化;认识北方少数民族政权在统一多民族封建国家发展中的重要作用。

本课有两个学习要点:一是认识辽宋夏金元时期经济发展表现、经济重心南移完成的史实和社会方面的突出变化;二是认识不同政权在统一多民族封建国家发展中的重要作用。

第一个要点要求学生通过学习能够熟练掌握基础知识,可以列举出这一时期农业、手工业、商业及城市发展的表现和经济重心南移的具体史实。关于社会变化方面的内容难以理解,需要充分解读教科书内容和补充材料,要求学生能够归纳分析这一时期经济和社会变化的原因及产生的影响,理解农业、手工业、商业之间的关系以及经济发展与社会变化之间的关系。第二个要点是本课知识的延伸,是认知情感的升华,通过对少数民族政权建设的学习,让学生领悟中华文明由中华各民族共同创造。

二、教学内容分析

本课侧重介绍辽宋夏金元时期经济和社会的发展变化,主要从农业和手工业的发展、商业和城市的繁荣、经济重心南移和社会的变化四个方面讲述。本课上承辽宋夏金元的政治和军事,下启辽宋夏金元的文化,是本单元的重点内容。

本课虽以"辽宋夏金元的经济与社会"为题,但内容设计上以两宋中原经济和社会的发展为主线,边疆少数民族政权发展为辅线,突出宋元两大朝代阶段

①作者简介:刘灵燕,中学一级教师,赤峰市克什克腾旗经棚一中历史教师。

特征及先后继承发展的关系。

三、教学对象分析

本课是针对高一年级学生的新授课。学生在初中阶段已经学过统编教科书七下第9课《宋代经济的发展》,第12课《宋元时期的都市和文化》,第13课《宋元时期的科技与中外交通》,初步了解了宋代农业、手工业、商业、城市、经济重心南移等相关史实,有一定的知识储备,学生也已经具备了一定的阅读、分析材料的能力。

高一年级学生在分析、归纳和解决问题的思维方式上需要进一步提升。尤其在基于多种史料,运用科学的态度认识、辨识、解释历史,找到历史发展规律,进而做到"学以致用",以史为鉴,增强自身的历史使命感和责任感等方面需要教师积极引导。

四、教学目标

1. 运用唯物史观、史料实证,概述辽宋夏金元时期经济与社会的新发展,分析这些发展变化在中华文明发展进程中的意义。

2. 运用唯物史观分析经济的发展引发了文化的进步和社会的变化,深刻理解社会存在与社会意识的关系。

3. 通过史料分析说明不同政权在统一多民族国家发展中的重要历史作用。

4. 认识辽宋夏金元时期我国经济与社会的繁荣。

五、教学重难点

1. 教学重点:辽宋夏金元的经济与社会的变化。

2. 教学难点:准确理解这一时期的经济发展和社会变化。

六、教学立意与整体思路

由于本课重点知识多,头绪复杂,所以,课前指导学生充分预习,课上以表格的形式让学生归纳总结,加强理解。对一些难懂的知识,教师加以解释,如"传统自然经济结构的突破""榷场""城市功能"等。帮助学生形成完整的知识结构,认识到这一时期经济与社会的发展繁荣。

对于本课两个难点的突破,其一是围绕"唐宋城市变革"这一重点问题,给出材料引导学生深入认识经济现象,根据现象找到关于经济发展的规律,分析经济发展的原因及影响。其二是结合辅助材料帮助学生充分理解教科书内容，指导学生对比前后两个时期，找到社会的新变化。

本课采用的教学方法有：学生自主学习法、史料分析法、问题探究法、启发谈论法等。

七、板书设计

第11课 辽宋夏金元的经济与社会

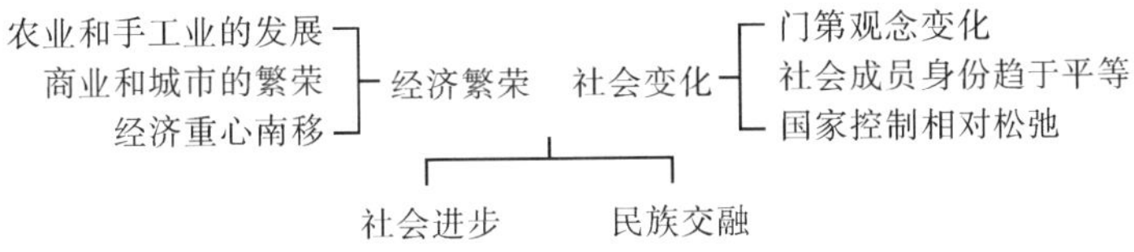

第二部分 课堂实施系统

一、教学活动过程

（一）导入环节

教师活动：出示材料。

材料1：1939年出版的钱穆《国史大纲》……第六编两宋之部第31章标题即为“贫弱的新中央”，其下之细目则为“宋代对外之积弱不振”，“宋室内部之积贫难疗”。①

材料2：华夏民族之文化，历数千载之演进，造极于赵宋之世。②

◇总结与过渡

钱穆先生和陈寅恪先生是我国的两位史学大家，两则材料反映两人对宋史认识有不同之处。通过前两课的学习，我们知道宋朝重文抑武，国家积贫积弱，正像钱穆先生的评价那样。

①李裕民.宋代“积贫积弱”说商榷[J].陕西师范大学学报(哲学社会科学版),2004(3):75-78.

②陈寅恪.金明馆丛稿二编[M].上海:上海古籍出版社,1980:245.

学生活动：回顾前两课所学知识。

教师：今天让我们一起学习第11课《辽宋夏金元的经济与社会》，体会陈寅恪先生“造极于赵宋之世”的认识。

◆设计意图
通过两位学者对宋代研究认识的不同，激发学生的探求兴趣。

学生活动：阅读教科书的四个“学习聚焦”，明确学习任务。1.认识宋元时期的农业和手工业较之前代有明显的发展；2.宋元时期商业发达，大城市空前繁荣；3.经济重心南移是宋元时期的突出现象；4.宋朝社会与前代相比出现了一些重要的新变化。

(二)讲授新课

1.展示学生的预习成果（本课的知识结构图），学生相互点评，并指出对教科书中内容存在困惑的地方，教师释惑。

◆设计意图
学生预习本课内容并构建知识结构图，为深入学习奠定基础，并明确重点学习方向。

2.合作学习，深入探究问题。

学习任务1：认识农业和手工业的发展。

教师用PPT展示表格1。

学生活动：阅读“农业和手工业的发展”一目，归纳经济发展涉及的部门和具体表现。（教师做适当的补充。）

◆设计意图
学生阅读教科书完成表格，梳理并巩固基础知识。

表格1

部门		成就
农业	耕作制度	一年两熟的稻麦复种制度在南方普及；粮食产量提高
	经济作物	出现固定种植某种经济作物的农户；传统自然经济结构有一定突破；南方植棉普遍
	边疆开发	获得进一步开发，漠北、东北、西北、西南等地的农业有显著进步
手工业	制瓷业	宋代制瓷技术进步，五大名窑风格各异 元朝烧出青花瓷和釉里红，宋元时期瓷器大量出口海外
	矿冶业	煤炭大量开采，宋都东京居民普遍使用煤作燃料
	印刷业	技术进步，活字印刷术出现
	棉纺织业	棉纺织技术得以推广

◇总结与过渡

宋代农业进一步发展，人口大幅增长，为农业提供了大量的劳动力。农业发展后，部分农业劳动力分离出来专门从事经济作物种植，形成某些“农村专业户”，对传统自然经济结构形成了一定的突破。农业发展的同时也为手工业发展提供了原料和劳动力，推动了手工业的进步。农业和手工业发展的同时，也在不断为商业提供商品、劳动力和市场等条件，推动商业的发展繁荣。

学习任务2:认识商业和城市的繁荣。

教师用PPT展示表格2。

学生活动:阅读“商业和城市的繁荣”一目，归纳经济发展涉及到的部门和具体表现。(教师做适当的补充。)

表格2

部门	成就
市场	基层市场蓬勃涌现，榷场贸易和民间贸易活跃
货币	货币需求量大，钱币铸造量增大，北宋出现纸币“交子”。元朝将纸币作为主币发行
海外贸易	海外贸易繁荣发达，外贸税成为宋元的重要财源。进出口商品数量大，种类多。广州、泉州、明州成为重要外贸港口
城市	城市兴盛，例:北宋东京、南宋临安、元大都

◇总结与过渡

宋元时期商业发展迅速。“镇市”和草市更加普遍。(草市:宋朝设置在城镇以外的常设市集。唐朝后期已经出现，至宋得到普遍发展。宋朝商业繁荣，逐渐形成了城市、镇市、草市三级金字塔结构，草市居于基层市场的地位。)辽宋夏金元时期各政权在彼此边境地带设置了互市市场——榷场，定期开设。榷场贸易受官方严格控制，成为各政权之间经济文化交流的重要途径。元朝商业因为大一统的重建、大运河和海运航线使南北经济联系加强、西北陆上和海上交通系统的完善而继续发展。商业的繁荣促进了货币制度的发展。为解决金属货币不足和流通不便，四川民间出现中国古代最早的纸币“交子”，后其发行权为政府掌握，纸币使用在南宋和元朝更加普遍，有力地推动了商业发展。宋元时期实行对外开放政策，海外贸易发达，贸易区域之广、进出口货物品种和数量之多，都远超前代。海外贸易税收成为宋元国库的重要财源。

宋元时期城市空前繁荣。唐宋元时期的城市变革是这一时期社会变革的重要组成部分，也是现在很多学者研究的重点问题。

材料3：唐宋城市功能示意图（图略）；宋代张择端《清明上河图》（局部）（图略，见教科书第62页）。

材料4：随着城市商品经济的发展，流动人口的增加，宋代城市空间发生扩展。……二是城内封闭式的坊市制度的突破，主要表现为“打墙侵街”“接檐造舍”等，扩大现有平面空间的利用率，增大城内的流通性。三是立体空间的扩展，即在占地面积不变的前提下，通过建楼提高现有土地的利用率，以增加商用和民用宅舍使用空间。城市空间的扩展也是城市内部结构(如人口结构、社会阶层的构成，社会群体分区特点等)的调整与变化的反映，尤其是商用起楼，使都城具有了更大的容纳量和吞吐量，是传统大都市进入新的历史发展阶段的表现。

——摘编自宁欣、陈涛《“中世纪城市革命”论说的提出和意义——基于“唐宋变革论”的考察》①

教师活动：出示材料，合作探究以下问题。

（1）观察唐宋城市功能示意图，比较唐朝长安城和北宋东京城，指出两城在布局和功能方面的异同。

（2）观察宋代张择端的《清明上河图》，阅读材料4并结合所学知识说说宋朝城市的变化并分析变化的原因。

◆**设计意图**

通过读图文材料，对比得出北宋东京城有哪些发展，进一步认识宋代商品经济的繁荣。认识宋朝繁荣的背景，提高对社会经济变化的解释水平。

①宁欣，陈涛.“中世纪城市革命”论说的提出和意义——基于“唐宋变革论”的考察[J].史学理论研究，2010(1)：125-134+160.

学生活动:两者比较,唐朝长安城与宋朝东京城的布局和功能有相似之处:都依水而建,满足生活需要;布局体现出皇权政治在城市中居于核心地位。

不同之处:长安城布局整齐划一,显然是人力规划而成;北宋东京城虽然也有规划,但市坊界限被打破,市场沿河而兴,商业区不规则,这些变化显然更多的是经济发展的自然结果。

宋代商品经济的发展,人口的社会流动性增强,使得宋代城市获得了较大发展。在城市空间拓展上:封闭式的坊市界限打破使得商业区域扩展;通过建楼扩展立体空间。城市空间的扩展使得城市的土地利用率提高,增加了城市的人口容纳量和吸引力,促进社会流动和城市内部结构的调整,是传统城市和商品经济发展进入新阶段的表现。

宋元时期城市繁华,城市的经济职能增强,人口数量大幅度增长,市民阶层形成,市民文化兴起,城市变化深刻而全面。城市的这些变化又能进一步促进商品经济乃至整个社会的发展。

学习任务3:认识经济重心南移的史实和影响。

教师活动:在辽宋夏金元时期,由于北方战乱,大量北方人民南迁,经济重心进一步南移。要求学生回顾以往所学并结合教科书内容,概述经济重心南移的史实。

学生:魏晋时期南方经济获得初步开发,唐朝安史之乱后经济重心开始南移,南方经济实力逐渐超过北方。北宋在经济上对南方依赖明显,财赋、粮食北运较唐代规模更大,全国户口分布南多北寡格局形成。南宋时期完全奠定了南方经济重心的地位。

材料5:《元朝运河、海运路线图》(图略,见教科书第63页)。

材料6:据美国学者贾志扬以地方志中所载北宋进士统计,现在可考的北宋进士全国有9630人,其中南方诸路达9164人,占95.2%,北方诸路仅466人,占总数的4.8%。[①]

材料7:鉴湖千顷山四连,昔为大泽今平田。庸夫况可与虑始,万年之利一朝毁。

——〔北宋〕沈遘《鉴湖》

①毛剑杰,叶毓蔚.古代如何防止"高考移民"[J].农村·农业·农民,2015(11):57-59.

教师活动:出示材料,学生合作探究以下问题。

(1)北宋时期,南方人在全国统一的科举考试中优势明显的主要原因是什么?如何认识北宋后期科举考试对北方考生单独分配录取名额的做法?

(2)分析经济重心南移的影响。

◆设计意图

通过阅读、解析材料,提高学生阅读、解析、整合知识的能力。从正反两面认识经济重心南移的影响,培养学生辩证地看待历史现象。

学生:经济重心逐渐南移,南方经济发展迅速,带动了文化教育的发展。对北方考生单独分配录取名额的做法对国家全局有利,但对南方考生并不公平。

经济重心的南移推动了南方经济的持续发展。元朝重新开通了大运河,还创造性地开辟了长途海运线,用以运输江南的粮食,使交通格局发生变化。经济重心南移,客观上带动了南方地区文化教育的进步;自南宋起,江浙一带尤其成为人才集中地区,朝廷被迫采取南北分卷制度,各自分配名额,分别录取。经济重心的南移为少数民族经济的发展带去了新契机;北方人口大量南迁,使游牧民族和汉族有了更深更广泛的交流和合作,促进了民族的多样性和统一性的发展。此外,我们还应该认识到经济重心南移,南方人口增加,对资源的需求增长,导致南方某些地区过度开发,对生态环境造成不利影响。

◇总结与过渡

社会经济的发展也推动了社会生活的变化。

学习任务4:探寻社会之变化。

教师活动:展示材料,指导学生阅读教科书和材料,与学生合作探究宋朝社会的变化。

材料8:唐代政治受到区域群体贵族世家影响,士子进身并不全由科举。宋代官员的主要来源是科举。北宋初,门阀世族不复存在,科举向文人广泛开放,只要文章合格,不分门第、乡里,都可以录取。两宋310年,取士总数达109950人,就其规模而言,远远超过了前后各代。当时的133位宰相中90%以上是通过科举等考试获得出身的。

——摘编自王小甫、张春海、张彩琴《创新与再造:隋唐至明中叶的政治文明》①

①王小甫,张春海,张彩琴.创新与再造:隋唐至明中叶的政治文明[M].北京:北京大学出版社,2009:83.

材料9:宋代在婚聘上有两个重大变化:一是择偶标准不像以前那样重门阀世族,而看重金榜题名之人;二是比较计较婚姻关系的物质财富。①

材料10:佃户与地主之间,也只是构成经济上的租佃关系,而不存在人身上的依附关系……奴婢与主家的关系,也不是人身依附关系,而是经济意义上的雇佣关系。②

教师:(1)宋代科举取士不问家世的影响有哪些?

(2)阅读教科书,结合上述材料归纳宋代社会变化的表现并分析其变化的原因。

学生:宋代科举取士不问家世,一方面结束了贵族世家对政治的垄断,扩大了统治基础,提高了官员文化素质;另一方面增加了社会底层向上层社会流动的可能性,体现了当时社会走向"平民化"和"士大夫政治"的特点。宋代科举制的完善具有政治和社会双重作用。

宋朝门第观念淡化。科举制的完善提升了平民的政治地位,商品经济的发展提升了商人的经济地位。宋代人婚姻择偶以当时的政治、经济地位为重。时人将这些变化概括为"取士不问家世,婚姻不尚阀阅"。

贱民阶层的数量到宋朝显著减少,家内服役更多来自雇佣;无地农民也通过签订契约租种土地,较少受到契约关系以外的人身束缚。社会成员身份趋于平等。国家对社会的管理与控制也变得相对宽松。

变化的原因:社会经济发展、人们思想观念的变化、政府政策放宽。

◇总结与过渡

通过上述内容的学习,我们感受到了这一时期的经济和社会领域的一系列变化,同时我们也注意到这些变化从时间角度看主要发生在宋元两个朝代,从空间角度看主要在南方地区。接下来我们来了解此时边疆少数民族政权发展的情况。

教师活动:指导学生整合教科书中有关辽夏金元的内容,出示材料。

①张岂之.中国历史十五讲[M].北京:北京大学出版社,2003:245-246.

②吴钩.宋:现代的拂晓时辰[M].桂林:广西师范大学出版社,2015:166-168.

材料11:(西夏)其地饶五谷,尤宜稻麦……岁无旱涝之虞。

——《宋史》

材料12:元世祖对农业十分重视。中央设立负责农业和水利的机构大司——农司,向全国颁发《农桑辑要》一书,指导农业生产。①

材料13:元朝时候,边疆各族包括蒙古族,大量迁入中原和江南,同汉族等杂居相处。原先进入黄河流域的契丹、女真等族,经过长期共同生活,已同汉族没有什么区别。唐朝以来,不少来自波斯、阿拉伯的人,同汉、蒙、畏兀儿等族,长期杂居相处,互通婚姻,逐渐交融,开始形成一个新的民族——回族。元朝境内大规模的人口流动,促进了各族经济、文化的发展与交融。②

教师:结合材料,认识少数民族政权在统一多民族封建国家发展中的重要作用。

学生:辽夏金元少数民族政权在经济与社会等方面也在不断地发展进步,这一时期并存政权之间的战与和,都加强了边疆地区和中原地区的联系,都加快了民族交融,都促进了统一多民族国家的发展。这一时期呈现了多元一体化的特征。

◆设计意图

使学生认识到中华文明是各民族共同缔造的,培养学生家国情怀。

二、本课总结

今天的学习让我们认识到:宋元这一历史时期,经济繁荣发达,社会相对自由平等,民族逐步交融。正像陈寅恪先生所说的"华夏民族之文化,历数千载之演进,造极于赵宋之世"。

第三部分 课后评价系统

一、教学评价

根据《普通高中历史课程标准(2017年版2020年修订)》课程内容要求及学业质量水平的描述,将学生在完成本课学习后的学业成就表现划分为4级

①宋长友,肖厚建.中国历史(上册)[M].长春:东北师范大学出版社,2009:166.

②齐世荣.中国历史:七年级下册[M].北京:人民教育出版社,2016:52.

水平。

水平1:依据教科书及相关材料,概述辽宋夏金元的经济与社会发展的概况;了解少数民族政权的建设情况,认识少数民族政权是统一多民族国家的重要组成部分。

水平2:能够借助相关材料,论述辽宋夏金元时期在经济与社会等方面所产生的新变化;理解多民族政权是统一多民族国家的重要组成部分,认识多民族政权的历史作用。

水平3:能够从生产力与生产关系的角度来理解辽宋夏金元时期经济和社会的发展变化;能够分析这一时期经济发展和社会变化之间的内在联系;能够利用多种材料分析产生变化的原因和影响;认识这一时期社会发展变化的趋势;理解该时期的民族交融促进各民族的发展,同时也促进了中华民族多元一体的发展趋势。

水平4:能够从生产力与生产关系的角度来理解辽宋夏金元时期经济和社会的发展变化;能够运用不同类型的史料,在探究解决问题中辩证地认识这些新变化在中华文明发展进程中的作用;理解各民族共同缔造了中国的历史与文化,正确看待不同民族政权对中国历史进程的影响。

二、本节学业质量水平检测

问题探究:宋朝社会与前代相比出现了一些重要的变化,门第观念淡化尤其明显,时人将这种变化概括为:“取士不问世家,婚姻不问门阀”。阅读材料,回答问题。

唐世科举之柄,专付之主司,仍不糊名。又有交朋之厚者为之助,谓之“通榜”。故其取人也,畏于讥议,多公而审。亦或胁于权势,或挠于亲故,或累于子弟,皆常情所不能免者。

——洪迈《容斋随笔·四笔》

窃以国家取士之制,比于前世,最号至公。盖累圣留心,讲求曲尽,以谓王者无外天下一家,故不问东西南北之人,尽聚诸路贡士,混合为一,而唯材是择,又糊名誊录而考之,使主司莫知为何方之人、谁氏之子,不得有所憎爱,薄厚于其间。故议者谓国家科场之制,虽未复古法,而便于今世。其无情如造化,至公如权衡,祖宗以来不可易之制也。

——欧阳修《论逐路取人札子》

根据材料和所学知识，谈谈你对“唐宋科举制的发展与社会观念的变化”的理解。(要求：观点明确，史论结合，逻辑清晰。)

[答案示例]

观点：宋朝科举制在制度上较唐朝更加完善，社会阶层流动性加强，有利于门第观念的淡化。

论述：唐朝时期，虽然士族阶层在政治上已经衰落，但是重视家族背景的门第观念仍十分流行。与唐朝相比，宋朝科举制度更加完善，原则上向社会开放选拔人才的范围扩大，考试程序更加严格，增加了“糊名”“誊录”等，注重强调公平竞争。大批出身平民家庭的士人进入政坛，社会阶层流动性加强。门第观念日趋淡化，人们的婚姻择偶观也随之发生改变，多以政治、经济地位为重，而不再关心祖先名望。可见，唐宋科举制的发展和门第观念的淡化正是唐宋社会变迁的体现。

三、教学设计特点与反思

本课教学设计在培养学生自主学习和分析解决问题两方面做了一些有益的尝试。

《中外历史纲要》每一课的知识点都很多，所给出的材料也很丰富，虽然部分内容在初中有接触，但学生的知识是零散的、碎片化的，高中的课堂既要将知识形成整体，又要深化提升认识，要在有限的课时内完成任务，必须指导学生做好课前的自主预习。本课的预习是指导学生做知识框架，学生阅读教科书整理知识点，将知识点联系起来，并找出存在困惑的地方。通过检测可知，学生的知识框架内容整理基本完整，形式各具特色，学生既熟悉了本课内容，又生成了有待解决的问题，预习效果很好，为课上深入学习做好了准备。今后将尝试设计多种形式的课前预习活动，给学生更多的展示和相互点评的机会，充分调动学生课前自主学习的积极性。

现在的中学历史课堂教学离不开运用材料，本课在充分利用教科书所给的材料的基础上，选取了一些辅助材料，这些材料有的用于导课，有的用于深入理解核心知识，有的用于辩证地看待历史问题，在选取和使用的过程中，形成了自己的一些认识，也存在一些困惑。首先，要以教科书中的材料为主，辅助材料要围绕主题，不宜过多。本课教学设计为更好突破难点，在唐宋城市变革、经济重心南移、社会生活变化和认识少数民族政权在统一多民族封建国家发展中的重要作用四个方面选取四组材料，辅助教学。在实际教学过程中，感觉所使用的材料还是过多，挤占了学生阅读和思考的时间。其次，材料的选取要贴近学生的认知水平，不应太难，但也要有思考价值。选择材料要形式多样，角度要多元。

第12课 辽宋夏金元的文化

张凤春[①]

第一部分 课前预设系统

一、课标解读

课标对本课内容的相关要求：通过了解两宋的政治和军事，认识这一时期在政治、经济、文化与社会等方面的新变化；通过了解辽夏金元诸政权的建立、发展和相关制度建设，认识北方少数民族政权在统一多民族封建国家发展中的重要作用。应以两宋在文化上的新变化为主，让学生简略了解辽夏金元的文化成就，体悟这一时期各民族文化的交流、交融、汇聚，认识中华文化多元一体的特征。

二、教学内容分析

本课的重点内容为儒学的复兴与辽宋夏金元时期文化发展的新变化。程朱理学为核心概念，探究程朱理学产生的背景、内容与影响为本课的关键问题。

三、教学对象分析

首先，高一学生还未完全从初中的以识记学习为主的模式中转变过来。其次，在初中历史学习中，学生已经对辽宋夏金元的文化有了一些了解。因此，在

①作者简介：张凤春，中学高级教师，赤峰新城红旗中学历史教师。

教学过程中要充分发挥学习共同体作用,将学生的独立思考与团队合作有机结合,引导学生积极思考,力求知识内化、能力提升、思想升华。

四、教学目标

1.知道什么是理学,能结合第9—11课的知识,分析理学产生的背景,认识其影响。

2.了解辽宋夏金元时期在思想、文艺、科技、文字等方面的新变化,理解历史的变化与延续,并能做出合理解释。

3.认识宋元时期文化的繁荣昌盛,体会各民族文化的交融与共同进步,领悟中华文明多元一体的发展特征。

五、教学重难点

1.教学重点:儒学的复兴和程朱理学产生的背景、内容和影响。

2.教学难点:儒学的复兴;辽宋夏金元时期文化发展的新变化。

六、教学立意与整体思路

一定时期的文化是一定时期政治经济的反映,同时,文化自身又有其传承创新的发展脉络。本课的教学立意为学习辽宋夏金元的文化,在中华文化长河中认识两宋时期文化的新变化,并在辽宋夏金元的政治、军事、经济、社会的发展中探寻文化创新发展之因。整体分为儒学的复兴、文艺的繁荣、科技的成熟和少数民族文字四个学习主题。在教学策略上,主要采用情境教学法、小组探究法与史料分析法。在材料选择上,要优先充分利用教科书提供的材料,适当补充必要且合适的其他材料。

七、板书设计

第12课　辽宋夏金元的文化

儒学的复兴 ---------- 儒学世俗化、哲学化、思辨化
文艺的繁荣 ---------- 文艺世俗化、平民化、个性化
科技的成熟 ---------- 传统科技传承创新出高峰
少数民族文字 --------- 融合借鉴，多元一体

第二部分 课堂实施系统

一、教学活动过程

(一)课前预习任务

1. 印发《中国历史纪年表》宋元时期部分(自制,如下图)。进一步强化学生的时空观念,为本课的深入学习奠定基础。

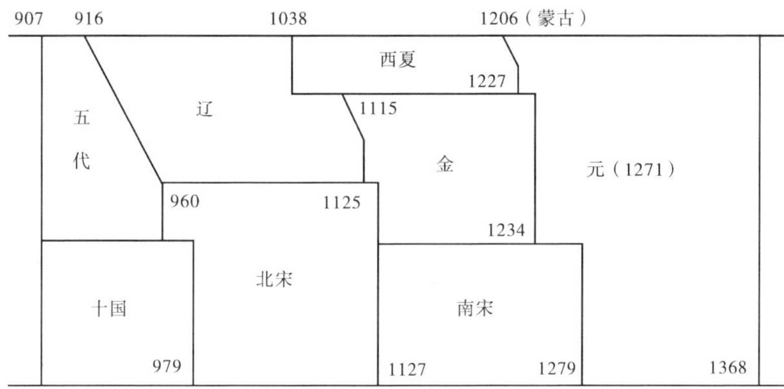

2. 印发下面表格,学生课前自主完成。结合初中所学知识,初步了解宋元文化的基本内容。(预设完成效果。)

领域	成果		代表
思想	理学		程颢 程颐 朱熹
文学	宋词		豪放派:苏轼和辛弃疾;婉约派:柳永和李清照
	元曲	散曲	元杂剧标志着中国古代戏曲艺术的成熟,代表作家有关汉卿、王实甫等
		杂剧	
	宋元话本		说书用的底本,即早期白话小说
艺术	书法		名家辈出,更加追求个性,不拘法度
	绘画		以山水画最为突出,不强调写实,注重意境和笔墨情趣
科技	三大发明		印刷术、火药、指南针
	天文历法农学		沈括《梦溪笔谈》;郭守敬《授时历》;王祯《农书》
文字	少数民族文字		辽、夏、金、蒙古

(一)导入环节

经过第9—11课的学习,我们知道了宋元时期的政治、军事、经济、社会的基本情况。今天,我们来学习第12课《辽宋夏金元的文化》。理解体会一定时期的文化是一定时期政治、经济、军事和社会发展的反映。

(二)讲授新课

教师活动:介绍文化的概念。

1.《辞海》:广义指人类在社会实践过程中所获得的物质、精神的生产能力和创造的物质、精神财富的总和。狭义指精神生产能力和精神产品,包括一切社会意识形式:自然科学、技术科学、社会意识形态。有时又专指教育、科学、文学、艺术、卫生、体育等方面的知识和设施。作为一种历史现象,文化的发展有历史的继承性;在阶级社会中,又具有阶级性,同时也具有民族性、地域性。不同民族、不同地域的文化又形成了人类文化的多样性。作为社会意识形态的文化,是一定社会的政治经济的反映,同时又给予一定社会的政治和经济以巨大的影响。

2.余秋雨:文化,是一种成为习惯的精神价值和生活方式。它的最终成果,是集体人格①。

教师:陈寅恪说:"华夏民族之文化,历数千载之演进,而造极于赵宋之世。"请同学们根据课前预习,列举赵宋之世的文化成就。

学生活动:展示预习成果。

程朱理学、宋词、白话小说—话本、书法、绘画、三大发明在宋朝基本成熟等。

教师:辽宋夏金元时期,中华文明呈现出多元一体的文化格局。

1. 儒学的复兴(儒学世俗化、哲学化、思辨化)

学生活动:朗读本课导语。

◇总结与过渡

成书于元朝的《宋史》总结说:儒家思想的精髓"道"在孟子之后就失传了。经过宋朝道学学者的努力,儒家的"道"方才"焕然而大明,秩然而各得其所"。

①余秋雨.中国文化课[M].北京:中国青年出版社,2019:23.

教师:这里所说的“道学”是什么? 它是怎么产生的? 为什么说它使儒家的“道”“焕然而大明,秩然而各得其所”?

◆**设计意图**

利用教科书所给材料,带入所学内容,更便于学生的学习。运用历史唯物主义的观点和方法,揭示政治、经济与文化的关系。

学生:“道学”即理学。

理学的概念:宋朝时,儒家学者融合佛道思想来解释儒家义理,形成以理为核心的新儒学体系,即理学。其代表人物是北宋的程颢、程颐兄弟和南宋的朱熹,因此,这一学派也被称为“程朱理学”。

教师活动:引导学生结合第9—11课所学,分析教科书,归纳总结儒学复兴,即理学产生的背景。

学生活动:阅读思考并讨论儒学复兴(理学产生)的背景。

①从三国到五代,以阐释经书字句为主的儒家学说日益僵化,遭到佛教、道教的强烈冲击。

②随着商品经济发展,社会伦理道德涣散,社会秩序混乱,激发文人士大夫“重建道德规范,匡正社会秩序”的责任感和使命感,倡导复兴儒学。

③经济发展促使科学文化进步,引发儒家学者对自然和社会规律的思考。

④长期纷乱动荡后,统治者需要重构政权的合法和稳定。

⑤宋朝实行重文轻武的政策,科举制完善,学术文化环境相对宽松。

◇总结与过渡

这样,从北宋中期起,一批学者掀起了儒学复兴运动,提出了“为天地立心,为生民立命,为往圣继绝学,为万世开太平”的口号。

教师:请同学们根据本课第一子目第二自然段的叙述并结合以下材料,归纳理学的基本内容。

材料1:宇宙之间,一理而已。天得之而为天,地得之而为地,而凡生于天地之间者,又各得之以为性。其张之为三纲,其纪之为五常,盖皆此理之流行,无所适而不在!

——《晦庵先生朱文公文集》

材料2:父子、君臣,天下之定理,无所逃于天地之间。

——程颢、程颐《河南程氏遗书》

学生活动:阅读思考并讨论。

宇宙观——“天理”是万物的本原,是自然界和人类社会的根本原则,是作为道德规范的三纲五常,它是人性的最高境界。

材料3:天理人欲,不容并立。

——朱熹《孟子集注》

材料4:人之一心,天理存,则人欲亡;人欲胜,则天理灭。

——《朱子语类》

学生活动:阅读思考并讨论。

人生观、伦理观——“存天理,灭人欲”,即通过道德修养克制过度的欲望,最终实现对“天理”的充分体现,从而达到“圣人”的精神境界。

材料5:一事不穷,则阙了一事道理;一物不格,则阙了一物道理。

——《朱子语类》

学生活动:阅读思考并讨论。

认识论、方法论——“格物致知”,认为只有深刻探究万物,才能真正得到其中的“理”,达到对普遍天理的认识。

◆设计意图

用PPT出示相关材料,结合史料解读教科书所述程朱理学的宇宙观、人生观、方法论、认识论,引导学生掌握史料实证、历史解释等方法。

◇总结与过渡

由此,儒学完成了它世俗化、哲学化、思辨化的过程。传统儒学经由理学家们的改造,道德信条式的理论体系终于变成哲学理论体系,儒学走向成熟,影响深远。

教师活动:利用教科书第67页“学思之窗”资料,引导学生认识程朱理学的影响。

学生活动:阅读思考并讨论程朱理学的影响。

积极影响——①它重视主观意志力量,注重气节、品德,讲求以理统情、自我节制、发奋立志,强调人的社会责任和历史使命,有利于培养

◆设计意图

意在引导学生掌握运用唯物史观辩证分析的方法。

人的道德节操，凸显人性的庄严，对塑造中华民族性格起到了积极作用。②“格物致知”的认识论，一定程度上促进了传统科技在宋代的成熟。③它还传及日本、朝鲜乃至欧洲，在日本和朝鲜，甚至形成“朱子学”学派。

消极影响——①程朱理学适应了统治阶级思想控制和选拔人才的需要，成为南宋以后长期居于统治地位的官方哲学，有力地维护了封建专制统治。②束缚思想，扼杀人的自然欲求，不利于社会的创新和发展。

落后观念——尊卑等级观念、重男轻女观念、轻视自然科学的观念、轻视个体自由的观念、重礼轻法的观念等。

◇总结与过渡

与理学倡导的“存理灭欲”不同，宋元时期的文学艺术重在抒发感情，张扬个性，呈现世俗化、平民化、多元化的发展趋势。这也从一个侧面反映了对理学压抑人性的反抗。

2. 文艺的繁荣(平民化、世俗化、个性化)

学生活动：学习小组间进行为时5分钟的宋词中有关“月”的飞花令，感受宋词的美好，并总结宋词的特点。

师生共同活动：教师带领学生欣赏教科书第67页“元朝杂剧演出壁画”，并指导学生阅读第67页“历史纵横——元杂剧的渊源”和第68页“史料阅读”，体会元杂剧是通过综合前代多种艺术形式的不同特点发展起来的综合性舞台艺术。请同学们列举元曲的代表作家及代表作，最好有同学“毛遂自荐”，带大家进行为时2分钟的“元曲名段名句赏析”。

教师：请同学们阅读下面材料，提炼一个有关书法的观点。

材料6：汉代的强盛必然要求与之相适应的艺术形式，而隶书的质朴内质、飞动的气势，正是这种需要的产物；魏晋偏安江南，不思进取，以闲雅陶情为尚，隶书古板怎比得上行草书更适合进行挥洒，不拘形式！北朝民族统治，大兴佛教，倡导来世，盛行厚葬，所以墓志相率而盛；五代十国，战乱不断，人人自危，何暇从艺？元代同是异族入主，厚遇出仕的赵孟頫，力倡柔媚书风，掀起复古之风,是欲泯灭人们对现实的不满,使其安于现状。①

学生:社会变迁影响书法风格的变化。

师生共同活动:欣赏教科书第68页宋徽宗《芙蓉锦鸡图》(图略)和王冕的《墨梅图》(图略),分析士大夫文人画的特点。

集文学、书法、绘画及篆刻艺术为一体,强调表现个性,讲究借物抒情,追求神韵意趣。

教师活动:出示张择端《清明上河图》(局部)(图略,见教科书第62页)。讲述风俗画是北宋画坛最大的亮点。

请同学们综合以上学习,概括宋元文艺发展趋势的特点。

学生活动:思考并讨论归纳。

逐渐平民化、世俗化、个性化;注重个人主观性情的抒发,士大夫文化出现追求高雅、讲求意境的趋势,和市民文化的浅俗直白形成了两条并行不悖的文化线索。

◆设计意图

文学艺术的内容,学生在初中历史课和语文课上多有了解,所以,具体内容的学习主要以学生自我展示为主。教师要注重引导学生运用唯物史观的立场、观点、方法,掌握宋元时期文学艺术的主要成果,认识其发展趋势,增强文化认同感和自豪感。

◇总结与过渡

理学的影响是全面广泛的,理学强调"格物致知"的认识论,有助于科技发展和进步。宋元时期,中国科技成就光彩夺目,其中,最突出的当属印刷术、火药、指南针三大发明。(注意说明这不是理学家的本意,朱熹就曾强调:"格物致知"的目的,在于求道德之善,而非求科学之真。)

3. 科技的成熟(传统科技形成高峰)

教师:请同学们完成下列表格,概括三大发明在宋朝基本成熟的史实。(预设效果。)

	成果
印刷术	雕版印刷普及;北宋毕昇发明了活字印刷术
火药	火药产量大,并普遍用于军事;出现杀伤力更大的新型火器
指南针	用人工磁化的方法造出的指南针,广泛应用于航海

①中国书法家协会.当代中国书法论文选·批评卷[M].北京:荣宝斋出版社,2010:29.

教师活动:请同学们齐声诵读下面两段话,分析三大发明为人类文明的进步做出的重要贡献。

材料7:火药、指南针、印刷术——这是预兆资产阶级社会到来的三大发明。火药把骑士阶层炸得粉碎,指南针打开了世界市场并建立了殖民地,而印刷术则变成新教的工具,总的来说变成科学复兴的手段,变成对精神发展创造必要前提的最强大的杠杆。

——马克思《机器、自然力和科学应用》①

材料8:欧洲文艺复兴初期四种伟大发明的传入流播,对现代世界的形成,曾起重要的作用。造纸术和印刷术,替宗教改革开了先路,并使推广民众教育成为可能。火药的发明,消除了封建制度,创立了国民军制。指南针的发明导致发现美洲,因而使全世界,而不再是欧洲成为历史的舞台。

——卡特《中国印刷术的发明和它的西传》②

教师活动:请学生自主完成表格,认识沈括、郭守敬等科学家与三大发明,是宋元科技水平的重要代表。

科学家	发明	著作	重要成就、地位
沈括		《梦溪笔谈》	记载和总结了当时的许多科技成果,是一部笔记体著作。英国科学史家李约瑟称其为“中国科学史上的里程碑”
郭守敬	简仪	《授时历》	天文观测仪器;大文测量;天文测定数据居于世界领先地位,有利于指导农业生产
王祯		《农书》	集南北方农业技术于一体,关于农业工具的记载尤为丰富

教师:根据材料9,概括我国古代科技的特点,并分析其形成的主要文化因素。

材料9:中国古代科技形成、发展于以儒学为主干的中国传统文化背景中,并在这一文化背景中发展至高峰。正是在科技与儒学的互动中,儒学既促进

①转引自普通高中课程标准实验教科书 历史必修3[M].北京:人民教育出版社,2007:37.

②转引自普通高中课程标准实验教科书 历史必修(Ⅲ)文化发展历程[M].长沙:岳麓书社,2004:24.

了古代科技的高度发展，培育出古代科技的务实性，体现出对于科技发展的积极作用。同时，又在文化上将古代科技纳入儒学的统摄之下，造成了科技独立性的缺失与科技理论性的薄弱，对科技的进一步发展具有负面作用。①

学生活动：阅读思考并讨论。

特点——务实性强，独立性差，理论性薄弱。文化因素——儒学的影响。

教师：根据材料10，分析宋元时期成为科技黄金时代的原因。

材料10：统治阶级为满足自身、政权和社会对科学技术的多方面需要，通过完善教育体系，举行多元化考试，奖励发明创造和培养扶植科技人才等措施，助长、推动和促进了科技的发展，而安定与富裕的社会环境和发达的出版业则又提供了良好的研究条件。求索物理，格物致知，怀疑、探索、创新的学风催促知识分子中具有务实思想的人考察和研究自然事物以及如何使之有利于国计民生。国内各民族之间的文化交流与国外的文化交流，也加速着科技的发展。这一切使宋元时期成为中国古代科技发展的黄金时代，不论天文、地学、生物、数学、物理、化学均有突出成就。②

学生活动：阅读思考并讨论。

统治者重视；经济发展，社会稳定；理学思想的影响；民族之间、中外之间文化交流的推动。

◆**设计意图**

使学生习惯运用历史学科核心素养所提供的立场、观点、方法等思考并解决问题。

4. 少数民族文字——多元一体的文化

教师活动：指导学生看书并出示图片。

学生活动：欣赏教科书第69页“西夏文佛经”图，结合下面“契丹文字”和“女真文字”图片，了解辽、夏、金各政权统治者模仿汉字字形创制的本民族文字，领悟中华文明多元一体的发展特征。

①乐爱国．论儒学对古代科技作用的双重性[J]．洛阳师范学院学报，2011(07)：7-12.

②袁运开．中国古代科学技术发展历史概貌及其特征[J]．历史教学问题，2002(06)：22-28.

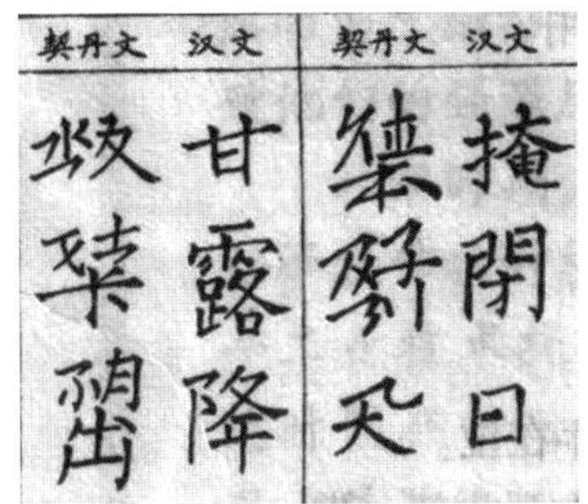

契丹文字①

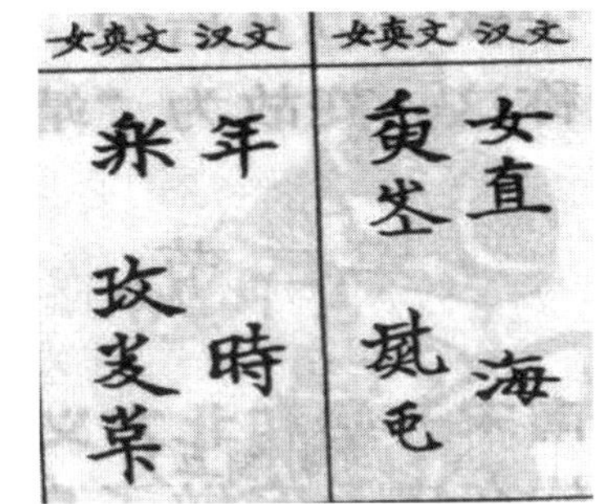

女真文字②

阅读教科书，了解蒙古文字：

①认识畏兀体蒙古文形成和汉语译本《蒙古秘史》出现的重要意义。

②结合教科书第69页元朝八思巴字《百家姓》图片，了解元朝统治者忽必烈和藏传佛教高僧八思巴在促进文化交流、发展中所做出的努力和贡献。

特点：①文字创制由少数民族政权推动；②深受中原文化以及汉字的影响；③民族交融，多元一体。

影响：①有利于传承少数民族文化历史；②促进少数民族汉化；③有利于各民族文化交流借鉴与传承，促进民族交融，增强民族凝聚力，促进并巩固统一。

二、本课小结

教师：辽宋夏金元时期文化方面出现了哪些新变化？

学生：1. 理学形成——儒学世俗化、哲学化、思辨化；

2. 文学艺术——世俗化、平民化、个性化；

3. 传统科技发明创造形成高峰；

4. 少数民族文字的创造，凸显中华民族多元一体的发展特征。

教师：习近平在全国团结进步表彰大会上的讲话中指出，我们辽阔的疆域是各民族共同开拓的，我们悠久的历史是各民族共同书写的，我们灿烂的文化是各民族共同创造的，我们伟大的精神是各民族共同培育的。一部中国史，就是一部各民族交融汇聚成多元一体中华民族的历史，就是各民族共同缔造、发展、巩固统一的伟大祖国的历史。

---

①高级中学课本中国古代史（选修）[M]. 北京：人民教育出版社，1992：141.

②高级中学课本中国古代史（选修）[M]. 北京：人民教育出版社，1992：155.

第三部分 课后评价系统

一、教学评价

根据《普通高中历史课程标准(2017年版2020年修订)》课程内容要求及学业质量水平的描述,将学生在完成本课学习后的学业成就表现划分为4级水平。

水平1:能够认识到宋元时期的文化发展是生产力发展的结果,文化是人民群众创造的。能够理解宋元文化的发展并同宋元时期其他历史知识建立联系。能够辨别教学中对宋元社会的历史解释,比如,文化多元、科技发达等。能够将这些历史解释与自己的课前认识相比较;能够对宋元文化新变化加以分析,能够表现出对宋元文化发展的认同和欣赏,认识本课的学习价值。

水平2:能够认识到宋元时期的文化发展是生产力发展的结果,文化是人民群众创造的。能分析出宋元文化新变化是建立在封建经济继续发展、城市商业繁荣、外贸发达、市民阶层壮大、民族交流交融加强的基础上的。在对材料的解读中,依据宋元时代特点设身处地理解文化发展;在理解材料的基础上认识宋元文化的新变化。能够通过本课学习,增强对中国古代文明成就的认同感,对中华优秀传统文化的认同感。

水平3:能够把握相关史事的时间、空间联系,并用特定的时间和空间术语对较长时段的史事加以描述和概括。能够分辨材料中对文化发展的不同历史解释;尝试多方面说明导致这些不同解释的原因并加以评析。比如,理学强调"格物致知"的认识论,有助于科技的发展和进步。能够判明宋元文化发展中的价值取向,增强民族交融的认同感,正确对待古代民族交流与对外交流。

水平4:能够选择恰当的时空尺度进行分析、综合、比较,在此基础上作出合理的解释。比如,宋词的繁荣是宋代阶级矛盾、民族矛盾尖锐、商品经济发达的结果。在对宋元文化发展的问题进行独立探究的过程中,能够恰当地运用材料做出自己对所探究问题的论述;能够辨识历史文本作者的原意,并能将这种理解在自己的历史叙述中表现出来。从宋元文化的发展入手,做出对宋元文化特点的叙述。比如,宋代城市文化市井气息浓厚,具有平民化、商业化、大众化的趋势等。能够在学习过程中表现出对宋元文化发展的反思,从历史中汲取经验教训,更全面、客观地认识现实社会问题;能够在对历史的叙述中体现出正确的历史观。

二、本节学业质量水平检测

阅读下列材料，分析《清明上河图》的艺术价值和历史价值。

人物则官、士、农、贾、医、卜、僧道、胥吏、篙师、缆夫、妇女，臧获之行者、坐者、授者、受者、问者、答者、呼者、应者，骑而驰者，负而载者，抱而携者，导而前呵者，执斧锯者，操畚锸者，持杯罂者，袒而风者，困而睡者，倦而欠伸者，乘轿而搴帘以窥者，又有以板为舆，无轮箱而陆拽者，又有牵重舟溯急流极力寸进，圜桥匝岸驻足而旁观，皆若交欢助叫、百口而同声者。

——〔明〕李东阳《清明上河图后记》

［答案示例］

（1）艺术价值：内容丰富多彩，画中人物细节刻画到位；是风俗画的优秀代表，为宋朝后期风俗画发展提供了参考。

（2）历史价值：体现了当时北宋的社会风貌，尤其是经济、风俗方面，是研究宋代历史的重要史料。

三、教学设计特点与反思

首先，明确本课的历史定位。辽宋夏金元时期的文化成就是中华文明乃至世界文明中的瑰宝。这一时期文化繁荣昌盛，各民族的文化交流互鉴、传承创新，促进了民族交融，增强了民族凝聚力，促进并巩固了国家统一，充分展示了中华文明多元一体的发展特征。

其次，在教学策略上，主要采用情境教学法、小组探究法与史料分析法。在材料选择上，要优先充分利用教科书提供的材料，适当补充必要且合适的材料，尽可能使复杂问题简单化，采取学生喜闻乐见的形式，在师生、生生互动中合作探究，提升学科核心素养能力。

再次，根据课标要求、教学内容、教学目标，本课重点在落实儒学的复兴和辽宋夏金元时期文化发展的新变化，凸显中华文化的交融与认同。

总之，本课的教学设计便于教师操作，也符合学生的实际。不足之处在于，面面俱到，哪部分内容都难以割舍，还有一些可改进的地方。

第四单元

明清中国版图的奠定与面临的挑战

单元设计

一、单元概述

本单元共有三课:第13课《从明朝建立到清军入关》,第14课《清朝前中期的鼎盛与危机》,第15课《明至清中叶的经济与文化》,主要讲述了明清时期的历史。明清(1840年前)是中国古代最后两个王朝。明清时期,专制集权空前强化,统一多民族封建国家更趋稳固,现代中国的版图逐渐定型,经济、文化、对外关系都有新的发展。这一时期,世界形势发生了巨大变化。新航路开辟后,世界逐渐连为一体,欧洲走出了中世纪,开始进入资本主义社会。新兴工业文明逐渐取代传统农业文明,成为世界大势所趋。而在中国,由于传统经济结构和专制体制的束缚,生产力的发展日益受到阻碍。统治者故步自封,拒绝扩大对外交往,断送了中国跟上世界潮流的机会,埋下了近代中国落后挨打的伏笔。

二、总体目标

课标对本单元的内容要求:通过了解明清时期统一全国和经略边疆的相关举措,知道南海诸岛、台湾及其包括钓鱼岛在内的附属岛屿是中国版图一部分,认识这一时期统一多民族国家版图奠定的重要意义;了解明清时期社会经济、思想文化的重要变化;通过了解明清时期封建专制的发展、世界的变化对中国的影响,认识中国社会面临的危机。根据对课标的理解,将本单元的单元大概念设置为“发展与危机”。本单元以“版图、变化与危机”为中心内容,包括了解和认识两个层面的要求。基于以上设置重点目标为:分析明清时期统一多民族国家版图奠定的重要意义;说明明清时期中国社会(经济、思想文化领域)的变化和面临的危机。

三、教学策略

围绕单元大概念,通过任务或问题设置,引导学生质疑、探究,进行深度学习,实现理解与迁移运用。

四、活动建议

1.建议利用教科书上地图,围绕明清经略边疆的具体措施开展学习活动;指出清朝中期我国疆域四至并加以标注;通过对照今天的中国行政区划图,认识清朝国家疆域奠定的重要历史意义。

2.建议以“变化与危机”为主题,围绕这一时期中国与世界的同步变化,开展研究性学习,通过搜集资料、交流与合作,以不同的形式展示学习成果。

3.建议以“郑和下西洋”与“新航路开辟”做对比,探究中西方“大航海”行动的真正原因。

五、评价检测要点

明清时期中国版图奠定的重要意义;明清时期封建专制的发展、世界的变化对中国的影响;明清时期社会经济和思想文化的重要变化。

第13课 从明朝建立到清军入关

李 卿[①]

第一部分 课前预设系统

一、课标解读

本课课标的内容要求:通过了解明清时期统一全国和经略边疆的相关举

①作者简介:李卿,中学一级教师,赤峰二中历史教师。

措，知道南海诸岛、台湾及其包括钓鱼岛在内的附属岛屿是中国版图一部分，认识这一时期统一多民族国家版图奠定的重要意义；通过了解明清时期封建专制的发展、世界的变化对中国的影响，认识中国社会面临的危机。

本课有两个学习要点：第一，认识明朝经略边疆的相关举措并能够认识其对清朝统一多民族国家版图奠定的重要意义；第二，认识明朝中国社会面临的危机。强调明朝的治理举措，但是也要注重明清两朝的连续性。封建专制的强化对中国的发展有很大的影响。明清时期，特别是16世纪以来的变化，在许多方面一直影响到现代社会，这些变化是与这一时期的世界变化同步的，是世界变化的组成部分。正是在中国和世界的变化之下，原有的格局和秩序受到了挑战。在此过程中不仅有变化，而且有危机。

二、教学内容分析

1. 重点内容

本课学习内容讲述的是14世纪后期到17世纪中期，封建社会统一王朝——明朝(1368—1644)的历史。明朝存在着封建专制发展和社会变动等一系列重要问题。明朝历史发展的基本特征，重点突出本时期专制强化、国家巩固、边疆治理，以及经济、文化的发展。在新航路开辟、世界形势变化的大背景下，明朝社会逐渐暴露出潜在的问题和危机。

明朝是中国从传统社会向近代社会变革的前夜。总体上看，明朝统一全国、专制集权空前强化，有利于统一多民族国家版图的奠定。但也造成明朝后期政治黑暗，明清易代。同时也制约、阻碍了中国社会的进一步发展。

2. 核心概念

明朝对外关系有了新发展，郑和下西洋为一个“全球”贸易雏形的构建，也为一个整体世界的诞生做了重要铺垫。明朝前期，东南沿海地区倭寇活动猖獗，这与突破“海禁”政策限制的民间贸易活动有关。这一时期，东西方社会形成规模巨大、交流密切的贸易体系，同属于全球经济早期一体化的重要内涵。明朝经略边疆的措施，有力地巩固了中央集权，为清朝统一多民族国家版图进一步开拓和巩固奠定了基础。因此，将本课核心概念定为“发展与版图、变化与危机”。

3. 关键问题

明朝封建专制制度的发展及其对中国社会的双重影响。明朝应对内陆边疆问题的举措及其对清朝版图奠定的意义。用世界史的眼光分析明朝的发展与危机。

三、教学对象分析

高一学生在初中阶段已经有了一定的历史知识储备,部分学生通过通俗历史读物与影视作品,对明朝历史产生了一定的认识。但是学生尚未建立完整的知识体系,在历史思维能力上还有很大的提升空间。引导学生在认识历史全貌的同时培养学科核心素养,是高中历史教学的关键。因此,在设计问题及选择材料过程中,应创设契合学生认知特点的情境与问题,帮助学生在掌握知识的同时,进一步提升解决问题的能力并促进历史思维的养成。

四、教学目标

1.通过描述郑和下西洋的目的及沿海形势,分析海禁政策实施的真正原因。

2.能够阐明明朝封建专制制度的发展及其对中国社会的双重影响。

3.能够列举明朝应对内陆边疆问题的举措并分析其对清朝版图奠定的意义。

4.结合世界与明朝变化的史实,分析明代中国所面临的内外危机。

五、教学重难点

1.教学重点:明朝经略边疆对清朝版图奠定的重要意义;明朝社会的变化与面临的危机。

2.教学难点:明朝社会的变化与面临的危机。

六、教学立意与整体思路

从落实立德树人的根本任务出发,以唯物史观的基本原理为指导,帮助学生感悟历史的连续性。本课以"发展与版图、变化与危机"为核心问题,重点处理中国版图奠定意义、明代中国社会变化和面临危机三者之间的逻辑关系;将明朝置于世界变化之中分析其变化与危机。

七、板书设计

第13课　从明朝建立到清军入关

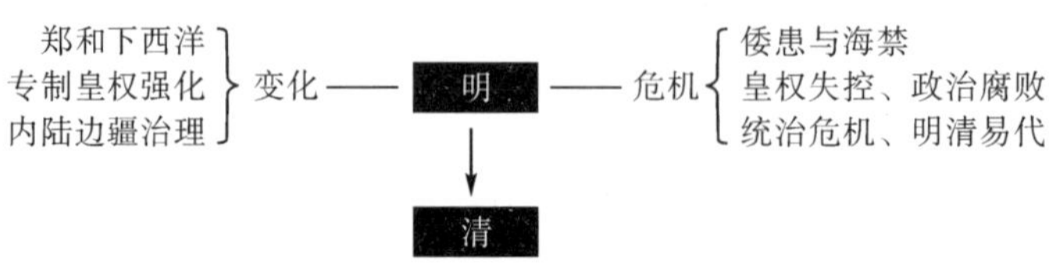

第二部分　课堂实施系统

一、教学活动过程

(一)导入环节

“马尼拉大帆船”是16世纪下半叶至19世纪初，西班牙人航行于菲律宾的马尼拉与墨西哥之间的货运船只。由于马尼拉大帆船的货物主要来源于中国，以当时风靡全球的中国生丝与丝绸为主，因此墨西哥人直接把马尼拉大帆船叫作“中国船”。

材料1：马尼拉大帆船(图略，见《中外历史纲要(下)》教科书第42页)。

材料2：明朝与以往中国的任何朝代，都有所不同，明朝已不再仅属于中国，还属于世界。①

教师：14—17世纪，人类历史正在经历着一场亘古未有的巨变。“马尼拉大帆船”把地球东西两端的两个世界紧紧地联系在一起。世界从分散、相对隔绝的状态逐渐走向整体。东西方也正在演绎着属于自己的那一部历史。为何东西方会走上不同的道路？让我们走进明朝去一探究竟。

(二)新课讲授

1. 航海时代的绝唱与危机

材料3：明朝“麒麟外交”汇总表

时间	与郑和下西洋的关系	长颈鹿输出国或地区	今所在位置	贡品来源的形式	备注
永乐十二年(1414)	第四次下西洋期间	榜葛剌国	孟加拉国	贡品	新国王赛勿丁遣使进贡
永乐十三年(1415)	第四次下西洋期间	麻林国	肯尼亚的马林迪	贡品	

①赵现海．十字路口的明朝[M]．北京：天地出版社，2021：2.

续表

时间	与郑和下西洋的关系	长颈鹿输出国或地区	今所在位置	贡品来源的形式	备注
永乐十五年(1417)	第五次下西洋期间	阿丹国	阿拉伯半岛,也门首都亚丁(Aden)一带	贡品	
永乐十九年(1421)	第六次下西洋期间	阿丹国	同上	非贡品	郑和派周姓太监购买
宣德六年(1431)	第七次下西洋期间	天方国	今红海东岸,指沙特阿拉伯境内的麦加	非贡品	郑和分派使者购买
宣德八年(1433)		苏门答腊		贡品	郑和下西洋三使其国影响的结果
英宗正统三年(1438)		榜葛剌国	孟加拉国	贡品	再次献贡,系明朝最后一次“麒麟贡”

——邹振环《郑和下西洋与明朝的“麒麟外交”》①

任务一:郑和下西洋的目的是什么?

教师:其实,早在哥伦布首航美洲的87年前,明朝的郑和就开启了他的第一次远航,在世界航海史上创下了壮举。请大家阅读材料并结合教科书相关内容,思考郑和下西洋的目的。

◆**设计意图**

把中国明朝置于世界大背景之下,通过中外对比引发学生的思考。

学生:宣扬国威,满足统治者对奇珍异宝的追求。

教师:材料中被称为“麒麟”的动物是原产自非洲的长颈鹿。随着明朝经济的恢复发展,政府迫切需要对外贸易通道的垄断,积极开展外交活动。郑和七次下西洋,先后到达亚非三十多个国家和地区,加强了中国与亚非国家的经济文化

①邹振环.郑和下西洋与明朝的“麒麟外交”[J].上海:华东师范大学学报(哲学社会科学版),2018(2):1-11+169.

交往。长颈鹿正是在这样的背景下来到了当时的中国。而当时郑和下西洋既不是一次单纯的商业贸易活动,也不是一次征服性的殖民活动,而是以宣扬国威、满足统治者对珍奇异宝的需求为目的。

◇总结与过渡

郑和下西洋的远洋航行依托元朝时期中国商人所积累的丰富航海知识与明代强大的水军力量,将传统的航海时代推到了顶峰。

材料4:则哥伦布以后,有无量数之哥伦布,维哥达嘉马以后,有无量数之维哥达嘉马。而我则郑和以后,竟无第二之郑和,噫嘻,是岂郑君之罪也。

——梁启超《祖国大航海家郑和传》[①]

材料5:三保太监下西洋时,所费钱粮数十万,军民死者亦以万计,纵得珍宝,于国家何益?此一时弊事,大臣所当切谏者。旧案虽在,亦应毁之,以拔其根,尚足追究其有无邪?[②]

教师:请大家思考,为何郑和之后再无郑和?

学生:财政危机。

教师:郑和下西洋虽然宣扬了国威,但同时也因为其政治目的造成了国家疲敝与财政危机。在郑和下西洋之后,明朝逐渐实行疆域收缩政策,再也没有在东亚海域开展过官方远航行动。正式开启"大航海时代"的是西欧的几条小船。明朝在海洋时代来临之际"开放"不过是暂时的,而"内敛"的祖宗之法成为多数明朝国君固守的国策。面向南方的海洋,明代中国的态度则在开放与内敛之间摇摆,而终于趋向内敛。

◆**设计意图**

通过"麒麟外交"和海禁政策对比,认识到海禁政策与治理倭患问题都是明政府为了打击民间贸易而采取的措施。理解倭寇的真正内涵。深入探究"开放"的朝贡贸易与"海禁"政策的关系。

任务二:朝贡贸易体制下实行"海禁"政策的原因。

教师:请大家思考朝贡贸易体制下实行"海禁"政策的原因。

材料6:明朝建立后,实行严厉的"海禁"政策,除了政府与海外国家保持朝贡贸易关系外,其他民间海上私人贸易一概禁止。洪武时期一再下令:"禁濒海

①转引自张海鹏,徐蓝.中外历史纲要(下)[M].北京:人民教育出版社,2019:39.

②湖湘文库编辑出版委员会.刘大夏集·张龙湖集[M].长沙:岳麓书社,2009:7.

民不得私出海”；“禁濒海民私通海外诸国”；“申禁人民无得擅出海与外国互市”。明成祖时稍有松动，但依然视“海禁”为祖训。从永乐到嘉靖年间，海禁时紧时松，总的趋势是以禁为主。①

材料7：所谓倭寇，意指在中国沿海的日本海盗……真倭不过十之三，从倭者十之七，中国人占了很大的比例。②

学生：打击民间贸易，官方垄断贸易。

◇总结与过渡

说起海禁就不得不说倭患问题。倭患起于元代，朱元璋建立明朝后受限于对海外贸易的狭隘认识，恪守传统的重农抑商政策，实行海禁政策以保持社会稳定。这一政策也被他的后世子孙不断效仿，并推行了下来。而表面上看明成祖实行的是对外开放的贸易政策，其实却恰恰是为了打击民间贸易以实现官方对海外贸易通道的垄断。传统的航海时代落下帷幕的同时孕育着沿海形势的危机。明朝在沿海地区实行的“海禁”政策，与国内日益发达的商品经济形成了严重的冲突，沿海军民多私自出境并武装起来，与日本武士联合以自保、壮大，建立与葡萄牙、日本海商开展贸易的据点。这便是明后期，尤其是嘉靖时期倭患问题的由来。

材料8：戚继光的武备改革受到了张居正的赏识。而在张居正死后，戚继光的整套举措也因为事实上打破了文官集团试图保持的平衡而付出了代价。他在贫病交迫中死去。此时的西班牙舰队，已整备出征英国。军备的张弛，立即影响一国国运的盛衰。世界局势如此，而在将星陨落之际，我们古老的帝国业已失去重整军备的最好良机。

——摘编自黄仁宇《万历十五年》③

①樊树志.国史概要[M].3版.上海：复旦大学出版社，2004：336-337.

②许倬云.万古江河：中国历史文化的转折与开展[M].上海：上海文艺出版社，2006：223-224.

③[美]黄仁宇.万历十五年[M].北京：中华书局，2006：168.

教师：倭患问题在嘉靖和隆庆年间基本上得到解决，除了隆庆开关之外，戚继光等人的抗倭军事行动功不可没。"将星"戚继光为保卫沿海做出了巨大的贡献。但是在世界局势变化之时，危机依然存在。

教师：请同学们阅读教科书74页内容，完成下列表格。

学生活动：结合教科书，完成表格内容。

◆设计意图

将明朝郑和下西洋定位在世界迈向近代（世界变革）的时空下，利用历史年表、历史地图等材料，理解明代郑和下西洋是中国走向整体的世界的一个重要组成部分。认识海禁政策出台的来龙去脉，理解空间和环境因素对认识历史的重要性。

对象		政策	结果
海疆	日本	战争（戚继光抗倭）	东南倭患基本解除
	葡萄牙	无有效手段	葡萄牙获得澳门居住权
	荷兰	无有效手段	荷兰占据台湾

◇总结与过渡

由此，我们可以看出明朝沿海形势危机四伏。戚继光得到重用是受到了内阁首辅张居正赏识，但在万历十一年也因为张居正的关系遭到弹劾，为何戚继光的命运一定程度上系于张居正呢？在明朝担任首辅有"入阁拜相"之说，但是内阁首辅毕竟不是真正的宰相，而这要从明太祖废除丞相说起。

2. 专制皇权的强化与异变

任务三：比较汉到元专制制度的演变进程，分析明代专制制度有何新发展。

教师：通过阅读教科书76页"问题探究"的第一段内容（材料略），比较汉到元专制制度的演变进程，分析明代专制制度有何新发展。

学生：废除宰相、设置内阁，进一步强化了皇权。

教师：明代延续汉唐旧制度而有所损益，废除了宰相制度，进一步加强了皇权。但是废除宰相制度后的朱元璋曾写道："百僚未起朕先起，百僚已睡朕未睡。"由此可见，废除宰相也给执政者自身带来了繁重的政务压力。为了减轻压

◆设计意图

帮助学生在已有知识的基础上，理解明代专制制度的新变化与发展。

力，明太祖选一些殿阁大学士作为秘书。到了成祖时，设置内阁。由此，一个常设的辅佐皇帝处理政务的秘书机构就形成了。但是明朝内阁始终不是法定的中央一级的行政机构或决策机构，只是为皇帝提供顾问的内侍机构。阁臣的升降由皇帝决定，职权的大小依皇帝旨意而定。票拟是否被采纳最终还得取决于皇帝的批红。这样一来就进一步强化了皇权。材料9就印证了这一点。

材料9：明官制，沿汉、唐之旧而损益之。自洪武十三年罢丞相不设，析中书省之政归六部，以尚书任天下事，侍郎贰之。而殿阁大学士只备顾问，帝方自操威柄，学士鲜所参决……至世宗中叶，夏言、严嵩迭用事，遂赫然为真宰相，压制六卿矣。然内阁之拟票，不得不决于内监之批红，而相权转归之寺人。于是朝廷之纪纲，贤士大夫之进退，悉颠倒于其手。伴食者承意指之不暇，间有贤辅，卒蒿目（对时事忧虑不安）而不能救。

——《明史·职官志》

◇总结与过渡

明代专制制度的发展提高了行政效率，促进了国家的稳定与发展，使明代维持了长达276年的统治。但与此同时也逐渐显露出弊端与危机。

任务四：明代专制制度发展过程中产生了怎样的异变？

教师：请大家继续阅读材料9，找出明代专制制度发展过程中产生异变的表现。

学生：宦官专权。

◆**设计意图**

通过分析材料，帮助学生理解明代专制制度发展的同时也带来了弊端，培养学生的批判性思维；还可以较好地帮助学生理解明代宦官专权的实质就是专制皇权加强，培养学生的唯物史观。

◇总结与过渡

正如材料所言“相权转归之寺人”，这里的寺人指的就是宦官。明代废除宰相的最大弊病，就是使司礼监成了事实上的宰相。明中期以后的太监乱政，比历史上任何朝代都更加严重。一些太监凭借皇帝的信任与懒政，掌握了批红权，而皇权因缺乏制度上的约束必然带来政治上的混乱。然而，内阁与司礼监都只不过是加强皇权的工具，而宦官专权也只是皇权延伸的产物。专制皇权的加强犹如一把双刃剑，具有双面的影响。

任务五:识别地图,结合所学探讨明朝政治制度发展的双重影响。

教师:阅读《郑和航海路线图》《明朝形势图(1433年)》(两图略,见教科书73、75页),结合所学,分析明朝政治制度发展的双重影响。

学生:积极:国家统一、社会稳定、经济发展等;消极:皇权失控、宦官专权、政治腐败等。

教师活动:我们不难看出,专制皇权的强化有利于多民族国家的统一、社会稳定以及经济发展。比如为郑和下西洋提供装备与军事支持以及修筑明长城的条件等。但与此同时皇权的极度膨胀也成为阻碍社会进步的重要因素。比如因皇权缺乏制度约束而导致的宦官专权,以及郑和下西洋带来的财政压力等。

◆**设计意图**

通过识别地图的方式,将边疆形势与专制制度的发展相联系。通过两幅地图与明朝形势的变化也可以建立三个子目之间逻辑联系,探究明朝制度发展过程中的双重影响。

◇总结与过渡

明穆宗在位时期有两件大事:一是解决沿海倭患问题的“隆庆开关”,通过民间贸易合法化,缓解了矛盾;第二件就是俺答封贡,建立了明朝与蒙古的友好往来。明朝与蒙古之间的矛盾从元灭亡之后就一直存在,二者时战时和。

材料10:明穆宗隆庆元年(1567年)“福建巡抚御史涂泽民请开海禁,准贩东西二洋”,终得“奉旨允行”。恪守了约二百年的海禁政策终于被打破,开禁地点即在福建漳州月港。这次开禁在中国古代经济史和对外贸易史上占有重要地位,史称“隆庆开放”。①

材料11:隆庆中,俺答封顺义王,每岁贡马互市,至今不绝。

——《明会典》②

任务六:明朝经略内陆边疆的措施。

教师:明朝是如何经略蒙古和其他内陆边疆的呢?请同学们结合教科书第74页内容完成表格。

①冯之余.明代“隆庆开放”与海上贸易发展[J].社科纵横,2008(2):139-141.

②转引自薄音湖,王雄.明代蒙古汉籍史料汇编(第二辑)[M].2版.呼和浩特:内蒙古大学出版社,2006:212.

学生活动:结合教科书,完成表格内容。

地区	措施	影响
蒙古	有战有和;修筑长城、订立合议、册封、互市贸易	对统一多民族国家版图奠定发挥了积极作用,也为清朝中国疆域的最终形成奠定了基础
藏族地区	封授;设立行都指挥司等机构,任用藏族上层人士进行管理	
东北	设立奴儿干都司;封授女真部落首领官号	

教师:“隆庆和议”是在长城两边商业需求大增、人口频繁流动的背景下出现的,事后也对中原与蒙古之间的交流互动产生了积极效应,直到明末基本上维持了和平的局面。明朝在东北、西北甚至西南边疆,通过设地方土司和卫所的方式,加快了中央政府对边疆地区从前朝的羁縻统治到直接管辖的变化。有利于边疆的稳定与国家的统一,也为清朝内陆边疆的治理提供了策略,为清朝疆域的最终形成打下了基础。

◆**设计意图**

学生通过对教科书内容的梳理,能够基本了解明代在治理内陆边疆方面的措施。

◇总结与过渡

在世界近代开启之初,在亚欧大陆一些国家积极扩张的同时,明朝采取了内敛的疆域政策。如果说明朝有两只脚,经济的一只脚走到了世界的前列,而政治的另一只脚却远远地拖在了后面。明朝在经济、社会发展的同时,政权发展却隐藏着危机。

任务七:明朝面临的内部危机与明清易代的原因。

教师:结合材料及所学,思考明朝在变化发展的同时又面临着哪些危机。

材料12:17世纪40年代让明朝垮掉的因素,主要不是其货币制度,而是寒冷气候冲击和随之而来的传染性恶疾,谷物产量下降,以及为了遏制北方满人入侵而产生的庞大军事开销……可能还有另外一个因素,17世纪30年代末、40年代初物价上涨……症结就在马尼拉。

——摘编自[加]卜正民《维梅尔的帽子:从一幅画看全球化贸易的兴起》①

学生:环境原因催生危机、人为牟利,制造危机。

教师:从万历初年到明灭亡这段时间,大江南北暴发了规模巨大的瘟疫,北方地区尤其严重。瘟疫种类多样,持续时间长,波及面广,造成了上千万人死亡,严重削弱了明朝的统治根基,是明朝瓦解、灭亡的重要因素之一。它与这一时期在欧洲蔓延的黑死病形成东西呼应之势,是"十七世纪危机"的重要特征之一。

◆设计意图

通过将明朝置于世界变化之中,去探究明朝灭亡除了本身体征的衰弱外,更多受到了世界变化的影响,与开头的材料呼应。

◇总结与过渡

专制皇权的加强,使明朝在天崩地解的大时代即将到来时,注定无法及时转身,只能陷入封建王朝兴亡更替的定局。1644年,清军入关。明朝最终被清朝取代。15—17世纪的明代中国与世界有各种关联与互动,是早期全球化网络世界里不可或缺的一员。正如我们开头所讲,明朝与以往中国的任何朝代都有所不同,明朝已不再仅属于中国,还属于世界。近代世界的暴风骤雨,已经开始冲刷这个古老的文明,虽然明人对此尚无明确的认识,但早期全球化的历史进程,已经在整体上开始影响、冲击这个传统的帝国。

二、本课小结

本课我们通过三个部分了解明朝在与世界同步变化的过程中既有发展又面临着危机。

第一部分:传统航海时代与大航海时代的目的不同,在国家制度与商业发展矛盾与调节过程中,明代内敛的海疆政策逐渐暴露弊端,虽然后来解决了倭患问题,但也隐藏着沿海形势的危机。

①[加]卜正民.维梅尔的帽子:从一幅画看全球化贸易的兴起[M].上海:文汇出版社,2010:167.

第二部分:明代废除宰相、设置内阁,提高了行政效率,巩固了国家统一与稳定,同时也因皇权缺乏制度性约束而产生了异变——宦官专权等政治腐败现象阻碍了明朝社会的进步。这一进一退中蕴含着明朝制度演进过程中的发展与挑战。

第三部分:明政府通过对蒙古、西藏与东北地区的治理,从羁縻政策到直接管理的改变,不但为清朝时期边疆治理提供了策略方法,同时也有助于巩固边疆的稳定,为清朝疆域版图的奠定打下了基础,体现了制度的连续性。与以往王朝相比,明朝由盛转衰的历史变迁,除了本身生命体的逐渐衰弱之外,还更多地受到全球早期一体化的影响。而明朝在世界近代史开启之初,采取了内敛的疆域政策,最终以悲剧收场。

第三部分　课后评价系统

一、教学评价

根据《普通高中历史课程标准(2017年版2020年修订)》课程内容要求及学业质量水平的描述,将学生在完成本课学习后的学业成就表现划分为4级水平。

水平1:能够认识到郑和下西洋是世界走向整体过程中的重要组成部分。在叙述海禁政策出台的来龙去脉时,能够运用恰当的时间和空间表达方式。能够归纳总结明朝海防政策的变化;能够阐述明代海防政策的影响,并同明朝其他历史知识建立联系。能够运用对比明朝及前朝政治制度的方式,概括明朝政治制度的特点。能够阐明明朝皇权的加强、中国版图的奠定和内外危机三者之间的关系。能够辨别教学中对明清社会的历史解释,如,规模空前的远洋航行,海盗、奸商等与倭寇勾结造成巨大破坏,连续重创倭寇,沿海活动日益频繁、政治黑暗……统治摇摇欲坠等。能够对明清的社会新变化加以分析。能够将明朝置于世界之中去探寻变化的共同点。在此过程中能够在叙述历史时把握历史发展的各种联系,如明清易代的原因、在全球背景下明灭亡的原因等。能够表现出对民族英雄戚继光抗倭活动的认同和欣赏，认识本课的学习价值。

水平2：能够认识到郑和下西洋是世界走向整体过程中的重要组成部分。在叙述海禁政策出台的来龙去脉时，能够利用示意图和材料对其变化进行归纳总结，并说明其影响。能够理解空间和环境因素对明代政策出台的重要性。能够分析出明朝政治制度的特点是皇权的加强、中央集权的加强等。在对材料的解读中，能够依据明朝与世界的变化阐明明朝皇权的加强、中国版图的奠定和内外危机三者之间的关系。能够选择、组织和运用相关材料并使用相关历史术语，对明清社会的变化提出自己的解释，并能够在叙述中将史实陈述与历史解释结合起来。能够对明清的社会新变化加以分析。能够通过本课的学习，增强对中国古代文明疆域版图以及制度创新的认同感，对爱国传统的认同感。

水平3：能够把握相关史事的时间、空间联系，并用特定的时间和空间术语对较长时段的史事加以描述和概括。比如，经过元代后期中书省权力过大所导致的皇权的衰落，至明代废除宰相制度设置内阁，皇权进一步强化，出现了中国古代君主专制逐渐达到顶峰的趋势。能够分析材料中对明代倭患问题的不同历史解释；尝试多方面说明导致这些不同解释的原因并加以评析。比如，从元到明，倭患问题愈加严重，这与世界变化的形势息息相关。中国古代实行“重农抑商”政策，在此基础上发展以政治目的为主的官方对外贸易活动，并实行“海禁”政策限制民间贸易。说明从明代开始中国逐渐落后于世界潮流。能够明确明朝变化中的价值取向，增强对制度改革和创新以及民族交融的认同感，正确对待古代民族交流与对外交流。

水平4：在分析明朝沿海和内陆的形势变化过程中，能将其置于具体的时空框架下；能够选择恰当的时空尺度对其进行分析、综合、比较，在此基础上做出合理的解释。比如，明成祖时期的郑和下西洋建立在明代强大的军事和经济实力的基础上，郑和下西洋远达三十多个国家和地区，是世界逐渐联系为一个整体的重要组成部分。但其目的是宣扬国威、满足统治者对奇珍异宝的追求，所以并未能引领大航海时代。在对明朝灭亡以及明清易代的原因这一问题进行独立探究的过程中，能够恰当地运用材料做出自己对所探究问题的论述；能够辨识历史文本作者的意愿，并能将这种理解在自己的历史叙述中表现出来。比如，《维梅尔的帽子：从一幅画看全球化贸易的兴起》带有将明朝的灭亡置于世界的变化之中的客观性。能够在尽可能占有史料的基础上，阐述以往的观点或提出新的解释。能从世界的变化中做出自己对明代政治特点的叙述。比如,明代废除宰相制度加强了皇权,巩固了政权,为大规模的远洋航行和内陆边疆的治理奠定了制度基础,与此同时也逐渐暴露弊端,使其逐渐落后于大航海时代的潮流。能够在学习过程中表现出对明代社会变化的反思,从历史中汲取经验教训,更全面、客观地认识现实社会问题;能够在对历史的叙述中体现出正确的历史观。

二、本节学业质量水平检测

开放性试题:阅读下列材料,回答问题。

材料13:明代中国实行"有效动员"的国策,虽然长期保持了疆域、多族群、多文化的王朝国家模式,但未能利用自身的军事、经济和国家整体实力,推动国家进一步改造和成长,也未像其他文明那样积极扩张,而是满足于在亚洲地区辐射影响。明朝的这一做法,深刻影响了中国在世界近代浪潮中的命运。近代时期席卷西方的暴风骤雨,并未在明代中国产生电闪雷鸣、惊天动地的效果;而是如蒙蒙细雨,润物无声……明朝的这种选择,虽然并不成功,但很合理——这是地缘政治、文明传统、王朝性格综合而成的必然结果。[①]

根据材料13,围绕"发展与危机",谈谈你对15—17世纪明朝的认识。(要求:观点明确,史论结合,表述清晰。)

[评价标准]

水平1:观点基本明确,能够史论结合,认识史实要考虑时空因素;实事求是地论述历史与现实问题。

水平2:观点明确,表述清晰。能够尝试以史料作为证据论证自己的观点;在正确历史观与方法论的指导下,对系列史事做出解释;并能联系现实问题。

水平3:观点明确,史论结合,表述清晰,并能够把握相关史事的时间、空间联系,运用特定历史语言对史事进行概括说明;能选择恰当的时空尺度进行分析,综合比较,在此基础上做出合理的论述;较为全面地认识历史与现实问题。

水平4:观点明确,史论结合,逻辑清晰。在唯物史观的指导下,运用15—17世纪中国与世界相关史实分析出相关的历史结论;建立古今联系、中外联系等;运用历史术语对具体史实做出解释;能够客观全面地认识历史和现实问题,表

①赵现海.十字路口的明朝[M].北京:天地出版社,2021:5.

现出对历史的反思。

三、教学设计特点与反思

本课在“理解为先”模式下设计教学目标,用逆向设计去培养学生的历史学科核心素养。以单元大概念与课程基本问题为引领,更宏观地把握历史脉络的纵横关联,将明朝置于世界近代史开端的背景下,去探寻其兴衰的原因,以宏观的视角营造大历史的情境,促进学生形成对旧知识的新认识。

通过马尼拉大帆船的导入,使学生能够进入到新的历史视野之中探究明朝的历史,激发了学生的兴趣,也引发了学生的思考。但由于课堂时间有限,在设计过程中省略了部分内容。在意义影响类问题及开放性探究问题上,还需要教师多加引导才能取得更好的成效。除此之外,还应在课前补充一些世界历史的相关内容,并设计一些基础水平的探究题。这样会在节省课上时间的基础上,给学生提供更多自我表达的机会,以此真正达到以学生为主体的深度学习的目的。

第14课　清朝前中期的鼎盛与危机

李晶晶[1]

第一部分　课前预设系统

一、课标解读

课标要求:通过了解明清时期统一全国和经略边疆的相关举措,知道南海诸岛、台湾及其包括钓鱼岛在内的附属岛屿是中国版图一部分,认识这一时期

[1]作者简介:李晶晶,吉林省双辽市第二中学历史教师,原内蒙古自治区赤峰市林西县第一中学历史教师。

统一多民族国家版图奠定的重要意义;了解明清时期社会经济、思想文化的重要变化;通过了解明清时期封建专制的发展、世界的变化对中国的影响,认识中国社会面临的危机。

据此,本课可归纳为三个要点,康雍乾时期的君主专制、清朝统一多民族国家版图的奠定、清朝前中期由盛而衰的原因。通过本课的学习,了解明清时期统一全国和经略边疆的相关举措,认识这一时期统一多民族封建国家版图奠定的重要意义;认识明清时期封建专制发展和世界形势变化对中国的影响,以及中国社会面临的危机。

二、教学内容分析

本课为第四单元第二课。在时序和内容方面,上承第13课《从明朝建立到清军入关》,下启第15课《明至清中叶的经济与文化》,同时为近代中国历史走向埋下伏笔。在学习时一方面要认识统一多民族国家奠定的意义,另一方面要认识明清时期中国社会的变化和面临的危机。这两点可以说是并重的。本课包括三个子目:第一个子目"康雍乾时期的君主专制"、第二个子目"疆域的奠定"、第三个子目"统治危机的初显"。基于课标和教科书内容,确定本节课的内容主旨为:清朝前中期,康雍乾三代帝王励精图治,"乾纲独断",国家空前稳固,登上中国传统盛世的顶峰。然而,在世界转型时局中,登峰造极的统治却很难入时入世,埋下衰世的伏笔①。由于本课子目之间的内在联系并不突出,为使学生的思维活动更顺畅,笔者在教学设计过程中适当补充相关史料,创设情境并设计任务活动,开展史料研习式的课堂教学,以锻炼学生的历史思维品质,从而促进学生历史学科素养的提高。

本课的核心概念主要有:康乾盛世;统一多民族国家版图的最终奠定;专制制度;统治危机。关键问题包括:统一多民族国家版图奠定的意义;专制制度的发展与清朝前中期由盛而衰的因果关系;清朝前中期社会面临的危机及世界形势的变化。

①邹玉峰.依标循本 萃旨凝神——以《清朝前中期的鼎盛与危机》为例[J].历史教学问题,2020(02):128-131+156.

三、教学对象分析

统编版初中历史教科书七年级下册第三单元《明清时期:统一多民族国家的巩固与发展》中的第17课《明朝的灭亡》讲述了明朝中后期政治的腐朽,社会的动荡以及明王朝的灭亡与清军入关;第18课《统一多民族国家的巩固和发展》、第20课《清朝君主专制的强化》叙述了清朝的政治稳固。君主专制的强化一方面为统一多民族国家的巩固与发展提供强大支撑,另一方面又因过度集权造成诸多弊端。学生通过初中部分的学习就已初步了解清朝前中期的繁盛并能够对紧随其后的危机有一些思考,加之本单元对清朝前期的社会经济发展与文学艺术的灿烂都有所介绍,这就为本课重难点的突破做了知识上的积累与情感上的铺垫。

高一学生对历史故事有着较为浓厚的学习兴趣,但他们的时空观念、史料实证、历史解释等学科素养处于形成阶段,并且对高中教科书大体量历史知识信息的获取、加工处理与综合的能力还不足。因此在本课教学过程中,笔者将侧重使用实物图片和文字史料来激发学生的学习兴趣,并引导学生对本课所涉及的史料加以分析;通过图片、地图和文字材料,结合问题促进学生思考,深度分析盛中之危。

四、教学目标

1.能够说出清朝前中期鼎盛的表现。

2.能够结合清朝封建专制的发展与世界的变化,分析中国社会面临的危机。

3.结合疆域版图,列举清朝前中期疆域版图四至,叙述南海诸岛、台湾及其包括钓鱼岛在内的附属岛屿是中国版图一部分。

4.能够通过同一时期东西方发展差异的对比,分析世界形势变化对中国的影响。

五、教学重难点

1.教学重点:康雍乾时期的君主专制;清朝统一多民族国家版图的奠定。

2.教学难点:客观分析清朝前中期由盛而衰的原因。

六、教学立意与整体思路

《晁错论》中有言:“天下之患,最不可为者,名为治平无事,而其实有不测之忧。”清朝前中期的鼎盛与危机，即从康熙二十三年(1684年)到嘉庆四年(1799年)，从三藩之乱的平定、台湾的统一、汉族知识分子对满清统治的认同、百姓的望治心切、国家海禁解除的一派承平治世到人口膨胀、物价持续上涨、财政危机、吏治腐败、农民起义、列强迫近的危机显露。盛世局面的出现以专制皇权的加强为支点，为社会的稳定、经济的繁荣、思想文化的发展提供了重要前提。与此同时，清王朝既注重对边疆的治理，形成多元一体的民族版图，又将专制体制推向顶峰，实行文化高压政策，造成民族因循守旧，毫无生机。通过本课教学，学生能够认识到君主专制的发展和世界形势变化对清王朝甚至对近代中国的影响；学生会增强忧患意识，时刻葆有进取之心，紧跟时代浪潮。

七、板书设计

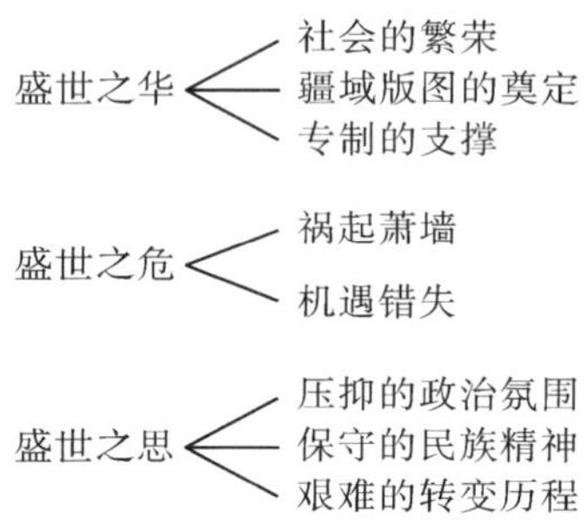

第二部分　课堂实施系统

一、教学活动过程

(一)导入环节

同学们，今天这节课我们来学习第14课《清朝前中期的鼎盛与危机》，清朝前中期即1644年至1840年，“康雍乾”时期是清朝的鼎盛时期，而乾隆皇帝统治后期则是清朝由盛转衰的关键时期。如何理解清朝统治达到鼎盛？鼎盛中为何又存在危机呢？让我们从相关的史料中探寻答案。

(二)新课讲授

教师：同学们通过预习，在教科书中找到了哪些史料依据？

学生：《清朝疆域图》、乾隆帝颁发给西藏地方政府的金瓶、奏折、《清仁宗实录》卷274嘉庆十八年九月庚辰。

教师：这些史料可用来研究清朝前中期社会生活的哪些领域的问题？

学生：可以运用奏折内容等史料探究清前中期的政治领域的相关问题；疆域图等可用来探究清前中期民族关系和疆域奠定。《清仁宗实录》中摘取的内容可帮助我们去探究盛世之下潜藏的危机及原因。

> ◆**设计意图**
>
> 历史过程是不可逆的，认识历史只能通过现存的史料。要形成对历史的正确、客观的认识，必须重视史料的搜集、整理和辨析，去伪存真①。学生通过自主预习教科书可以对本课的脉络进行基本的梳理，根据教师划分的研究领域展开相应的学习探究活动。

教师：本课从宏观的角度可以分为鼎盛与危机两个方面，也可以具体从政治、经济、思想文化以及疆域治理等不同角度探究。接下来我们就按照史料分组，将本课分为盛世之华、盛世之危、盛世之思三部分。我们先来领略清朝前中期的鼎盛繁华。

1. 盛世之华

教师：清朝皇帝康熙、雍正、乾隆在位期间，出现了100多年的鼎盛局面，这一时期被称为“康乾盛世”。

(1)社会的繁荣

材料1：论财力，“内外度支，有盈无绌，府库所贮，月羡岁增”，经济总量占居世界首位；论人口，从1700年到1794年的不足百年时间里已不止翻了一番，达3.13亿，占世界人口总数的1/3……论城市，当时世界拥有50万以上居民的城

①普通高中历史课程标准(2017年版2020年修订)[M].北京:人民教育出版社,2020:5.

市共有10个,中国就占了6个,即北京、南京(江宁)、扬州、苏州、杭州和广州。[①]

教师:请同学们研读教科书第77页“史料阅读”与材料1,说一说清朝前中期的“鼎盛”表现在哪些方面。

学生:康熙、雍正、乾隆三位皇帝都以勤政著称,君主专制得到强化;人口迅速增长,占世界人口总数的三分之一;经济总量居世界第一,商业城市繁荣,一派昌盛之景。

◆**设计意图**

学生研读史料,通过对康乾盛世进行描述,从而知道康乾盛世时期的中国在世界舞台上一度居于重要位置,以增强民族自豪感,也为其后对清朝衰颓之因的探究埋下伏笔。

(2)疆域版图的奠定

教师:盛世之华表现在社会发展的各个方面,而清朝辽阔的疆域更是其鼎盛的重要表现。仔细观察《清朝疆域图(1820年)》(图略,见教科书第80页),找到清朝中期疆域四至,对比《唐朝前期疆域和边疆各族分布图(669年)》(图略,见教科书第35页),思考为什么说清朝基本奠定现代中国的版图。

学生:清朝中期,疆域西跨葱岭,西北达巴勒喀什池,北接西伯利亚,东北至外兴安岭和库页岛,东临太平洋,东南到台湾及其附属岛屿,包括钓鱼岛、赤尾屿等,南至南海诸岛,西南抵喜马拉雅山脉。相比较于唐朝疆域,清朝的疆域与我国现在的疆域大体相似,说明清朝前期我国疆域版图就已基本奠定,且疆域辽阔、民族众多,分布也大体与今天一致。也足以证明,南海诸岛、台湾及其包括钓鱼岛在内的附属岛屿是中国版图的一部分。

◆**设计意图**

通过疆域观察和对比,知道清朝疆域的开拓及经略边疆的举措对统一多民族国家版图奠定的重要意义。

教师:清朝前中期又是怎样治理边疆的呢?请同学们结合教科书第78—79页相关内容,概括清王朝前中期开拓、治理边疆的主要方式和特点。

学生:方式—— 武力平定、册封、设立机构、派遣官吏进行管辖、采用法律手段明确管辖权。特点——政策灵活多样,因地制宜、因俗施治,刚柔相济。尊重各民族的宗教信仰,形成多元一体的民族版图,从而基本奠定现代中国版图。

①周武.论康乾盛世[J].社会科学,2001(10):71-75.

◇总结与过渡

治理如此疆域辽阔、人口众多的大国，依靠的是强大而稳定的政治统治。政治稳定和社会安定是中国在18世纪国势达到鼎盛的首要原因，而专制制度可谓清朝统治达到鼎盛的最重要的支点。

(3)专制制度的支撑

教师：清承明制，其章奏制度也是仿照明朝，呈转程序复杂，于是，清朝独创奏折制度，以下这段材料简要记述了奏折制度的运行程序。分析以下材料，请同学们概括奏折制度的特点及意义。

材料2：康熙三十二年七月，在回复李煦的奏折时强调："凡有奏帖，万不可与人知道。"康熙四十三年七月，在给曹寅的奏折中批复："倘有疑难之事，可以密折请旨。但有风声，关系匪浅。"……雍正二年十一月十三日，在给李维均的奏折批注中写道："今日年羹尧陈奏数事，朕甚疑其居心不纯，大有舞智弄巧潜蓄揽权之意。"并要求李维均逐渐疏远年羹尧。①

学生：特点是程序简单，大大缩短了行政周期，提高了行政效率，而且保密性强。意义是一方面提高行政效率，加强皇权，是清朝君主专制中央集权加强的重要途径。另一方面，使臣民均在皇权的严密监视之下，易造成政治高压。

◆设计意图

学生通过研读奏折具体内容，概括奏折制度的特点，深刻认识到清朝前中期君主专制制度的不断强化。

教师：雍正七年，为了应对西北准噶尔部的叛乱活动，皇帝特别命一些军机大臣在乾清门西边小板房入值，这里距养心殿很近，方便其等候皇帝随时召见。请同学们阅读教科书第78页相关内容，概括军机处的特点。

学生：军机处陈设十分简陋，人员构成也较为简单，而且地处内廷，相对比较机密，办事效率高，便于皇帝行使专制权力。

①冯亚.清代加强皇权与奏折制度的产生述略[J].兰台世界，2014(12):41-42.

◇总结与过渡

军机处的出现使专制皇帝有了一个比较固定的智囊集团和秘书班子，由此建立了一套与之相适应的比较严格的保密制度和行政制度，也有效地提高了官僚政府的行政效率和应变能力[①]。故而，康乾盛世的出现正是以政令通达、集权高效的专制制度作为支点。然而，专制制度之下盛世的背面景象如何呢？

2. 盛世之危

（1）祸起萧墙

教师：嘉庆皇帝即位之初，清朝就爆发了白莲教起义，波及四省，持续八年才被平定。嘉庆十八年又爆发了天理教起义，天理教一路攻打至隆宗门，直逼军机处和养心殿。请同学们阅读教科书第81页“史料阅读”内容并思考，天理教起义应归咎于谁？反映了什么问题？

学生：归咎于大臣因循怠玩、悠忽为政、尸禄保位，反映了当时清朝政治腐朽、阶级矛盾激化、统治危机初显。

教师：阅读教科书第80页相关内容并思考，盛世之下接连出现农民起义的根源是什么？

学生：人口过度膨胀，人地矛盾突出，资源危机显露，激化阶级矛盾，动摇统治根基。

教师：勤政爱民的康雍乾三位君主，实施了“摊丁入亩”“地丁银”“滋生人丁永不加赋”等政策，鼓励垦荒，推广玉米、甘薯等高产作物，仍旧没能解决人地矛盾与资源危机，对比今天我国的人口承载量，同学们能否为危机初显的清王朝找到解决方案？请同学们以小组为单位，合作探究。

◆设计意图

引导学生深入探究人地资源危机背后深层次的社会发展问题，即必须通过工业转移过剩的劳动力。

---

①据高翔.也论军机处、内阁和专制皇权——对传统说法之质疑，兼析奏折制之源起[J].清史研究，1996(02)：20-29.

学生:我国今天之所以能承载14亿多人口,主要依靠采用先进科学技术、发展生产力、积极参与国际贸易。所以,清政府应积极主动学习西方科学技术,实现社会转型,逐步进行近代化变革。

◇总结与过渡

传统农业社会落后的生产力才是问题所在,然而,清帝国满足于将国家稳定在一个低水平繁荣状态,而此时的世界形势却已悄然变化。

(2)机遇错失

材料3:当乾隆皇帝由于春秋日高,为政日渐弛怠昏庸,社会危机四伏,盛世已成一具美丽的外壳时,攻占巴士底狱的炮火和列克星顿的枪声,报道着从西欧到北美大陆世界资产阶级政治大革命时代的来临。①

材料4:作为一个由少数民族入主中原而建立的封建王朝,清朝统治者在推行文化专制主义的时候,带有更大的残酷与野蛮色彩。文字狱几乎是与大清盛世相终始……18世纪的法国启蒙运动中已涌现出孟德斯鸠、伏尔泰、狄德罗、毕封、卢梭……等一大批优秀的思想家,他们的不朽著述,凝炼了自由、平等、博爱等近代资产阶级上升时期的进步思想,至今仍给人类文明的进步以丰富的启迪。②

材料5:在对外关系方面,大清……在前代的传承与基础上继续经略"华夷秩序",使其更加一以贯之,更加成熟与完备……正是在康雍乾时期,西方殖民主义第二次大潮,即产业革命所造成的大机器生产产品的洪流已基本酝酿完毕。③

教师:当我们将康乾盛世置于世界潮流之中,会看到怎样的场景?请列举东西方差异,谈谈你的看法。

学生:专制统治——政治民主

文化禁锢——思想自由

华夷秩序——殖民扩张

◆**设计意图**

通过生动的文字,再现了当时东西方的差异,引发同学们对处于时代拐点处的国家命运的担忧与思考。

①②③何芳川.世界历史上的大清帝国[J].史学理论研究,2004(01):22-34+159.

世界近代化潮流席卷而来，古老中国正处在世界历史的重要转折点，面对内部危机与外部压力，应该顺应历史潮流。

教师：16世纪至18世纪为全球化发轫期，东西方发展差距并不如后来大。如果中国能主动顺应世界发展潮流，积极参与世界政治、经济、文化互动，那么中国即可较早实现近代化转型。请同学们阅读教科书第81页并回答，在如此关键的历史转折期，面对席卷而来的世界潮流，清王朝又是怎样应对的呢？

学生：清政府为了防范来自外部的侵扰，采取闭关锁国政策，只留一口通商，面对英国的通商请求，清朝皇帝以传统的夷狄观念加以对待，并自视天朝上国，盲目自大，缺乏近代平等外交观念并逐渐落后于世界潮流。

教师：乾隆御制诗有"间年外域有人来，宁可求全关不开"之句，究竟是统治者"强盛自骄"，还是"怯懦守成"？对外部世界究竟是"一无所知"，还是视而不"变"？

◆**设计意图**

以诗句反映的历史信息，追问统治者采取闭关锁国政策的心理动因，进一步引导同学们思考，探究错失机遇的根源。

3. 盛世之思

材料6：涓涓不绝，将成江河，萌芽不剪，将寻斧柯。

——《清高宗实录》

避席畏闻文字狱，著书都为稻粱谋。

——龚自珍《咏史》

九州生气恃风雷，万马齐喑究可哀。我劝天公重抖擞，不拘一格降人才。

——龚自珍《己亥杂诗·其二百二十》

教师：读诗作，分析清朝前中期的统治危机出现的原因。

学生：面对世界大潮汹涌而来，乾隆的第一反应是恐惧。他全力维护统治秩序，但是绝对不允许百姓有政治表达权，更不会积极应对世界局势变化，只有消极避世，错失发展机遇。

二、本课小结

正所谓利弊相因，祸福相倚，专制集权造就了政治的稳定、社会的繁荣，成就了康乾盛世之华，但也埋下了苦难。诚如张宏杰先生在《饥饿的盛世》一书中所述，面对几千年未有之世界大变局，如果专制统治不那么密不透风，中国社会不那么铁板一块，西方涌来的文明新潮就有可能自然地浸润这片古老的土地。可惜，中国恰逢了一个执政能力空前提高的“盛世”。空前专制的政治制度造成尤为压抑的政治氛围，致使此时中华民族精神上孱弱、保守、僵化，这不但是鸦片战争中中国失败的原因，更是鸦片战争以来中国在现代化道路上走得如此跌跌撞撞、艰难曲折的原因之一①。由此，我们才能体会龚自珍诗中所言：“我劝天公重抖擞，不拘一格降人才。”

第三部分　课后评价系统

一、教学评价

根据《普通高中历史课程标准（2017年版2020年修订）》课程内容要求及学业质量水平的描述，将学生在完成本课学习后的学业成就表现划分为4级水平。

水平1：能够区分有关清朝前中期的鼎盛与危机的史料的类型；能够从所获得的史料中提取有关鼎盛与危机的信息。

水平2：能够利用历史地图所示信息描述清朝前中期疆域四至，能够知道南海诸岛、台湾及其包括钓鱼岛在内的附属岛屿是中国版图的一部分；能够选择、组织和运用康雍乾时期的相关材料对该时期君主专制制度的发展提出自己的解释。

水平3：能够通过构建康乾盛世时期重要历史事件的时间、空间联系，对该

①张宏杰.饥饿的盛世[M].重庆：重庆出版社，2016：前言6-前言7.

时期的经济、文化、疆域等变化加以分析说明。

水平4：在对历史和现实问题进行独立探究的过程中，能够恰当地运用史料对中国社会面临的危机以及清朝前中期由盛而衰的原因进行论述。

二、本课学业质量水平检测

材料7：进入新时代，习近平总书记指出，“功成名就时做到居安思危、保持创业初期那种励精图治的精神状态不容易，执掌政权后做到节俭内敛、敬终如始不容易，承平时期严以治吏、防腐戒奢不容易，重大变革关头顺乎潮流、顺应民心不容易”[①]。

根据以上材料，结合本课所学，任选角度，自拟论题，阐述观点。（要求：观点明确，史论结合，表述清晰。）

［评价标准］

水平1：观点基本明确，能够史论结合，实事求是论述历史与现实问题。

水平2：观点明确，能够把握相关历史事件在时间与空间方面的联系，能够运用历史语言对历史事件进行概括说明；阐述具有一定逻辑性。

水平3：观点明确，史论结合，尝试运用清朝前中期盛中有衰的相关史实论证自己对当今国家治理的观点；在正确历史观的指导下，做到以古证今，客观阐述。

◆**设计意图**

通过本课学习，梳理本课重难点，使学生于世界潮流之中回看民族的发展阶段，客观认识中国社会面临的机遇与挑战，深刻感知一个国家、一个民族欲立足世界舞台必然要居安思危，时刻葆有进取之心，勇于破旧立新，紧跟时代浪潮。

水平4：观点明确，史论结合，逻辑清晰。运用唯物史观及清朝前中期危机初显的深层原因论证居安思危、顺乎潮流的必要性；能够客观全面认识历史，以史为鉴。

三、教学设计特点与反思

以浅显的史料论证为切入点，梳理本课基本脉络。以清朝前中期的“盛”反衬“衰”的出人意料，以激发学生探究历史表象下深层原因的兴趣，由此逐步展

①韩冰．时刻保持解决大党独有难题的清醒和坚定[N/OL].（2022-10-28）[2023-03-27].theory.people.com.cn/n1/2022/1028/c40531-32553682.html.

开学习活动。清朝前中期的鼎盛在于经济总量、人口总数、城市发展等的世界排名，更在于辽阔疆域版图的奠定及边疆的治理举措，这都仰赖政治制度的创新、专制制度的不断强化。同时也应看到政治高压、怯懦守成与统治盛衰之间利弊相因、祸福相倚的因果关系，从而探究世界潮流对中国的影响。

本课重难点把握难度较大，对学生在进行探究学习活动时的历史解释能力要求较高，既要探究清朝中前期内部盛衰之因又要总结世界潮流对中国的影响，课堂容量较大，教师未能做到恰当取舍，以至于课堂探究活动时间不够充足，给学生学习本课带来一定压力。

第15课　明至清中叶的经济与文化

孟冉君①

第一部分　课前预设系统

一、课标解读

本课课标的内容要求：了解明清时期社会经济、思想文化的重要变化；通过了解明清时期封建专制的发展、世界变化对中国的影响，认识中国社会面临的危机。

据此可知，本课主要内容有两个指向，一是明清时期的中国出现了许多重大的社会变化，二是认识到这些变化是与这一时期的世界变化同步的，并且是后者的组成部分。在讲授的过程中要注意中国发生的变化和世界其他地区变化的共同点，将中国纳入世界发展的大潮流中进行考察。世界发展的剧烈变化必然对原有的格局和秩序形成挑战，西方殖民势力东来必然引起与当地人民的矛盾，带来危机与冲突。

①作者简介：孟冉君，中学一级教师，赤峰学院附属中学历史教师。

二、教学内容分析

本课第一子目“社会经济的发展与局限”重点叙述了明至清中叶农业、手工业、商业领域出现的新现象，对经济发展的“局限”进行概述，需要注意的是，这里的“局限”是将中国所处的农业社会与先进的工业社会进行比较。第二子目“思想领域的变化”，明朝中期起，思想界出现提倡个性自由和反对专制的倾向。教科书选择了在社会上产生重大影响的心学代表人物王守仁、自称为儒学“异端”的李贽进行重点讲述。又以反思心学空疏之弊，开启“经世致用”的实学精神的顾炎武、黄宗羲、王夫之为代表，简述了清初学术变折。第三子目“小说与戏曲”，简述了明至清中叶通俗文学及戏曲艺术的发展成就。第四子目“科技”，主要介绍了明清时期的几部重要科技著作和西方科技知识在中国的初步传播。

根据单元学习重点内容，本课需重点认识明清时期中国社会经济、文化领域的变化和面临的危机。核心概念主要是：发展与危机。关键问题主要是：在了解明清经济、文化领域新发展的前提下，通过了解明清时期封建专制的发展、世界变化对中国的影响，认识中国社会面临的危机。

三、教学对象分析

统编初中历史教科书七年级下册第14课《明朝的统治》中“经济的发展”一目简述了明朝经济的发展。第16课《明朝的科技、建筑与文学》介绍了明代科技著作，并在“相关史事”栏目介绍了明朝中后期西学东渐的相关史实；“小说和艺术”一目介绍了与市民文化相结合的明朝文学艺术的发展。第19课《清朝前期社会经济的发展》介绍了清初农业生产的恢复和发展。第20课《清朝君主专制的强化》讲述了清朝中后期土地兼并引发社会问题及清代实施的闭关锁国政策。第21课《清朝前期的文学艺术》讲述了随着商品经济的发展以及市民文化的繁荣，清代文学艺术取得的成就。

高一学生对本课相关内容已有一定的了解，但由于初中的知识点较为分散，教学过程中应注重知识的链接和结构化的提升。学生的史料解读能力较为薄弱，需要教师不断促进学生历史学科思维能力的发展，在帮助学生了解国内历史纵向发展规律的同时，还应打开全球视野，引导学生将中国的发展问题置于世界整体之中来看待，对本课相关问题进行深入思考与探究。

四、教学目标

1. 能够以唯物史观为指导，从各种类型史料中提取有效信息，叙述自明中期起农业、手工业、商业、思想、文学、科学领域出现的一些新现象。

2.运用教材并结合相关史料，在叙述明至清中叶思想领域、文化、科技发展的基础上，分析明清社会经济的发展与局限，解释传统经济结构与专制体制对社会的影响，运用生产力与生产关系、经济基础与上层建筑关系的理论，说明明清社会经济、文化与社会转型的关系。

3.尝试用发展与联系的视角分析中国传统经济、政治结构对社会转型的束缚与阻碍。在唯物史观指导下，将中国与同时期的世界相对比，归纳“盛世”之下隐藏的危机，分析中国未能脱离农业文明的框架进入工业文明、实现社会转型的原因。

4.能够联系现实，以史为鉴，在尊重世界文明多样性的基础上，领悟与世界交流的重要性。

五、教学重难点

1.教学重点：社会经济发展的新现象与局限；思想领域的变化。

2.教学难点：理解虽然社会经济有所发展但未能摆脱明清时代的局限。

六、教学立意与整体思路

本课围绕“明至清中叶的经济与文化”，重点认识明清时期中国社会经济及文化领域的变化和面临的危机；根据课标，本课的内容有两个指向，一是明清时期的中国出现了许多重大的社会变化，二是引导学生知道这些变化是与这一时期的世界变化同步的，是后者的组成部分。同时还需要注意，剧烈的变化必然对原有的格局和秩序形成挑战，西方殖民势力的东来必然引起其与当地人民的冲突，近代以来的危机与冲突即由此产生。

七、板书设计

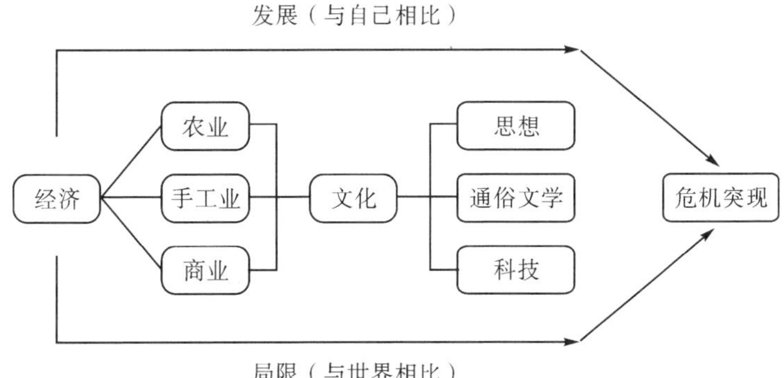

第二部分　课堂实施系统

一、教学活动过程

(一)导入环节

教师:《盛世滋生图》又名《姑苏繁华图》,为清乾隆时宫廷画家徐扬所绘。此画卷重点表现了城市商业的繁荣,据粗略计算,全幅画有各色人物1.2万余人,各类船只400余条,各种商号招牌200余块。店铺所经营的产品来自全国各地甚至海外,涵盖了珠宝、丝绸、乐器、文具等50多个手工行业。画卷完整地表现了古城苏州市井风貌,是对苏州作为江南地区经济、政治、文化中心的一个形象的再现。这种图景究竟是基于何种历史背景形成的?让我们一起开启今天的探索之旅。

◆**设计意图**

利用图片创设情境,让学生直观感受清代苏州地区的繁华,以提问引起学生对本课内容的学习兴趣。

(二)新课讲授

社会经济领域

1.农业

(1)新作物传入

清代人口数与耕地数变化表

年份	1685	1741	1759		1778
人口数(亿)	1	1.596	2		3
年份	1685	1724	1753	1766	1775
耕地数(清亩)	6.08亿	6.84亿	7.09亿	7.41亿	7.16亿

——据刘峰、王庆峰《论清代玉米种植对救荒事业的影响》[①]

①刘峰,王庆峰.论清代玉米种植对救荒事业的影响[J].安徽农业科学,2006(13):3246-3247+3250.

教师：请根据上表，指出当时中国的农业经济面临怎样的问题。

学生：人口增长速度远高于耕地增长速度，人地矛盾日益突出。

教师：明清之际我国人均占有耕地数量总体下降速度很快，明朝人均耕地为11.5亩，清朝仅2.3亩①，人多地少、粮食不足的问题日益突出。人多地少的矛盾迫切要求提高单位面积的产量，种植高产作物是解决这个问题的有效途径之一，玉米、甘薯正是此时期作为高产作物传入中国并被广泛种植的。

◆设计意图

用图表的形式帮助学生直观地认识到清代的人地矛盾问题，知道引种新农作物的必要性，同时通过表格提高学生在不同类型的史料中提取信息的能力。

引导学生阅读《清朝前期玉米、甘薯推广种植图》（图略，见教科书第83页）。

◇总结与过渡

玉米在16世纪中叶之前传入中国，首先在云南得到成功种植，后逐渐向贵州、四川扩散，并成为西南地区的主要粮食作物。玉米、甘薯的广泛种植大幅度提高了粮食产量，为明清农村经济变革提供了物质保障。

（2）经济作物的种植面积扩大

请学生阅读教科书导读部分（83页）并对材料的主要内容进行概括。

◆设计意图

让学生认识到从明代中叶开始，部分地区的农业种植结构发生变化，经济作物的种植占据越来越重要的地位，更多农作物作为商品进入市场，促进了手工业的发展。

①王宝卿．明清以来美洲作物的引种推广对经济社会发展的影响——以山东为例（1368—1949）[J]．中国农史，2006(3)：48-61.

◇总结与过渡

长江三角洲地区经过唐末至宋元时代的不断发展，逐渐成为全国的经济重心所在，盛产粮米是其典型特征之一，明代中叶这种情况发生改变，农业经营的重点已不在种植粮食作物的“田”而在种植经济作物的“地”，出现了“多种田不如多种地”的新的价值取向，明清时期长江三角洲地区农村经济结构逐渐向多样化、专业化和商业化转变①。经济作物种植面积扩大，以至于永乐时期针对经济作物的税收成为政府的重要财政收入来源。

2.手工业新气象

(1)新经营方式出现

教师：农业的发展也带动了手工业的发展，以纺织业为例，明清时期江南桑棉的广泛种植，引起了手工业经营方式的新变化，请阅读教科书84页“历史纵横”，该材料反映出手工业领域出现了怎样的新变化？

学生：手工业领域出现了雇佣关系、自由劳动力、手工工场。

教师：手工业的发展需要大量的劳动力，南方地区大量的农村劳动力向以纺织业为主的城镇地区转移，劳动力商品化，工人与手工工场主是雇佣关系，没有人身依附，生产的产品主要面向市场，满足市场需求。有学者认为，这种生产方式近似于西方资本主义生产关系的早期形态，所以将其称为“资本主义萌芽”。它可以转化为资本主义经济关系，但这种转化是有条件的。社会生产力水平是一个条件。如果社会生产力水平很低，被雇佣的劳动者提供的

◆设计意图

通过阅读材料，帮助学生寻找明中叶手工业领域出现的新现象，知道这些现象代表一种新的经营方式出现了。需要教师注意的是，人教版教科书将这种新现象称为“资本主义萌芽”，统编教科书则将该问题从课文正文中析出改置于帮助学生拓展知识的“历史纵横”部分，这反映出近年来学界对资本主义萌芽问题的讨论与反思。但无论怎样讨论，我们都需要承认明朝中后期手工业领域出现了一种新的经营模式。

①张家炎.明清长江三角洲地区与两湖平原农村经济结构演变探异——从“苏湖熟，天下足”到“湖广熟，天下足”[J].中国农史，1996(3):62-69+91.

剩余产品有限，当然会妨碍这种转化。转化的另一个条件是体制原因，只有在适当的体制之下，私人雇佣关系才有转化为资本主义经济关系的可能[①]。

3.商业发展与经济的局限

自明朝中期起，商品经济进入新的繁荣期。明代繁荣的商业贸易，尤其是棉布、粮食、食盐等日常生活用品的远距离贩运对白银的需求量巨大，明中叶国内白银产量有限，难以满足市场流通的需要，而此时美洲等地白银流入，为商贸经济持续运转提供了保证。白银货币化还与社会生产力的提高同步展开，共同推动着商品货币经济的发展，促进国内统一市场的形成。

◆设计意图

白银的货币化以及国外白银的大量流入是商品经济发展的重要表现之一，同时丰富的白银更加速了商品经济的发展。教师的讲授使学生认识到中国并未完全脱离世界，中国在世界市场的形成及发展中起着非常重要的作用。

◇总结与过渡

白银成为市场上的主要货币，促进了长途大额贸易的发展。资产雄厚的富商巨贾在各地经营大宗商品贸易和长途贩运，并介入到生产领域，加速了商业资本的聚集。

材料1：新都勤俭甲天下，故富亦甲天下。贾人娶妇数月，则出外或数十年，至有父子邂逅而不相认识者。大贾辄数十万，则有副手，而助耳目者数人。其人皆铢两不私，故能以身得幸于大贾而无疑。他日计子母息，大羡，副者始分身而自为贾，故大贾非一人一手足之力也。他俗习懒习赚，有贾无副，则贾不行。其数奇贩折，宁终身漂泊死，羞归乡对人也。男子冠婚后，积岁家食者，则亲友笑之。妇女亦安其俗，而无陌头柳色之悔。青衿士在家闲，走长途而赴京试，则袒裼至骭，芒鞋跣足，以一伞自携，而吝舆马之费。闻之则皆千万金家也。

——顾炎武《肇域志·江南十一·徽州府》[②]

①厉以宁.资本主义的起源[M].北京：商务印书馆，2003：6.

②转引自谢国桢.明代社会经济史料选编（中）[M].福州：福建人民出版社，1980：91-92.

教师:从以上材料能看出哪些商业领域的新变化?

学生:商业资本聚集,出现了很多地域性的富商大贾。

教师:随着商业的繁荣,商人群体出现了新变化,被称作“商帮”的地域性的商人群体在明清出现了。其中人数最多、实力最强的是徽商和晋商。那么,商人们为何要离家那么久进行长途贩运呢?

◆设计意图

商帮的出现是明清商业繁荣的另一个重要表现。明清在城镇征收商税,盐商、徽商、晋商等商人群体凭借自身的经济优势,借助纳捐制度提高自身地位,商人获得官品或功名,成为有实力的绅商。

学生:商业区域化、专业化发展明显,有很多专业的手工业特色城市。

教师:明代中后期,随着工商业的发展和南北经济联系的加强,运河沿线及江南等地的市镇得到了较快的发展,农村集市进一步繁荣,以北京、南京为代表的兼具传统政治性和消费性的城市更加繁荣。在南方形成了一些手工业特色城市,如以棉纺织业闻名的松江府、以丝织业闻名的杭州、制瓷业发达的景德镇等。这些市镇成为一个地区的经济中心。商业的繁荣又对社会观念产生了什么影响呢?

◆设计意图

通过教师讲述让学生知道商业区域专业化发展和工商业市镇的兴起是商业繁荣的表现。

学生:将商业视为末业的传统观念有所改变。商业的繁荣也带动了文化娱乐的繁荣。

教师:明朝中期起,经济及政治领域的新变化促使思想界出现提倡个性自由和反对专制的倾向。市镇上聚集了大量的人口,产生了旺盛的休闲娱乐需求,市镇也成为文化娱乐中心。除进行商业活动外,上述材料中的商人子弟还进行了怎样的社会活动?

◆设计意图

通过提问与材料分析帮助学生理解一个时期的思想文化发展水平是一个时期政治经济状况的反映。

学生:参加科举考试。

教师:为什么商人子弟会去参加科举考试呢?

学生:重农抑商的制度没有改变,一些商人通过参加科举改变自己的身份,提升自己的社会地位。

材料2：资本在它的萌芽时期，由于刚刚出世，不能单纯依靠经济关系的力量，还要依靠国家政权的帮助才能确保自己榨取足够的剩余劳动的权利。①

教师：明清时期君主专制不断加强，国家权力大幅度扩张，且无法受到有效制约，小农经济是封建专制制度的统治基础，因此高度成熟的集权政治并不会允许商品经济动摇其根基。明清繁荣的商品贸易，其基础是陈旧的小农经济生产模式，这一模式无法形成更高层次的生产力规模，亦同样无法提供更广泛的消费市场，缺乏长久的发展动力，不能实现质的突破。

重农抑商政策禁锢国内市场发展，闭关锁国政策限制海外市场发展。没有相应的制度保障，商品经济形态无法凭借其自身能力实现完全的社会转型。

◆设计意图

经济发展局限是本课的重点及难点，通过之前小节的学习，学生对明清时期中国经济领域的新变化有了一定了解，本小节用典型材料引导学生理解，经济领域的发展未能突破现有制度的约束，中国经济领域的发展已经开始落后于世界潮流。

思想文化领域

1.思想领域变化

(1)以心学崛起为标志的儒家发展新阶段(王守仁、李贽)

◇总结与过渡

明清时期，君王专制空前加强，与此同时，商品经济繁荣，市民工商阶层兴起，成为社会不可忽视的力量。程朱理学获得官方尊崇后，成为文人士子登第为官的必修之学，甚至有学者认为儒学至程朱已极，后人只需亦步亦趋。八股取士、文字狱等文化专制政策，使思想界呈现出因循守旧、陈腐不化的习气；另一方面，新兴的市民阶层精神又使传统的道德观念受到冲击。思想界出现提倡个性自由和反对专制的倾向。王守仁认为只有通过整治人心，才能挽救统治。他吸收先秦儒学与佛教禅宗理论，又以南宋陆九渊思想为先导，提出一套以“致良知”为核心的理论，形成陆王心学。

①[德]马克思.资本论[M].中共中央马克思恩格斯列宁斯大林著作编译局，译.北京：经济科学出版社，1987：247-248.

阅读教科书87页“探究与拓展”部分前三段材料。

◇总结与过渡

与程朱理学格物致知以体认天理不同，王守仁认为“良知”就是隐藏在每个人心中的“天理”，它往往被私欲遮蔽，需要重新发现、扩充和践行，这样就可以达到圣贤境界，因此不主张向外求理而是返诸内心。其理论不仅对儒学思想领域产生重大影响，也同样催生了明代中晚期尊重人性、提倡个性解放、勇于表达自我的文化思潮。

材料3：穿衣吃饭即是人伦物理；除却穿衣吃饭，无伦物矣。

——李贽《答邓石阳书》①

阅读教科书87—88页“探究与拓展”部分第四段材料，体会陆王心学衍生出的思想解放倾向及其对封建传统思想的冲击。

学生：陆王心学强调以自己的内心为准则，隐含一定的平等和叛逆色彩。至晚明时期，以李贽为代表的一些思想家提倡个性自由，蔑视权威和教条，甚至否定传统伦理道德标准，在社会上引起了很大震动。至此，程朱理学虽然仍旧保有着官学地位，但其对社会的实际影响已经远不如陆王心学。

◆**设计意图**

通过材料概述陆王心学的影响，以期帮助学生了解明代思想史的基本内容。

(2)明末清初的学术变折(黄宗羲、顾炎武、王夫之)

材料4：以明心见性之空言，代修己治人之实学，股肱惰而万事荒，爪牙亡而四国乱，神州荡覆，宗社丘墟。

——顾炎武《日知录》②

材料5：古者以天下为主，君为客，凡君之所毕世而经营者，为天下也。今也以君为主，天下为客，凡天下之无地而得安宁者，为君也。是以其未得之也，屠毒天下之肝脑，离散天下之子女，以博我一人之产业，曾不惨然……然则为天下之大害者，君而已矣。

——黄宗羲《明夷待访录·原君》③

①〔明〕李贽集[M].太原：三晋出版社，2008：30.

②转引自袁行霈.中国文学史(第四卷)[M].北京：高等教育出版社，1999：237.

③〔清〕黄宗羲.黄宗羲全集(第一册)[M].杭州：浙江古籍出版社，1985：2-3.

材料6：以天下论者，必循天下之公，天下非夷狄盗逆之所可尸，而抑非一姓之私也。

——王夫之《读通鉴论》①

教师：这一时期思想文化界出现了哪些新现象？形成这些现象的原因又是什么呢？

学生：明清易代的历史变折给明末的文人士大夫造成了巨大的精神冲击，经此鼎革，有识之士痛思明亡之因，以顾炎武、黄宗羲、王夫之为代表的清初学者反思了心学空疏之弊，以“经世致用”的实学精神开启了儒家思想史的新篇章，造成了清初学术变折。在经世思想指导下，清初学者对历代帝王专制进行了深刻批判。黄宗羲称封建专制帝王为“天下之大害”。他还反对重农抑商观念，提出“工商皆本”。王夫之亦云天下“非一姓之私”。清初学人种种论述表明，封建时代文人士大夫对社会历史发展规律的认识上升到了新的高度，产生了反对专制的倾向。

◆**设计意图**

通过对清初顾、黄、王学术思想的介绍，引导学生把握清初学术转向的内因，了解清代学术思想领域新变化。

2.明清通俗文学高峰

明清文学发展进入了新阶段，在通俗文学领域取得了众多杰出成就。

教师：相比于之前阶段，明清文学呈现出哪些新变？

学生：在形式上，章回体通俗小说完全成熟并发展至高峰，元杂剧之后新兴的昆曲成为主要曲种。在内容上，从明朝后期起，商人、工匠、市井游民和普通妇女经常成为小说的主人公，追求人性自由与解放日益成为文艺创作表达的主旨。

教师：这种新变是基于何种原因而产生的？

学生：从社会背景而言，市民经济的发展为通俗文学提供了消费土壤；从思想脉络而言，明代兴起的人性解放思潮改变了文学创作的主旨；从文学自身特性而言，经历了宋元漫长的时间积淀，众多通俗文体日趋发展成熟。

教师：明代中叶，随着城市商业经济的繁荣、市民阶层的壮大，以及陆王心学的流行，通俗叙事文学开始呈现近代化变革。小市民群体的精神

◆**设计意图**

文学是反映现实生活的镜子，明朝后期商品经济发展、城镇繁荣、思想领域发生变化，与之相应，文学领域出现新的发展。此节设计帮助学生理解经济生活的变化会引起社会文化的变化。

①转引自张星久.中国政治思想史（古代部分）[M].上海：复旦大学出版社，2017：386.

娱乐需要为通俗小说的创作提供了消费市场，而蓬勃发展的印刷出版业又为小说文本的大规模流传提供了条件。文学作者群体与商业活动的联系更为紧密，文学主旨更热衷于发扬个体精神乃至表露人欲。《三国志通俗演义》《水浒传》《西游记》的陆续写定及问世，成为这一文学变革的标志。发展至清代，通俗文学在前代基础上，文学技巧更加成熟，往往能够突破明人叙事成规，且思想内涵更为深刻，诞生了文学史上不朽的杰作《红楼梦》及讽刺小说的巅峰之作《儒林外史》等优秀作品。

明清戏曲创作也趋向长篇化，情节更加曲折离奇，称为传奇。昆曲长期流行。清朝道光年间，以徽班为基础，融合徽、汉二调，吸取昆曲和其他地方戏的艺术成分，形成了京剧，并逐渐成为全国最流行的剧种。

3.明清科技成果总结及西学东渐

明清时期科技成果表

<table>
<tr><th rowspan="2">学科</th><th colspan="2">作者</th><th rowspan="2">代表作</th><th rowspan="2">主要内容</th></tr>
<tr><th>中国</th><th>西方</th></tr>
<tr><td rowspan="2">数学</td><td>徐光启</td><td>利玛窦</td><td>翻译欧几里得《几何原本》</td><td></td></tr>
<tr><td>李之藻</td><td>利玛窦</td><td>翻译《同文算指》</td><td>引进西方算术知识，特别是与中国传统筹算、珠算不同的笔算法</td></tr>
<tr><td>天文历法</td><td>徐光启</td><td>聘用传教士</td><td>《崇祯历书》</td><td>运用西方数学知识和天文仪器，引进了地球、经纬度等概念</td></tr>
<tr><td rowspan="3">机械工程和物理学</td><td></td><td>意大利传教士熊三拔</td><td>《泰西水法》</td><td>介绍西方水力学知识。为徐光启《农政全书》采用</td></tr>
<tr><td>王征</td><td>瑞士传教士邓玉函</td><td>《奇器图说》</td><td>系统介绍物理学中重心、比重、杠杆、滑轮等概念原理</td></tr>
<tr><td></td><td>德国传教士汤若望</td><td>《远镜说》</td><td>介绍光学知识</td></tr>
</table>

续表

学科	作者		代表作	主要内容
	中国	西方		
	宋应星		《天工开物》	关于农业和手工业生产的综合性的科学技术著作
农学	徐光启		《农政全书》	
中医药	李时珍		《本草纲目》	对6世纪以前中医药学的系统总结,“东方药物巨典”
地理学		利玛窦	《坤舆万国全图》	介绍五大洲知识、全球概念、温带的划分
		意大利传教士艾儒略	《职外方记》	叙述五大洲风土物产,较全面地介绍了世界地理知识
	徐弘祖		《徐霞客游记》	系统考察中国地貌地质的开山之作

自明中后期开始,随着中西文化交流逐渐增多,西方传教士利玛窦、汤若望、南怀仁等人陆续来华,带来了丰富的西方科技、文化、军事典籍,以徐光启、李之藻为代表的开明士大夫开始研究并介绍西方的学术、科技,一时间西方典籍的翻译活动蔚为大观。利玛窦所辑《乾坤体义》被四库馆臣称为西学入华之始。这些外来科技与文化对中国本土思潮造成了巨大影响,音乐、历法、地理、医学等诸多领域以此为契机开始了革新,如徐光启《新法算书》等皆是中西文化碰撞的产物。

◆设计意图

以表格的形式帮助学生快速获取明清时期的主要科技成果以及西学东渐的主要成就,同时引导学生分析中国古代的科技具有偏重实用经验而忽视理论概括的特点。

时间	中国	西方
14—15世纪	罢中书省、废丞相制度、郑和下西洋、我国第一部大型类书《永乐大典》定稿	新航路开辟、文艺复兴

续表

时间	中国	西方
16世纪	一条鞭法、李时珍编写《本草纲目》、徐光启编写《农政全书》、汤显祖创作《牡丹亭》	哥白尼发表日心说、宗教改革、英国击败西班牙无敌舰队、莎士比亚创作《哈姆雷特》
17世纪	明末农民起义,清朝建立,朱子学说在日本成为显学,茶叶输往欧洲,美洲白银流入中国,李贽、黄宗羲、顾炎武等儒学家反对君主专制,工商皆本思想	光荣革命、通过《权利法案》、牛顿发表《自然哲学的数学原理》、启蒙运动开始、英国入侵印度、"五月花"号到达北美
18世纪—鸦片战争前	军机处设立、只许广州一口通商、《四库全书》初稿完成	卢梭发表《社会契约论》、法国颁布《人权宣言》、美国发表《独立宣言》、达尔文发表《物种起源》、第一次工业革命开始、英国确立世界殖民霸权、法国狄德罗主持编写《百科全书》

教师:请同学们根据表格内容整理出14—19世纪东西方发展的主要成绩。

学生:政治上,中国君主专制不断加强,西方资产阶级民主制度确立、法制化加强;经济上,中国闭关锁国,商品经济虽然有所发展,但自然经济仍占主流,西方国家商品经济发达、开辟新航路、占领殖民地,建立资本主义世界市场、开始工业革命;科技上,中国出现了医药学、农学、工艺学等传统科技领域的总结性著作,西方则开启了近代科学。文化上,中国思想界出现"工商皆本"、反对君主专制,蕴含一定平等的思想,但未超出儒学的范畴,在文化专制政策下影响有限,西方则进行了文艺复兴、宗教改革和启蒙运动,人文主义和理性思想发挥巨大作用,成为资产

◆**设计意图**

以表格的形式将中西方发展情况列出,一方面方便学生对鸦片战争前的情况有整体认知,另一方面训练学生在材料中提取信息及进行历史解释的能力。表格信息较为简略,提取难度较低,有利于帮助学生建立自学信心。

阶级推翻封建教权与君权的旗帜。

教师：通常情况下，近代化是指由传统农业社会向现代工业社会变迁的过程，涉及整个社会的政治制度、经济制度、思想文化、军事、社会生活等各个领域，是一场全方位的社会变革。其核心是经济的工业化和政治的民主化。由上表我们可以看到，在近代化的进程上，明清时期东方逐渐落后于西方。随着西方殖民者对全球市场的需求不断扩大，东西方文明的碰撞已不可避免。

二、本课小结

作为中国封建社会最后的谢幕，清代呈现出了封建制度的高度发展状态。然而世界历史发展的进程从来不是单轨路径，在清廷将标榜圣王教化的古典王制推向巅峰时，海洋国家已经顺着人类“贪婪”的本性探出了另一条发展的道路。一个人口几乎占人类三分之一的幅员广大的帝国，不顾世界发展的大势，仍然安于现状，用天朝已经尽善尽美的幻想来欺骗自己，这样一个帝国终于要在这样一场殊死的决斗中落败。

第三部分　课后评价系统

一、教学评价

根据《普通高中历史课程标准(2017年版2020年修订)》课程内容要求及学业质量水平的描述，将学生在完成本课学习后的学业成就表现划分为4级水平。

水平1：能够通过阅读史料、图表等方式获取信息，叙述明清时期经济、文化领域新变化的基本史实，用学科语言描述农业、手工业、商业、思想、文学、科学领域出现的新现象，锻炼提取及概括信息的能力。

水平2：能够将本课的史实定位在特殊的时间和空间框架下；能够运用各种时间术语描述过去，能够知道生产力是历史发展的决定因素，知道经济基础与上层建筑之间的辩证关系，认识到为什么明清时期的经济和文化能够出现新现象，认识到明清经济发展的局限性，理解明清时期政治、国际环境对经济文化发展的影响。

水平3：能够从生产力与生产关系、经济基础与上层建筑的辩证关系来理解历史上社会形态的发展、演变过程，尝试用发展与联系的视角审视中国传统经济、政治结构对社会转型的束缚与阻碍。在唯物史观指导下，将中国史研究回置于世界视域中，尝试归纳“盛世”之下隐藏的危机及中国未能脱离农业文明的框架进入工业文明、实现社会转型的原因。

水平4：在对历史问题研究的过程中能够使用恰当的时空尺度对其进行分析、综合和比较，在此基础上做出合理的解释，能够联系现实，以史为鉴，认识到如果不与时俱进，脱离世界发展大势，必将被历史所淘汰。

二、本节学业质量水平检测

阅读材料，回答下列问题。（本题改编自2021年广东省普通高中学业水平选择性考试试卷第22题。）

材料7：徐渭（1521—1593），字文长，浙江绍兴人，曾研习王阳明的学说。他的画广泛吸收宋、元以来诸家技法，但不受其束缚，处处表现出强烈的情感宣泄与个性追求。这与当时社会上泰州学派传人的反传统的思想特征是十分相合的。他们都代表了当时知识界强烈的思想变革要求。他开创的大写意手法，对后世写意画产生极大影响。徐渭创作的《渔阳弄》《玉禅师》《雌木兰》《女状元》（合称《四声猿》）是明代杂剧的代表作品。在明代后期兴起的市民文学艺术中，徐渭以强调“本色”和追求“自然”的鲜明特点而留名史册。

——摘编自白寿彝总主编《中国通史》

（1）根据材料，概括徐渭在文学艺术史上的贡献。

（2）简述徐渭在文学艺术上能够取得成就的社会条件。

（3）根据材料并结合所学知识，试分析明清时期思想文化领域出现的思想解放倾向未能动摇封建统治的原因。

◆**设计意图**

选取明代文艺领域的代表人物徐渭，概括其在文学艺术史上的贡献，简述其取得成就的社会条件，分析明清“思想解放”的时代背景。检测学生是否理解明清经济与思想领域的新变化，能否运用所学诠释明清社会转型的束缚与阻碍。

答案示例：

(1)美术作品突出情感宣泄与个性追求，具有反传统的特征；开创大写意手法，对后世影响深远；文学作品强调描写市井生活，促进了市民文学的发展。

(2)商品经济繁荣；市民阶层壮大；心学影响；反对专制思想活跃。

(3)明清时期君主专制不断加强；商品经济虽然有所发展，但不足以动摇封建统治的根本；知识分子着眼于对黑暗现实的揭露，提出的为君之道与治国之道没有跳出儒家的思想范畴，也没有上升到批判封建制度的层次。

三、教学设计特点与反思

以唯物史观为指导，引导学生对明至清中叶的经济文化新现象、新发展进行总结，并对发展的原因及存在的问题进行科学阐释，将正确的思想导向和价值判断融入教学过程，帮助学生理解生产力与生产关系、经济基础与上层建筑之间的关系。以通史为叙事框架，抓住明清时期政治经济突出的变化，帮助学生建立唯物史观和时空观念。用典型的史料佐证历史，培养史料实证习惯，锻炼历史解释的能力。引导学生以史为鉴，认识到如果脱离世界发展大势，不与时俱进，必将被历史所淘汰，形成正确的价值观，培养爱国进取精神。在总体设计上体现素养本位的观点，将实现学习目标与素养培育紧密结合，实现教、学、评相一致。本课内容较多，在进行教学设计时根据重难点内容进行了一定的取舍，但课程设计体量还是较大，在实际教学过程中需要根据学生的实际情况进行调整。

第五单元

5

晚清时期的内忧外患与救亡图存

单元设计

一、单元概述

鸦片战争后，中国逐步沦为半殖民地半封建社会，边疆危机不断出现，中国面临数千年未有的危局，太平天国运动、洋务运动都未能挽救国家落后挨打的局面；甲午中日战争后，民族危机加剧，维新派掀起救亡图存的戊戌变法运动，义和团运动继起，列强发起八国联军侵华战争，中国被迫签订屈辱的《辛丑条约》，中国民族危机全面加深。

二、总体目标

1.说明《南京条约》《北京条约》《马关条约》《辛丑条约》等一系列条约的不平等性质，分析中国社会性质的变化。

2.通过太平天国运动、洋务运动、戊戌变法运动、义和团运动等重要历史事件，准确解释中国社会各阶级为挽救国家危局而进行斗争的历史意义。

3.分析甲午中日战争、八国联军侵华战争给中国社会发展带来的影响和中国半殖民地半封建社会的最终形成，洞察列强侵略的本质。

三、教学策略

1.情境教学法：出示文字、图片、音像等材料，创设历史情境。

2.合作探究法:组织学生分组探究问题,表达交流各自的历史观点与看法,提高发现问题、分析问题、解决问题的能力。

3.启发式教学法:逐层设问,由浅入深,由易到难,循序渐进,启发学生乐于、善于思考问题,提升核心素养。

四、活动建议

1.活动形式应多样化。可采取小组讨论、课堂辩论、小组展示等多种形式,目的在于提升学生对史料的辨析能力,培养团队协作精神。

2.活动内容应难度适宜。课堂活动主题明确并适切,问题具有探究价值和必要性,符合教学立意和设计主旨,同时注意合理分配时间。

3.通过上一单元的学习,学生已经了解明清之际中国社会逐渐脱离了世界潮流。本单元则是要让学生进一步了解世界形势的发展以及中国因为落后导致挨打的局面。教学时,可以组织学生分组讨论《南京条约》《北京条约》《马关条约》《辛丑条约》等影响,分析它们为什么是不平等的。此外,还可以从阶级、阶层分析的角度,组织学生讨论为什么太平天国运动、义和团运动不能成功,为什么维新变法运动坚持三个多月就失败了。

五、评价检测要点

1.近代中国社会性质的变化。鸦片战争以前,中国处于封建社会,是一个独立的主权国家。《南京条约》等一系列不平等条约的签订,使中国逐渐沦为半殖民地半封建社会;《辛丑条约》签订后,中国完全陷入半殖民地半封建社会的深渊。

2.近代中国社会主要矛盾的变化。在封建社会,中国社会的主要矛盾是地主阶级与农民阶级的矛盾。进入近代以后,中国社会主要矛盾发生变化。近代中国半殖民地半封建社会的矛盾错综复杂,占支配地位的主要矛盾是帝国主义与中华民族的矛盾和封建主义与人民大众的矛盾。这两对主要矛盾贯穿整个中国半殖民地半封建社会始终,决定了近代中华民族面临的两大历史任务,对中国近代社会的发展变化起着决定性的作用。两对主要矛盾之间的关系:当资本主义对华加强侵略时,民族矛盾成为主要矛盾;当列强不使用武装侵略手段时,或者列强与封建统治者联合起来压迫中国人民时,阶级矛盾成为主要矛盾。

3.中国社会各阶级为挽救国家危局所做的努力及存在的局限性。鸦片战争后，随着中国民族危机的不断加深，社会各阶级为了挽救危局做出了各自的努力。这些努力包括林则徐、魏源等人对鸦片战争的反思，包括地主阶级改革派即洋务派推行的洋务运动，也包括农民阶级发动的太平天国运动和义和团运动，以及资产阶级维新派发动的戊戌变法运动。所有这些挽救危局的努力，由于阶级和历史的局限性，都未能成功。

第16课　两次鸦片战争

周雪原[①]

第一部分　课前预设系统

一、课标解读

课标的内容要求：认识列强侵华对中国社会的影响，概述晚清时期中国人民反抗外来侵略的斗争事迹，理解其性质和意义；认识社会各阶级为挽救危局所做的努力及存在的局限性。

本课学习主要是了解晚清时期随着西方列强的入侵，民族危机不断加剧，救亡图存运动高涨。面对几千年未有之变局，中国社会各阶级不断进行反抗外来侵略的斗争，探索救国救民的方案。虽然由于阶级和时代的局限，他们未能改变近代中国半殖民地半封建社会的社会性质，没有实现民族的独立，但在他们身上所体现的爱国主义精神历久弥新，他们推动了中国艰难的近代化历程。

二、教学内容分析

本课主要讲述了两次鸦片战争爆发的背景、过程、影响以及中国社会的回应。本课内容是整个中国近现代历史上地位极其重要的内容。从横向上来看，

①作者简介：周雪原，二级教师，赤峰新城红旗中学历史教师。

鸦片战争后,中国被迫卷入资本主义世界市场,成为列强的原料产地和商品倾销市场。从纵向上来看,以鸦片战争为起点,中国进入了饱经磨难的近代史时期。列强对中国发动了一系列的侵略战争,强迫清政府签订不平等条约,给中国人民带来了深重的灾难,中国社会在此冲击下也一步步做出了回应,艰难地开启了近代化的历程。本课的关键问题有:鸦片战争前的世界形势和中国战败的原因,两次鸦片战争性质及其对中国社会的影响,准确理解半殖民地半封建社会的概念。

三、教学对象分析

初中历史课程已涉及鸦片走私与虎门销烟,两次鸦片战争过程,《南京条约》《北京条约》的签订等内容,学生对两次鸦片战争的历史已有比较全面的了解,但对鸦片战争前的世界形势和两次鸦片战争对中国社会产生的影响及当时先进中国人对战争的反思缺乏理性的认识和理解。

经过初中课程的学习,学生的辩证思维、批判性思维均有所发展,已经初步具备合作、交流和发现问题、解决问题的能力;同时,学生对提升自身历史学科核心素养有较高的期待和要求。

四、教学目标

1.根据图文史料叙述19世纪中期世界形势,说明英国侵略中国的鸦片战争是工业革命后资本主义发展的必然产物。

2.通过对《南京条约》及其附件内容的分析,阐述鸦片战争对中国社会历史进程的影响。根据鸦片战争后中国社会各阶层的回应,评价林则徐等人开眼看世界的努力。

3.选取鸦片战争中中国人民反抗外来侵略的典型斗争事迹,体会中国人民反抗外来侵略的坚强意志和爱国精神。

五、教学重难点

1.教学重点:鸦片战争前世界形势、鸦片战争中国战败原因及战后先进知识分子的反思。

2.教学难点:两次鸦片战争性质及其对中国社会的影响。

六、教学立意与整体思路

本课以探究“炮口下的中国”为教学立意,通过“兵临城下——探源”“驱羊攻虎——追踪”“望洋兴叹——深思”三个学习主题来创造历史情境，建立学生与历史的对话联系，以历史概念为基本要素，以逻辑思维为基本方式，逐层设问，来提高学生历史学科关键能力和核心素养。通过图文史料分析鸦片战争前的世界形势，创设历史情境，在对比探究中认识到中外的差距，找到清廷战败的原因。从中国军民反抗外来侵略的典型事迹中，体会中华民族英勇不屈的斗争精神，认识民族抗争的重要历史意义。分析战后先进知识分子的思想与命运，评价林则徐等人开眼看世界的努力。通过对比分析图表等史料，阐明两次鸦片战争都是西方列强为打开中国市场而进行的非正义的侵略战争。依据两次鸦片战争后列强所攫取的侵略权益与社会变化，探究其对中国社会造成的影响。

七、板书设计

第16课　两次鸦片战争——炮口下的中国

（一）兵临城下——探源	工业革命后资本主义发展的大势
（二）驱羊攻虎——追踪	外来侵略（清政府战败）→民族抗争
（三）望洋兴叹——深思	↓开眼看世界；开启了近代化的历程

第二部分　课堂实施系统

一、教学活动过程

（一）导入环节

教师活动：出示图片《中国水师与英国海军在穿鼻洋面上激战的画面》（图略，见教科书第92页）

此图为英国人描绘的穿鼻洋海战中英国军舰击毁中国水师战船的场景。当时英国的炮口

◆**设计意图**

以情境问题导入，为后续探究做好铺垫。

为什么要对准中国？中国在列强的炮火下会做出怎样的抵抗？炮声沉寂后的中国又会做出怎样的回应？今天我们就一起来探讨这些问题。

(二)讲授新课

1. 兵临城下——探源

◇总结与过渡

这一切要从中英贸易状况的变化说起。

材料1:1781—1790年间,流入中国的白银达1640万两,1800—1810年则达2600万两。这种有利于中国的贸易顺差持续到19世纪20年代中期才趋于平衡。1826年之后,贸易平衡开始向相反一端倾斜:1831—1833年间将近有1000万银两从中国流出。随着时间的推进,这种逆差进一步扩大。①

教师:根据材料1,概括这一时期中英贸易状况的变化,并说明原因。

学生:这一时期中英贸易状况由贸易顺差转为贸易逆差,且贸易逆差不断扩大。在以往正当贸易中,由于中国男耕女织自然经济的排斥,中国处于明显的贸易顺差地位。这一时期贸易状况发生变化的主要原因是英国向中国输出了一种特殊"商品"——鸦片。

◆设计意图

从对比中英鸦片贸易情况出发,探讨工业革命后资本主义经济发展是英国发动鸦片战争的必然原因,培养学生提取信息和归纳概括的能力。

教师活动:出示图片《英国走私鸦片的飞剪船》《英国东印度公司设在印度的鸦片仓库》(图略,见教科书第90页)。

教师:此时的印度大部分地区已经沦为英国的殖民地,活动在伶仃洋面的英国飞剪船将产于孟加拉地区的鸦片源源不断地走私到中国,给中国人民带来了深重的灾难。在林则徐准备禁烟的同时,英国的大炮也逐渐对准了中国。我们重新审视鸦片战争时,有必要将之放入现代历史发展的大潮中进行考察。

教师活动:出示图片《1840年前的中国和世界形势图》(图略,见教科书第91页)。

①[美]徐中约.中国近代史[M].6版.北京:世界图书出版公司北京公司,2008:133.

教师:结合图片思考,为什么英国要在此时发动侵略中国的鸦片战争?

学生:19世纪中期,西方已经进入资本主义时代,资本主义制度在世界范围内确立,工业革命的推进使资本主义生产方式在英、法、美等国逐渐占据主导地位,社会生产力飞速增长,为满足对产品市场和原料的需求,争夺殖民地的斗争日趋激烈。此时,清王朝统治下的中国正处在封建社会末期,危机四伏,政治上仍然是君主专制统治,经济上自给自足的小农经济占主导,科技军事实力落后,社会阶级矛盾激化,各地农民起义此起彼伏。因此,掌握着资本主义世界霸权的英国在此时率先侵略中国。

◇总结与过渡

从国际环境来看,英国侵略中国的鸦片战争是工业革命后资本主义发展的必然产物。

2. 驱羊攻虎——追踪

出示图片《中国水师与英国海军在穿鼻洋面上激战的画面》(图略,见教科书第92页)。

◇总结与过渡

1840年英国军舰从英国本土出发,远涉重洋,驶向中国……以中国禁烟为借口的英国填装好了弹药,将炮口对准了拥有古老农业文明的中国。那么风雨飘摇中的中国又将如何抵抗西方的坚船利炮呢?

教师:国家或区域文明体间的实力较量,表面上看是枪林弹雨,实际上却是社会体制所能保障的集体资源动员力的综合较量。以蒸汽为动力、以铁甲为装备的英国军舰,是工业革命成果的集中展示。此时的中国在自然经济主导下缺乏科技创新的动力,仍以木质风帆战船为主。英国的坚船利炮实非中国所能敌,但当时的一些清朝官员却不这样认为。

材料2：夷兵除枪炮之外，击刺步伐，俱非所娴，而腿足裹缠，结束严密，屈伸皆所不便，若至岸上，更无能为，是其强非不可制也。

——《钦差大臣林则徐等奏为英国非不可制请严谕将英船新烟查明全缴片》①

材料3：夷兵即极多，亦不过一万余人为止。彼之数有尽，而内地兵勇用之不尽，不独以十抵一，以百抵一，直以十千万万抵一，又有何不能剿灭之有？

——《夷事卷》②

教师：根据材料2、3概括，中国官员认为在战争中中方有哪些优势？

学生：林则徐等中国官员认为，英军行动不便，不善陆战；而中国为本土作战，以逸待劳，兵力后勤补给充足。

教师：材料2中中国官员对英军的判断正确吗？为什么？

学生：不正确，这是军事情报的失误。因为受闭关锁国政策的影响，中国官员还局限在传统的天朝上国观念之中，对英军的了解有限，误以为英军不善陆战。

材料4：鸦片战争中绝大多数战役斗争清军的兵力与英军相距不远，而在定海之战中反是英方占了兵力上的优势。

——据茅海建《天朝的崩溃：鸦片战争再研究》③

材料5：中英调兵速度对比表

	距离	天数
中国	邻省	30—40
	隔一两省	50
英国	从印度到香港	30—40
	从本土到香港	四个多月

——据茅海建《天朝的崩溃：鸦片战争再研究》④

教师：据材料4、5分析，材料3中清朝官员所预想的战争优势为何没能展现？

学生：在兵力补给上，鸦片战争中绝大多数战役清军的兵力与英军相距不远，中英调兵速度也没有明显差距。说明在实际战争中清政府由于官僚制度的腐朽，

①中国第一历史档案馆.鸦片战争档案史料(第1册)[M].上海：上海人民出版社，1987:673.

②转引自杨国桢.鸦片战争中林则徐对英认识和制敌方略的转变[J].福州师专学报，1991(2)：46-53.

③茅海建.天朝的崩溃：鸦片战争再研究[M].2版.北京：生活·读书·新知三联书店，2005:58.

④见上书59页。

没能及时提供战争所需的后勤补给。

材料6：复仇女神号的一个明轮罩上被炮弹打了一个小洞，这是它此次作战唯一的损伤。①

教师：国家军事实力是整个国家动员系统中技术、经济与政治等环节合力联动的结果。请结合鸦片战争中中国战败的原因，谈谈你的看法。

学生：鸦片战争中清朝的战败不仅因为军事实力、武器装备等技术方面落后，同时也是农业文明不敌工业文明的表现。再加之封建制度的腐朽、闭关锁国政策所导致的天朝上国观念，清政府的失败是必然的。

材料7：道光帝却不这么看……在上谕中更有“不知是何肺腑，如此辜恩误国，实属丧尽天良”之语。②

教师：材料7中道光帝认为鸦片战争中国战败的原因是什么？

学生：道光帝认为鸦片战争败于这批奴才未能实心实意办事，“天朝”的厄运在于缺乏忠臣。

教师：面对外来侵略，中国官兵始终没有放弃抵抗，从虎门销烟的林则徐，到虎门战役的关天培、定海三总兵和镇江战役的海龄，无不展现了坚强的反侵略意志。其中镇江战役是鸦片战争中抵抗最为激烈的，全城官兵殊死奋战，主将海龄以身殉国。

材料8：英国人在克服了这些困难和逼近镇江城的时候，才充分认识到：这些中国的鞑靼士兵无论军事技术怎样差，却绝不缺乏勇敢和锐气。这些鞑靼士兵总共只有1500人，但殊死奋战，直到最后一人……如果这些侵略者到处都遭到同样的抵抗，他们绝对到不了南京。③

◆**设计意图**

通过中英实力的对比分析，说明中国落后挨打的必然性。培养学生分析史料、提取归纳信息的能力，掌握“论从史出”的历史学习方法，同时通过小组探究提高思考历史问题和解决历史问题的能力。选取鸦片战争中中国人民反抗外来侵略的典型斗争事迹，让学生体会中国人民反抗外来侵略的坚强意志和爱国精神。

---

①［英］安德里安·G.马歇尔.复仇女神号：铁甲战舰与亚洲近代史的开端［M］.彭金玲，译.桂林：广西师范大学出版社，2020：108.

②茅海建.天朝的崩溃：鸦片战争再研究［M］.2版.北京：生活·读书·新知三联书店，2005：232、257.

③马克思恩格斯全集：第16卷［M］.中共中央马克思恩格斯列宁斯大林著作编译局，译.北京：人民出版社，2007：106.

教师:阅读教科书94页“学习拓展”三元里人民抗英斗争史实并思考,在炮声沉寂之后,中国又会做出怎样的回应呢?

◇总结与过渡

如果说海龄等人的作为体现了统治阶级对外国侵略的抗御,那么三元里及其他地区以义勇自命的人们则代表了中国民众在炮口下的自发抵抗,这表明了中华民族不畏强暴、反抗外侮的爱国精神。

3. 望洋兴叹——深思

出示图片:英国人所画中英《南京条约》签订时的场景(图略)

教师:在英国人绘制的图画上,无论是侵略者还是被侵略者,无论是战败的一方还是战胜的一方,所有人物表情喜悦,好像这场罪恶战争的结局对敌对双方来说是皆大欢喜。英国《泰晤士报》认为《南京条约》对英国和中国两国的臣民有同等的好处。真的是这样吗?

请完成下面表格,分析鸦片战争对中国社会历史进程产生的影响。

	条约	主要内容	危害
鸦片战争	《南京条约》	割地	
		赔款	
		开放五口通商	
		协定关税	
	《五口通商章程》 《虎门条约》	领事裁判权	
		片面最惠国待遇	

学生:割地破坏了我国的领土主权,协定关税使中国失去了关税自主权,“领事裁判权”破坏了中国的司法主权。中国从一个独立的封建社会开始沦为半殖民地半封建社会,鸦片战争是中国近代史的开端。

◇总结与过渡

其中协定关税和领事裁判权等国家主权问题是近年我们所认为不平等条约的核心,当时的人又是怎样看的?

材料9:治外法权,在道光时代的人眼中,不过是让夷人管夷人。他们想那是最方便,最省事的办法。至于协定关税……新的税则平均到百分之五,比旧日的自主关税还要略微高一点。所以他们扬扬得意,以为是他们的外交成功……总而言之,道光年间的中国人,完全不懂国际公法和国际形势,所以他们争所不当争,放弃所不应当放弃的。①

教师:如何理解材料9中所说道光年间的中国人,“争所不当争,放弃所不应当放弃的”?

学生:道光年间的中国人认为治外法权是夷人管夷人,可以避免麻烦。协定关税后新税比旧的还要高,这是外交的成功。他们所争的不过是眼前的得失,是天朝上国的尊严与面子,是清政府政权的安全与稳固。他们完全不懂国际公法和国际形势,他们所放弃的是国家的主权与国家利益,这既反映了时人的眼界和视野,更反映了清政府近代外交和法治观念的落后。

材料10:战争结束后,当得知英军已经撤出长江,道光帝的第一个反应就是下令沿海各省撤军。清政府的军政大员弹冠相庆,有人形容当时文恬武嬉的状态:“大有雨过忘雷之意。”中国的一切仿佛又回到原点。②

1841年,广东地区张贴了一张布告……反问道:“除你们的船是坚固的,炮火是猛烈的,火箭是强大的以外,你们还有什么其他本领吗?”③

教师:据材料10回答,鸦片战争唤醒清王朝了吗?

学生:鸦片战争对中国起到了一定的震撼作用,但通过材料10,我们可以看到鸦片战争后,上至以道光帝为首的清朝统治阶级,下至平民百姓,并没有真正觉醒。他们既没有认识到鸦片战争是西方列强向东方扩张的必然趋势,也没有认识到战争的失败是由两国当时的实力差距造成的。

①蒋廷黻.中国近代史[M].北京:九州出版社,2021:19.

②任学安,周艳.复兴之路·解说词专辑[M].北京:中国民主法制出版社.2008:7.

③[美]斯塔夫里阿诺斯.全球通史——1500年以后的世界[M].吴象婴,梁赤民,译.上海:上海社会科学院出版社,1999:466-467.

材料11：耆英于1843年进呈新式击发枪，道光帝爱不释手，但对耆英提出的仿造一事作朱批曰："卿之仿造一事，朕知必成望洋之叹也。"[①]

◇总结与过渡

道光帝的一句"望洋兴叹"让清政府本应在认识到英国坚船利炮强大的基础上进行的军事变革也变成了喟叹。

鸦片战争所带来的深刻的社会危机和严重的民族危机、经济与社会的发展变化，促使中国思想界出现了一股新的潮流。为了知己知彼，一些仁人志士以满腔热情去研究世界及中国边疆的史地之学。

人物	事务	代表作	图书地位
林则徐	主持禁烟抗英	《四州志》	近代中国第一部系统的世界地理志
魏源	抗英	《海国图志》	当时介绍西方科学技术和历史地理最翔实的专著
徐继畬	抗英	《瀛寰志略》	中国近代第一部世界地理著作

教师：结合图表回答，林则徐等人的思想观念与当时的国人相比有怎样的变化？为什么？

学生：在与英国的交往和接触中，逐渐睁开了眼睛，开始了解西方，迈出了向西方学习的第一步。

材料12：林则徐：主张抗英的林则徐被罢去了官职。从历史记载来看，被称为中国近代"睁眼看世界"第一人的林则徐，在无奈中沉默下来。

魏源：遁入佛门，悄然病逝于杭州的一间僧社。

——据中央电视台纪录片《复兴之路·千年变局》整理

教师：林则徐等人的命运如何？

学生：林则徐等人的思想在当时难以得到社会认同，这种思想被认为是"用夷变

①茅海建.天朝的崩溃：鸦片战争再研究[M].2版.北京：生活·读书·新知三联书店，2005：566.

夏”或“以夷变夏”，会威胁清朝的政治安全和文化安全，因此遭到士大夫阶层的强烈抨击。

◇总结与过渡

1840年的炮声，无法惊醒一个沉溺于自己深厚传统的天朝迷梦的清廷。第一代探索者的声音如此微弱，变革连萌芽都没有产生就已结束。所以当英国等侵略者为了在中国谋取更大的利益而再次发动战争时，清朝没有丝毫的进步，完全是错误的重复。

学生活动：完成两次鸦片战争比较简表。

<table>
<tr><th colspan="3">分类比较</th><th>鸦片战争</th><th>第二次鸦片战争</th></tr>
<tr><td rowspan="2">继续</td><td colspan="2">根本原因和目的</td><td></td><td></td></tr>
<tr><td colspan="2">战争性质</td><td></td><td></td></tr>
<tr><td rowspan="3">扩大</td><td rowspan="3">战争危害和影响</td><td>开放口岸和割地</td><td></td><td></td></tr>
<tr><td>主权遭到破坏</td><td></td><td></td></tr>
<tr><td>社会性质发生变化</td><td></td><td></td></tr>
</table>

◆**设计意图**

通过史料设置具有阶梯性的问题，引导学生深入思考两次鸦片战争的影响。对比图表，阐明两次鸦片战争的性质，提高在材料中发现问题、分析问题、解决问题的能力。

◇总结与过渡

谋求在华的全面经济与政治利益，是列强的根本目的所在。若这个目的达不到，一场新的侵略战争迟早要爆发。两次鸦片战争都是为了打开中国市场的非正义的侵略战争。第二次鸦片战争是第一次鸦片战争的继续和扩大，战争之后列强又攫取了鸦片贸易合法权、内河航行权等新权益，侵略势力由沿海深入到内地，民族危机进一步加深，半殖民地半封建化程度进一步加深。

二、本课小结

只有在实现自身近代化的过程中，中国才能真正抵抗一个近代化了的侵略者①。又一次挨打的中国，终于开始了以夷为师、学习西方器物的洋务运动，迎来了中国的近代化。两次鸦片战争是中国近百年屈辱史的开端，更是中华民族复兴的起点。我们只有汲取教训、寻求变革，才能迎接民族的新生。

第三部分　课后评价系统

一、教学评价

根据《普通高中历史课程标准（2017年版2020年修订）》课程内容要求及学业质量水平的描述，将学生在完成本课学习后的学业成就表现划分为4级水平。

水平1：能够认识到英国发动侵略中国的鸦片战争是西方工业革命后资本主义发展的必然产物。能够辨识世界形势图和材料中的时间与空间表达方式；在叙述鸦片战争爆发的原因时，能够运用恰当的时间与空间表达方式。能够依据材料尝试从多种渠道获取信息，能够辨别材料对鸦片战争中中国实力的历史解释，比如武器装备落后、官僚制度落后、生产方式落后等。能够对鸦片战争中国战败加以分析。能够表现出对鸦片战争中中国人民反抗外来侵略的典型斗争事迹的认同和赞赏，认识本课的学习价值。

水平2：能够认识到英国发动侵略中国的鸦片战争是西方工业革命后资本主义发展的必然产物。能够利用世界形势图和材料对鸦片战争爆发的原因加以描述；能够理解生产方式和国际形势对鸦片战争爆发的影响。在论述问题的过程中，能够尝试运用材料作为证据论证自己的观点，比如能分析出鸦片战争

①陈旭麓．近代中国社会的新陈代谢[M]．北京：生活·读书·新知三联书店，2017：95.

中中国战败的原因是多方面的。在对材料的解读中,依据清朝社会环境设身处地地理解鸦片战争后中国社会的回应与变化;能够选择、组织和运用相关材料并使用相关历史术语,对鸦片战争后先进知识分子的努力、第二次鸦片战争的背景等问题进行解释,并能够在叙述中将史实陈述与历史解释结合起来。通过本课的学习,能够增强对鸦片战争中中国人民反抗外来侵略精神的认同。

水平3:能够厘清西方工业革命后资本主义的发展与第一次鸦片战争的关系,描述此时世界局势的发展变化。能够对鸦片战争的相关史料进行整理和辨析,并判断其价值。能够分辨材料中对鸦片战争中中英双方实力的不同描述,尝试多方面说明导致这些不同解释的原因并加以评析,比如林则徐对英军不善陆战的错误判断主要来自闭关锁国政策下其坚守的天朝上国观念。能够认识世界历史发展的进步历程,反思两次鸦片战争,在历史中汲取经验教训,以求改革,为实现中华民族的伟大复兴贡献力量。

水平4:在对鸦片战争的分析过程中,能将其置于具体的时空框架下;能够在历史情境下对鸦片战争时中英双方的实力进行分析、综合、比较,在此基础上对鸦片战争中国战败做出合理的解释。在对两次鸦片战争影响的问题进行独立探究的过程中能够恰当地运用材料做出自己对所探究问题的论述。能够在学习过程中对两次鸦片战争中国战败的原因进行反思,从历史中汲取经验教训,更全面、客观地认识现实社会问题;能够在对历史的叙述中体现出正确的历史观。

二、本节学业质量水平检测

只有当一个民族真正站起来的时候,才能正视和反思她曾经屈辱的历史。请同学们结合两次鸦片战争中国战败的原因,谈谈在近现代战争中制胜的重要因素有哪些。(要求:论证充分,史论结合,逻辑清晰,表述准确)

答案示例:

近现代战争是包括技术、经济与政治在内各种实力的综合较量。

在两次鸦片战争中,清王朝因武器装备落后,缺乏近代化的战争策略;吏治腐败,政治制度腐朽;保守派缺乏近代国家意识,天朝上国观念浓厚,固守闭关锁国政策,忽视国家经济、外交、军事建设和资源的合理调配而导致战争失败。

因此,经济和科技水平对近现代战争有巨大影响,同时在近现代战争中能否取胜还受国家的政治制度、经济政策、民族精神及资源地理条件等多种因素的影响。

三、教学设计特点与反思

随着新课标、新教材、新高考的实施和推进,改变中学历史教学的现状,已成为当下中学历史教学聚焦的核心问题。通过创造历史情境、传递历史情感、建立学生与历史的对话联系,使学生逐渐形成正确的价值观念、必备品格和关键能力,是真正实现学生“核心素养”的培育路径。

从“核心素养”培育来看,中学历史教育要做的就是借学生与历史对话联系的契机,聚焦过去、现在、未来的重要问题,感受不同时空的人的思想、行为,批判性地分析、辨别、判断其利弊得失,以反思自己,反思当下。

本课通过图文史料还原某些历史细节,将文字史料与图像史料结合再现鸦片战争过程,创设历史情境,传递历史情感,使学生能在特定的时空背景下理解当时人的思想和社会状况,建立对当时人与事的体察与理解。以建构主义学习理论为依据,以学生为课堂主体,鼓励学生自己发现问题、分析问题、得出结论。在启发学生自主探究的环节上,为学生提供了思考的方向,但并未将思考方向完全限定,更加关注学生的学,引导学生有目标地进行探究,努力做到论从史出。

本课的教学设计也存在很多不足之处,例如受课时限制,对于课堂中的生成问题难以进一步进行探究,对核心概念的讲解还不够透彻、具体。

第17课 国家出路的探索与列强侵略的加剧（同课异构一）

毕泽雪①

第一部分 课前预设系统

一、课标解读

课标的内容要求：认识列强侵华对中国社会的影响，概述晚清时期中国人民反抗外来侵略的斗争事迹，理解其性质和意义；认识社会各阶级为挽救危局所做的努力及存在的局限性。

本课学习建立在学生已了解晚清时期列强侵华不断加剧、民族危机日益严峻、救亡图存高潮迭起等史实的基础上。学生从晚清时期中华民族不畏强暴、英勇反抗外来侵略的斗争事迹中，感悟赤子英杰誓死捍卫国家主权和民族尊严的伟大爱国精神；深入理解地主阶级、农民阶级、资产阶级为挽救民族危局做出不懈努力，在推动近代中华民族觉醒与探索的同时，也因其阶级局限性而走向必然的失败。

二、教学内容分析

结合课标和单元内容，本课的内容主旨在于：鸦片战争的失败惊醒了“天朝上国”的千年迷梦，中国进入饱经磨难、屈辱沧桑的百年近代史。数千年未有之大变局下，仁人志士上下求索共纾国难，西方列强虎视眈眈步步紧逼。农民阶级的洪秀全发动太平天国农民起义，试图改朝换代再造乾坤，期间颁布《天朝田亩制度》和《资政新篇》，最终因阶级和时代的局限而悲情落幕；地主阶级的洋务派，以“中体西用”为强国御辱之道，也未能挽救行将就木的年迈帝国。与此同时，边疆狼烟四起，前有英俄、法国先后进犯，后有日本图谋日久，挑起战争，边疆危机不断加剧，《马关条约》的签订更使国家深陷被列强鲸吞蚕食之危局。沉睡的中华民族在阵痛中逐渐觉醒，在苦难中孕育新生。

①作者简介：毕泽雪，中学二级教师，赤峰红旗中学历史教师。

本课重要历史概念包括“湘军”“淮军”“洋枪队”“江南制造总局”“上海机器织布局”“开平煤矿”“北洋舰队”“洋务运动破产”等。

教学过程中,除学习太平天国运动的背景和过程、洋务运动的内容、甲午中日战争的过程等问题外,还需对太平天国运动的失败原因、洋务运动的评价等问题加以思考。

三、教学对象分析

统编版初中历史八年级上册教科书中涉及本课内容的是《太平天国运动》《洋务运动》《甲午中日战争与瓜分中国狂潮》三课,讲述了鸦片战争使中国开始逐渐沦为半殖民地半封建社会,农民阶级和地主阶级先后展开近代化的早期探索,甲午中日战争使民族危机进一步加深的过程,内容较为全面,线索较为清晰。高一学生经过初中阶段的学习,对太平天国运动、洋务运动、甲午中日战争等重要历史事件有了一定程度的了解,但广度有余而深度不足。

虽然学生已初步具备思考和分析问题的能力,但他们的思维欠缺深度,对近代化、中体西用等历史概念理解模糊,对阶级局限、时代环境等宏观问题的认识不全面,对英雄志士前赴后继、英勇抗争的爱国情怀难以形成深度的情感共鸣,需要教师巧设历史情境,掇菁撷华,雕凿历史细节,引导学生实现情感体验、知识迁移和价值判断。

四、教学目标

1. 通过对李鸿章奏折等历史材料的分析和解读,归纳太平天国运动爆发的主要原因和发展特点,分析其失败的原因,进而认识近代农民运动的进步性和局限性。

2. 通过对《19世纪末帝国主义列强在华划分势力范围示意图》的观察和李鸿章信函等文字史料的解读,概括洋务运动的主要内容,分析洋务运动的影响和失败的原因,进而认识地主阶级的局限性。

3. 通过比较和分析教师所提供的材料,全面解释甲午战争中国战败的原因及影响。

五、教学重难点

1. 教学重点:太平天国运动、洋务运动、甲午中日战争。

2. 教学难点:对农民阶级、地主阶级探索失败的原因及其实质的认识和理解。

六、教学立意与整体思路

从叙事逻辑来看，本课交织着两条线索，一是国人为改变国运的救亡探索，包括太平天国运动和洋务运动；二是鸦片战争后列强侵略的深入，包括19世纪后半期的边患危机、甲午中日战争以及19世纪末列强瓜分中国的狂潮。内容主轴完整，逻辑线索清晰。

从教科书体量来看，本课篇幅长达7页，包含4个子目，体量较大，如果不加以整合会造成单课负荷"超重"，影响教学主旨的诠释和素养目标的达成。为分明主次，重点突破太平天国运动、洋务运动和甲午中日战争，须对宗藩关系、中法战争等史事从简处理，一带而过。

基于以上分析，本课的教学立意确定为：以李鸿章的政治活动为主线，着重引导学生分析太平天国运动、洋务运动和甲午中日战争失败的原因，评价农民阶级、地主阶级的功绩和阶级局限性，引导学生以人阅史、洞察时代，感悟爱国精神，辩证评价历史人物在社会活动中的作用。

在课前，进行任务前置，通过预习学习任务指导学生梳理出基本的知识脉络。

在课堂上，教学设计分为三部分。

第一篇："时势——太平天国的兴起和落幕"。此篇有两个环节，环节一"一场动荡"，以李鸿章的人生经历引出太平天国运动，补充史料，引导学生分析太平天国运动发生的原因，总结太平天国运动的特点；环节二"一封奏折"，以李鸿章的一篇奏折切入，通过太平天国的悲剧结局和《天朝田亩制度》《资政新篇》的内容，引导学生分析太平天国运动失败的原因，认识农民阶级的局限性。

第二篇："探路——洋务运动的自救与失败"。此篇共设两个环节，环节一"数千年未有之大变局"，帮助学生了解晚清边疆危机和洋务运动的"自救"目的；环节二"一生秋风糊裱匠"，梳理李鸿章洋务活动内容，引导学生分析洋务运动失败的根本原因。

第三篇："国殇——甲午之役的较量和余响"。此篇通过补充材料，引导学生分析甲午战争失败的原因和影响。

以李鸿章的去世作为小结，首尾呼应。引用梁启超的评价，余味悠长，激发学生课后思考。

七、板书设计

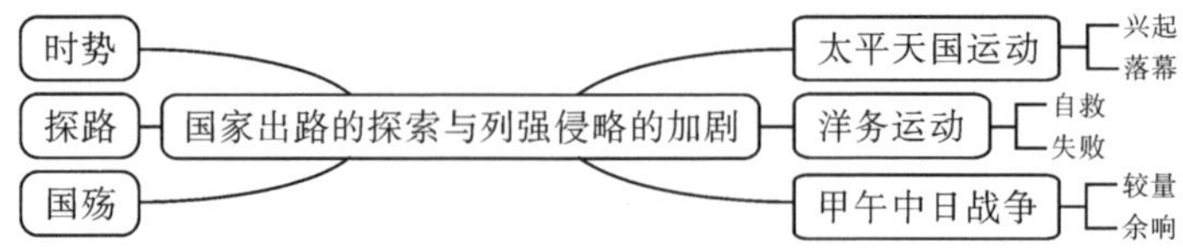

第二部分　课堂实施系统

一、教学活动过程

(一)导入环节

教师:在中国近代史上,有这样一位历史人物,他少年登科,壮年戎马,中年封疆,晚年洋务,一路扶摇,在晚清政坛纵横驰骋半个多世纪,他就是李鸿章。宦海沉浮半生,有人骂他是卖国贼,有人却评其"为中国近四十年第一流要紧人物""时势所造之英雄",究竟真相如何?本节课我们一起走近李鸿章的政治人生,观晚清时期的救亡探索和民族危局。

学生活动:明确本课主题,跟随教师进入新课学习。

(二)讲授新课

【第一篇:时势——太平天国的兴起和落幕】

【环节一】一场动荡

◇总结与过渡

1843年,刚刚结束的鸦片战争似乎没有对李鸿章的生活产生影响。这一年,少年科场得意的他写下了"丈夫只手把吴钩,意气高于百尺楼。一万年来谁著史,三千里外欲封侯"的豪迈诗句。其后他考中进士,并入职翰林院。1851年,一场狂飙突进的社会动荡打乱了他的传统升官之路,却给他"封侯"提供了可能性。

教师:“社会动荡”是指何事？结合教科书95页内容和材料1分析,此事缘何而起？

材料1:1800—1850年间,中国的气候显著异常……1840年前后全国平均气温达近三百年来最低点。同期,全国涝灾、雹灾和雪灾比以往100年明显增多……其间……广西南宁地区农业失收更为严重,至少有10个坏年景。①

学生:“社会动荡”指太平天国运动。这一运动发生的原因包括:政治上,清政府的腐朽统治激化了阶级矛盾;经济上,外国资本主义的侵略加剧以及自然灾害的发生使社会矛盾进一步激化;思想上,西方基督教思想在中国广泛传播,推动洪秀全等人创立了“拜上帝教”。

◆设计意图

追本溯源,引导学生分析并总结太平天国运动的背景和特点,强化时空观。

教师:根据《太平天国运动形势图》(图略,见教科书第96页)等相关内容,指出太平天国运动中有哪些重要事件,运动过程有什么特点。

学生:太平天国运动中的重要事件有金田起义、永安建制、定都天京、天京变乱等。运动具有发展迅猛、时间短的特点。

◇总结与过渡

太平天国威胁到了清政府的统治。1861年,李鸿章奉曾国藩之命组建淮军参与镇压太平天国。次年,率淮军调上海,任江苏巡抚。1864年,太平天国运动失败。

【环节二】一封奏折

教师活动:太平天国运动失败的原因有哪些？请结合教科书95—97页的内容和李鸿章奏折等三则材料分析探究。

材料2:臣……带陆勇二千人……初十日抵沪,续到兵勇……其计五千五百人,俱扎营上海城南……近来洋人助剿,连复嘉定、青浦二城……臣之兵力何足以云会剿,惟外国兵将为我出力……此臣谨遵谕旨,体察洋人之性,设法笼络之微意也。

——李鸿章《初到上海覆陈防剿事宜折》②

①葛全胜,王维强.人口压力、气候变化与太平天国运动[J].地理研究,1995(4):32-41.

②转引自雷颐.李鸿章与晚清四十年[M].太原:山西人民出版社,2008:4.

材料3:太平天国在南京颁布过被称道的《天朝田亩制度》。但是,这一文件的空想性质和当时阶级斗争的残酷程度都决定了其用心规划的土地制度只能是一纸空文。它的价值是为近代思想史提供了一种农民的大同模式。真正成为太平天国实际赋税政策的是“照旧交粮纳税”。①

材料4:洪仁玕提出的《资政新篇》是当时中国最完整的发展资本主义的纲领……但在当时,它并非太平天国题中应有之义,而是游离于农民斗争之外的东西……把农民群众同资本主义联系起来需要很多环节,而中国尚未有这些环节。②

学生:太平天国运动失败的主观原因包括农民阶级的先天局限性,如分散性、守旧性、目光短浅等;战略上的失误;统治者日益腐败,脱离民众;太平天国领袖间的权力斗争;客观原因在于中外反动势力的联合镇压。

◆设计意图

引导学生依据教科书和材料据证辨析,从史料中凝练历史解释,分析太平天国运动失败的主次原因,认识到农民阶级的局限性和进步性,深入历史本质。

教师:试着用几句话来谈谈你对太平天国运动的认识。

学生:太平天国运动是近代中国规模最大的一次农民起义。太平天国运动代表了近代中国人寻求国家出路的早期探索。太平天国运动沉重打击了清王朝的统治。太平天国运动的失败反映了农民阶级的历史局限性。太平天国运动的失败是必然的。

◆设计意图

讲述太平天国运动对晚清政治和权力结构的影响,帮助学生对太平天国运动的影响有更深入的认识。

◇总结与过渡

如陈旭麓先生所说,太平天国运动是近代中国的一次大海波潮,潮来潮去之后,许多东西都会改变旧日模样。在镇压太平天国运动的过程中,中央权力下移,湘淮系官僚集团崛起,李鸿章作为地方督抚,其兵权和财权进一步膨胀。1864年,李鸿章因“剿匪”有功任两江总督,从此开启二十余年的“洋务”人生。

①陈旭麓.近代中国社会的新陈代谢[M].北京:生活·读书·新知三联书店,2017:76.

②见上书第78页。

【第二篇:探路——洋务运动的自救与失败】

【环节一】数千年未有之大变局

教师:同治十三年(1874年),李鸿章上书朝廷,在著名的《筹议海防折》中写道,中国正面临"数千年来未有之变局"。结合教科书97页内容和材料5、6思考,中国正面临着什么样的变局?为应对"数千年未有之强敌",李鸿章认为应该怎么办?其根本目的是什么?

材料5:《19世纪末帝国主义列强在华划分势力范围示意图》(图略,见教科书第100页)

材料6:中国文武制度,事事远出西人之上,独火器万不能及……鸿章以为中国欲自强,则莫如学习外国利器;欲学习外国利器,则莫如觅制器之器,师其法而不必尽用其人。

——李鸿章《致总理衙门函》①

学生:中国正面临着被西方列强瓜分的危机。李鸿章认为应该学习西方科技,"师夷长技以自强"。根本目的是维护清政府封建统治。

◆**设计意图**

引导学生分析洋务运动的背景和李鸿章的洋务思想,了解19世纪后半期的边疆危机与洋务运动的关系,认识到洋务运动的根本目的是以"中体西用"挽救清政府统治,进而培养学生历史解释和读图阅图的能力。同时过渡到下一环节,引导学生分析洋务运动的内容并进行客观评价。

◇总结与过渡

十九世纪中后期,西方列强加快了侵略中国的步伐,边地狼烟四起,内忧外患,岌岌可危。为了"剿发逆、勤远略",李鸿章提出在不改变封建统治的前提下,开展"中体西用"的洋务运动,学习西方技术以觅得制器之器。

【环节二】一生秋风糊裱匠

教师:根据材料7,归纳李鸿章的洋务实践活动,并分析其影响。

①转引自雷颐.李鸿章与晚清四十年[M].太原:山西人民出版社,2008:186-187.

材料7:《李鸿章洋务活动表》①

<table>
<tr><td>挑选学生赴美国肄业</td><td>同治十一年(1872)正月</td><td>始购铁甲船</td><td>光绪六年(1880)二月</td></tr>
<tr><td>请开煤铁矿</td><td>同治十一年(1872)五月</td><td>设水师学堂于天津</td><td>光绪六年(1880)七月</td></tr>
<tr><td>设轮船招商局</td><td>同治十一年(1872)十一月</td><td>设南北洋电报</td><td>光绪六年(1880)八月</td></tr>
<tr><td>筹办铁甲兵船</td><td>光绪元年(1875)十一月</td><td>请开铁路</td><td>光绪六年(1880)十二月</td></tr>
<tr><td>请遣使日本</td><td>光绪元年(1875)十一月</td><td>设开平矿务商局</td><td>光绪七年(1881)四月</td></tr>
<tr><td rowspan="6">请设洋学局于各省,分格致、测算、舆图、火轮、机器、兵法、炮法、化学、电学诸门,择通晓时务大员主之,并于考试功令稍加变通,另开洋务进取一格</td><td rowspan="6">光绪元年(1875)十二月</td><td>创设公司船赴英贸易</td><td>光绪七年(1881)六月</td></tr>
<tr><td>招商接办各省电报</td><td>光绪七年(1881)十一月</td></tr>
<tr><td>筑旅顺船坞</td><td>光绪八年(1882)二月</td></tr>
<tr><td>设商办织布局于上海</td><td>光绪八年(1882)四月</td></tr>
<tr><td>设武备学堂于天津</td><td>光绪十一年(1885)五月</td></tr>
<tr><td>开办漠河金矿</td><td>光绪十三年(1887)十二月</td></tr>
<tr><td>派武弁往德国学水陆军械技艺</td><td>光绪二年(1876)三月</td><td>北洋海军成军</td><td>光绪十四年(1888)</td></tr>
<tr><td>派福建船政生出洋学习</td><td>光绪二年(1876)十一月</td><td>设医学堂于天津</td><td>光绪二十年(1894)五月</td></tr>
</table>

学生:以李鸿章为代表的封建地主阶级洋务派开办新政,他们以“自强”“求富”为口号,创办了一批军事工业和民用工业,引进西方先进机器生产技术,客观上促进了中国民族资本主义的产生;派遣留学生,设立洋学堂,培养了一批新式人才;建立新式海军,对西方列强的侵略起到了一定的抵制作用。

教师:洋务运动推动了中国社会从传统向近代转轨,是中国早期现代化的尝试。

①据梁启超.李鸿章传[M].北京:东方出版社,2019:39-40.

然而,1894年甲午中日战争,北洋舰队覆灭,三十年洋务尽毁。结合材料8和教科书97页内容,从政治、经济、文化等角度思考洋务运动为何会失败。

材料8:至其所以失败之故,由于群议之掣肘者半,由于鸿章之自取者亦半;其自取也,由于用人失当者半,由于见识不明者亦半……吾敢以一言武断之曰:李鸿章实不知国务之人也。不知国家为何物,不知国家与政府有若何之关系,不知政府与人民有若何之权限,不知大臣当尽之责任。[①]

学生:洋务运动的败因包括封建地主阶级自身的局限、传统封建制度的弊端、缺乏完整的计划、主事者识见不足、守旧人士的反对、官僚政风的败坏等。

◆**设计意图**

借助表格史料和文字史料,引导学生总结洋务运动的内容和失败的原因,认识到地主阶级的局限性和洋务运动失败的必然性。

◇总结与过渡

洋务运动的失败是必然的。晚年回首,李鸿章这样评价自己的洋务事业:“我办了一辈子的事,练兵也好,海军也罢,都是纸糊的老虎,何尝能实在放手办理?不过勉强涂饰,虚有其表。”[②]1895年,李鸿章代表清政府与日本签订了丧权辱国的《马关条约》。

【第三篇:国殇——甲午之役的较量和余响】

教师:结合教科书97—98页内容和材料9、10探究,甲午中日战争中中国为何战败?

材料9:西洋各国以舟师纵横海上,船式日新月异,臣鸿章此次在烟台、大连湾,亲诣英、法、俄各铁舰详加察看,规制均极精坚,而英尤胜,即日本蕞尔小邦,犹能节省经费,岁添巨舰。中国自十四年北洋海军开办以后,迄今未添一船……窃虑后难为继。

——李鸿章《李忠文公全集·奏稿》[③]

①梁启超.李鸿章传[M].北京:东方出版社,2019:44.

②林浩波.李鸿章全传[M].武汉:华中科技大学出版社,2017:209.

③转引自黄顺力.海洋迷思[M].南昌:江西高校出版社,2019:221.

材料10:西报有论者曰:“日本非与中国战,实与李鸿章一人战耳!”其言虽稍过,然亦近之。不见乎各省大吏,徒知画疆自守,视此事若专为直隶满洲之私事者然……以一人而战一国,合肥合肥,虽败亦豪哉![1]

学生:败因包括清政府对战争缺乏预见;过于依赖外交,延误军机;封建统治的腐朽没落;军队素质低下;日本明治维新后军事实力、经济力量增强,及制度优势、海防观念等。

◆设计意图

引导学生通过对比分析,认识到甲午战争中国失败的根本原因。

◇总结与过渡

日本自明治维新制定“大陆政策”以来,试兵台湾,出兵朝鲜,侵略中国蓄谋已久;中国虽有洋务运动自强求富,却面临内外危机,且准备不足。这是封建腐朽的社会制度和思想文化与新兴的资本主义制度和开化的近代思想文化之间的较量,以落后对抗先进,走向失败的结局是历史的必然。

教师活动:出示材料11,讲述甲午战败的影响,为第18课《挽救民族危亡的斗争》进行铺垫。

材料11:唤起吾国四千年之大梦,实自甲午一役始也……吾国则一经庚申圆明园之变,再经甲申马江之变,而十八行省之民,犹不知痛痒,未尝稍改其顽固嚣张之习,直待台湾既割,二百兆之偿款既输,而酣睡之声,乃渐惊起。

——梁启超《戊戌政变记》[2]

甲午战败唤起了国人千年迷梦,列强掀起了瓜分中国的狂潮,“四万万人齐下泪,天涯何处是神州”。东方巨龙在激荡的历史大潮下逐渐惊醒,古老帝国在涌动的社会暗流中孕育新生。

二、本课小结

光绪二十七年(1901年),李鸿章在去俄国使馆议事归来后,一病不起,最终去世,终年78岁,被谥“文忠”。往事如烟,是非功过,如今只留待后人评说。

①梁启超.李鸿章传[M].北京:东方出版社,2019:59.

②转引自陈旭麓.近代中国的新陈代谢[M].北京:生活·读书·新知三联书店,2017:143.

第三部分 课后评价系统

一、教学评价

根据《普通高中历史课程标准(2017年版2020年修订)》课程内容要求及学业质量水平的描述,将学生在完成本课学习后的学业成就表现划分为4级水平。

水平1:能够认识到太平天国运动的爆发是外国资本主义侵略下的产物。在叙述太平天国爆发的原因时,能运用恰当的时间与空间表达方式。能够依据史料尝试从多种渠道获取信息,能够辨别材料对甲午中日战争中国战败原因的历史解释,如清政府军队素质低下、对战争缺乏预见等。能够将这些历史解释与自己的课前认识相比较;能够对甲午中日战争中国战败加以分析。能够表现出对洋务运动和甲午中日战争中中国人民救亡图存、抗击侵略的典型斗争事迹的认同和赞赏,认识本课的学习价值。

水平2:能够认识到太平天国运动是在主观因素和客观因素的共同作用下爆发的。能够运用历史图文材料对太平天国运动的过程加以描述,认识到太平天国运动时间短暂、形势迅猛的特点。在论述问题的过程中,能尝试以材料作为论据论证自己的观点。比如能分析太平天国运动和洋务运动失败的原因是多方面的。在对材料的解读中,依据清朝社会国内外环境理解太平天国运动后中国政治力量的变化;能够选择、组织和运用相关材料并使用相关历史术语,对太平天国运动失败的原因、洋务运动失败的原因、甲午中日战争失败的原因等问题提出自己的解释,并能够在叙述中将史实陈述和历史解释结合起来。能够通过本课的学习,增强对以李鸿章为代表的封建地主阶级洋务派努力探索国家出路的探索精神的认同。

水平3:能够运用唯物史观从政治、经济、思想文化等角度来分析太平天国运动的成因。能够把握相关史事的时空关联、因果联系,并用特定的时间和空间术语对较长时段的史事加以描述和概括,厘清太平天国运动与洋务运动的关系、洋务运动失败对甲午中日战争的影响等。能够对太平天国运动、洋务运动和甲午中日战争从目的、过程、阶级等角度进行反思,认识其进步性与局限性,并感受农民阶级和封建地主阶级的爱国情怀。

水平4:能够从生产力与生产关系、经济基础与上层建筑的辩证关系来分析太平天国运动发生的根本原因。能将甲午中日战争置于具体的时空框架下进行分析;能够结合材料在历史情境下对甲午中日战争中中国战败做出合理的解释。能够在学习过程中对地主阶级和农民阶级的失败中加以反思,从历史中汲取经验教训,更全面客观地认识现实社会问题;能够在对历史的叙述中体现正确的历史观。能够感受到以李鸿章为代表的封建地主阶级洋务派强烈的国家认同感和民族认同感,感受到农民阶级探索国家出路的爱国热情。

二、本节学业质量水平检测

洋务运动是晚清政府的一次重要改革运动,在中国近代史上具有重要的地位。

材料12:近代中学历史教科书中洋务运动内容统计表

书名	目的	代表人物	内容	结果及评价
《初级本国史》(1930年)	英法联军入北京,清文宗避往热河,未几遂死。穆宗嗣位,年幼,太后钮祜禄那拉氏临朝听政,任用曾左诸贤,号称中兴(即抵御外患)	曾左诸贤	曾国藩用广东人容闳之言,锐意派遣青年,留学欧美,然亦不过歆其船坚炮利,以为经营国防之计而已,未尝措意欧美之学术政治	失败,于政治之改革乃无兴
《(新生活初中教科书)本国史》(1934年)	以中国的积弱在国不富强,故极力仿效列强	李鸿章张之洞等清室官吏	创办海军,改良军备——立制造厂船政局,开办工厂,建设铁道	其计划未尝不善,但功效未见,其利益已全为官吏所中饱,成功的什未见二一,李鸿章练北洋海军,尽歼于甲午一役

续表

书名	目的	代表人物	内容	结果及评价
《(中学活用课本)本国史纲》(1939年)	当太平天国事平以后中兴诸臣如曾国藩、左宗棠、李鸿章辈,眼见外兵船坚炮利,知道中国兵力确非其敌,于是改革	中兴诸臣如曾国藩、左宗棠、李鸿章辈	派遣青年留学欧、美,设船政局、制造局等,经营军事;兴铁路、电报等事业,便利交通;做国防上的改革	而中法、中日两役,中国又告失败,觉得船坚炮利之不可靠,目标遂移到政治上的改革。当时有今文学家康有为,见清政日非,力主远法欧、美,近效日本,变法维新
《中国近代史:鸦片战争至五四运动(上编)》(解放区,1949年)	巩固封建统治,镇压革命,并无对外国自卫的企图	曾国藩、左宗棠、李鸿章	以军事工业为中心,建立了矿业、交通业和轻工业	1. 失败。 2. 中国资本主义一开始就受到了摧残;造成割地狂潮
《中国近代史》(解放区,1949年)	腰斩民族解放运动	曾国藩、李鸿章等一班不惜投降外寇来腰斩民族解放运动的卫护名教之辈	军事、派遣留学生	1. 惨败。 2. 说明当时进步官僚已意识到军备改良的必要;新政派总不能跳出他们认识的界限,他们缺乏明确的历史观念,不能理解社会进化的根本原则;只是皮相的富国强兵,而不能允许剥削关系的变革和中国礼教成法的改动;没有新的良好政治做基础,收效甚微;国库支出仍多浪费于王室的奢侈淫乐

——摘自孙丽青《民国以来中学历史教科书中的洋务运动》①

①孙丽青.民国以来中学历史教科书中的洋务运动[D].天水:天水师范学院,2020:15-24.

根据材料，自拟论题并加以简要分析。(要求：观点明确，史论结合，逻辑清晰。)(12分)

[评分标准]

观点(0—2分)	观点正确	1—2分
	观点错误，或没有观点	0分
论述(0—8分)	能结合正确史实，围绕所提出的观点进行论述。论证过程充分、全面深入，持论有据，史论结合，逻辑清晰	6—8分
	能结合史实进行论述，史实较准确，论证较充分	3—5分
	能进行简单评述，但是史实较准确或不准确，论述不充分	0—2分
表达(0—2分)	表达清晰	2分
	表达较清晰	1分
	表达不清晰	0分

三、教学设计特点与反思

年鉴学派大师马克·布洛赫曾说过："千言万语，归根结底，理解才是历史研究的指路明灯。"在当前以培育历史学科核心素养为目标的历史教学中，从历史学科本质出发，把握历史关键问题，基于"理解"设计教学活动和展开课堂教学，对培养学生历史解释、史料实证等能力至关重要。因此，本课在教学设计中尤为注重呈现历史关联、建构历史意义、创设历史情境，以期促进学生历史理解能力和意识的提升。为此，本课在设计过程中以历史人物为线索，通过个体活动反映出时代环境和历史发展潮流，进而呈现出更宽广宏大的视野与格局，这是本课的创新之处。

经过实践反思，笔者认为本课还可以从这些方面加以改进：一是增加形象直观的影像、照片史料和其他历史人物的趣味故事，激发学生的兴趣；二是当前课堂活动形式较单一，应设计多元的评价目标和评价策略，例如以对比、梳理时间线、总结思维导图等活动来多维度检测学习效果。

第17课　国家出路的探索与列强侵略的加剧（同课异构二）

张佳琪[①]

第一部分　课前预设系统

一、课标解读

课标的相关要求：认识列强侵华对中国社会的影响，概述晚清时期中国人民反抗外来侵略的斗争事迹，理解其性质和意义；认识社会各阶级为挽救危局所做的努力及存在的局限性。

鸦片战争后，中国逐渐沦为半殖民地半封建社会。随着社会性质的变化，近代中国社会的主要矛盾也逐渐发生了变化，即外国资本主义与中华民族的矛盾、封建专制主义与人民大众的矛盾成为主要矛盾。这两对矛盾就决定了近代中国民主革命的任务。此后，中国人民为反抗列强的侵略和封建专制统治，争取民族独立，展开了一系列救亡图存的探索。

从19世纪中叶开始，列强接连对中国发动侵略，参与侵略的国家也逐渐增多，中国的领土、关税等主权遭到不断破坏，从《南京条约》到《北京条约》，从《马关条约》到《辛丑条约》，中国完全陷入半殖民地半封建社会的深渊，而中国的封建势力却日益与列强勾结，成为帝国主义奴役中国的工具。由于列强的入侵和本国封建势力的压迫，农民阶级生活更加窘迫，被迫走上反抗的道路。洪秀全领导的太平天国运动具有鲜明的反清王朝专制统治的色彩，由于农民阶级的历史局限性，缺乏科学理论的指导，最终没有冲破封建制度和思想的束缚。地主阶级洋务派推行洋务运动，试图挽救国家颓势，但也未能使中国走上富强独立的道路。甲午中日战争后，民族危机日益加深，列强掀起瓜分中国的狂潮，资产阶级维新派为了挽救民族危亡，进行了维新变法运动。随着列强势力在中国内

①作者简介：张佳琪，呼和浩特市第三十八中学历史教师，赤峰学院历史文化学院2019级学科教学（历史）硕士研究生。

地、城市、乡村的深入，民族矛盾不断激化，义和团运动爆发。虽然义和团运动最终以失败告终，但是其英勇抵抗客观上粉碎了列强瓜分中国的企图。争取民族独立、不畏牺牲的民族精神，正是中华民族生生不息、实现民族复兴的不竭动力。

二、教学内容分析

本课上承第16课《两次鸦片战争》，下启第18课《挽救民族危亡的斗争》。本课共有四个子目：太平天国运动，讲述农民阶级为挽救危局所做的努力；洋务运动，讲述地主阶级为挽救危局所做的努力；边疆危机与甲午中日战争，叙述19世纪60年代后清朝面临的边疆危机及军民抗争事迹；瓜分中国的狂潮，讲述甲午中日战争后列强如何瓜分中国。

三、教学对象分析

初中统编教科书已涉及相关内容，学生熟知洋务运动、甲午中日战争等重要历史事件。高中阶段主要认识和分析在民族危机不断加深的背景下中国人民如何反抗侵略和向西方学习，理解晚清时期中国人民抗争的进步性和局限性。高一年级学生拥有了一定的知识储备、学习技能，具备了一定的历史思维能力和历史探究能力，为自主学习奠定了基础。但本课内容较多，需要教师运用相关史料引导学生完成相应的学习任务，才能真正培养学生的历史学科核心素养。

四、教学目标

1.叙述太平天国的基本史实，探究太平天国运动失败的原因。

2.结合史料，能够全面客观地论述洋务运动的影响及其领导阶级的局限性，并从其探索中汲取教训。

3.说明19世纪60年代后中国边疆出现的危机及甲午中日战争之后列强瓜分中国的时局，归纳中国社会性质不断变化的历程。

4.通过了解各阶级为挽救民族危机所做的努力，体会中国人民在反抗外来侵略中体现出的爱国情感，增强爱国意识和“国家兴亡、匹夫有责”的责任担当。

五、教学重难点

1.教学重点：洋务运动和甲午中日战争的影响。

2.教学难点：对寻求国家出路的探索及其阶级实质的认识和理解。

六、教学立意与整体思路

本课基于“情境—探究—感悟”进行教学设计。以教科书为基础，以课标为导向，通过将教科书内容重新整合，辅以语言、文字、图片等，创设情境，引导学生走进历史，综合已有的知识、观点、态度和情感，独立思考，得出结论，获得历史启迪，引导学生积极主动探究历史。

本课围绕“国变”和“应变”即民族危机和救亡图存两条线索展开。西方列强侵略造成中国民族危机不断加深，中国社会各阶级发起救亡图存运动。由于时代的局限性和领导阶级的自身局限性，农民阶级与地主阶级领导的运动均走向了失败，但中国民众始终将挽救民族危亡作为使命和责任。

七、板书设计

第 17 课　国家出路的探索与列强侵略的加剧

国变 —数千年来未有之变局→ 应变

两次鸦片战争
边疆危机
甲午中日战争
列强瓜分中国的狂潮

农民阶级的应变（农民阶级的局限性）

封建地主阶级的应变（地主阶级的局限性）

呼唤新的领导阶级，呼唤新的变革方式

第二部分　课堂实施系统

一、教学活动过程

（一）导入环节

臣窃惟欧洲诸国，百十年来，由印度而南洋，由南洋而中国，闯入边界腹地，凡前史所未载，亘古所未通，无不款关而求互市。我皇上如天之度，概与立约通商，以牢笼之，合地球东西南朔九万里之遥，胥聚于中国，此三千余年一大变局也。

——李鸿章《复议制造轮船未可裁撤折》[①]

教师：历史的滚滚车轮倒回到同治十一年（1872年），初夏时节，李鸿章在《复议制造轮船未可裁撤折》中提到中国面临的“三千余年一大变局”，那么李鸿章为何这样说呢？他又是如何应对这一变局的呢？让我们一起学习第17课《国家出路的探索与列强侵略的加剧》。

◆设计意图

利用问题设疑激趣，调动学生参与课堂学习的积极性，初步了解本课学习的历史大背景。

学生活动：思考“三千余年一大变局”指的是什么。

（二）教学内容及教学活动

第一部分　太平天国运动——农民阶级的天国梦

教师活动：展示材料，引导学生思考太平天国运动爆发的原因。

材料1：盖通商五口，出入各货略相抵，独鸦片价皆以现银出洋，计每年漏银二、三千万两，故银骤贵。[②]

材料2：广西山多田少，地皆硗确，物产甚稀，居民谋生无计，十室九空，冻馁难堪，盗心易动；林峦太密，盗迹易藏；浔、梧二郡，界连东粤，伏莽尤多。[③]

学生活动：分析材料，认识到太平天国运动是由西方列强侵略下民族危机加深、清政府的腐朽无能与广西连年的自然灾害等多方面原因造成的。

教师活动：出示《外国人当时画的太平军在九江湖口与清军作战图》（图略，见教科书第95页），展示材料3，引导学生探究太平天国失败的原因。

材料3：其悲剧意义不仅在于他们失败的结局，更在于他们借助宗教猛烈冲击传统却不能借助宗教而挣脱传统的六道轮回。反封建

◆设计意图

引导学生掌握基础知识，培养学生读图、分析史料和历史解释的能力，关注偶然性对历史事件的推动作用，认识农民阶级自身存在的局限性，突破教学难点。

①转引自梁启超．李鸿章传［M］．北京：东方出版社，2019：46.

②〔清〕冯桂芬．校邠庐抗议汇校［M］．上海：上海社会科学院出版社，2015：134.

③苏双碧．石达开评传［M］．石家庄：河北人民出版社，1986：3.

的人没有办法洗净自己身上的封建东西。[①]

学生活动：观察图片，分析材料，认识太平天国运动失败的主要原因是中外势力的联合绞杀；根本原因是农民阶级自身的局限性。

◇总结与过渡

由于时代局限性和阶级局限性，太平天国运动最终走向失败，但其沉重打击了清王朝的统治，引起了政治和权力结构的变化，随着汉族地主阶级的崛起，中央权力下移，对之后的洋务运动产生了重大影响。

第二部分　洋务运动——地主阶级的富强梦

教师：阅读教科书，归纳洋务派实践成果。

学生：洋务派创办的军事工业有江南机器制造总局、福州船政局、天津机器局等；民用工业有上海轮船招商局、上海机器织布局、开平煤矿等。

教师：阅读教科书97页“学思之窗”，探究洋务运动的目的。

学生：学习西方先进科学技术，对内镇压农民起义，对外抵御外国侵略者，最终维护清朝统治。

◆**设计意图**

培养学生提取信息、解读史料和归纳整合能力，培养时空观念。理解洋务运动的根本目的是维护清王朝统治，这是洋务派的阶级局限性决定的。

第三部分　边疆危机与甲午中日战争——危机四伏

教师活动：要求学生阅读教科书，了解中国西北、西南、东南边疆出现的危机及结果。

学生活动：阅读教科书，结合图片，自主学习。了解面对边疆危机，在西北，清政府任命左宗棠督办新疆军务，收复新疆南北两路；在南部，与法国发生中法战争并签订中法《越南条款》，后在台湾建省，强化对台湾的管辖；为加强东南海防，筹办了新式海军，但北洋舰队在甲午中日战争中全军覆没。

教师活动：展示图表与文字材料，要求小组合作探究甲午中日战争中国失败的原因。

①陈旭麓.近代中国社会的新陈代谢[M].北京：生活·读书·新知三联书店，2017:78.

		中国北洋舰队	日本联合舰队	结果
战斗力对比	吨位	7000吨级以上:2艘 2000吨级以上:5艘 1000吨级以上:3艘 总吨位:31366吨	4000吨级以上:4艘 3000吨级以上:4艘 2000吨级以上:2艘 1000吨级以上:1艘 总吨位:40849吨	联合舰队小胜
	装甲	铁甲舰:4艘 半铁甲舰:4艘 非铁甲舰:3艘	铁甲舰:1艘 半铁甲舰:2艘 次半铁甲舰:6艘 非铁甲舰:2艘	北洋舰队小胜
	航速	18节以上:2艘 平均:15.5节 总马力:46200匹	18节以上:5艘 19节以上:3艘 平均:16.8节 总马力:73300匹	联合舰队占优势
	火力	300mm以上 重炮:8门 轻炮:无	300mm以上 重炮:3门 轻炮:96门	联合舰队小胜
官兵战斗素质	指挥官	留学生和海军学校的毕业生		各有优劣
	水手、士兵	招募兵	志愿兵、义务兵	
	总司令	非海军科班出身	海军科班出身,经验丰富	

——据唐宁《邓世昌传》①

材料4:在西太后的心目中,颐和园比海军更重要,因此,每年"由海军经费内腾挪三十万两"以建造颐和园。通过这种腾挪,一艘艘的铁甲舰化为颐和园里的山水花木。中国水师欲不逊一筹,得乎?②

学生活动:从材料中提取有效信息,小组讨论,认识到甲午战败的原因不仅是由于中国军事实

> **◆设计意图**
>
> 培养学生史料实证的能力,学生通过提取关键信息、整合材料,辩证、客观地理解历史事物,揭示其表象背后的深层因果关系。引导学生认识到只有改变落后的封建制度,才能救中国。

①唐宁.邓世昌传[M].北京:北京时代华文书局,2016:70-76.

②陈旭麓.近代中国社会的新陈代谢[M].北京:生活·读书·新知三联书店,2017:141.

力的落后，更是中国封建制度的腐朽落后所致。

教师活动：要求学生结合《19世纪末帝国主义列强在华划分势力范围示意图》（图略，见教科书第100页），分析《马关条约》的内容，探究甲午中日战争对中国的影响。

学生活动：阅读教科书，了解《马关条约》中割地、赔款、开放通商口岸、承认朝鲜独立等内容大大加深了中国半殖民地半封建社会的程度，各国纷纷在中国划分势力范围，掀起了瓜分中国的狂潮，导致民族危机空前严重。

二、本课小结

面对民族危机不断加剧，农民阶级和地主阶级用自己的方式挽救国家，中国军民将捍卫国家主权作为自己的使命，凸显出伟大的爱国主义精神，中国近代史上还有哪些阶级曾为此做出过努力呢？

◆**设计意图**

对本节课内容进行回顾总结时，抛出问题，引出下节课学习的内容。

第三部分　课后评价系统

一、教学评价

根据《普通高中历史课程标准（2017年版2020年修订）》课程内容要求及学业质量水平的描述，将学生在完成本课学习后的学业成就表现划分为4级水平。

水平1：能够通过太平天国运动理解人民群众在历史发展中的作用。能够识别《19世纪末帝国主义列强在华划分势力范围示意图》中的相关信息。能够通过文献地图、漫画、影视作品等多种渠道获取与本课知识有关的材料，并从材料中提取有效信息。能够通过教科书、教师提供和自己搜集的材料概述太平天国运动、洋务运动、边疆危机、中法战争、中日甲午战争、帝国主义瓜分中国狂潮等事件的基本史实。

水平2:能够通过太平天国运动理解人民群众在历史发展中的作用。能够利用图片、地图等内容对相关史实加以描述;能够在叙述历史时认识并把握历史发展的各种联系,如清政府在内忧外患的双重夹击下开始自救运动。

水平3:能够从历史偶然性与必然性的角度分析太平天国运动爆发与失败的原因。能够在正确的历史观和方法论的指导下,选择和运用相关史料,形成对太平天国运动和洋务运动较全面、客观的认识,能够正确认识洋务运动在中国近代化过程中的积极作用。感受中国人民在反抗外来侵略中体现出的爱国情感,增强爱国意识和“国家兴亡、匹夫有责”的责任担当。

水平4:能够从历史偶然性与必然性的角度分析太平天国运动爆发与失败的原因。在评价太平天国运动和洋务运动等事件时,能够恰当选择和引用史料作为依据。能够将甲午中日战争和瓜分中国狂潮置于具体的时空框架下,将本阶段历史事件放入世界历史发展的进程中,对历史进行反思,并从中吸取经验教训。感受中国人民在反抗外来侵略中体现出的爱国情感,增强爱国意识和“国家兴亡、匹夫有责”的责任担当。

二、本节学业水平检测

1.有学者指出:“假如没有这场革命,清廷不会向西方学习,中国必然会在旧有轨道上徐徐而行;假如没有这场革命,汉人士大夫还会继续沉沦,不会有曾国藩、左宗棠、李鸿章,也就不会有后来的政治大变局。”材料中的“这场革命”指(　　)

A.鸦片战争　B.太平天国运动　C.洋务运动　D.义和团运动

2.阅读教科书第100页“问题探究”栏目的材料,结合《19世纪末帝国主义列强在华划分势力范围示意图》,谈谈你对毛泽东这段论述的理解与认识。

三、教学设计特点与反思

本课教学设计以唯物史观为指导,以“国变”与“应变”即民族危机与救亡图存两条线索展开,通过图文材料等多种形式创设历史情境。在理念上充分体现出以学生为主体,根据课标、学情等制定教学目标,设置教学环节,重视学生对历史课程的参与度,通过小组讨论、合作探究的方式调动学生学习的主动性,培养学生团结协作的意识。在目标、问题设计上充分体现培养学生的学科核心素养。在内容上结合地图,选择反映当前史学研究成果的史料,培养学生的历史思维和史料解读能力。

本课内容较多,因此要对内容进行取舍,在整合教科书内容的基础上要突出重难点,史料的选择也要恰当精准。为了更好地进行教学,教师要深入研读课标,提前编制预习案,学生在课前自主预习后便于课堂中集中精力解决重难点问题,进而提高课堂效率,提高历史学科核心素养。

第18课 挽救民族危亡的斗争

冯翠翠①

第一部分 课前预设系统

一、课标解读

课标的内容要求:认识列强侵华对中国社会的影响,概述晚清时期中国人民反抗外来侵略的斗争事迹,理解其性质和意义;认识社会各阶级为挽救危局所做的努力及存在的局限性。

中国近代史是一部屈辱史,当西方带着机器创造的工业文明来到东方,古老的中国在列强的冲击下败下阵来。鸦片战争、第二次鸦片战争、甲午中日战争、八国联军侵华战争,中国被迫签订一系列不平等条约,由一个独立自主的封建国家逐渐变成半殖民地半封建社会。中国近代史是一部抗争史,面对外来侵略,中国人民不畏艰难险阻,掀起了反抗外来侵略的斗争,如三元里抗英、反割台斗争、义和团运动等,这些抗击外来侵略的斗争体现了近代中国人民抗争到

①作者简介:冯翠翠,中学二级教师,赤峰市宁城县八里罕中学历史教师。

底的爱国精神。中国近代史是一部探索史，在民族危机的不断加剧下，近代先进的中国人迎难而上，一直在探索救亡图存的道路，以期改变近代中国半殖民地的社会性质，实现民族的独立。地主阶级洋务派通过发起洋务运动，学习西方先进的技术来图强。资产阶级维新派掀起戊戌维新运动，资产阶级革命派进行辛亥革命，二者想通过变革制度来挽救危局。农民阶级掀起了太平天国运动以及义和团运动来抗击外来侵略。但由于三个阶级自身的局限性以及时代的局限，他们没能完成反帝反封建的革命任务，没能改变近代中国半殖民地半封建社会的性质，没有实现国家民族的独立，但在他们身上所体现的爱国主义家国情怀精神历久弥新，他们给中国近代化道路的探索注入了新的血液。最后在中国共产党的领导下，新民主主义革命取得胜利，建立了中华人民共和国，开辟了中华民族伟大复兴的光明前景，改变了中国社会的发展方向，中国在社会主义道路上蓬勃发展。

二、教学内容分析

本课上承第17课《国家出路的探索与列强侵略的加剧》，下启第19课《辛亥革命》。教科书主要讲述的是19世纪末20世纪初近代中国发生的重大历史事件，时间跨度为1895—1901年。分为两条线：一条为救亡图存，一条为危机四伏。前两个子目讲救亡图存，后两个子目讲危机四伏，前后逻辑关系清晰。从救亡图存这条线看，甲午中日战争中国战败，中国的半殖民地化程度大大加深。为挽救中国，资产阶级维新派进行戊戌维新运动，主张变革中国的政治制度，学习资本主义制度；农民阶级提出“扶清灭洋”口号，掀起义和团运动。由于特殊的时代背景以及阶级自身的局限，两者没有改变中国半殖民地半封建社会的性质，但是他们所彰显的爱国主义精神永恒。从危机四伏这条线看，19世纪末20世纪初，主要资本主义国家进入帝国主义阶段，急需对外资本输出。借镇压义和团运动，八国联军发动侵华战争以扩大在华利益，并在中国犯下了滔天罪行，逼迫清政府签订《辛丑条约》。《辛丑条约》的签订给中国带来了巨大灾难，清政府成为洋人的朝廷，成为其以华制华的工具，中国完全沦为半殖民地半封建社会，民族危机空前加剧。在民族危机加剧的同时，清政府的统治风雨飘摇，“东南互保”协议加速了清王朝的崩溃。核心概念包括戊戌维新运动、扶清灭洋、半殖民地半封建社会、民族危机、救亡图存等。关键问题主要是天朝的崩溃与近代中国觉醒的关系。

三、教学对象分析

本课教学所面对的是高一学生，此阶段的学生正处于从记忆性学习向理解性学习的过渡时期，在学习初中统编教科书八年级上册时对戊戌变法、义和团运动、八国联军侵华战争等已初步了解，但对资产阶级以及农民阶级的局限性的学习并不深入。经过初中历史的学习，学生已经初步掌握历史学习的方法，但对具体问题的分析能力、史料解读能力、全面辩证分析历史事件影响的能力还有待提高。所以在学习这段历史时，要逐渐深入，循序渐进，特别注重历史学科五大核心素养的培养。

四、教学目标

1.通过对《天演论》等材料的解读，分析戊戌维新运动的背景。分析戊戌维新运动失败的原因和资产阶级维新派自身的局限性。简析戊戌维新运动的进步作用及存在的局限性。

2.通过对“扶清灭洋”口号以及义和团揭帖的解读，分析义和团运动失败的原因，认识农民阶级自身的局限性。通过对《拳乱笔记》等史料的分析，全面客观地评价义和团运动。

3.通过对教科书所附《义和团运动和八国联军侵华战争形势图》的观察，叙述八国联军侵华路线和史实。分析《辛丑条约》的影响，简述中国逐渐沦为半殖民地半封建社会的过程。

4.概括在危亡之际，挽救民族危亡的先进的中国人所做的努力，体会他们身上所体现的爱国主义精神以及民族热情。

五、教学重难点

1.教学重点：戊戌维新运动、义和团运动、八国联军侵华。

2.教学难点：资产阶级维新派和农民阶级的局限性、《辛丑条约》的影响。

六、教学立意与整体思路

以天朝的崩溃和近代中国的觉醒为课魂贯穿整个教学，尤其注重该教学立意的领航作用；以“变”为内在的隐形教学主线展开本课历史学习，清政府朝着土崩瓦解的方向变去，近代中国朝着民族觉醒、近代化方向变去。

在学习近代中国的觉醒——戊戌维新运动时，紧紧围绕“变”字展开，为什么变？是谁要变？有能力变吗？变了什么？变的结果是什么？通过针对“变”

字的研讨学习，学生可以掌握理解戊戌维新运动的背景、内容、结果、失败原因以及影响。学习义和团运动时紧扣它的口号“扶清灭洋”。通过解读该口号进而分析义和团运动的背景、失败的原因以及影响。提出问题“为什么资产阶级维新派和农民阶级的努力没能实现国家的独立?”并出示史料，学生分组合作探究资产阶级与农民阶级的自身局限性；从两者失败的原因中分析其自身的局限性是其失败的重要因素。但要明白，即使失败，这也是先进的中国人充满挫折的觉醒之路。在讲解天朝的崩溃时，将鸦片战争、第二次鸦片战争的内容简单带入，重点学习八国联军侵华的历史史实，小组合作分析《辛丑条约》的影响。“东南互保”协议略讲。

同时注重中外之间的联系、历史与现实的关系。

七、板书设计

第18课 挽救民族危亡的斗争

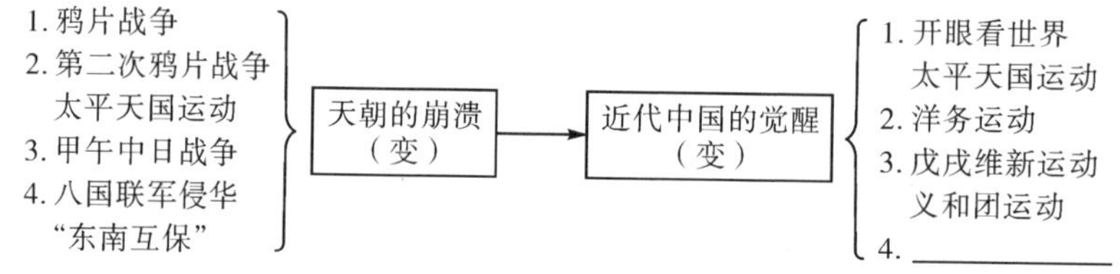

第二部分　课堂实施系统

一、教学活动过程

(一)导入环节

出示《时局图》(图略)以及谭嗣同的诗作。

有 感

谭嗣同

世间无物抵春愁,合向苍冥一哭休。

四万万人齐下泪,天涯何处是神州。

教师:阅读《时局图》以及谭嗣同诗作。甲午中日战争中国战败,签订《马关条约》。不久,列强掀起了瓜分中国的狂潮,偌大的中国被列强瓜分得四分五裂,正如谭嗣同所说:“四万万人齐下泪,天涯何处是神州。”天朝面临崩溃,中国的半殖民地化程度加深,民族危机加剧。面对这样的时局,近代的中国要怎么办?先进的中国人要怎么做才能挽救这样的危局?今天让我们一起学习第18课《挽救民族危亡的斗争》。

◆设计意图

引起学生的思考,提高学生学习历史的积极性,使学生充分地参与到课堂中来,并导入新课。同时,让学生从时代背景角度理解天朝的崩溃与近代中国的觉醒的关系。

(二)新课探究

近代中国的觉醒——戊戌维新运动

教师:面临民族危机时,在不同的历史阶段先进的中国人一直在挽救民族危亡,结合前面所学知识,同学们可以举例说明吗?

学生:鸦片战争后开眼看世界的仁人志士初步提出了向西方学习以求自强的主张;农民阶级发动太平天国运动;地主阶级发起洋务运动。

◇总结与过渡

这些都是近代中国的觉醒之路。甲午战后,时局危急,人心思变。先进的中国人认识到必须做出深层次的改变才能救亡图存。正如梁启超所说:“唤起吾国四千年之大梦,实自甲午一役始也。”[①]金冲及说:“如果用短近的眼光来看,甲午战争对中国似乎只是一场备受屈辱的悲剧;但以更长远的眼光来看,却又是一个新的起点。屈辱迫使人们重新思考,屈辱又催促人们猛醒,发愤图强,从而揭开中国近代历史上新的一页。”[②]那么是谁在危局中猛醒了?

①陈旭麓.近代中国的新陈代谢[M].北京:生活·读书·新知三联书店,2017:143.

②金冲及.二十世纪中国史纲:四卷[M].北京:生活·读书·新知三联书店,2021:12-13.

教师：通过材料1、2看出，是谁在危局中猛醒了？是谁想要改变中国？

材料1：观万国之势，能变则全，不变则亡，全变则强，小变仍亡。

——康有为《上清帝第六书》①

材料2：变者，天下之公理也……变亦变，不变亦变。变而变者，变之权操诸己，可以保国，可以保种，可以保教。

——梁启超《变法通议》②

学生：以康有为、梁启超为代表的资产阶级维新派。

◆设计意图

让学生体会天朝的崩溃与近代中国的觉醒的关系。出示康有为、梁启超的变法言论史料，使学生理解资产阶级维新派面对民族危机所做出的改变，以便自然生成对"天朝的崩溃，近代中国的觉醒"这一教学立意的认识，凸显为了挽救民族危亡，先进的中国人不断学习，改变近代中国的社会性质，实现民族独立，以此提升学生的爱国主义情怀。

教师：为什么以康有为、梁启超为代表的资产阶级维新派在这个时候要改变中国？结合以下材料，概括戊戌维新运动的背景。

材料3：而甲午一战，日本以彻底的西学打败了中国不彻底的西学。这一事实非常雄辩地为西学致强的实效做了证明。在这一特定背景下，日本的榜样被有志于维新改良的人们放大了，洋务运动几十年间陆续出现的变法议论终于一步一步地转化为一场社会运动。③

材料4：甲午中日战争以后……清政府为扩大税源，解决财政危机，放宽对民间办厂的限制。民间出现办厂热潮。到19世纪末，中国民族资本主义有了初步发展……民族资产阶级作为新的政治力量，开始登上历史舞台。④

材料5：物竞天择，适者生存。⑤

学生：戊戌维新变法运动背景可以概括为以下几个方面。

(1)民族危机：甲午中日战争后，民族危机加剧；

(2)经济基础：中国民族资本主义经济的初步发展；

①转引自丁守和.中国近代启蒙思潮(上)[M].北京：社会科学文献出版社，1999：207.

②转引自丁守和.中国近代启蒙思潮(上)[M].北京：社会科学文献出版社，1999：199.

③陈旭麓.近代中国社会的新陈代谢[M].北京：生活·读书·新知三联书店，2017：150.

④普通高中课程标准实验教科书历史必修二[M].北京：人民教育出版社，2007：44.

⑤马勇.盗火者：严复传[M].北京：东方出版社，2015:146.

(3)阶级基础：民族资产阶级力量的壮大；
(4)思想基础：维新思想的宣传与发展；
(5)历史教训：反思洋务运动的弊端；
(6)外部因素：日本的榜样作用。

◆设计意图

让学生根据史料以及所学知识分析戊戌维新运动的背景。遵循论从史出、史论结合的学习原则，培养学生获取信息和解读史料的能力，提升历史思维。

◇总结与过渡

在这样的背景下，近代的中国要想实现独立自主，必须要变。那么，要怎么变才能实现独立呢？我们已经学过洋务派为富国强兵而做的努力，与洋务派相比，维新派要变什么？

学生：资产阶级的维新派想要变革中国的制度，走资本主义道路。

◆设计意图

通过教师追问，引出戊戌维新运动的特点。此处起到承上启下的作用，上承变法的背景，下启戊戌维新运动的特点。

◇总结与过渡

在危亡时刻，以康、梁为代表的资产阶级维新派要变中国的制度，要变祖宗之法，走资本主义道路。这样的变革符合世界发展的潮流吗？当时的中国人会不会接受变法的主张呢？

学生：维新派变革制度的主张符合世界发展的潮流。他们用改良的方式进行变法，借助孔子的影响来宣传变法，将变法的希望寄托于无实权的光绪皇帝。以这样的方式变革，当时的中国人可能会接受。

教师：为什么要采取改良的方式而不是革命的方式？为什么要借助孔子的影响来宣传变法而不是直接变法？

学生：因为当时康有为认为中国人的思想还没彻底解放，革命可能会引起暴乱，自上而下的改良会更好一些。与此同时，孔子在当时中国人心中的地位非常高，这样变法的阻力就很小了。同时这也说明资产阶级维新派的力量小，不敢直接与封建势力做斗争。

◇总结与过渡

通过这样的方式进行变革，会减少变法的阻力。

1895年春，康有为、梁启超联合各省举人联名上书光绪帝，痛陈民族危亡的严峻形势，提出拒和、迁都、练兵、变法的主张，史称“公车上书”，拉开了维新运动的序幕。1898年6月，戊戌维新运动大刀阔斧地展开了……变制度，变经济，变教育，一切朝着资本主义的方向变去……

教师：这场顺应时代发展要求的变法是否改变了中国半殖民地半封建社会的性质？是否实现了民族的独立？

学生：没有改变中国的社会性质，没能实现民族独立，1898年9月，戊戌维新运动失败。

出示《谭嗣同殉难图》（图略，见义务教育教科书八年级上册第31页）以及谭嗣同的名言（出处同上）。

各国变法，无不从流血而成，今中国未闻有因变法流血者，此国所以不昌也。有之，请自嗣同始！

——谭嗣同

教师：这场符合世界发展潮流的变法为什么没能改变中国的社会性质？为什么没能实现民族的独立？是谁在阻挠中国“变”？是谁根本不知“变”为何物？根据材料以及教科书103页“学思之窗”，小组合作加以说明。

◆设计意图

通过出示《谭嗣同殉难图》，让学生明白戊戌维新运动的结果是被扼杀了，同时让学生体会维新人士为了变法所做出的牺牲，增强学生的家国情怀。

◆设计意图

出示史料，化解难点，让学生通过史料来理解戊戌维新运动失败的原因以及资产阶级维新派自身的局限性，同时又培养学生的历史史料分析能力。通过学生合作学习，小组内相互讨论，交流总结，增强学生的团结协作意识，能更加精确地提炼、概括、理解核心概念。

材料6：若从历史的角度来看，康有为能够成就这一番大事业也属偶然。康的团体，即康党，是一个很小的团体，支持者也不多，力量应当说是很小的……戊戌变法之失败，当然是由于慈禧太后的政变，但我仍然能够感到，根据康有为

派的政治力量，按照康有为派的政改方案，若慈禧太后未在八月初六日发动政变，他们似乎也不可能走得很远……①

学生：资产阶级维新派力量很小；寄希望于一个没有实权的皇帝；以慈禧为代表的封建顽固势力强；群众基础薄弱；维新派的改革方案不成熟，对袁世凯和帝国主义列强抱有不切实际的幻想。

教师：这其实也是资产阶级维新派自身的局限性，由于民族资本主义经济发展不充分，资产阶级力量小，所以在变法的过程中就表现出了软弱和妥协。变法失败了，说明资产阶级改良派的道路在中国行不通。那是不是意味着戊戌维新运动就一无是处？

学生：不是。戊戌维新运动是一场救亡图存的爱国政治运动；是一次思想启蒙运动；推动了中国民族资本主义的发展；传播了新思想；提倡了文明生活方式；激发了人们的爱国思想和民族意识；推动了中国的近代化进程。

教师：所以我们要用唯物史观客观评价戊戌维新运动。这场运动对中国的影响非常深远。它虽然没能改变中国的社会性质，没能实现民族的独立，但却大大解放了人们的思想。

◇总结与过渡

甲午一战，不仅让知识分子猛醒，也同样惊醒了社会底层的农民阶级。为救亡图存，农民阶级掀起了义和团运动。

近代中国的觉醒——义和团运动

指导学生阅读教科书并出示义和团揭帖图片（图略，见教科书第103页）。

学生思考：义和团运动能不能救中国？能不能改变中国？

学生：不能救中国，因为义和团提出的口号是“扶清灭洋”，清政府的统治已经江河日下，而且

◆**设计意图**

通过问题引出对“扶清灭洋”口号的评价，进而指出义和团运动不能救中国的原因。

①茅海建.从甲午到戊戌:康有为《我史》鉴注[M].北京：生活·读书·新知三联书店，2009:24-25.

向西方学习是救中国的办法之一,如果否定西方的一切,怎么救中国?

学生:不能救中国,义和团运动的成员大多为农民阶级,比较松散,不好管理。所以从长远来看,义和团运动不能改变中国的社会性质,不能完成反帝反封建的革命任务。

教师:“灭洋”这个口号表达了中国人民反对帝国主义侵略的爱国主义精神,但义和团对洋人、轮船以及铁路等统统排斥,具有盲目排外的片面性。义和团带有迷信色彩,这些都反映出了农民阶级自身的阶级局限性。由于义和团对清政府的阶级本质缺乏认识,再加上自身的局限,义和团运动最终在中外势力的联合绞杀下失败了。虽然这场挽救民族危亡的运动失败了,但是它却在中国历史上留下了光辉的一页,我们如何看待义和团运动呢?

材料7:无论欧美日本各国,皆无此脑力与兵力可以统治此天下生灵四分之一……故瓜分一事,实为下策。

——[德]瓦德西《拳乱笔记》①

材料8:我们不能因为它是爱国行动就不指出那些消极落后甚至愚昧荒唐的东西,正如不能因为它存在那些消极落后的方面便不敢肯定它是一场反帝爱国运动一样。②

学生:它是爱国运动,但没有成功。

教师:义和团运动是农民阶级领导的一场反对外来侵略的斗争,具有强烈的爱国主义精神。由于农民阶级自身的局限,这场运动并没有改变近代中国半殖民地的社会性质,所以我们要辩证看待义和团运动。

◇总结与过渡

义和团运动在直隶和京津地区的迅猛发展引起了外国列强的恐慌。1900年,英、美、日、俄、法、德、意、奥匈八国组织联军侵入中国。八国联军为什么要侵华?他们在中国都做了什么?清政府对此是何态度?

①转引自中国近代史资料丛刊·义和团(三)[M].上海:上海人民出版社,1957:87.

②金冲及.二十世纪中国史纲[M].北京:生活·读书·新知三联书店,2021:38-39.

天朝的崩溃——八国联军侵华与《辛丑条约》

学生：因为这一时期，列强进入帝国主义阶段，迫切需要更为广阔的市场和资本输出场所。义和团运动损害了列强的利益，列强镇压义和团运动从根本上还是为了扩大侵华利益。

教师：阅读教科书，了解八国联军在中国都犯下了哪些罪行。

◆设计意图

通过阅读教科书，学生了解八国联军在中国犯下了滔天罪行，严重损害了中国人民的利益。

教师：根据《辛丑条约》签订现场图（图略，见教科书第112页）回答，清政府对八国联军侵华是何态度？

学生：慈禧带着光绪皇帝仓皇出逃，后镇压义和团运动，接受了不平等条约《辛丑条约》，以此暂时结束危机。

◆设计意图

通过分析《辛丑条约》的内容以及东南互保事件，让学生理解天朝的崩溃，清政府成为洋人的朝廷，中国彻底沦为半殖民地社会。

教师：《辛丑条约》的签订，给近代的中国带来巨大灾难。小组合作讨论《辛丑条约》，逐条分析它给中国带来的危害。

学生：它是中国近代史上主权丧失最严重、赔款数目最庞大的不平等条约。巨额赔款，加剧了中国的贫困和经济的衰败；军队驻扎，严重破坏了中国的主权完整；设立“使馆界”，实际上成为“国中之国”；清政府承诺永远禁止中国人民成立或加入反帝组织，这表明清政府成为洋人的朝廷。《辛丑条约》的签订，使中国彻底沦为半殖民地半封建社会，民族危机全面加深。

◆设计意图

历史与现实有着紧密的联系，看历史问题要有现实的关照，看现实问题要有历史的眼光。面对民族危机的加剧，为挽救民族危亡，先进的中国人不畏艰难险阻，将国家命运的改变视为己任，努力追求自由、平等、公正，体现了强烈的爱国主义精神。

教师：正当清政府面对“外患”八国联军一筹莫展之时，地方政府也在悄然脱离清政府的控制，出现了“东南互保”。清政府的统治在内忧外患下即将土崩瓦解，天朝即将走向崩溃。

◇总结与过渡

历史与现实有着紧密的联系，面对民族危机，先进的中国人掀起一场又一场救亡图存运动，不断追求自由、平等，一直在为中华民族的伟大复兴而奋斗，这样的爱国情怀、爱国精神是我们民族的宝贵财富。

二、本课小结

近代的中国，危机与觉醒并存。在崩溃中觉醒，在觉醒中不断前行，这是近代中国走向世界的挫折，这是大国崛起的艰难之路。面对严峻的危局，中国人要怎么做才能挽救这样的局面呢？近代的中国该何去何从？我们将在以后的历史学习中求知。

第三部分　课后评价系统

一、教学评价

根据《普通高中历史课程标准（2017年版2020年修订）》课程内容要求及学业质量水平的描述，将学生在完成本课学习后的学业成就表现划分为4级水平。

水平1：能够梳理戊戌维新运动、义和团运动、八国联军侵华以及《辛丑条约》签订的史实。

水平2：能够客观全面评价戊戌维新运动的进步作用及存在的局限性、义和团运动的“扶清灭洋”口号；分析《辛丑条约》的签订所带来的危害；说明资产阶级与农民阶级自身的局限性。

水平3：能够认识第二次工业革命与甲午中日战争以及八国联军侵华之间的内在联系；能够认识甲午中日战争与戊戌维新运动以及义和团运动之间的因果联系；能够说明中国逐渐沦为半殖民地社会的过程与中华民族觉醒的程度越来越深之间的密切关系。

水平4:能够运用社会存在决定社会意识的理论将戊戌维新运动、义和团运动以及八国联军侵华等相关史实放到当时的社会背景中加以分析。理解中外历史事件之间的因果联系,说明西方资本主义对中国的冲击,以及中国对此所做出的回应。感受中国人为挽救民族危亡,探索救国救民出路的爱国情怀。

二、本节学业质量水平检测

恩格斯说:“没有哪一次巨大的历史灾难不是以历史的进步为补偿的。”美国学者费正清针对近代中国社会提出了“冲击—反应”模式。他认为从19世纪中期开始,西方的冲击促使近代中国发生剧烈变化。有人据此图示中国近代历史变迁(见下图)。(本题改编自2012年全国二卷文综试卷第41题。)

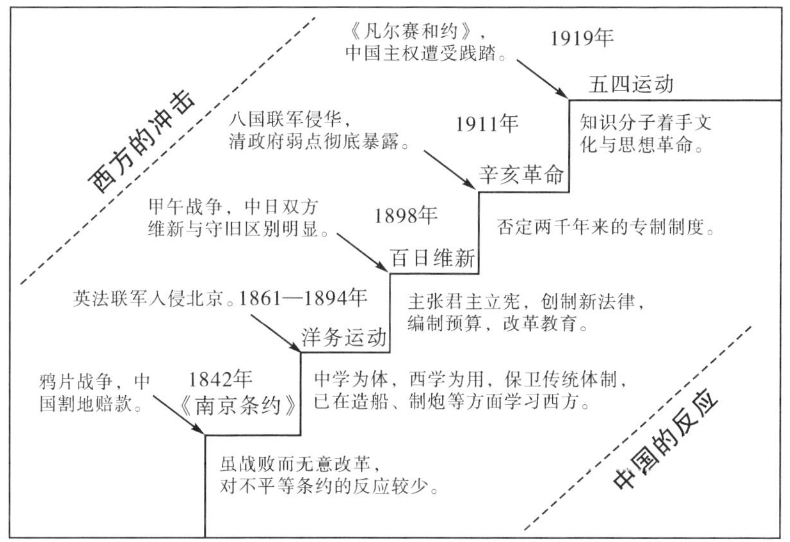

根据材料并结合所学中国近代史知识,自拟一个论题,并就所拟的论题进行阐述。(要求:观点明确,史实准确,论证充分,表述清晰。)

[答案示例]

论题:近代中国的觉醒之路。

论述:鸦片战争中国战败,签订《南京条约》,中国开始沦为半殖民地半封建社会。林则徐、魏源是近代中国最早开眼看世界的人,提出“师夷长技以制夷”,对国人的思想具有启迪作用。农民阶级发动太平天国运动。第二次鸦片战争,中国的半殖民地化程度加深,地主阶级洋务派开展以中体西用为指导思想的洋务运动,学习西方的技术,这是中国近代化的开端。甲午中日战争,中国的半殖民地化程度大大加深，同时推动了鸦片战争以来中国民族意识的觉醒。为了救亡图存，资产阶级维新派掀起了维新变法运动，主张学习西方的资本主义制度。八国联军侵华，签订《辛丑条约》，中国完全沦为半殖民地半封建社会。资产阶级革命派领导了辛亥革命，推翻了清政府的统治，结束了中国两千多年的封建帝制，使民主共和观念深入人心。新文化运动提倡民主与科学，大大解放了人们的思想。

综上所述：中国向西方学习的过程经历了一个由技术到制度最后到思想文化的发展历程，中华民族不断觉醒。

三、教学设计特点与反思

本课以建构主义理论为指导，以学生为中心，以“情景—探究—感悟”教学模式为学习方式，以课标为依据，以教科书为重要依托，突出教学立意，基于大单元和大概念整体教学进行设计，小组合作探究，助力深度学习，注重发挥历史学科以古鉴今的功能，注重历史学科核心素养的培养。

教学立意的定位对于增强教学效果有着至关重要的作用，本课以“天朝的崩溃，近代中国的觉醒”为教学立意，以问题为中心，利用多媒体，创设情境，循序渐进，激发学生对本课的学习兴趣，引起学生的情感共鸣。问题链的设置关乎整个教学过程是否有深度、有宽度、有广度，注重关键问题的引领作用。因“天朝的崩溃，近代中国的觉醒”均与世界的发展有关，故注重中国与世界的关系，逻辑性比较强。因历史与现实有密切关系，所以本课历史教学非常关注历史与现实的联系。本课教学设计有许多不足之处，材料运用较多，对具体的历史概念的解释还不够透彻。

第六单元

辛亥革命与中华民国的建立

单元设计

一、单元概述

本单元有两个学习要点：一是了解孙中山三民主义的基本内容，理解辛亥革命的意义；二是探讨新文化运动是如何开展起来的，以及其对近代中国思想解放所产生的影响。

本单元包括第19课《辛亥革命》和第20课《北洋军阀统治时期的政治、经济与文化》两课，所述内容在中国近代史的发展历程中占有重要地位。这两课按照时间线索展开，构成紧密的逻辑关系，需综合起来加以理解。第19课讲述资产阶级民主革命的兴起、武昌起义与中华民国的建立，以及辛亥革命的历史意义，主要勾画辛亥革命发生的过程，并分析其历史意义。第20课讲述中华民国建立后在政治、经济与文化各方面的表现，要注重说明中华民国建立后，未能在短时间里重建社会秩序，带来一系列混乱。

二、总体目标

本单元的学习目标在于能够准确解释辛亥革命推翻清王朝、结束中国两千多年的君主专制制度、建立起共和政体等多方面的历史意义，并说明中华民国建立后却未能在短时间里重建社会秩序，带来一系列混乱的原因。学习这段历史，既需要以长时段的时空观进行把握，也需要立足于世界近代史的时空背景

加以审视,不断增强时空意识和扩大国际视野。具体学习目标如下:

1.说出武昌起义、军阀混战等重要事件发生的时空范围。

2.叙述三民主义的内容,分析其对辛亥革命的指导意义。

3.说明新文化运动的时代背景,解释新文化运动者的思想诉求;辩证分析辛亥革命的结果,感受革命者追求民族独立、民主政治的家国情怀。

4.通过史料研读,分析民国初年经济、社会生活、思想文化的表现,同时通过合作探究理解经济、思想文化及政治生活的相互影响,全面地、辩证地看待问题。

三、教学策略

1.改变由教师逐一讲解知识的传统方式,充分调动学生的学习积极性和主动性,引导学生自主地开展学习活动。

2.对于教科书的内容及要探讨的历史问题,教师可组织学生阅读思考和梳理概括,提高学生的独立思考能力。

3.注重梳理历史发展的基本线索和主要阶段,引导学生运用历史唯物主义的基本立场、观点、方法,在历史时空框架下把握重要的历史事件、历史人物和历史现象,理解历史进程中的变化与延续、继承与发展、原因与结果,构建历史发展的前后联系,认识历史发展的总体趋势。

四、活动建议

1.由于本单元所涉及的辛亥革命与中华民国的建立,在内容上呈现出明显的历史因果关系,因此,教师在教学中应将这两课置于单元整体框架下分别进行设计。注重梳理从辛亥革命到中华民国的建立这段历史的基本线索,从整体上把握中国近代史上这一重大历史转折。

2.这两课涉及的历史事件、历史人物众多,但教科书的篇幅有限,因此在开展教学时,教师可通过补充相关必要史实,对所涉及的重要历史事件、历史人物进行多角度的讲解,助力学生理解核心概念。

3.这两课涉及的重要文献资料较多,也容易查找,教师可以将其与教科书中材料相结合来设计情境问题进行历史分析,提升学生唯物史观、史料实证、历史解释等核心素养。

五、评价检测要点

资产阶级民主革命的兴起;武昌起义与中华民国的建立;辛亥革命的历史意义;袁世凯复辟帝制与护国战争;北洋时期的军阀割据;民国初年经济、社会生活的新气象;新文化运动的开展。

第19课 辛亥革命

唐志刚[①]

第一部分 课前预设系统

一、课标解读

本课课标的内容要求:了解孙中山三民主义的基本内容,理解辛亥革命与中华民国建立对中国结束帝制、建立民国的意义及局限性。此要求通过“了解”“理解”两个行为动词描述了本课高中学生历史学习的基本内容及学习行为认知的程度。这与《义务教育历史课程标准(2022年版)》内容要求“通过了解孙中山等民主革命先行者早年的革命活动、武昌起义及中华民国成立的史事,认识辛亥革命的历史意义及局限性”[②]相比来看,内容要求更系统化、综合化、理论化,认知要求更高、更有深度,学习要求更侧重于对辛亥革命的分析和评价。

二、教学内容分析

本课主要包括“资产阶级民主革命的兴起、武昌起义与中华民国的建立、辛亥革命的历史意义”三个子目,按照时间线索分别叙述了辛亥革命发生的重大历史背景、主要过程以及重要影响,三者形成层层递进的因果关系。教科书紧

①作者简介:唐志刚,中学高级教师,赤峰市教育科学研究中心历史教研员。

②义务教育历史课程标准(2022年版)[M].北京:北京师范大学出版社,2022:19.

紧围绕关键问题"辛亥革命对中国结束帝制、建立民国的意义及局限性",重点阐述两方面内容:一是辛亥革命爆发前复杂的国内外形势;二是辛亥革命期间发生的重大事件及其所具有的重要历史意义。教科书中涉及到的核心概念有:中国同盟会、三民主义、清末"新政"和预备立宪、保路运动、武昌起义、中华民国、南京临时政府、南北议和、《中华民国临时约法》、辛亥革命等。

三、教学对象分析

本课内容在教育部组织编写的初中统编教科书中国历史八年级上册第三单元《资产阶级民主革命与中华民国的建立》中有很详细的介绍,分别为第8课《革命先行者孙中山》(包括"孙中山早年的革命活动""同盟会与三民主义"两个子目)、第9课《辛亥革命》(包括"革命志士的奋斗""武昌起义"两个子目)、第10课《中华民国的创建》(包括"中华民国的建立""袁世凯窃取革命果实""《中华民国临时约法》"三个子目)。经过初中学习,学生对辛亥革命与中华民国的建立已经有了基本的了解和认知。但是,由于初中、高中学生历史思维发展的阶段性特点不同,前者更侧重于发展历史形象思维,后者则更侧重于向历史逻辑思维、创造性思维、灵感思维等方面发展。因此,高中学生在此基础上的学习,除了要整体性、系统化、结构化地掌握高中统编教科书叙述的历史内容外,还要能够借助一些典型材料深入理解辛亥革命发生的历史背景及其影响,以利于历史思维和学科核心素养的不断提高。

四、教学目标

1. 通过进入创设的19世纪末20世纪初中国的历史时空场景,分析当时人们所处的历史环境和所面临的主要社会问题,比较全面、深入地阐释辛亥革命发生的重大历史背景。

2. 根据教科书中相关内容和材料,能够按照时间线索叙述辛亥革命发生的简要过程,能够说明武昌起义、民国建立、清帝退位、《中华民国临时约法》颁布等重大历史事件的意义,并揭示出南北议和的复杂原因。

3. 通过分析相关历史材料和问题,解释辛亥革命对中国结束帝制、建立民国的意义及历史局限性,并说明其局限性是因受自身阶级属性、时代环境等因素制约而形成的,从而全面、准确地评述辛亥革命的影响。

4.通过对辛亥革命发生背景和发展过程的深度学习，能够表现出对辛亥革命的理性反思，能够深刻地体会孙中山等先进人士的爱国精神、革命精神和创新精神等，感悟先辈们追求民主、共和、自由、平等、法治的人文精神和家国情怀。

五、教学重难点

1.教学重点：辛亥革命发生的历史背景；武昌起义与中华民国建立。

2.教学难点：南北议和；《中华民国临时约法》；辛亥革命的历史意义和局限性。

六、教学立意与整体思路

根据对课标要求、教科书内容和学情等的分析，学生学习本课要聚焦关键问题“辛亥革命所具有的重大历史转折意义和局限性”，通过深入理解本课的重点内容和核心概念，准确地解释这个关键问题。学习辛亥革命要将其放在世界近代史的“边框底纹”之下来看待，要从长时段、宽视角、远距离来进行把握和理解。为此，本课教学设计以“帝制终结，旧邦新造”为立意（主旨），从“帝制终结、追根溯源、旧邦新造、迭代追思”等四个环节，来回答1911年中国武昌这一时空下“发生了什么样的大事——为什么会发生此大事——这大事是如何发生的——它给后世留下了什么”等一连串的问题。

◆设计意图

通过板书设计建构本课宏观框架，重构本课知识结构，解构本课的立意（主旨）。在引导学生回顾本课要旨的同时，回答1911年中国的武昌“发生了什么大事—为什么会发生—如何发生的—留下了什么”这一问题链。这样，既能帮助学生理清所学历史事件发展的逻辑思路，又能从宏大的视角构建知识框架，从而培养学生重构历史知识的逻辑思维能力和创新能力。

七、板书设计

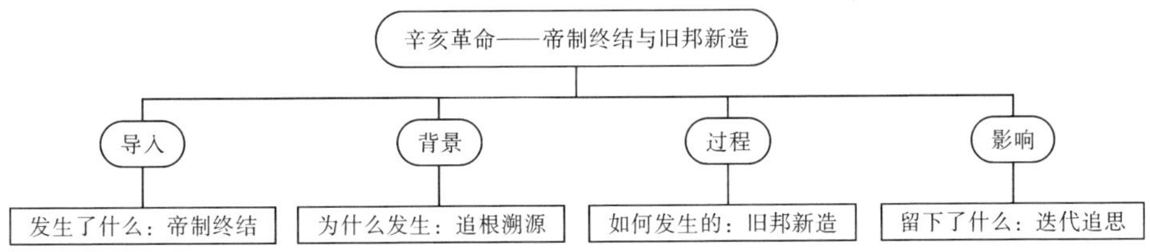

第二部分　课堂实施系统

一、教学活动过程

(一)导入环节

材料1:1912年2月12日,紫禁城从睡梦中醒来。这是一个平凡的日子,但对两千多年帝制统治的中国来说,却是一个不平凡的日子;对统治中国二百六十八年的清皇室来说,更是一个不平凡的日子。[①]

教师:为什么材料中会说1912年2月12日"是一个不平凡的日子"?

学生:据材料1及所学可知,这一天宣告了统治中国二百六十多年的清王朝结束,两千多年的封建君主专制制度被终结,即"帝制终结",自此中国社会的发展方向转向民主、共和,即"旧邦新造"。所以说1912年2月12日"是一个不平凡的日子"。

◆**设计意图**

通过选取一段学术材料设置情境问题来导入新课。问题设置的目的是让学生通过回顾初中所学的相关历史知识来获取必要的历史事实:辛亥革命推翻帝制、建立民国。这既有利于初中、高中教学的有效衔接,同时又能够将学生拉回到那个时空场景,感受历史的脉动。教师对后面问题的追问,既能够激发学生的问题意识和探究兴趣,又可以使学生的历史学习自然地过渡到下一环节。

◇总结与过渡

"帝制终结,旧邦新造"是对辛亥革命所取得巨大成就的高度抽象概括。从1911年10月10日武昌起义开始到1912年2月12日宣统皇帝宣布退位,只有短短四个月的时间,是什么原因造成清王朝如此迅速的解体?谁又是帝制的终结者呢?带着这个问题,今天我们一起学习辛亥革命是如何"终结帝制,旧邦新造"的?它为什么会发生?是如何发生的?它给后世留下了什么?

①卜宪群.中国通史5:明清[M].北京:华夏出版社;合肥:安徽教育出版社,2016:445.

(二)背景环节——为什么发生:追根溯源

1. 民族危机加剧与时局的演变

材料2:自西力东侵,而中国人遭遇到旷古未有的变局。值旷古未有的变局,自必有非常的手段,然后足以应付之,此等手段,自非本来执掌政权的阶级所有,然则新机从何处发生呢?其(一)起自中等阶级,以旧有的文化为根柢的,是为戊戌维新。其(二)以流传于下级社会中固有的革命思想为渊源,采取西洋文化,而建立成一种方案的,则为辛亥革命……外力的冯陵,实为清季国民最关心的事项。清朝对于疆土的侵削,权利的丧失,既皆熟视而无可如何,且有许多自作孽的事情,以引进外力的深入。国民对于清政府,遂更无希望,且觉难于容忍。在庚子以前,还希冀清朝变法图强的,至庚子以后,则更无此念,激烈的主张革命,平和的也主张立宪,所要改革的,不是政务而是政体了。革命的领导者孙中山先生,是生于中国的南部,能承袭明季以来的民族革命思想,且能接受西方的民治主义的。[①]

教师:结合所学知识,阐释材料2所说"中国人遭遇到旷古未有的变局"的含义。

学生:据材料2和所学内容可知,随着近代以来西方列强的侵略,边疆不断出现危机,中国面临"数千年未有之大变局",中国的独立、主权和领土完整受到了严重侵犯,从一个独立的封建社会逐渐沦为半殖民地半封建社会,民族危机日益加深。

教师:面对"旷古未有的变局",庚子(1900年)以前,社会各阶级为挽救危局都做了哪些努力?

学生:洪秀全发动太平天国运动,试图推翻清朝,建立"地上天国";继而,清政府推行洋务新政,试图解决国弱民贫问题;甲午战后,民族危机不断加剧,维新派掀起了旨在救亡图存的戊戌维新运动;反帝爱国的义和团运动也在这一时期不断走向高涨。但是,这些努力都未能挽救国家落后挨打的局面,均以失败告终。

教师:庚子(1900年)以后,中国的"危局"又有何突出变化呢?

学生:《辛丑条约》的签订,标志着中国完全陷入半殖民地半封建社会的深渊,中国半殖民地半封建社会完全形成,中国的民族危机全面加深。

教师:材料2叙述了在庚子前后,国民对清政府的态度发生了巨大变化。请简

---

①吕思勉.中国通史[M].上海:上海人民出版社,2014:446-449.

要分析这种变化的原因及其实质。

学生：面对国家领土、主权等不断丧失，清政府无能为力，外国侵略势力不断地深入中国，中国民族危机日益加深，尤其是签订《辛丑条约》后，民族危机全面加深。对这样无能的政府，国民自然不抱有任何的希望，纷纷反抗其腐败统治。

◇总结与过渡

民族危机的日益加深，是近代中国最深刻的时空"烙印"和"边框底纹"。人心向背是任何阶级获得政权或其政府得以合法存在的强大基石。面对中国时局的深刻变化，清政府为挽救统治危机、争取人心又采取了什么方式来应对呢？

2."新政"与"宪政"，"失心"和"离心"

学生：清政府还是采取类似洋务运动那样的改革方式，即通过"新政"进行"自救"和实行预备立宪。

(1)"新政"，走向预想的反面

材料3：1901年1月，西太后在西安发出新政上谕时表示："世有万古不变之常经，无一成不变之治法……盖不易者三纲五常，昭然如日星之照世。而可变者令甲令乙，不妨如琴瑟之改弦。"①

教师："新政"还是搞洋务运动那样的"政务改革"，而非"政体改革"。

阅读材料3及教科书相关的正文内容、历史纵横"清末新政内容"、《奏定学堂章程》等图文材料(略，见教科书108页)，结合史实，简要分析"新政"的影响。

学生："新政"是清政府为挽救封建统治危机进行的"自救"，主要在官制、军事、商业、教育等方面进行了一系列改革，比戊戌维新时期所颁布的措施更为广泛深入，这在一定程度上推动了中国社会的发展。例如，倡导创办工商企业和奖励实业等，客观上促进了民族资本主义发展和资产阶级壮大，为革命的爆发奠定了经济基础和阶级基础；废科举、办学堂、建学制等教育改革，培养了人才，客观上有利于中国教育的近代化。由于"新政"的主要目的是维护封建统治，政权

①朱汉国．普通高中课程标准实验教科书教师教学用书 历史 必修 第二册[M]．北京：人民出版社，2009：65.

又掌握在极端腐败的权贵手中，清政府不可能为中国找到真正的出路。这使得越来越多的人认识到，只有推翻这个政府，中国才有希望。

◇总结与过渡

通过“新政”更多人认清了清政府的本质，这从客观上促进了人民的觉醒。它的实施又出乎统治者的预设，没有达到“向心”的目标，却出现了“离心”的情形，走向了预想的反面。新政前期，清政府在政治改革方面并未涉及君主立宪政体，有意识地回避了政治改革中最核心的问题——政体改革。随着革命运动的不断高涨和资产阶级立宪派对宪政的奔走号呼，“新政”后期，清政府在政治改革方面必然历史性地走向纵深发展，尝试进行政体改革。

(2)“立宪”，引起立宪派离心

材料4：君上大权

一、大清皇帝统治大清帝国，万世一系，永永尊戴。

二、君上神圣尊严，不可侵犯。

——《钦定宪法大纲》(1908年8月)[①]

教师：根据材料4及教科书内容，结合史实，对预备立宪进行简要分析评价。

学生：清政府在革命运动高涨之际，宣布预备立宪是迫于压力而非主动进行；采取“预备”形式、不立即制定宪法、不速开国会是故意拖延而非真心实意进行；《钦定宪法大纲》规定“君上大权”是为维护君主专制而非为实行民主；组织“皇族内阁”是为维护贵族的统治地位而非为实现政治平等。这一切表明了清政府立宪的本质只不过是为维护君主专制的统治。因此，不少立宪派人士在立宪运动中逐渐认识到清政府实无诚意推行立宪，转而支持革命。

教师：革命运动高涨之际，亦是清朝统治危机加剧之时。面对中国时局的这种急剧变化，清政府意图通过预备立宪的策略来争取立宪派的支持，达到“聚心”的目的。但未曾想到这无诚意的立宪，又引起了立宪派的离心，这就为资产阶级民主革命准备了一些条件。

①转引自周靖．中学历史文献读本[M]．上海：复旦大学出版社，2016：158.

◇总结与过渡

预备立宪是"新政"的继续和深入，二者构成了整个清末新政(1901—1911)的两个不同阶段。这两个事件出乎统治者的预设，在不知不觉中走向巩固封建专制统治的反面，使越来越多的人认识到只有推翻这个极端腐败的政府，中国才有希望。清政府被推翻，是时代的必然，是历史的逻辑，更是人民的选择。

随着民族危机的日益加深，资产阶级维新派与革命派几乎同时登上历史舞台。戊戌维新运动失败以后，资产阶级改造国家的重任悄然地由维新派转向革命派，资产阶级内部发生着改造国家的思维和方式的新陈代谢，用革命的思想和方式改造国家逐渐成为时代的主流、革命党人的选择。

3. 革命的思想和组织，"向心"与"聚心"

(1)邹容与《革命军》

教师：阅读本课导语及《革命军》书影等图文材料(材料略，见教科书108页)，概括《革命军》出版的历史作用。

学生：《革命军》广泛传播了资产阶级民主革命思想，成为引导仁人志士走上革命道路的明灯。

◇总结与过渡

《革命军》(1903年)等革命书刊的出版，促进民主革命思想广泛传播，这在一定程度上为将要到来的资产阶级革命做了思想、舆论准备。这也反映出当时用革命手段推翻清朝统治的爱国救亡思潮已经成为时代的主旋律，使有志青年"心向往之"。实际上，在这之前，孙中山先生已经从改良道路走上革命道路，而且他首先举起了反清革命的旗帜。

(2)孙中山——从改良到革命

教师：根据材料2及教科书内容，简要分析孙中山从改良转变到革命的原因。

学生：孙中山出身农民家庭，深受明末以来的民族革命思想的影响；他先后在檀香山、广州、香港等地比较系统地接受了西式的近代教育，深受西方民主思想的熏陶；在甲午中日战争爆发后，民族危机不断加剧，清政府腐败无能日益暴露，他深知改良道路不能挽救国家，1894年11月在檀香山组织革命团体兴中会，走上了革命道路。个人的出身、经历及成长环境，还有时代变局等，是他首先举起反清革命旗帜的重要原因。

(3)同盟会和三民主义

材料5：一九○五年夏，孙中山自欧洲到达日本……他说："此一省欲起事，彼一省亦欲起事，不相联络，各自号召，终必成秦末二十余国之争……故现今之主义，总以互相联络为要。"①

教师：根据材料5并结合教科书，概括指出孙中山等革命党人将要建立什么组织来实现其"互相联络"的诉求，并简要评述其影响。

学生：1905年8月20日，孙中山与黄兴等人在日本东京创建全国性的资产阶级革命政党中国同盟会。同盟会的成立，使革命有了统一领导的全国性资产阶级政党；选举孙中山为总理，使革命有了公认的领袖；提出同盟会的政治纲领，使革命有了共同的奋斗目标；决定创办机关报《民报》，使革命有了宣传思想的阵地；孙中山在《民报》发刊词中首次提出"三民主义"，使革命有了系统化、理论化的核心指导思想，为革命奠定了思想基础。总之，中国同盟会的成立，有力促进了革命运动的发展，为革命奠定了组织基础。

教师：阅读教科书109页"学思之窗"栏目，简要分析三民主义的积极意义及局限。

学生：三民主义是中国近代历史上第一个比较完整的资产阶级民主主义革命纲领。它反映了中国人民要求民族独立和民主权利的共同愿望，在动员和组织群众推翻清朝封建统治、建立共和国的斗争中，起到了巨大作用。但是，这个纲领又具有时代和阶级的局限性。它没有提出明确的反帝口号，反对封建土义也不彻底，尤其是没有着眼于解决农民的土地问题。

◇总结与过渡

同盟会的成立标志着中国资产阶级民主革命进入一个新阶段，但它并不是一个组织严密又能依靠广大群众的革命政党。三民主义是对同盟会纲领的阐释和概括，是对纲领系统化和理论化的结果，是革命的指导思想，但它不是一个科学的革命纲领。可是，在当时的中国，同盟会和三民主义就像一块具有极强吸引力的磁铁一样，吸引着一些革命党人为之"向心"与"聚心"，这就有力地促进了革命运动的发展。

①林增平．中国近代史[M]．长沙：湖南师范大学出版社，2018：592.

(4)反清武装起义,实践基础

教师:根据教科书内容,简要概括同盟会成立是如何有力地促进革命运动发展的。

学生:在理论上,继续宣传革命的理论和主张,扩大其舆论影响。在革命实践上,组织多次反清武装起义,给清政府以沉重打击,例如1911年4月广州黄花岗起义。

教师:阅读教科书109页"史料阅读"栏目,说一说《与妻书》体现了革命党人哪种精神。

学生:大无畏的牺牲精神。

◇总结与过渡

我们今天阅读林觉民在一百一十多年前所写的绝笔《与妻书》,依然能感受到字里行间充溢着革命者的家国情怀,表现了革命者视死如归的英雄气概和献身革命的坚定决心。以他为代表的革命党人参加革命是为"大家"(天下人)而不惜舍"小家"(吾身与汝身),是为国家、民族、人民谋幸福。这集中体现了革命党人大无畏的革命主义精神和勇于担当的爱国主义精神,这种跨越时空的、无私的"大爱"是永恒的"真爱"!

爱国主义的革命精神具有极大的"向心力"和"聚心力",激励着革命党人前仆后继参加反清武装起义;而这些武装起义,又加快了革命高潮的到来,促成革命时机走向成熟,为辛亥革命奠定了实践基础。

有学者说,一场革命需要三个条件——意识形态、组织及机会。那么,什么事件为1911年的中国提供了绝佳的"革命时机"呢?

4. 保路运动,革命时机走向成熟

材料6:1907年12月19日《中外日报》刊登的一幅揭露清政府出卖铁路主权的宣传画。①

①卜宪群.中国通史5:明清(大字本)[M].北京:华夏出版社;合肥:安徽教育出版社,2017:440.

揭露清政府出卖铁路主权的宣传画

教师:根据材料6和教科书110页的相关内容,简要概括保路运动及其影响。

学生:清政府实行“铁路国有”政策,将川汉、粤汉铁路收归“国有”,随即向列强出卖了国家主权,激起粤、鄂、湘、川等省人民的强烈愤慨,引发保路运动。四川保路运动发展成为武装起义后,清政府抽调部分湖北新军入川镇压,造成湖北兵力空虚,革命党人决定在武昌发动起义。保路运动成为辛亥革命爆发的导火索。

◇总结与过渡

四川保路运动引起各阶层纷纷反对,人民对清政府进一步“离心”,这在客观上有利于革命时机走向成熟。

根据以上的分析,请同学们归纳总结辛亥革命发生的原因。

学生:(1)民族危机日益加深;(2)清政府腐败无能,使社会矛盾不断激化;(3)清末“新政”客观上促进了民族资本主义发展和资产阶级壮大,为革命的爆发奠定了经济基础和阶级基础;(4)国民逐渐觉醒,认清了清政府本质;(5)同盟会建立和三民主义思想提出,为革命奠定了组织基础和思想基础;(6)多次反清武装起义积累了经验,加快了革命高潮的到来,为革命奠定了实践基础;(7)保路运动提供了绝佳时机,使革命时机走向成熟。

◆设计意图

通过分析以上所精选的各种图文材料及所设计的情境问题,从多个视角聚焦清朝被推翻前夕的内外形势和各种力量的演变,透视当时的时局、时机、时运的走向及人心向背的变化,从而使学生较为清晰地了解清政府是如何崩溃的。同时将学生带入19世纪末20世纪初中国的时空场景,让其充分体验当时人们所处的历史环境,感受并分析当时所面临的各种社会问题,全面、客观、深入地理解辛亥革命爆发的复杂历史背景,认识革命的爆发是特定时空下多种因素综合作用的必然结果,从而培养学生透过现象揭示本质的能力以及唯物史观、时空观念、史料实证、历史解释、家国情怀等综合性和整体性的学科核心素养。

◇总结与过渡

辛亥革命的发生是特定时空下多种复杂因素综合作用的必然结果。面对国内外时局的不断发展变化，中国社会各阶级采取的应对手段也发生着富有时代特色的变化：在传统的农民起义或统治阶级变法之外，又出现了资产阶级主张的政体改革或民主革命的“非常手段”，这是一种不同于以往的应对方式，体现了近代中国社会的新旧并存和新陈代谢的特点。无疑，辛亥革命这种根本性“变革政体”的“非常手段”是时代和世界潮流影响的必然，是历史的逻辑，更是人民大众的时代选择。

（三）过程环节——如何发生：旧邦新造

1. 武昌起义，各省响应

教师：有学者说，武昌起义“敢为天下先”，有“首义”之功。阅读教科书正文内容及“中华民国临时大总统选举会合影”“辛亥革命形势图”“袁世凯就任临时大总统后与北洋将领合影”等图文资料（图片略，见教科书110、111页），简要概括武昌“首义”之功及其影响。

学生：武昌起义打响了辛亥革命的第一枪，起义军很快控制武汉三镇，并成立湖北军政府，推举黎元洪为都督，不久多省纷纷宣布脱离清政府独立，清朝统治土崩瓦解，这就为一个新的全国政权的成立奠定了基础。

◇总结与过渡

革命党人在起义之前深入湖北新军进行宣传，争取了大部分新军对革命的支持或同情。新军立场“转向”与“向心”革命、参与革命，是武昌起义胜利的重要原因。起义胜利后的短时间内，就有多省宣布独立，各地这种“离心”与“背离”推动了革命形势的进一步发展，成立一个全国性的政权也提上了革命的议程。

2. 民主选举，创建共和

学生活动：自主学习相关内容。

◇总结与过渡

新政权通过“民选”方式产生政府各个权力机构，如选举中华民国临时大总统，这在中国历史上是前所未有的创举。1912年1月1日，南京临时政府的成立与孙中山的宣誓就职，标志着一个新的共和政体的诞生，这是一个不同于清朝专制的民主政权，是以革命派为主体的资产阶级性质政府。中国开始由“帝制”转入“民治”的新时代。

从《辛亥革命形势图》来看，这一南一北，两种不同性质的政权，正隔空“相望”。清政府还没有被彻底推翻，革命中也潜藏着各种危机，新政权将何去何从呢？

3. 南北和议，袁氏当国

教师：阅读教科书内容，简要分析南北和议的原因及结果。

学生：帝国主义国家干涉；袁世凯对革命势力采取武力威胁和诱使和议的两手策略；革命党人急于完成统一，部分人同意和谈；孙中山被迫发表声明。袁世凯施压清政府，成功逼迫清帝退位，当选临时大总统，掌握政权，辛亥革命的成果落到袁世凯的手中。

◇总结与过渡

南北和议的出现有着极为复杂的原因，除了帝国主义的干预与胁迫、北洋军阀首领袁世凯的威胁与诱导等因素以外，还有革命政权内部出现政治分化，立宪派、旧官僚和部分革命党人的施压，临时政府出现严重的财政危机，等等。南北议和最大的受益者袁世凯攫取政权，坐收成果。中国政局看似和谐的局面下暗流涌动，革命潜伏着巨大的隐患。为了防止袁世凯专权，以孙中山为代表的革命派冥思苦想寻找对策，意图用法制的手段维护这得之不易的革命成果。

4."临时约法",用心良苦

教师:根据教科书所列举的宪法内容,简要分析《中华民国临时约法》的影响。

学生:从制定的主要目的来看,虽然"因人立法",但毕竟是用法制方式防止个人专权,是维护民主共和的一种尝试。从制定者来看,由临时参议院制定,体现了法律是多数民意的产物。从其规定的内容来看,规定主权在民,否定了君主专制制度;规定国民一律平等、享有各种自由和权利,否定了封建等级制度和特权;规定三权分立的民主共和政体,从法律上宣告了君主专制制度的灭亡和民主共和政体的确立。从地位和性质来看,它是中国历史上第一部具有资产阶级共和国宪法性质的重要文件。从历史作用和趋势上来看,它实际上确立了责任内阁制,具有反对封建专制制度的进步意义,推动了近代中国民主化的进程。

◆设计意图

充分利用教科书中图文资料来设置历史问题,这样既能使学生重视教科书,又可以示范引导学生如何发现问题及怎样有针对性地研读资料。利用教科书内容设置问题,实际上是与教科书编写者进行"对话",这种"对话"既有利于帮助学生理清历史发展的内在逻辑,又可以培养学生全面获取历史信息能力(包括正面历史信息和另面历史信息等)以及诸多学科核心素养等。从四个方面解构小主题"如何发生:旧邦新造",是为了达到知识结构严整呈现、历史脉络一目了然的目的,这便于学生对历史问题的理解与框架建构。

◇总结与过渡

南京临时政府成立后,颁布了一系列有关政治、经济和社会改革的法令。其中,以《中华民国临时约法》最为重要。它从法律上否定了君主专制,肯定了民主共和,以法制的形式埋葬了帝制,实现了"旧邦新造",是中国法制史上的里程碑。

清朝覆亡,不仅从形式上推翻了一个王朝,而且颠覆了一种古老政体。此后,中国历史的发展一再证明:行君主专制背离人心,求民主共和凝聚人心。清朝的覆亡,不是革命派、立宪派、新军、留学生、百姓等中某一派别或群体的个别历史行为,也不是孙中山、黎元洪、袁世凯等中某一位个别历史人物所致,而是以上这些群体和个体在辛亥革命发生、发展的过程中自觉或不自觉"合力"完成的结果。正是在当时特殊的时空境遇之下,在中国时局剧变、时机成熟、时运更迭等情势斗转之下，清政府迅速走向解体。

辛亥革命除了推翻清朝、结束帝制、建立民国以外，还给我们后人留下了什么呢？

(四)影响环节——留下了什么：迭代追思

材料7：辛亥革命虽然失败了，但它仍有着不可磨灭的历史功绩。它结束了延续了两千余年的君主专制，建立了共和国。它使中国人民在思想上得到一次大解放，使民主观念深入人心。正如林伯渠在1956年纪念孙中山诞辰九十周年大会上的讲话中所说：自辛亥革命以后，"就是民主主义成了正统。过去专制主义是正统，神圣不可侵犯，侵犯了就要杀头。现在民主主义成了正统，同样取得了神圣不可侵犯的地位，侵犯了这个神圣固然未必就要杀头，但为人民所抛弃是没有疑问的。"不仅如此，辛亥革命还解放了清朝专制统治禁锢下的生产力，为民国初年资本主义经济进入较大规模发展的"黄金时代"开辟了道路。①

材料8：但是，革命并不彻底，而且产生了许多不幸的后果，令孙感到沮丧。他的多数追随者仅致力于推翻满人，建立共和国，而很少有人关注民主重建与解决民生这些更重要的任务。当帝国被推翻、民国成立之时，他们认为自己的主要目标已经实现。他们非常渴望和平，因此不顾孙的反对，情愿同袁这种毫无原则的人进行妥协，而孙得不到多数人的支持，更被认为是一个不切实际的理想主义者。至于三民主义，他们完全抛弃了民权主义和民生主义，而只接受了民族主义的部分内容，即反对满洲异族统治的民族主义。他们并未意识到在民国建立后，必须继续进行反对帝国主义的抗争。他们也无视孙中山三阶段的革命方略，而只是乐于同遗老遗少合作，并优待废帝，这些都为以后军阀割据及复辟帝制的企图(1915年袁复辟与1917年张勋复辟)铺平了道路。孙对其政党的失望，正是他放弃临时大总统一职的一个主要原因，他曾这样质问道："没有革命重建，革命总统又有何益？"②

教师：根据材料7、8并结合教科书内容，全面分析辛亥革命的影响。

---

①白寿彝．中国通史19：第11卷近代前编1840—1919(上)[M]．上海：上海人民出版社，2015：254.

②[美]徐中约．中国近代史：第6版[M]．计秋枫等，译．北京：世界图书出版公司北京公司，2008：379.

学生:辛亥革命的性质是近代中国比较完全意义上的反帝反封建的民族民主革命。

历史功绩——它推翻了清王朝统治,结束了中国两千多年的君主专制制度,建立起中国历史上从来不曾有过的共和政体,传播了民主共和理念,推动了中华民族思想解放,促使社会经济、思想文化和社会风俗等方面发生新的变化,冲破了封建主义的藩篱,打击了帝国主义在华势力,为民族资本主义的发展创造了有利条件。

◆设计意图

依据以上两则材料设置问题,能够进一步深化学生对辛亥革命历史意义和局限性的全面认识,培养学生唯物史观、时空观念、史料实证、历史解释等综合素养。

历史局限性——它是不彻底的革命。革命缺乏一个能够提出科学的革命纲领、能够发动广大民众,以及组织严密的革命政党的领导。革命成果被袁世凯窃取。辛亥革命并没有解决近代中国社会的根本矛盾,没有完成民族独立、人民解放的历史任务,也没有改变中国社会的性质。

二、本课小结

辛亥革命在政治方面取得了“帝制终结,旧邦新造”等巨大成就,也促使中国社会经济、思想文化和社会风俗等方面发生新的变化。它为后人留下了宝贵财富:革命党人对民主共和追求的执念、不惜自我牺牲的奉献精神、大无畏的革命主义精神和勇于担当的爱国主义精神等。但是,革命党人囿于历史、时代及自身的束缚,不能完成革命更深层次的历史任务,不能解决近代中国社会的根本问题,革命带有历史局限性。它也为后人留下了深刻的教训:革命党无力透视和把握复杂局势、对帝国主义抱有幼稚的幻想、对封建势力妥协、对广大民众漠视、忽视自身组织和思想建设、对革命同仁疏于团结等。当然,在近代的中国要推翻帝国主义和封建势力的统治,绝不是一两次革命运动就能完成的。

中华民国建立后,未能在较短的时间里重建社会秩序,很快便陷入种种混乱之中。在北洋军阀统治时期,“向心”民主共和的革命党人,

◆设计意图

结语和追思,既可以“回望”课题与导语,契合主旨,做到首尾呼应;又可以链接下一课主题“北洋军阀统治”,为学生的整体单元学习做好铺垫。

同“醉心”专制独裁的遗老遗少，围绕着共和与复辟、民主与专制在中国的大地上继续斗争。中国依然走在“革命的路上”。

第三部分　课后评价系统

一、教学评价

根据《普通高中历史课程标准(2017年版2020年修订)》课程内容要求及学业质量水平的描述，将学生在完成本课学习后的学业成就表现划分为4级水平。

水平1：能够认识到辛亥革命发生是特定的时空下多种因素综合作用的必然结果，其中民族资本主义发展为革命的爆发奠定了经济基础；能够按照时间线索运用恰当的时间和空间表达方式，简要叙述辛亥革命发生的过程；能够依据材料尝试从多种渠道获取信息，解释辛亥革命的历史意义和局限性；能够概述邹容、孙中山、林觉民等人的革命事迹，表现出对其革命行为的认同和欣赏。

水平2：能够利用教科书和补充材料，分析辛亥革命发生前复杂的国内形势，理解空间和环境因素对辛亥革命爆发的重要性；能够运用历史地图和材料对辛亥革命的过程进行概述，增强对革命的认同感；能够根据《中华民国临时约法》的具体内容和材料分析其重要历史意义；在理解材料的基础上，能够在特定的时空框架下分析辛亥革命的影响，并能够在叙述中将史实陈述与历史解释结合起来。

水平3：能够从生产力与生产关系、经济基础与上层建筑的辩证关系来理解辛亥革命发生的原因；能够把握民族危机加剧、清末“新政”、同盟会成立、三民主义提出、反清武装起义、立宪运动、保路运动等相关史事的时空联系，并用特定的时空术语对其加以描述和概括，理解历史事件之间的因果关系；能够认识武昌首义、民国建立、清帝退位、《中华民国临时约法》颁布等重大历史事件的意义；能够选择、组织和运用相关材料并使用相关历史术语，在正确的历史观和方法论的指导下，从不同视角、更全面地解释辛亥革命的影响；能够判明辛亥革命中的各种价值取向，增强对革命的认同感。

水平4:能够将辛亥革命置于民族危机不断加剧与国内时局不断演变等形势下加以认识,综合分析当时中国所面临的主要社会问题,从生产力与生产关系、经济基础与上层建筑的辩证关系来理解本课重大历史事件之间的因果联系;能够将对南北议和与《中华民国临时约法》的分析置于具体的时空框架下,并能选择恰当的时空尺度对其进行分析、综合、比较,在此基础上做出合理的解释;能够恰当地运用材料对辛亥革命的历史意义和局限性做出全面、客观的论述,并能说明其局限性是受自身阶级属性、时代环境等因素的制约;能够在学习过程中深刻感受孙中山等先进人士的爱国精神、革命精神和创新精神等,感悟先辈们追求民主、共和、自由、平等、法治等人文精神和家国情怀,并能表现出对辛亥革命的反思。

二、本节学业质量水平检测

1.课堂作业:教科书"探究与拓展"栏目中的"问题探究"。(略,见教科书112页)

2.课后扩展:开放性试题(原创)

材料9:总理语少白曰:"'革命'二字出于易经汤武革命,顺乎天而应乎人一语,日人称吾党为革命党,意义甚佳,吾党以后即称革命党可也。"按:日人初译英文 Revolution 为"革命",但揆诸易所谓汤武革命之本义,原专指政治变革而言,故曰革其王命,又曰王者易姓曰革命。自译名既定,于是关于政治上或社会上之大变革,咸通称曰革命。今国人遂亦沿用之。①

材料10:"革命"一词的古义是变革天命,最早见于《周易》:"天地革而四时成,汤武革命,顺乎天而应乎人。"日本人在德川幕府末期、明治时期借用汉字旧词"革命"意译西方术语"revolution",后被流亡日本的中国政治家及留学生传回中国。以孙中山为首的革命党人,赋予"革命"以现代意义:"前代为英雄革命,今日为国民革命。所谓国民革命者,一国之人皆有自由、平等、博爱之精神,即皆负革命之责任。"②

◆**设计意图**

为了能在不同时空下检测学生的学业质量情况,设置课堂和课后两种作业形式。由于课型属于高一新授课,所以设置了一道教科书的试题。考虑到部分住校学生不便查找资料的

①冯自由.冯自由回忆录:革命逸史上册[M].北京:东方出版社,2011:9.

②曹大为,赵世瑜.普通高中课程标准实验教科书:历史必修(Ⅰ)政治文明历程[M].长沙:岳麓书社,2004:63.

上述两则材料叙述了“革命”一词的由来。革命古义是指政治政权的更替，今义革命不但包括政治上政权的变更，还包括社会上的大变革。革命也承担使一个国家的人民都享有自由、平等、博爱等精神的责任。请从革命的现代含义的角度，简要说明辛亥革命是成功了，还是失败了。(12分)

实际情况，课后拓展设置了一道原创开放性的材料试题“辛亥革命是成功了，还是失败了”，以检测学生在学过辛亥革命这一课后对“理解辛亥革命对中国结束帝制、建立民国的意义及局限性”这一关键问题处于哪一学业质量水平。评价标准按照学业质量水平分为4级。

水平	分值	评价具体操作要求
水平4	10—12分	能够从革命的现代含义的角度，指出辛亥革命是成功，还是失败，并充分运用多条精准史实多角度论证自己提出的观点
水平3	7—9分	能够从革命的现代含义的角度，指出辛亥革命是成功，还是失败，并运用两条精准史实从不同角度论证自己提出的观点
水平2	4—6分	能够明确提出关于辛亥革命成功或失败的基本观点，并运用一条精准史实对提出的观点进行单一角度的说明
水平1	1—3分	能够粗略提出关于辛亥革命成功或失败的基本观点，并尝试进行说明
无水平	0分	没有提出关于辛亥革命成功或失败的基本观点并进行说明

三、教学设计特点与反思

此教学设计是在建构主义理论、布鲁姆“掌握学习”理论和系统理论等指导下编写的，指向培养学生的历史学科核心素养。具体特点如下：

1.淬炼教学主旨，整合教学内容，重新建构知识框架，进行主题教学。通过研读课标、教科书和分析学情等，提炼出本课主旨(大主题或大观念)为“帝制终结，旧邦新造”，以其为核心或灵魂，从更宏大视角上进行重构知识框架(中主题)，即“发生了什么—为什么发生—如何发生—留下了什么”；再从“帝制终结、追根溯源、旧邦新造、迭代追思”四个环节(小主题)来解构本课主旨(大主题)，实际就是在回答前面问题链(中主题)。

2. 紧紧围绕两条主线进行问题设计。一条是明线，通过“失心”与“向心”、“离心”与“聚心”的两两比较，说明人心向背是任何阶级获得政权或其政府得以合法存在的强大基石；另一条是暗线，即民族危机从出现、日益加剧到全面加深，说明民族危机是近代中国最深刻的“时空烙印”和“边框底纹”，是中国近代任何历史人物的行为和历史事件更迭的不变“底色”。

3. 在教学材料的选择和使用方面，通过精选各种图文材料创设历史问题情境，培养学生的历史学科核心素养。一是用好用足统编教科书正文及其他图文材料，进行问题设计和讲解。例如，革命过程环节的教学就较多利用教科书图文材料进行问题设计。二是再精选教科书以外的图文材料（本教学设计共选择教科书以外10则图文材料）对教学重难点内容的讲解进行必要的补充，以便对这些重要历史事件背景或影响进行深入、全面地分析。例如，革命背景环节选了5则图文材料进行问题设计。三是同一典型材料也要用好用足。例如，多次利用革命背景环节的材料2进行多种问题的设计。

第20课 北洋军阀统治时期的政治、经济与文化

赵 蓓[①]

第一部分 课前预设系统

一、课标解读

本课课标的内容要求：了解北洋军阀的统治及特点；概述新文化运动的主要内容，探讨其对近代中国思想解放的影响。

袁世凯就任中华民国第二任临时大总统后，一步步展开了独揽大权的活动，包括解散国民党、改责任内阁制为总统制、发布《修正大总统选举法》、接受

①作者简介：赵蓓，中学一级教师，赤峰市翁牛特旗乌丹第一中学历史教师。

灭亡中国的“二十一条”等，走上了复辟帝制之路。由于辛亥革命使民主共和观念深入人心，袁世凯复辟失败。袁世凯死后，北洋军阀内部派系纷争不断，很快发展为军阀混战割据的局面。在北洋军阀政府的统治之下，政治黑暗、人民生活困苦，但中国的近代化仍在曲折前行。

新文化运动的发生，来自人们对辛亥革命失败原因的痛苦反思，认识到共和制度之所以不能真正得到巩固，中国的政治依然那么黑暗，很大程度上是因为大多数国民的头脑仍被专制和愚昧所束缚。由此，可以更好地认识新文化运动的历史意义，即这场运动对旧思想、旧文化、旧礼教进行彻底批判，并高举民主与科学的旗帜，推动思想文化革新，其所涉及的内容远比辛亥革命时期更为广泛和深刻，有着思想解放的重大意义。

二、教材内容分析

本课上接第19课《辛亥革命》，下启第21课《五四运动与中国共产党的诞生》，涉及较多重大历史事件，要一一讲述基本的史实难以做到。因此，在内容取舍上主要体现在选取重点，以分析和评价相关重大历史事件为主。

第一子目“袁世凯复辟帝制与护国战争”，主要揭示大权独揽的袁世凯是如何走上复辟帝制之路的，以时间为线索进行介绍。介绍革命党人的抗争，则主要围绕二次革命、护国战争展开。第二子目“北洋时期的军阀割据”，主要介绍袁世凯死后，北洋军阀内部派系纷争，很快演化为军阀混战与割据的局面。第三子目“民国初年经济、社会生活的新气象”，主要描绘中华民国建立后，扫除了政治上的一些束缚和障碍，为中国民族资本主义经济的发展提供了一定条件，还特别指出第一次世界大战的影响。建立共和政体是中国历史上破天荒的大事，民众日常生活也因此出现了种种新气象。第四子目“新文化运动的开展”，分析新文化运动是如何发动起来的，并简要描绘了这场运动主要在哪些方面冲击旧思想、旧文化、旧礼教，重点说明新文化运动宣扬民主与科学，推动思想文化革新，有着解放思想的重大意义。

本节课的核心概念包括：北洋军阀、二次革命、袁世凯复辟帝制、“二十一条”、“中日民四条约”、护国战争、北洋军阀三派、府院之争、张勋复辟、护法运动、《新青年》、新文化运动、民主与科学、文学革命。

三、教学对象分析

本节课的授课对象为高一学生。一方面，经过初中对历史的学习，学生对北洋军阀统治时期政权更迭、人民困苦不堪的现象有了初步了解，对袁世凯复辟帝制、张謇投身民族工业和新文化运动等内容相对熟悉，这些都为本课的学习奠定了良好的知识基础。由于北洋军阀的时代距离现在比较近，关于这段历史的书籍、视频资料较多，学生比较感兴趣。另一方面，学生刚刚进入高中，历史知识尚不完备、历史思维正在形成，难以理解学术性较强的概念，学生对这一时期的认识误区也较多。因此，不宜接触过多、过长的枯燥材料，需要教师精心设置情境、压缩材料、化繁为简，让学生从错综复杂的历史事件中梳理历史脉络、把握阶段特征。

四、教学目标

1. 运用时间轴，梳理北洋军阀统治时期各政治势力的主要政治活动，并对其政治活动进行历史叙述。

2. 提取不同类型史料的信息，分析第一次世界大战期间中国民族工业发展的主要原因、表现和特点。

3. 以史料作为证据对新文化运动做出合理的历史解释，并深化对教科书史论的理解。

4. 认识北洋军阀统治时期矛盾交织、新旧杂糅的时代特征，体会民族实业家、爱国知识分子和一战华工等不同阶层寻求救国救民之路的赤子之心，感悟中国人民在不断觉醒中不屈不挠、顺时而动地向近代社会转型的伟大精神。

五、教学重难点

1. 教学重点：袁世凯复辟帝制与护国战争、民国初年的经济发展和社会生活新气象。

2. 教学难点：北洋时期的军阀割据、新文化运动。

六、教学立意与整体思路

本着化繁为简、突出主干知识、梳理历史脉络、把握阶段特征的原则，首先确立了本节课的立意和主题——艰难中前行。北洋军阀统治时期，对内专制、对外卖国，割据混战、民不聊生，资产阶级革命派维护民主共和的斗争又相继失败，这些成为阻碍中国进步的因素。与此同时民族资本主义经济进一步发展，新文化运动的开展极大地解放了人们的思想，推动了社会的进步。这些因素虽然没有达到质变，但在一定程度上推动了中国的前进。

依据这一主题立意，将教科书内容进行了整合，将“袁世凯复辟帝制与护国运动”“北洋时期的军阀割据”整合成一目，使本节课形成了“斗争妥协中民主、民族意识渐强——北洋军阀统治时期的内政外交”“动荡不安中气象日新——北洋军阀统治时期的经济与社会生活”“新旧文化交锋中思想解放——新文化运动”的结构。三个子目将北洋军阀统治时期的相关内容串联起来，呈现出北洋军阀统治时期的政治、经济与文化。

在突破重点方面：让学生自主阅读教科书内容，并通过史料实证和问题引领的方式探讨学习，由易而难、深入浅出地认识北洋军阀统治时期的社会全貌。在化解难点方面：针对本课内容的难易程度和高一新生的认知水平、接受能力，采用问题引领和角色扮演的形式指导学生运用唯物史观观点认识新文化运动。

七、板书设计

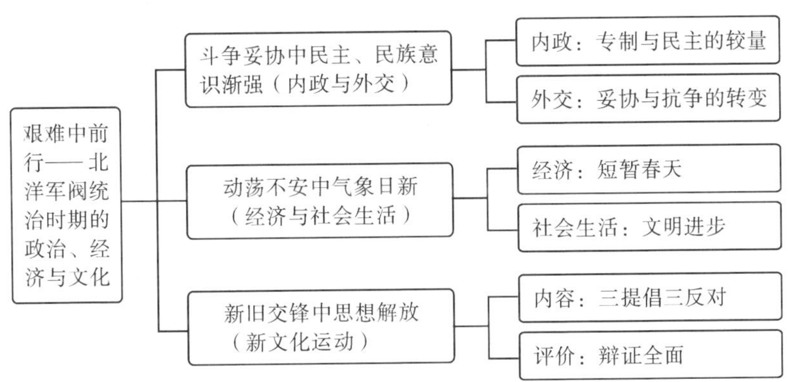

第二部分　课堂实施系统

一、教学活动过程

（一）导入环节

教师活动：播放《北洋镜像》视频片段，提出问题：视频中展现的是中国历史上哪一时段的景象？这是一段怎样的历史？

学生活动：观看视频，思考并回答问题。

教师：正如同学们所说，视频中展现的是北洋军阀统治时期的一些重要事件、人物和社会状况。有人说这是最好的时代，也有人说这是最坏的时代，那北洋军阀统治时代究竟是怎样的一个时代呢？今天我们将共同走进那段历史。

教师活动：针对本课做概念解读和时空构建。依次出示北洋、军阀、北洋军阀及北洋军阀统治时期的概念。

◆**设计意图**

用视频导入，一是贴近现实生活，容易吸引学生的注意力，激发学习兴趣。同时，问题的设置可以激起他们学习探究的欲望；二是使学生从感官上初步了解这一时期的概况，为情感目标的达成做铺垫。

◆**设计意图**

厘清概念并建立清晰的时间坐标，帮助学生理解所学内容，培养提升学生的时空观。

北洋：地区名。清末至民国时期称今江苏以北的山东、河北、辽宁等沿海各省为北洋。

军阀：拥兵割据一方，自成派系的军人或军人集团。

北洋军阀：以清末组建的北洋新军为基础的军人势力集团。

北洋军阀统治时期：1912—1928年，是北洋政府统治时期。这个时期可以分为袁世凯统治时期(1912—1916)和军阀割据时期(1916—1928)两个阶段。

◇总结与过渡

鲁迅曾说过，见过辛亥革命，见过二次革命，见过袁世凯称帝、张勋复辟，看来看去，就看得怀疑起来，于是失望、颓唐得很了。可见在鲁迅眼里，北洋军阀的统治是糟糕的，那北洋军阀在政治上究竟做了什么，让鲁迅如此失望呢？那北洋军阀统治时期，只有令人失望的事情吗？

（二）斗争妥协中民主、民族意识渐强——北洋军阀统治时期的内政外交

1. 内政：专制与民主的较量

教师活动：展示时间轴，布置任务——梳理北洋军阀政府统治时期政治上的重大事件。（要求：认真阅读教科书并结合所学知识，标注出对应时间的历史事件；明确标示北洋军阀统治时期的两大阶段。）

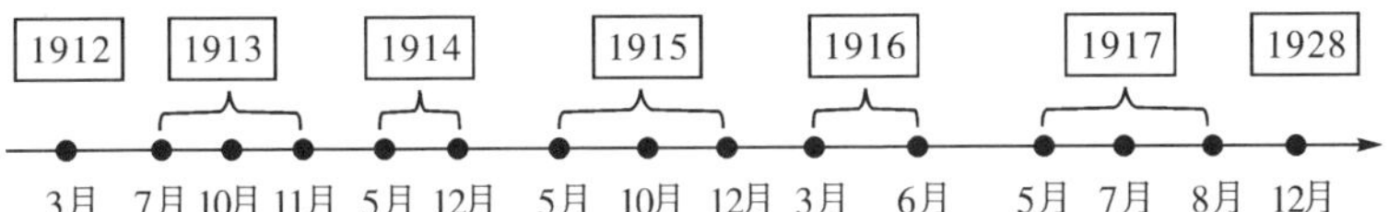

学生活动：阅读教科书相关内容，按时间顺序分别指出北洋政府与革命党人的主要政治活动。

教师活动：引导学生简述袁世凯复辟帝制的过程、军阀割据混战的概况、府院之争、张勋复辟、护法运动。

学生活动：结合所学，对上述历史事件展开历史叙述。（个人展示。）

教师活动：结合学生所述，做补充说明。

教师活动：展示材料，提出问题——阅读材料并结合所学，思考两次复辟发生和失败的原因。

◆**设计意图**

用时间轴梳理教科书纷繁的史实，掌握时间脉络，建构前后联系，认识历史发展的总体趋势，形成合理的历史解释。

◆**设计意图**

学生讲解，教师补充，弥补学生在知识结构上的空白，提升学生的历史叙述能力。

材料1：（日本之）外交既已妥协，当再严词警告中国政府，延缓帝制。如不听，则出自由行动，派兵驻中国要地。①

材料2：曹锟贿选说明军阀不惜背上“贿选”的骂名，都要通过国会获得政治合法性的认定，这比靠枪杆子造就独裁政权，在政治上还是有所进步。②

学生活动：阅读材料并提取信息，以小组为单位完成探讨后，进行展示。

发生原因——辛亥革命反封建不够彻底；资产阶级共和制未能在中国真正执行。

失败原因——民主共和观念深入人心；恢复帝制不符合时代发展的潮流；革命党人及全国人民的努力斗争；帝国主义国家的干涉。

①张忠绂．中华民国外交史：1911—1921［M］．北京：华文出版社，2011：151.

②张欣．军阀政治与民国社会：1916—1928年［M］．北京：中国文史出版社，2005：497.

◇总结与过渡

开始于清末的民主和专制之争,在新的时代环境下愈发激烈。虽然民主运动在斗争中屡次失败,但是民主发展的趋势却越来越强。正如1913年中华民国第一届国会通过的《中华民国宪法草案》,即《天坛宪法草案》所体现的。

教师活动:展示材料,提出问题——从材料中我们能看出哪些民主原则与民主实践?

材料3:第三章"国民",共17条(第3条至第19条)。主要的条文有:"凡依法律所定属中华民国国籍者,为中华民国人民","中华民国人民,于法律上无种族、阶级、宗教之别,均为平等","中华民国人民之住居,非依法律不受侵入或搜索","中华民国人民有选择居住及职业、集会结社、言论著作刊行、信仰宗教之自由,非依法律不受限制","中华民国人民之财产所有权不受侵犯,但公益上必要之处分依法律之所定"。①

学生活动:阅读材料并提取有效信息,分析《中华民国宪法草案》所体现的民主原则与民主实践。

◆**设计意图**

提高学生的自主学习、"史论结合,论从史出"等能力。

第一,对主权在民原则的承认;第二,维持立法机关的存在及职能;第三,制定国家宪法,从形式上确定权力的有限性。

◇总结与过渡

在这一时期,以袁世凯、段祺瑞、张勋为代表的北洋军阀在政治上争权夺利,造成军阀混战割据,政治分崩离析,这与清政府的封建专制统治似乎并无区别。另一方面,革命党人为捍卫民主共和与北洋军阀展开了激烈的斗争,体现了这一时期政治上"旧"与"新"——封建专制与民主共和的矛盾。北洋军阀统治时期内政可谓乱象横生,那此时的外交是怎样的情况呢?我们先来了解此时的重大外交活动。

①刘兆阳.《天坛宪法草案》研究[D].重庆:西南政法大学,2013:14.

教师活动：引导学生叙述袁世凯统治时期和军阀割据混战时期的主要外交活动（即“中日民四条约”和“参加一战”）

学生活动：阅读教科书内容并结合所学，叙述“中日民四条约”和“参加一战”的来龙去脉。

◆设计意图

培养学生材料阅读、信息提取和历史叙述等能力。

教师活动：展示材料，提出问题——从“中日民四条约”的签订到派遣劳工参战，这体现了北洋政府在外交上的态度发生了怎样的变化？

材料4：由袁世凯签字的《中日民四条约》（图文材料略，见教科书第113页）。

材料5：我秉国钧，长期贫弱，终于误国。今有机会可乘，所希之利益，寡多份量，虽不敢必，而友邦表示亲谊，予我援助，确有佐证，必委而去之，以求苟安，而整理庶政，扩张国力，一一无可为资，后此更以何术以图振作。

——段祺瑞①

学生活动：通过对这两则材料的阅读与理解，感悟从袁世凯卖国求荣到北洋政府派遣劳工参战、顾维钧在巴黎和会上坚决维护山东主权，再到拒绝在《凡尔赛和约》上签字，体现了这一时期外交上屈辱妥协到主动抗争的变化和中国人民民族意识的进一步觉醒。

◆设计意图

打破学生对北洋军阀黑暗统治的固有认知，从不同视角对历史事物进行客观公正的评价，培育学生历史解释素养，也能够让学生在其中认识到历史的复杂性和客观性。

◇总结与过渡

北洋军阀政治统治特征，在内政上表现为中央更迭，政局动荡；地方割据，分崩离析；军阀混战，民不聊生；民主趋势不可逆转。外交上表现为屈辱妥协与主动抗争并存。当孙中山还在为维护民主共和屡败屡战的时候，民族资产阶级却不愿放弃发展经济的大好时机，投身经济建设，民族资本主义经济在这一时期迎来了短暂春天。

①转引自陈剑敏.段祺瑞力主中国参加一战缘由新探[J].安徽史学，2001(04)：57-60.

(三)动荡不安中气象日新——北洋军阀统治时期的经济与社会生活

教师活动:指导学生阅读教科书,并提出问题——结合已学知识探讨民族资本主义发展的原因、表现和特点;说出北洋军阀时期社会生活出现了哪些新变化。

学生活动:通过阅读教科书,小组合作讨论,总结分析出民族资本主义发展的原因、表现和特点,归纳北洋军阀时期社会生活出现的新变化。

◆设计意图

教科书是中学历史教学最主要、最基本的材料,是学生学习的核心材料;学生通过自学和教师引导分析教科书,培养理解力。

◇总结与过渡

虽然北洋军阀统治时期,中国近代化继续推进,但此时的中国依然是半殖民地半封建社会,实现民族独立、人民解放和国家富强的任务依然艰巨。宋教仁的立宪救国、孙中山的革命救国和张謇的实业救国并没有使共和制度真正得到巩固,中国的状况依然黑暗。在此背景下,一所大学、一份杂志、一群青年才俊掀起了轰轰烈烈的新文化运动,铸就了一段激情燃烧的岁月。

(四)新旧交锋中思想解放——新文化运动

教师活动:提出问题——为什么新文化运动的基地在北大?如何做《新青年》的封面设计?这份杂志会着重发表什么样的文章呢?

学生活动:探讨、思考、形成自己的观点并进行解释。

教师活动:解读民主与科学(核心)、旧道德与新道德、新文学与旧文学的概念,引导学生理解三者之间的关系。

◆设计意图

通过前面的学习,学生已经深入了解了北洋军阀统治时期的政治、经济状况,认识到新文化运动发生的必然性。提出这些问题,一方面可以激发学生的兴趣,深刻理解新文化运动的内容。另一方面,也能够让学生深切地感受当时先进中国人的爱国情怀。

◇总结与过渡

随着十月革命的一声炮响和五四运动的发生,新文化运动后期的内容变为主要宣传马克思主义。那我们该如何评价新文化运动呢?

探究活动:全面认识新文化运动。

教师活动:创设情境,角色体验。即,如果你是________(军阀、传统文人、青年学生、下层群众),你如何看待新文化运动。

学生活动:选择角色,畅所欲言,客观评价新文化运动。

◆设计意图

通过角色体验,学生自由发表意见,激发学生的学习兴趣,使学生能够全面客观地认识新文化运动,提升学科素养。

二、课堂小结

通过本课学习,我们理解了为什么有人认为北洋军阀时期是最好的时代,也有人认为此时是最坏的时代。

最好的时代:政治上,巩固共和制度;经济上,民族资本主义发展;社会生活上,进一步文明化;思想上,新文化运动发展。

最坏的时代:政治上,军阀混战,动荡不安;经济上,农村经济凋敝;文化上,对传统文化的全盘否定。

这也是一个存旧立新的时代、一个失望中孕育着希望的时代,是中国在艰难中前行的时代。你认为北洋军阀统治时期是怎样的时代?

理性思考:北洋军阀统治时期的中国是一个________的时代。

◆设计意图

通过课堂小结,前后呼应,引导学生理清历史发展脉络,形成自己的历史认识,提升历史学科素养。

第三部分　课后评价系统

一、教学评价

根据《普通高中历史课程标准(2017年版2020年修订)》课程内容要求及学业质量水平的描述,将学生在完成本课学习后的学业成就表现划分为4级水平。

水平1:能够运用时间轴梳理北洋军阀统治时期各政治势力的主要政治活动;能够叙述北洋军阀统治时期民族资本主义经济发展、新文化运动和社会生活出现新气象等方面的基本史实。

水平2:能够运用不同类型的史料理解分析北洋军阀统治时期国内的政治局势、中国民族工业发展的原因与特点以及新文化运动的内容。

水平3:能够理解北洋军阀分裂割据与经济、文化等方面发展的内在联系,提升历史解释的能力;能够运用唯物史观的观点对新文化运动进行全面客观的评价。

水平4:能够把北洋社会放在辛亥革命后历史巨变、社会转型的时段中考察,进一步认识到中华民族在近代化的历程中留下了蹒跚而又清晰的脚步,涵养家国情怀。

二、学业质量水平检测

材料7:国内史学界把从1912年袁世凯继任中华民国临时大总统至1928年张学良东北改旗易帜这期间16年称为北洋军阀统治时期。一直以来,史学界对这个政府的评价总是停留在原始阶段,普遍认为北洋政府本质是帝国主义统治中国的工具,是帝国主义在中国大地上的傀儡。中国社会科学院近代史研究员马勇在其2014年出版的《重寻近代中国》一书中提出了不同的看法,他认为:“如果从大历史视角观察,1912年至1928年的中华民国是中国历史的正统。继续妖魔化这段历史,其实是对中国历史的不尊重。”

结合北洋政府时期中国现代化的发展历程,评析材料7中马勇的观点,得出结论。(要求:结论不能重复材料中的观点,论证充分,逻辑严密,表述清晰)

答案示例一:

我赞成马勇认为北洋政府时期是中国历史的正统,是中国历史的一个重要发展阶段这一观点。

北洋政府时期推进了中国的现代化进程。经济上,民族资本主义经济获得进一步发展,工业化进程进一步推进;政治上,资产阶级维护民主共和的斗争和新民主主义革命的崛起,为民主政治的发展创造了条件;思想上,新文化运动兴起、马克思主义传播、新三民主义的提出,都促进了民主思想的发展。

综上所述,北洋政府时期,中国的工业化、政治民主化、思想解放等方面都有了一定的进步,这是中国历史的一个重要发展阶段。

答案示例二:

我不赞同马勇认为北洋政府时期是中国历史的正统,是中国历史的一个重要发展阶段这一观点。

北洋政府时期中国的现代化进程受到阻碍。经济上,封建小农经济依然占据主导地位,工业化进程缓慢,民族资本主义经济发展不平衡。政治上,北洋政府专制独裁,军阀混战,民不聊生;思想上,袁世凯掀起尊孔复古逆流,实行文化专制等。

由此可见,北洋政府的统治在很大程度上阻碍了中国经济的工业化、政治的民主化和思想解放进程,这一时期是中国历史上的黑暗统治时期。

三、教学设计特点与反思

本课的教学设计力图践行新课改所提倡的大单元教学(主题教学)和大概念教学。教学设计紧紧围绕北洋军阀统治时期中国在艰难中前行的主题展开,主线清晰,重难点非常明确。教学内容突出历史核心素养的培养,尤其注重培养学生的“唯物史观”“时空观念”“历史解释”“家国情怀”的素养。教学方法上,注重运用史料分析法、合作探究法等突破重难点问题,史料选用多样化,重视历史基本教学工具的使用,如时间轴等。由于新教材内容多,所以设计时充分运用教材史料,并且注重对史料的深度开发与利用,注重减轻学生的负担。学生在初中时已经学过本课的基础性知识,因此,在进行教学设计时应该充分考虑学生的“最近发展区”以提高教学效率,抓住核心问题,突破教学重难点。

第七单元

中国共产党成立与新民主主义革命兴起

单元设计

一、单元概述

本单元主题为“中国共产党成立与新民主主义革命兴起”，中国共产党成立和中国革命新道路的开辟是本单元的教学重点。本单元共有两课内容，即第21课《五四运动与中国共产党的诞生》和第22课《南京国民政府的统治和中国共产党开辟革命新道路》，从时间上来看基本涵盖了从1919年五四运动到1937年全民族抗战之前的历史。按照历史发展顺序可以概括出以下重点：1919年五四运动、1921年中国共产党成立、1924—1927年国共合作和国民革命运动、1927—1936年南京国民政府的统治、1927—1936年中国共产党开辟革命新道路。

二、总体目标

认识五四运动和中国共产党成立、中国新民主主义革命兴起的内在联系，认识五四运动、马克思主义在中国传播与中国共产党的成立对中国革命的深远影响；了解国共两党从合作到对峙的基本史实；了解大革命失败的原因及中国共产党从中吸取的经验教训；认识中国共产党成立后探索中国革命道路的历程；了解南京国民政府的建立及内外政策，认识中国共产党开辟“农村包围城市，武装夺取政权”革命道路的意义，分析红军长征的原因和遵义会议的意义；

感悟“红船精神”“长征精神”。

三、教学策略

采用启发式教学，通过图文材料引导学生发现问题，独立思考，理性判断，通过合作探究式学习引导学生科学、高效地解决问题，最终形成正确的历史认知。

四、活动建议

引导学生运用唯物史观理解历史概念；引导学生利用时空框架分析历史现象；引导学生通过分析史料形成历史认识。

五、评价检测要点

五四运动及中国共产党成立对中国新民主主义革命的历史意义；国民大革命失败的原因及影响；南京国民政府的统治；中国共产党对中国革命道路的探索。

第21课 五四运动与中国共产党的诞生

张　浩①

第一部分　课前预设系统

一、课标解读

本课课标的内容要求：认识五四爱国运动的历史意义，认识马克思主义在中国的传播与中国共产党成立对中国革命的深远影响；认识国共合作领导国民革命的历史作用。

结合五四运动特殊的时代背景、经过和结果，认识五四运动在政治革命、社会革命和思想启蒙等方面的意义；理解五四运动与新民主主义革命兴起的内在

①作者简介：张浩，中学二级教师，赤峰市松山外国语学校历史教师。

联系；知道中国共产党的成立是中华民族历史上开天辟地的大事件；感悟“红船精神”；理解自从有了中国共产党，中国革命的面貌焕然一新。认识马克思主义在中国的传播与中国共产党成立对中国革命的深远影响；知道中国共产党成立后制定革命纲领、领导工农运动、推动国共合作、掀起大革命高潮等史实，认识国共合作领导国民革命的历史作用，分析大革命失败的原因并总结中国共产党从中吸取的经验教训。

二、教学内容分析

本课讲述了五四运动、马克思主义在中国的传播、工人阶级登上历史舞台、中国共产党的成立以及对中国革命道路的早期探索，即新民主主义革命的兴起。五四运动是近代中国民主主义革命的分水岭，一方面，近代中国历史上农民阶级、地主阶级、资产阶级领导中国救亡图存运动均以失败告终；另一方面，随着民族资本主义的发展，工人阶级力量日益壮大，他们开始登上历史舞台领导中国革命，从而促使中国革命由旧民主主义革命向新民主主义革命转变，以工人阶级为基础的中国共产党人开始了对中国革命道路的探索。

三、教学对象分析

统编教科书八年级上册用三课对这部分历史知识进行了详细叙述。第13课讲述了五四运动的过程及意义，第14课讲述了中国共产党的诞生以及马克思主义在中国的传播，第15课讲述了国民大革命的兴起、发展、高潮及失败。总体来说，学生对本课内容比较熟悉，有一定的了解，但由于学生分析问题、解决问题的能力较弱，辩证思维、批判思维和创新思维还有待提高，他们很难独立地形成全面的历史认识，所以需要借助典型史料提升学生的思维能力与核心素养。

四、教学目标

1.通过阅读教科书了解五四运动爆发的相关史实，结合材料分析五四运动的历史意义与现实价值。

2.通过对比中共“一大”和“二大”制定的党的奋斗目标的异同，联系中共“三大”作出的决议，理解中共成立初期探索革命道路的艰难历程。

3.通过阅读教科书了解北伐战争的基本过程，结合材料阐释国共合作领导国民革命的历史作用，分析国民大革命失败的原因及经验教训。

五、教学重难点

1. 教学重点:五四运动、马克思主义的传播、中国共产党的诞生、国民革命。

2. 教学难点:中国共产党成立初期对中国革命道路的曲折探索。

六、教学立意与整体思路

本课教学设计以中国共产党的成立以及对中国革命道路的早期探索为核心主线。讲述五四运动,以习近平同志在纪念五四运动一百周年大会上的讲话为切入口,分析五四运动的意义,进而探析为什么说五四运动是中国新民主主义革命的开端。通过对比党的"一大""二大"的奋斗目标,理解中国共产党从以推翻资产阶级的统治为目标,到提出反帝反封建的民主革命纲领的转变,是基于对中国国情的初步认识。从领导工人运动到实现国共合作,从和平方式到暴力手段,反映了中国共产党对中国革命道路的早期探索。

本课通过任务驱动、创设情境、分析材料、合作探究,引导学生感悟中国共产党开天辟地、敢为人先的"红船精神",认识中国共产党的成立及早期探索对中国革命的深远影响。

七、板书设计

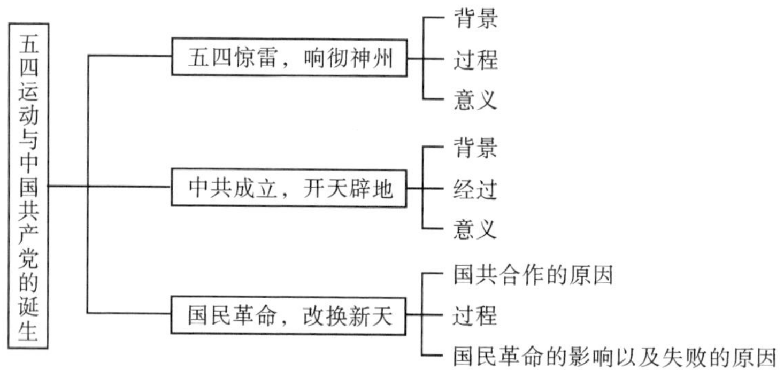

第二部分　课堂实施系统

一、教学活动过程

历史深刻表明，爱国主义自古以来就流淌在中华民族血脉之中，去不掉，打不破，灭不了，是中国人民和中华民族维护民族独立和民族尊严的强大精神动力，只要高举爱国主义的伟大旗帜，中国人民和中华民族就能在改造中国、改造世界的拼搏中迸发出排山倒海的历史伟力！①

教师：中国共产党正是以强烈的爱国主义精神、大无畏的流血牺牲精神来助推中国社会进步，尽管步履维艰，但是义无反顾。

今天我们一起来学习第21课《五四运动与中国共产党的诞生》。首先，我们学习主题一"五四惊雷，响彻神州"。

◆**设计意图**

学生通过阅读材料，认识爱国主义思想是推动中国共产党和中国人民争取民族独立和维护民族尊严的强大精神动力，涵育家国情怀。

材料1：这是真正激动人心的一页，这是真正伟大的历史转折点。从前我们搞革命虽然也看到过一些群众运动的场面，但是从来没有见到过这种席卷全国的雄壮浩大的声势。在群众运动的冲击震荡下，整个中国从沉睡中复苏了，开始散发出青春的活力，一切反动腐朽的恶势力，都显得那样猥琐渺小，摇摇欲坠。

——吴玉章《回忆五四前后我的思想转变》②

材料2：妇女有独立人格的生活，实在是在《新青年》倡导之后。而"五四"是一个重大之关键。③

材料3：五四运动促进了"以活的大众语言创作的新文学取代以文言文创作的旧文学"；五四运动是一场"以理性反对传统，以自由反对权威，以颂扬人生及

①习近平．论中国共产党历史[M]．北京：中央文献出版社，2021：240-241.

②转引自中国社会科学院近代史研究所《近代史资料》编译室．五四运动回忆录[M]．北京：知识产权出版社，2013：8.

③陈东原．中国妇女生活史[M]．北京：商务印书馆，2015：277.

人的价值来反对压抑人性的运动”;是一场“由那些了解自己的文化遗产,并试图用新的现代历史批判与研究的方法论加以研究的人所领导的”人文主义运动。[①]

教师:根据以上三则材料并结合所学知识,指出“五四运动”的性质。

◆**设计意图**

学生通过分析材料,认识“五四运动”的性质,提升唯物史观、史料实证和历史解释的素养。

学生:五四运动是一场以先进青年知识分子为先锋、广大人民群众参加的彻底反帝反封建的伟大爱国革命运动,是一场中国人民为拯救民族危亡、捍卫民族尊严、凝聚民族力量而掀起的伟大社会革命运动,是一场传播新思想新文化新知识的伟大思想启蒙运动。

材料4:我第二次到北京期间,读了许多关于俄国情况的书。我热心地搜寻那时候能找到的为数不多的用中文写的共产主义书籍。有三本书特别深地铭刻在我的心中,建立起我对马克思主义的信仰。我一旦接受了马克思主义是对历史的正确解释以后,我对马克思主义的信仰就没有动摇过。这三本书是:《共产党宣言》,陈望道译,这是用中文出版的第一本马克思主义的书;《阶级斗争》,考茨基著;《社会主义史》,柯卡普著。到了1920年夏天,在理论上,而且在某种程度的行动上,我已成为一个马克思主义者了,而且从此我也认为自己是一个马克思主义者了。[②]

教师:毛泽东在中国的经历从侧面反映了什么问题?

学生:马克思主义在中国广泛传播。

材料5:五四运动,以彻底反帝反封建的革命性、追求救国强国真理的进步性、各族各界群众积极参与的广泛性,推动了中国社会进步,促进了马克思主义在中国的传播,促进了马克思主义同中国工人运动的结合,为中国共产党成立做了思想上干部上的准备,为新的革命力量、革命文化、革命斗争登上历史舞台创造了条件,是中国旧民主主义革命走向新民主主义革命的转折点,在近代以来中华民族追求民族独立和发展进步的历史进程中具有里程碑意义。

——习近平《在纪念五四运动一百周年大会上的讲话》[③]

①[美]周策纵.五四运动史[M].陈永明,张静,等,译.成都:四川人民出版社,2019:341.

②[美]埃德加·斯诺.西行漫记[M].董乐山,译.北京:解放军文艺出版社,2002:116.

③习近平.论中国共产党历史[M].北京:中央文献出版社,2021:240.

教师:为什么说五四运动是中国新民主主义革命的开端?

学生:①革命领导阶级:工人阶级开始领导中国革命。②革命指导思想:马克思主义成为中国革命的指导思想。③革命发展前途:把实现社会主义和共产主义作为革命的目标。④革命所属范畴:成为世界无产阶级革命的重要组成部分。

教师:“五四精神”指的是什么?

学生:爱国、进步、民主、科学。

◆**设计意图**

学生通过阅读材料,理解“五四运动”的意义,分析为什么说“五四运动是中国新民主主义革命的开端”,提升唯物史观、史料实证和历史解释的素养,涵育家国情怀。

◇总结与过渡

五四运动是中国近代史上第一次彻底的反帝反封建的爱国主义运动,它促进了中华民族的觉醒,为中国共产党的诞生奠定了基础。

下面,我们学习主题二“中共成立,开天辟地”。

材料6:(1)革命军队必须与无产阶级一起推翻资本家阶级的政权,必须支援工人阶级,直到社会的阶级区分消除为止;

(2)承认无产阶级专政,直到阶级斗争结束,即直到消灭社会的阶级区分;

(3)消灭资本家私有制,没收机器、土地、厂房和半成品等生产资料,归社会公有。

——《中国共产党第一个纲领》①

材料7:各种事实证明,加给中国人民(无论是资产阶级、工人或农人)最大的痛苦的是资本帝国主义和军阀官僚的封建势力,因此反对那两种势力的民主主义的革命运动是极有意义的……中国共产党是中国无产阶级政党。他的目的是要组织无产阶级,用阶级斗争的手段,建立劳农专政的政治,铲除私有财产制度,渐次达到一个共产主义的社会。

——《中国共产党第二次全国大会宣言》②

①转引自中央档案馆.中共中央文件选集(第1册)[M].北京:中共中央党校出版社,1989:3.

②转引自中央档案馆.中共中央文件选集(第1册)[M].北京:中共中央党校出版社,1989:114-115.

教师:根据上述两则材料并结合所学知识分析,中共"一大"和"二大"制定的奋斗目标有何异同?

学生:相同点——通过阶级斗争,消灭剥削,建立无产阶级专政,实现社会主义。

不同点——革命性质不同,前者为社会主义革命,后者为资产阶级民主革命;革命对象不同,前者要推翻资产阶级,后者要推翻帝国主义和封建军阀。

材料8:共产党方面,在二七大罢工失败后越来越清楚地看到一个事实:工人阶级如果没有强大的同盟军,如果没有革命的武装力量,在一个毫无民主权利的国家,凭着赤手空拳,要推翻那些武装到牙齿的反动势力是办不到的。①

材料9:依中国社会的现状,宜有一个势力集中的党为国民革命运动之大本营,中国现有的党,只有国民党比较是一个国民革命的党。②

教师:根据材料8、9指出中国共产党对中国革命道路探索有何变化。

学生:与国民党合作,以暴力推翻北洋军阀的统治。

教师:针对中国共产党奋斗目标及斗争方式的转变,谈谈你的认识。

学生:奋斗目标的制定要符合中国的国情;单靠领导工人运动并不能推翻中国的反动统治;中国共产党成立之初,力量薄弱,必须联合其他党派才能完成反帝反封建的革命任务。

◆设计意图

通过对共产党"一大"和"二大"奋斗目标的比较,提升学生的唯物史观、史料实证及历史解释能力,让学生了解到奋斗目标必须依据国情制定,革命是推动中国社会进步的必由之路,认识革命统一战线的重要性。

◇总结与过渡

自从有了中国共产党,中国革命的面貌焕然一新。中国共产党自成立后,便开始探索中国革命道路。

最后,我们学习主题三"国民革命,改换新天"。

材料10:1922年7月,中共二大通过《关于民主的联合战线的决议案》,明确提出:在中国政治经济现状下,共产党应该联合全国革新党派,组织民主的联合

①金冲及.二十世纪中国史纲:第1卷[M].增订版.北京:生活·读书·新知三联书店,2021:251.

②中央档案馆.中共中央文件选集(第1册)[M].北京:中共中央党校出版社,1989:146-147.

战线,以扫清封建军阀推翻帝国主义的压迫,建设真正民主政治的独立国家为目标。1924年,以邹鲁、邓泽如为首的国民党右派分子,公开反对国共合作,分裂刚建立起来的统一战线。1925年以后,国民党内又出现以戴季陶主义和西山会议派为代表的新右派,他们通过种种方式挑拨国共关系,中国共产党旗帜鲜明地进行有力回击,积极与国民党左派联合起来共同揭露其反动本质,使大革命保持正确的发展方向。在创建黄埔军校过程中,中国共产党给予了巨大的支持和帮助。他们不断宣传革命思想,传播马克思主义理论,培养了大批军事素质强、政治觉悟高的学员,在国民革命过程中建立了政治工作制度,为后来出师北伐奠定了坚实基础。北伐战争开始后,工农运动在中国共产党的领导下更是如火如荼。从1926年10月到1927年4月,仅武汉地区的工人罢工斗争就达300多次,150多个工会的数十万人参加。在湖南,1926年下半年就有20多万人参加罢工斗争,有力配合了北伐的胜利进军。

——摘编自赵建栩《如何认识中国共产党在国民大革命中的作用》①

教师:根据材料,概括中国共产党在国民大革命中的贡献。

学生:推动国共合作,建立革命统一战线;坚决和国民党右派作斗争,保证革命方向;与国民党共同创办黄埔军校,培养了大批人才;领导工农运动,为北伐战争胜利奠定基础。

材料11:总而言之,国共合作主导下的国民革命,是一场更富有现代意义上的社会革命性质的大革命。与辛亥革命相比,这场革命与社会生活各个领域的变迁更加密切相关,革命的社会动员程度和民众参与积极性更加高涨,是在对政治共同体作出新的解说(新三民主义)的前提下,由一个新的政治上层来取得政权,建立起更强有力的政治体制。它所反映的历史主流,是在中国建立起对外自主独立的、对内具备有效权力和权威体系的统一的现代民族国家。②

教师:依据材料并结合教科书内容,评价国民大革命。

学生:基本上推翻了北洋军阀的统治,沉重地打击了帝国主义在华势力,推动了工农运动的发

◆设计意图

学生通过材料理解中国共产党在国民革命中的领导作用,提高历史解释能力,培养家国情怀。

①赵建栩.如何认识中国共产党在国民大革命中的作用[J].考试周刊,2010(27):45-46.

②陈勤,李刚,齐佩芳.中国现代化史纲(上卷)·无法告别的革命[M].南宁:广西人民出版社,1998:358.

展。但由于中国共产党犯了“右倾机会主义错误”，国民党右派背叛革命，最终导致了大革命失败。

教师：面对国民大革命的失败，我们应该吸取什么教训？

学生：坚持党对革命的领导权，掌握革命武装，创建人民军队。

二、本课小结

通过本课的学习，我们首先要认识五四运动的历史意义，它不仅是一场伟大的爱国革命运动，也是一场伟大的社会革命运动，更是一场思想启蒙运动，它为中国共产党的成立奠定了基础。其次，理解中国共产党的成立是开天辟地的大事，自从有了中国共产党，中国革命的面貌就焕然一新。再次，知道国民大革命基本上推翻了北洋军阀的统治，但年轻的中国共产党犯了“右倾机会主义错误”，由于反动势力强大，轰轰烈烈的大革命失败了。最后，认识中国共产党人在早期革命道路探索中的艰难历程。

第三部分　课后评价系统

一、教学评价

根据《普通高中历史课程标准（2017年版2020年修订）》课程内容要求及学业质量水平描述，将学生在完成本课学习后的学业质量水平划分为4级。

水平1：能够认识五四运动、中国共产党的成立和国民大革命之间的因果关系，能够理解五四运动的性质及意义，能够从材料中获取相关信息比较中共“一大”和“二大”党的奋斗目标的异同，感悟“红船精神”，能够分析第一次国共合作的必要性、可能性以及国民大革命的意义。

水平2：能够认识五四运动、中国共产党的成立和国民大革命之间的因果关系，能够运用材料分析五四运动的性质，比较中共“一大”和“二大”党的奋斗目标的异同，分析五四运动作为新民主主义革命开端的原因，感悟“红船精神”，能够正确描述第一次国共合作的必要性、可能性以及国民大革命的意义。

水平3：能够从唯物史观的角度认识五四运动、中国共产党成立以及国民大革命推动了中国社会的进步，能够理解中共“一大”和“二大”制定的党的奋斗目标不同的原因，对党初期革命道路探索的曲折历程加以解释说明，理解中国共产党在国民大革命中所做的贡献。

水平4：能够从唯物史观的角度认识五四运动、中国共产党成立以及国民大革命推动了中国社会的进步，能够将五四运动放在国际社会背景中加以准确描述，能够认识到新民主主义革命与旧民主主义革命的不同，能够恰当地利用材料对党初期革命道路探索的曲折历程加以解释说明，理解中国共产党在国民大革命中所做的贡献。

二、本节学业质量水平检测

材料12：五四运动实际上是一场思想和社会政治相结合的运动，它企图通过中国的现代化来实现民族独立、个人解放和社会公正。从广义上来说，五四运动的本质是一场思想革命，因为它的基础是假定思想变革是实现这一现代化任务的前提，它所促成的主要是思想的觉醒和变革，并且它的领导者是知识分子。这又进而促进了各种社会、政治和文化的变化。五四运动的最重要的目的在于维护民族的生存与独立，这实际上是19世纪中叶以来中国所有重大改革及革命的目的。①

从材料中提出一个论题，结合所学知识加以论述。（要求：持论有据，论证充分，逻辑严密，表述清晰）

［评价标准］论题部分0—3分，阐述部分0—9分，具体赋分要求如下表。

水平	分值	具体要求
水平4	10—12	所拟论题符合要求，指向明确，能够引用具体史实支撑论题；史实准确，分析合理，结论顺理成章；论述完整、清晰，逻辑严谨，语言通顺

①［美］周策纵．五四运动史［M］．陈永明，张静，等，译．成都：四川人民出版社，2019：359.

续表

水平	分值	具体要求
水平3	7—9	所拟论题符合要求,指向明确,能够围绕所拟论题,阐述自己的观点;所举史实、论题基本能构成逻辑关系;论述较完整、清晰,语言通顺
水平2	4—6	所拟论题基本符合要求,指向较明确,所举史实对论题支撑不足,或史实与结论之间逻辑性不强;论述不够严谨,语言较通顺
水平1	0—3	所拟论题基本符合要求,指向较明确,所举史实对论题支撑不足,或史实与结论之间逻辑性不强;论述不够严谨,语言较通顺

三、教学设计特点与反思

本课教学设计依标据本,以课标为导向,充分挖掘初高中统编历史教科书的相关内容,参照课标要求选取材料,设置问题,在注重必备知识与关键能力提升的基础上突出学科素养与核心价值的培养,注重辩证思维、批判思维和创新意识的培养,让学生在发现问题、分析问题、解决问题的过程中形成正确的历史认识。

本课教学设计力图突出重点、突破难点,以中国共产党成立初期对中国革命道路的早期探索为核心,通过材料分析影响中共革命道路选择的因素,从而提升学生理解力。

本课教学设计注重史料,创设情境,设计问题,通过教师引导、组织学生合作探究来提升学生获取和解读历史信息的能力、分析历史问题的能力和历史探究的能力,充分调动学生学习的积极性,以便使其更好地完成学习任务。

第22课　南京国民政府的统治和中国共产党开辟革命新道路(同课异构一)

景丽萍[①]

第一部分　课前预设系统

一、课标解读

本课课标的内容要求:了解南京国民政府的成立;认识中国共产党开辟革命新道路的意义;认识红军长征的意义。

对于南京政府的成立,一方面需要知道南京国民政府统治时期为何是形式上统一全国,另一方面知道南京国民政府的统治状况并分析其实质,全面、客观地看待南京国民政府统治时期的成就。

认识革命新道路的意义,至少包含以下几点:革命新道路确立的过程、革命新道路的含义、革命新道路新在何处,以上三点是为第四点"认识中国共产党开辟革命新道路的意义"做铺垫的,那么采取何种方式和途径去逐层深入理解革命新道路的含义、确立过程、新在何处以及对当时整个中国革命的意义,是我们思考的关键。

关于红军长征的意义,要求我们将长征放在特定的时空框架和历史环境中去认识。关于"长征的意义"教科书讲得很简洁:"长征实现了红军的战略大转移,宣传了中国共产党的政治主张,在沿途播下了革命种子,铸就了长征精神,打开了中国革命的新局面。"如何认识和通过何种途径认识"革命种子""长征精神""新局面"这些历史概念是关键点。

二、教学内容分析

本课上承第21课《五四运动与中国共产党的诞生》,下启第23课《从局部抗

①作者简介:景丽萍,中学一级教师,赤峰市第二实验中学历史教师。

战到全面抗战》,起着承上启下的重要作用。本课内容在初中统编教科书中分为两课,即《毛泽东开辟井冈山道路》和《中国工农红军长征》。这段历史是“十年对峙时期”,属于国共第一次合作破裂到第二次合作形成的过渡期。本课从南京国民政府的统治、工农武装割据开辟革命新道路和红军长征三个方面对国共两党对峙做了基本介绍,同时还有一条贯穿本课的隐形线索——日本侵华,中日民族矛盾逐渐上升为国内主要矛盾。

三、教学对象分析

学生在初中阶段已经学过农村革命根据地和红军长征等相关内容,对本课知识有一定程度的了解。但是,由于初高中能力要求不同,学生的固有知识停留在“是什么”的层面,缺少对知识“为什么”和“怎么样”的分析和理解,需要教师通过问题设计引导学生进行探究与思考。

高一学生思维活跃,求知欲强,但在思维的独立性、批判性和灵活性等方面还不够成熟,还需要进一步培养和提升自主学习和合作探究的能力,学会运用所学知识去解决历史问题,建构自己对历史现象的认识,不断提升历史学科的核心素养。

四、教学目标

1.以时间轴的形式,梳理国共关系的基本史实。

2.通过阅读教科书中有关南京国民政府成立的史实,全面认识国民党在全国统治的建立及统治方式。

3.通过梳理南昌起义、八七会议、秋收起义和井冈山革命根据地的创建等相关史实,合作探究中国特色革命道路形成的必然性。

4.研读史料,运用红军长征路线示意图,梳理红军长征的基本史实并分析红军长征的原因,说明遵义会议的重要意义,认识长征精神的实质。

五、教学重难点

1.教学重点:工农武装割据思想的形成及中国革命新道路的开辟,红军长征的基本史实。

2.教学难点:井冈山革命道路开辟的历史必然性,遵义会议时期党的成熟。

六、教学立意和整体思路

本课的内容涵盖了整个国共十年对峙时期，前承国民大革命失败，后启国共合作抗日，时间跨度较长，历史事件也较多，学生学习起来不太容易驾驭，所以本课教学设计始终围绕着“国共及国共关系”这条主线。

线索一是国民党方面，形式上统一中国，建立国民党一党专政的体制；

线索二是共产党方面，结合国情，最终走上了“工农武装割据道路”；

线索三是国民党和共产党之间的博弈——国民党“围剿”与共产党的反“围剿”斗争，以及共产党内部的分歧——是选择全盘“苏化”还是独立自主发展。

“革命种子”“长征精神”可以通过史料解读、观看视频等进行理解，从中体会长征艰难的过程，“新局面”可以通过史料补充以及长征胜利之后中国革命、中国抗战的形势来认识。

七、板书设计

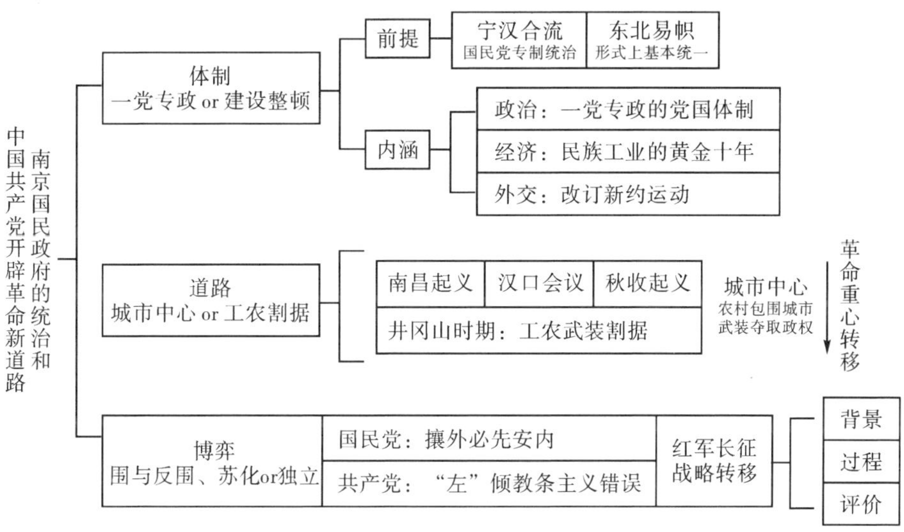

第二部分　课堂实施系统

一、教学活动过程

(一)导入环节

教师:上图是关于俄国十月革命的图片《攻打冬宫》[①],请同学们回顾第21课所学知识,解读这幅图片与中国共产党诞生、国共合作的关系。

学生:受俄国十月革命胜利的影响,马克思主义传入中国,与中国工人运动相结合,中国共产党建立,开启国共合作。

◆设计意图

通过引导学生回顾国民大革命的失败,构建国共十年对峙的背景信息,引入本课。

教师:请大家回顾上节课所学,国共合作后进行的国民大革命结果如何?

学生:发生了“四一二反革命政变”“七一五反革命政变”,国共关系破裂,国民革命失败。

◇总结与过渡

通过图片导入,我们可以回顾国共由合作到决裂的变化,接下来国共进入了十年的对峙期。下面我们就一起走进国共的十年对峙。

①普通高中课程标准实验教科书历史必修1[M].北京:人民教育出版社,2007:90.

(二)线索一:体制——国民党方面

教师活动:展示国共十年对峙期间的时间脉络轴。

时间脉络:

	国民党
1928.4	二次北伐
1928.12	东北易帜
1929.3	蒋桂战争
1930.5	中原大战
1930.11	第一次『围剿』
1933.9	第五次『围剿』

	共产党
1927.8.1	南昌起义
8.7	八七会议
9.9	秋收起义
1928.4	井冈山会师
1930夏	星火燎原
1931.11	瑞金政权
1933.1	临时中央政治局迁移至瑞金
1934.10	开始长征
1935.1	遵义会议
1935.10	到达陕北
1936.10	长征胜利结束

学生活动:参考时间脉络轴开展自主学习,明确国共对峙这十年双方都是如何发展自身力量的。学生代表A梳理国民党方面努力“统一”中国,不断“围剿”共产党的史实;学生代表B梳理共产党方面的主要活动,即不断摸索和尝试走一条属于自己的革命道路。

◆设计意图

以时间轴的形式,引导学生自主完成本课基础知识的学习,让学生口动、手动、脑动,为下一步的学习奠定史实基础,强化时空观念。

◇总结与过渡

同学们注意时间轴上下国共两党的活动,认识到这一时期国民党形式上统一了中国,并主要奉行“攘外必先安内”的政策;共产党也逐步找到了符合国情的“工农武装割据”理论,宏观把握本节课国共两党相关知识点的时空背景。

教师活动:展示国民政府时局演变的过程,三足鼎立→宁汉合流→东北易帜,国民党形式上统一了中国,设问:南京国民政府发动的“北伐”与国民革命时期的“北伐”有何不同?

学生:国民革命时期的北伐是以反帝反封建(北洋军阀)为宗旨的,组织基础是国共合作;而南

◆设计意图

引导学生了解国民党形式上统一中国的史实,进而揭示南京国民政府的性质,为后面的学习奠定基础。

京国民政府的“北伐”,是在国共合作破裂的情形下进行的,虽也有打倒北洋旧军阀的目的,但与革命初衷背道而驰,是一场争夺地盘和统治权力的战争。

◇总结与过渡

同学们总结得非常好,由表及里,有理有据,接下来我们进一步了解国民党建立的“统一”的政权体制。

教师活动:展示国民政府行政院旧址的图片(图略,见教科书第126页),请同学们简要描述国民党政府一党专政的党国体制。

学生活动:阅读教科书第126页的导言部分,总结出国民党政府“总揽治权”“以党代政”,建立起“一党专政”的党国体制。

◇总结与过渡

国民党形式上统一中国以后,在政治上确立了一党专政的体制。

教师:请同学们结合教科书第127页相关内容,思考:1927—1936年民族工业发展较快,其中有哪些因素推动了民族工业“黄金十年”的出现?(提示:政府角度、民众角度)

学生:国民政府开展国民经济建设运动的推动,推行币制改革,实行法币政策和统一税制;民族资产阶级兴办实业的热情高涨,人民抵制洋货、提倡国货的反帝爱国运动的高涨。这些因素共同推动了民族工业“黄金十年”的出现。

◇总结与过渡

国民党统治的这十年,民族工业在一定程度上确实获得了恢复和发展。

教师:请同学们进一步分析国民政府的经济体制有何弊端?

学生:在国民政府建立的经济体制下形成了官僚资本,他们凭借国家权力,迅速膨胀,不断压制民族工业的发展。

教师:请同学们阅读以下材料,从外交领域认识国民党政府在改订新约运动方面的表现,思考如何评价南京国民政府时期的改订新约运动。

材料1：至废除不平等条约问题，窃以为关税自主最为我国起死回生之剂。若收回租界、租借地，取消领事裁判权等等，则次第交涉。①

材料2：美国国务卿凯洛格……于1928年7月24日照会外长王正廷……次日，《整理中美两国关税关系之条约》在北平签订。虽然在条约中，美国要求中国保护其在华权益以及享有最惠国待遇，但它毕竟承认了中国的关税自主权，从而打破了中外间关于关税问题交涉的僵局。②

学生：国民党政府的改订新约运动恢复部分主权，增加关税收入，否认领事裁判权，顺应民众的反帝情绪。但与废除一切不平等条约，取消帝国主义在华一切特权的要求还相差甚远。

◆**设计意图**

通过以上学习，帮助学生从政治、经济、外交等方面全面认识国民党政府一党专制的统治。

◇总结与过渡

综上，我们可以得出，国民党政府形式上统一中国以后虽然在政治、经济和外交领域取得了一定的成绩，但政治上的专制统治、经济上官僚资本的发展、外交上的不独立都暴露了国民党政府专制统治的本质。

(三)线索二：道路——共产党方面

教师活动：展示“南昌起义”“八七会议旧址”两幅图片（图略，见教科书第127、128页）以及教科书相关内容，要求学生思考中国共产党领导的革命道路有何调整变化。

学生活动：对比俄国十月革命攻打城市彼得格勒（攻占冬宫）的成功和中国共产党攻打城市南昌（南昌起义）和长沙（秋收起义）的失败，得出中国共产党的革命重心须由城市转移到农村。

◆**设计意图**

引导学生认识从俄国式革命道路到中国式革命道路是受中国具体国情决定的，是马克思主义与中国具体革命实践相结合的产物。

①汪效驷．南京国民政府“改订新约运动”再评价——基于关税权和领事裁判权交涉的比较[J]．天府新论，2010(2)：133-137.

②董振平．南京国民政府关税自主的背景分析[J]．齐鲁学刊，2002(1)：19-23.

◇总结与过渡

同学们总结得非常好，不难看出中共领导革命的重心发生了转移——由城市中心转变为农村包围城市，武装夺取政权。

教师：结合下图及“1929—1932年农村革命根据地分布示意图”（图略，见教科书第129页）思考革命根据地分布有何特点，并探究其原因。

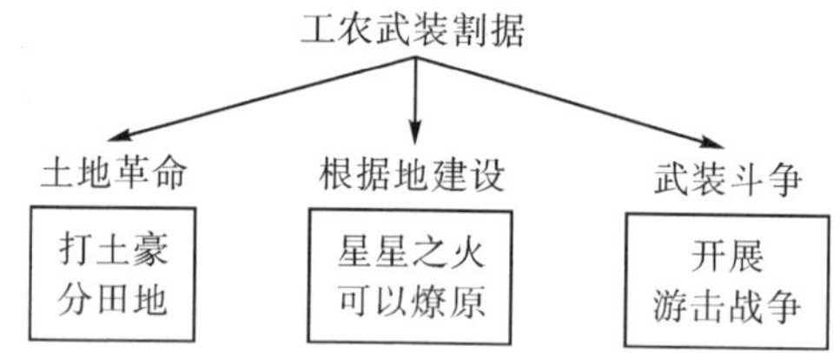

学生：

特点——革命根据地主要分布在南方几省；多处在两省或几省的接合部；大多远离中心城市。

原因——南方几省的群众基础较好；农村或几省交界处敌人力量薄弱。

◇总结与过渡

从井冈山革命根据地的建立到在江西瑞金建立革命政权，中国共产党不断进行着武装斗争、土地革命以及根据地建设，也逐渐形成了工农武装割据的模式及理论。

（四）线索三：博弈与分歧——国共与党内

教师：国共对峙以来，一直在“围剿”与反“围剿”中博弈。在此过程中，中共内部也存在“全盘苏化”和“独立自主”的分歧。结合教科书第129—130页内容及以下材料，请同学们分析红军长征的原因。（提示：国民党方面——政治、经济、军事；共产党方面——革命道路、军事战略、统一战线。）

材料3：国民党蒋介石以及他的帝国主义军事顾问等经过历次“围剿”失败之后，知道用“长驱直入”的战略战术同我们在苏区内作战是极端不利的。因此五次“围剿”中采取了持久战与堡垒主义的战略战术，企图逐渐消耗我们的有生力量与物质资材，紧缩我们的苏区，最后寻求我主力决战，以达到消灭我们的目的。

——《中央关于反对敌人五次“围剿”的总结的决议(遵义会议)》①

材料4：过去我们就是由先生把着手学写字，从一九二一年党成立到一九三四年，我们就是吃了先生的亏，纲领由先生起草，中央全会的决议也由先生起草，特别是一九三四年，使我们遭到了很大的损失。从那之后，我们就懂得要自己想问题。我们认识中国，花了几十年时间。中国人不懂中国情况，这怎么行？真正懂得独立自主是从遵义会议开始的，这次会议批判了教条主义。

——毛泽东《革命和建设都要靠自己》②

材料5：蒋介石吸取前几次“围剿”失败的教训，经过半年时间的精心准备，于1933年9月发动对中央苏区的第五次大规模军事“围剿”。他调集50万军队，自任总司令，坐镇南昌指挥，分北路、南路、西路三面围攻中央苏区。由于博古、李德等实行军事冒险主义、“御敌于国门之外”，之后又实行消耗战、节节防御，并丧失了联合福建十九路军等许多机会，导致经过一年多苦战最后仍不得不撤出中央根据地进行战略转移的结局。③

学生：红军被迫长征的原因总结如下。

国民党方面——政治上推行保甲制度和连坐措施；经济上严密封锁苏区，断绝外界联系；军事上奉行堡垒主义持久消耗红军。

共产党方面——受“左”倾思想影响，在革命道路方面，坚持以城市为中心；在军事战略方面，错误地奉行进攻冒险主义、防御保守主义和退却逃跑主义。

◆**设计意图**

通过史料分析，多角度全面地认识红军长征的原因。其中包含国民党第五次“围剿”时政治、经济、军事等各方面的调整，也包括共产党内部“左”倾错误的蔓延。

教师活动：展示红军长征路线示意图(图略，见教科书第130页)，让学生从视觉

①转引自中央档案馆．中共中央文件选集(第10册)[M]．北京：中共中央党校出版社，1991:454.

②转引自张琼．中国共产党关于马克思主义中国化时代化大众化经典论述研究(中)[M]．北京：线装书局，2013:264-265.

③唐双宁．从更广的意义和范畴认识遵义会议——关于“广义遵义会议”及其历史意义的探讨[J]．党的文献，2015(01):76-81.

角度重走长征路、感悟红军的长征精神，激发其家国情怀。播放遵义会议召开的相关视频，让学生体会中国共产党是如何从幼稚走向成熟的。

学生活动：通过路线图的“足迹”，讲述红军长征的基本史实，从中感受长征精神——坚忍不拔、自强不息、勇往直前等。观看遵义会议的视频，结合教科书，从中体会中国共产党正在逐步走向独立和成熟。

教师：通过史料分析，请同学们思考长征给中国革命带来哪些深远影响。

材料6：长征是历史记录上的第一次，长征是宣言书，长征是宣传队，长征是播种机……长征是以我们胜利、敌人失败的结果而告结束……长征一完结，新局面就开始。①

材料7：长征后保存下来的红军人数虽然不多，但这是党的极为宝贵的精华，构成以后领导抗日战争和解放战争的骨干。毛泽东曾说过：“我们的军事力量在长征前曾经达到过三十万人，因为犯错误，后来剩下不到三万人，不到十分之一。重要的是在困难的时候不要动摇。三万人比三十万人哪个更强大？因为得到了教训，不到三万人的队伍，要比三十万人更强大。”②

学生A：长征不仅仅是一次战略转移，也壮大了中国共产党继续革命的力量，开创了中国革命的新局面。

学生B：长征实现了从国内战争到抗日民族战争的伟大转变，推动抗日民族统一战线的建立。

◆**设计意图**

使学生认识到中国共产党是真正为国家民族复兴做出了巨大贡献的伟大的党，从而培养学生的家国情怀。

学生C：长征实现了红军的战略大转移，使中国革命转危为安；保存并锤炼了中国革命的骨干和精英力量。

教师活动：提供国共十年对峙时期的时间脉络轴。

①张勇，杨实生，周明.长征精神与中国梦[M].长沙：湖南大学出版社，2017：18.

②中共中央党史研究室.中国共产党的九十年[M].北京：中共党史出版社、党建读物出版社，2016：164.

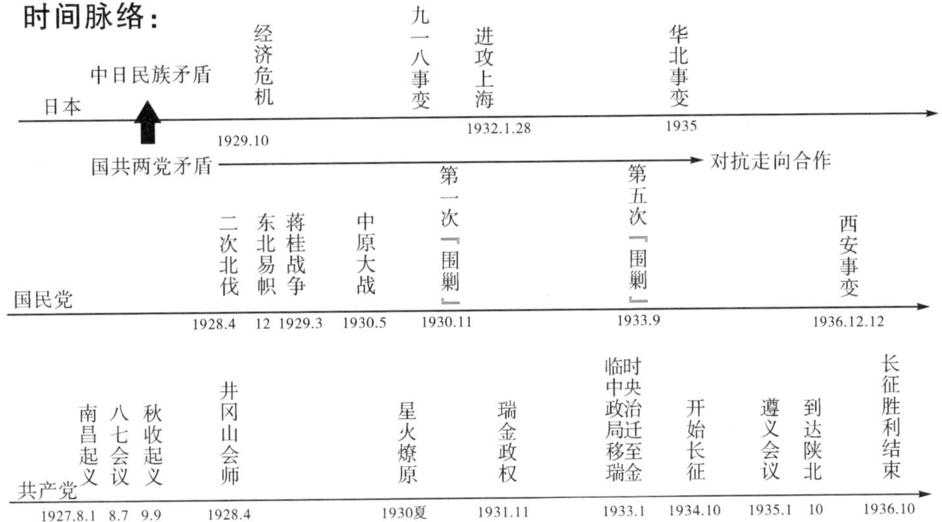

在国共关系之外，增加了日本侵华这条线索。凸显出这一时期，历史的发展进入下一个拐点——全民族抗日，民族矛盾逐渐上升为这一时期的主要矛盾，继而引入第23课的学习。

◆**设计意图**

此处的时间轴起到了首尾呼应，承上启下的作用。

二、本课小结

本课的内容涵盖了整个国共十年对峙时期，前承国民大革命失败，后启国共合作抗日，时间跨度较长，历史事件也较多，所以本节课的学习始终围绕着“国共及国共关系”这条主线。线索一是国民党方面，形式上统一中国，建立国民党一党专政的体制；线索二是共产党方面，结合国情，最终走上了工农武装割据道路；线索三是国民党和共产党之间的博弈——国民党“围剿”与共产党的反“围剿”斗争，以及共产党内部的分歧——是选择全盘“苏化”还是独立自主地成长。

第三部分　课后评价系统

一、教学评价

本课依据《普通高中历史课程标准(2017年版2020年修订)》及“学业质量评价标准”相关要求,将学生对本课内容的学习及掌握情况划分为以下4个水平。

水平1:能够通过自主学习,宏观把握国共两党十年对峙时期的时空背景,运用恰当的时间和空间表达方式;能够通过对教科书的梳理,认清南京国民政府“形式上统一”的史实;能够简述南昌起义、八七会议、秋收起义和井冈山革命根据地创建的相关史实;能够通过多种方式知道红军长征的基本史实。

水平2:能够运用历史时间轴和历史地图、图片等,分析国共十年对峙时期的背景;能够全面辩证地认识国民党政权的统治方式,揭示其政权的性质;能够通过中俄革命形式对比的方式,正确理解“工农武装割据”理论的创立及基本内涵。

水平3:能够从生产力与生产关系、经济基础与上层建筑的辩证关系方面合理分析中国特色革命道路形成的必然性;能够通过对史料的分析,多角度全面认识红军长征的原因;能够通过多种渠道获取信息,认识到遵义会议的重要意义;能够通过史料研读,分析长征对中国共产党成长和发展的重要作用。

水平4:能够将本课的内容置于当时中国的整体局势之下,理解中国革命的新局面即将到来;能够在恰当的时空背景下分析比较,得出合理的解释;能够在教与学中,深刻体会到中国共产党是真正为国家民族复兴做出巨大贡献的伟大的党。

二、本节学业质量水平检测

开放性试题(改编):中国共产党领导新民主主义革命走向胜利的征途中,在我国许多地方留下了光辉的足迹:瑞金、遵义、延安、西柏坡、北京。

请结合新民主主义革命的史实,任意选取三个“足迹”,自拟论题,着重阐述三者之间的内在联系。(12分)(要求:论题明确,史论结合,逻辑严密,条理清晰。)

[答案示例]

所选足迹:瑞金、遵义、延安。

论题:中国共产党从幼稚走向成熟的足迹印证了马克思主义逐渐中国化的过程。

在瑞金,从1931年9月至1934年10月,中共巩固了各革命根据地,建立了中华苏维埃共和国临时中央政府,领导了中央革命根据地的反“围剿”斗争。这是中共放弃苏俄的“城市中心”道路,选择了适合中国的“农村包围城市”之路的表现。

由于党内“左”倾错误,导致第五次反“围剿”失败,被迫长征。长征途中,于1935年1月召开了遵义会议,结束了王明“左”倾错误思想在中央的领导,事实上确立了以毛泽东为主要代表的马克思主义正确路线在党中央的领导地位,这是中共放弃“苏化”,实现独立的开始,标志着中国共产党开始从幼稚走向成熟。

遵义会议后,中共中央随中央红军继续长征,最终胜利到达延安。此后的十年间,延安成为中国革命的指导中心和战略总后方,中共在此领导了敌后军民的抗日战争并取得了完全胜利,召开了中共七大,领导了解放战争初期的斗争。

综上所述,从瑞金到遵义再到延安的足迹体现了中国共产党从幼稚走向成熟的不断成长,同时也是马克思主义逐渐中国化的过程。

水平	水平1 (0—2分)	水平2 (3—5分)	水平3 (6—8分)	水平4 (9—12分)
论题	没有选取历史足迹,论题表述不合理	选取历史足迹但不够妥当。论题表述含混不清	正确选取三个历史足迹,论题表述基本合理	正确选取三个历史足迹,论题明确,表述严谨
论述	论证欠说服力,表述史实不清楚	论证过程一般,史实表述相对清楚	论证过程史实清楚,结构分明	论证过程充分,结构严谨,逻辑严密,表述清晰
结论	没有得出结论	得出相关结论,但表述一般	得出比较恰当的历史结论	得出正确结论,表述准确

三、教学设计特点与反思

本课设计有“课魂”引领,以国共关系为主线贯穿全课。明线是南京国民政府的统治、中共工农武装割据开辟革命新道路、红军长征等史实；暗线是国共关系“合作—对峙—合作”的演变与博弈。在学习本节课的过程中把唯物史观、时空观念、史料实证、历史解释和家国情怀等学科素养有机渗透，完成既定学习目标。总体而言，本课教学以教师的问题为统领，发现问题，探讨问题，进而发现现象背后的本质，并分析产生现象的原因和规律，逻辑清晰，符合学生的思维认知特征，有效理解教学重点，突破教学难点，较好地实现了教学目标。

本课内容体量大，时间跨度长，线索也比较多，在教学时应尽可能帮助学生梳理发展线索。对关键细节适当展开描述，如济南惨案、土地革命、古田会议等。在具体教学实践中，也要根据学情适当取舍，才能把这节课完整而精彩地呈现出来。

第22课　南京国民政府的统治和中国共产党开辟革命新道路(同课异构二)

丁统祥①

第一部分　课前预设系统

一、课标解读

课标的内容要求：了解南京国民政府的成立；认识中国共产党开辟革命新道路的意义；认识红军长征的意义。

与初中课标(2022年版)内容要求“知道南京国民政府的成立及性质；通过了解南昌起义、八七会议、秋收起义、毛泽东与朱德井冈山会师、古田会议等基本史事，认识中国共产党创建人民军队和农村革命根据地的意义；认识遵义会议在中国革命史上的地位；通过了解长征途中红军爬雪山过草地等艰难历程的

①作者简介：丁统祥，赤峰学院历史文化学院2020级学科教学(历史)硕士研究生。

史事，感悟长征精神”对比来看，高中阶段对该部分的要求更加注重学生对这一时期历史认识的系统性和结构性。南京国民政府成立于1927年4月，其性质发生怎样的转变，中国革命道路发生怎样的变化，中国共产党为此做出怎样的应对，需要进行逻辑关系的梳理和思考。“宁汉合流”“东北易帜”使中国完成形式上的“统一”，在这一背景下，需要探究思考中国和中国革命在此时面临怎样的危机，中国共产党如何在这些危机中斗争、成长，有哪些历练最终化作中国革命的宝贵财富。通过对这些问题的凝练和探究，理解教科书知识的内涵，培育核心素养。

二、教学内容分析

本课的主要内容是引导学生认识大革命失败后中国社会的新变化以及中国共产党开辟新道路的举措。在国民大革命经历失败后，中国革命陷入低潮，而中国共产党人不断探寻革命的道路，在迂回探索中最终将马克思主义与中国国情结合，找到了适合中国国情的革命发展道路。中国共产党在这一历程中逐渐由幼年走向成熟，坚定自己的道路，打开了中国革命新局面。

三、教学对象分析

本课相关内容在初中统编教科书中占据5课篇幅，内容较多，学生对每课之间逻辑性理解有限，且多是进行孤立的知识记忆。因此，高中教学，教师应适当整合教科书内容，采用主题教学，提高学生对学习内容的深入理解，发挥课堂学习评价对学生的正向激励，不断提升学生的学科核心素养水平。

四、教学目标

1.通过概述南京国民政府的成立、国民大革命失败、民族工商业的发展等相关史实，分析国民政府成立前后的革命形势。

2.通过学习中国共产党在大革命失败后所领导的武装起义和建立农村革命根据地，说明中国共产党开辟革命新道路的举措并分析其意义。

3.通过归纳中国工农红军长征的相关史实，讲述红军长征的历程，感悟长征精神，并分析长征的原因和历史意义。

五、教学重难点

1.教学重点：中国共产党开辟中国革命新道路；长征的历史意义。

2. 教学难点：中国共产党开辟中国革命新道路。

六、教学立意与整体思路

本课以毛泽东创作于长征时期的《忆秦娥·娄山关》为线索，分两部分进行讲授。该词是遵义会议之后，毛泽东领导红军完成了作战任务，在准备部署下一阶段的行军计划时所创作。作品的意境大气磅礴，情景相融，着眼于当时的战场环境，并憧憬未来的革命道路。将此作品置于本课的时代背景，同样能够反映出中国共产党人在复杂凶险的革命形势下，仍然抱以坚定的革命意志，由弱小走向强大、从幼年走向成熟，开创中国革命道路的新篇章。本课设计以“雄关漫道真如铁，而今迈步从头越”为立意，第一部分将革命道路的“雄关漫道”向学生展示——大革命失败、孙中山逝世、蒋介石和汪精卫先后背叛革命、中国共产党被迫转入地下，革命陷入低潮；通过教师的引导，学生厘清国民革命失败的原因、南京政府的性质以及当时中国社会的概况。第二部分将中国共产党人“而今迈步从头越”的大无畏英雄气概向学生展示——革命道路的探索、战略方针的调整、正确方向的选择、淬炼成钢的跨越，通过学习中国共产党对真理的不懈追求和对革命的无限赤诚，让学生了解中国革命的艰辛，体会中国共产党在革命历程中所积累的宝贵经验。最后将两个部分进行归纳总结，中国共产党立足于国情，从而开辟革命新道路，书写了革命的新篇章。

七、板书设计

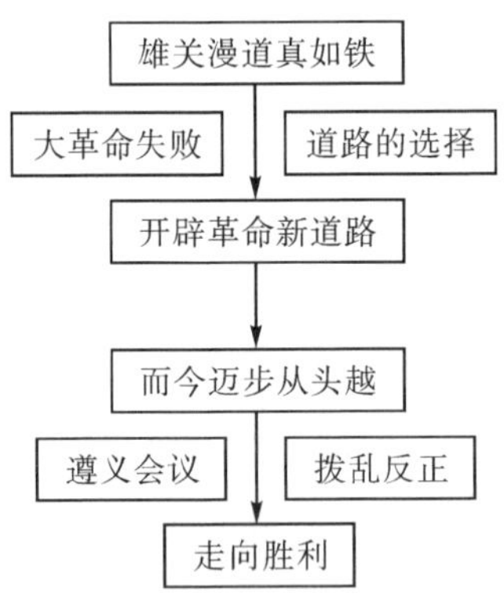

第二部分　课堂实施系统

一、教学活动过程

(一)导入环节

教师活动:导入毛泽东《忆秦娥·娄山关》诗词——西风烈,长空雁叫霜晨月。霜晨月,马蹄声碎,喇叭声咽。雄关漫道真如铁,而今迈步从头越。从头越,苍山如海,残阳如血。

这首词创作于1935年2月,描绘了红军夜间行军的画面。上阕写景,下阕抒情,情景交融,描绘了一幅波澜壮阔的画卷。词中的“雄关漫道真如铁,而今迈步从头越”,描绘的是红军战士面对娄山关这样的雄关险隘毫不畏惧,在夺取胜利之后迅速调整部署,进行下一阶段行军计划,由此也可以看出战斗的激烈和长征的艰险。上节课我们了解了国共合作领导的国民大革命正如火如荼地进行着,那么大革命将会走向何方?国共两党的合作最终会走向哪里?中国共产党又会面临怎样的“雄关漫道”,又是怎样迈步“从头越”?带着这些问题,我们开始本课的学习。

◆**设计意图**

通过诗词导入,由近至远,由局部到整体,引入本课主题“雄关漫道真如铁,而今迈步从头越”。放眼整个国民大革命和土地革命时期,“雄关漫道”指的是国共合作破裂、国民党的“围剿”、中共被迫转入地下、中共内部的右倾投降主义和“左”倾冒险主义等错误导致战略失误,而“从头越”指的是中国共产党及时调整,使革命转危为安,打开中国革命新局面。

(二)教学内容及教学活动

第一部分:雄关漫道真如铁

1.国民革命的失败

教师活动:设置问题和相应的教学环节。

问题一:国民革命为何会走向失败?

问题二:南京国民政府的性质是什么?两次北伐战争有何不同?

环节一:教师梳理时间轴。

1925.3 孙中山逝世

1926.5 北伐战争开始

1927.3 北伐军攻占武汉、南京、上海

1927.4 “四一二”政变(蒋介石)

1927.7 “七一五”分共(汪精卫)

1928.4 南京国民政府宣布继续“北伐”

环节二:教师展示材料。

材料1:国民党自实行“清党”反共政策后,就再也不是孙中山的一面革命旗帜了,而成为“这个或那个军阀的工具”。①

材料2:在帝国主义支持下建立起来的国民党新军阀的统治,依然是城市买办阶级和乡村豪绅阶级的统治。②

材料3:1928年5月1日,国民革命军克复济南,5月3日,日军派兵侵入中国政府所设的山东交涉署,将交涉员蔡公时割去耳鼻,然后枪杀,将交涉署职员全部杀害,并在济南城内肆意焚掠屠杀,致中国官民被焚杀死亡者,达17 000余人,受伤者2000余人。③

教师:根据材料,总结归纳国民革命走向失败的原因。

学生:一是帝国主义国家不希望中国真正走向统一,从而采取了武装干涉的措施;二是蒋介石的独裁野心,同帝国主义国家进行勾连,成为其代理人;三是中国共产党斗争经验不足,出现了右倾投降主义的失误,最终导致国民大革命走向失败。

教师:南京国民政府的性质是什么?1928年的“北伐”和1926年相比有什么不同?

学生:南京国民政府代表了大地主大资产阶级的利益,1928年的“北伐”性质发生了根本上的转变,从其宗旨、组织基础、战争的实质等方面都发生了深刻的变化。

---

①来新夏.北洋军阀史(下)[M].修订版.上海:东方出版中心,2019:1100.

②蔡康志,段德文,赵一凡.鄂豫边区革命史[M].郑州:河南人民出版社,1993:1.

③胡德坤,宋俭.中国近现代史纲要[M].2版.武汉:武汉大学出版社,2013:104.

教师活动：①根据问题设置进行史料探究，结合教科书内容和实践线索的梳理，分析问题，给出解释。②学生以小组为单位分工完成问题二的两个小问题，并推选代表进行归纳总结。

◆设计意图

以问题为导向，培养学生小组合作探究能力，以及提取信息的能力，加强学生对问题内核的理解，培养学生史料实证素养和历史解释能力。

2. 形式上的“统一”

问题三：形式上的“统一”包含了哪些重要事件？“统一”的实质又是什么？

环节三：教师向学生提问“统一”包含了哪些重要事件，引导学生从教科书上查找内容。“统一”的实质是什么，让学生进行思考和回答，教师在学生回答的基础上加以补充和归纳。

学生：重要事件——宁汉合流（1927.9）、济南惨案（1928.4）、皇姑屯事件（1928.6）、东北易帜（1928.12）。实质——各方势力的相互妥协，统一为历史潮流，但军阀之间仍在混战，且台湾岛、澎湖列岛及附属岛屿仍为日占，未真正统一。

◆设计意图

以时序强化事件的记忆和理解，为学生创设历史情境，培养时空观念。

根据教师提示进行问题的回答，对“统一”的实质进行思考和补充。

3. 夹缝中的生存

问题四：为何民族资本主义在南京国民政府成立后迎来了“黄金十年”？民族资本主义又是在哪些势力组成的“夹缝”中艰难生存的？

环节四：教师展示图表，引导学生列举南京政府成立之初所实行的有利于经济发展的政策，同时列举出民族资本主义发展过程中，重视民族资本主义发展的意识也在不断加强，国人也在不断觉醒，等等。同时教师要强调，南京政府经济政策的真实目的并不是发展民族工商业。

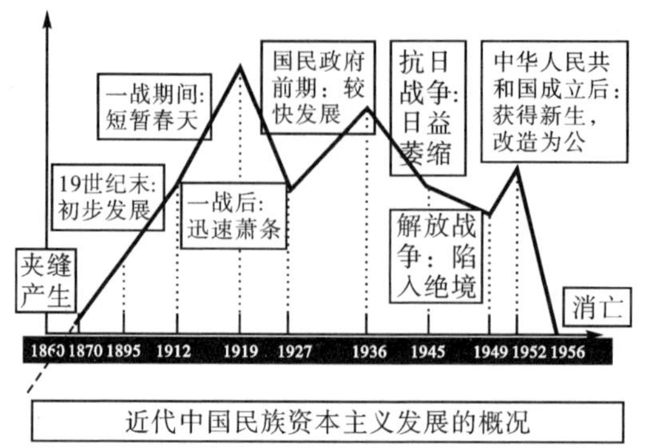

近代中国民族资本主义发展的概况

学生活动:根据图表和材料信息,从教科书以及材料内容中总结问题答案。

①政府采取了一系列经济建设措施,如改革币制、实行法币、统一税制等,推动了国民经济的发展。

②民间爱国意识开始觉醒,抵制洋货、提倡国货、大力兴办民族工商业。

③西方世界处于经济危机中,对中国资本输出的能力大大减弱。

◆设计意图

帮助学生了解这一时期社会经济状态,在此基础上培育学生唯物史观。

◇总结与过渡

国民革命的失败使中国的民主革命又面临着"雄关",中国共产党会在接下来的道路上做出怎样的选择?中国革命的未来将会走向何方?

第二部分:而今迈步从头越

4. 石破天惊第一枪

问题五:南昌起义的重要意义。

环节五:南昌起义打响了武装反抗国民党反动派的第一枪。

学生活动:结合教科书内容对南昌起义的意义进行分析。

5. 枪杆子里出政权

材料4:联合工农暴动的力量,汇合各地自发的工农暴动,夺取政权——一直到造成一省或几省的革命胜利的局面。[①]

①郑建英,陈文柱.新编中共党史简明辞典[M].哈尔滨:哈尔滨出版社,1991:18.

材料5：农民问题乃国民革命的中心问题，农民不起来参加并拥护国民革命，国民革命不会成功；农民运动不赶速地做起来，农民问题不会解决；农民问题不在现在的革命运动中得到相当的解决，农民不会拥护这个革命。

——毛泽东《国民革命与农民运动》①

问题六：城市中心论在中国适用吗？失败给中国共产党带来了怎样的教训？

环节六：教师展示相关材料让学生带着问题进行思考。

教师活动：城市中心论—国外经验—产生原因

革命重心对比 { 中国：农村；俄国：城市 }

结论——城市中心论并不适用于中国实际情况。

失败带给中国共产党的教训：马克思主义需要同中国的革命实践相结合；中国的革命重心需要从城市转移至农村。

学生活动：分析城市中心论在中国走不通的原因及失败给中国共产党带来的经验教训。

◆**设计意图**

以问题为导向，鼓励学生在所学知识的基础上串联历史事件的关联性和系统性。

6. 星星之火可燎原

问题七：红色政权为什么能够存在？

环节七：教师向学生展示相关的材料，并要求学生进行小组探究，推举代表进行回答。

材料6：革命的中心任务和最高形式是武装夺取政权，是战争解决问题。这个马克思列宁主义的革命原则是普遍地对的，不论在中国在外国，一概都是对的。

——毛泽东《战争和战略问题》②

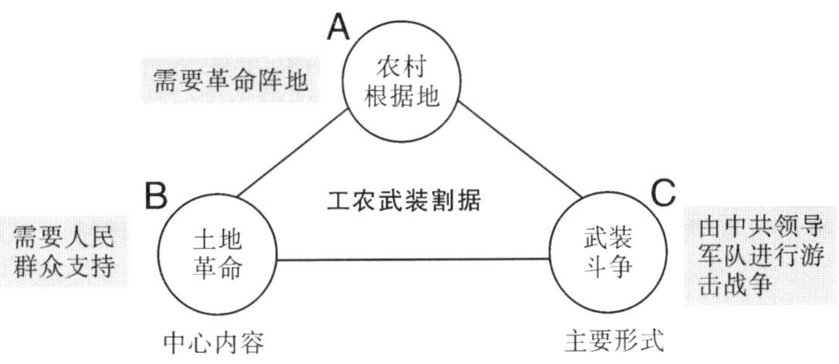

①转引自唐正芒．中共党史简明教程[M]．湘潭：湘潭大学出版社，2012：117-118.

②转引自中国人民解放军总政治部．毛泽东著作选读[M]．北京：中国人民解放军总参谋部出版局，1964：230.

教师活动:将"红色政权为什么能够存在"这一问题归纳为"一条道路、两篇文章、三个内容"。一条道路:工农武装割据;两篇文章:《星星之火,可以燎原》《中国的红色政权为什么能够存在》;三个内容:土地革命、武装斗争、根据地建设。

毛泽东开辟井冈山道路的过程和重要事件都有哪些?

教师串联毛泽东开辟井冈山道路的关键词(反省、调整、会师、新生、巩固、建政)分别对应不同历史时期的重要事件,反映井冈山道路的发展历程,让学生进行小组讨论"红色政权为什么能够存在"这一问题。

反省:八七会议(影响)(1927.8)

调整:奔赴井冈山(开辟革命根据地)(1927.10)

会师:"朱毛合力"(1928.4)

新生:古田会议(1929.12)

巩固:农村革命根据地(1930)

建政:中华苏维埃共和国(1931.11)

红色政权为什么能够存在:

①中国共产党根据中国实际情况,及时将革命的重心由城市转移至农村,进而发动最为广泛的农民阶级进行革命斗争。

②中国共产党打破了传统的无产阶级革命形式,将马克思主义普遍原理与中国革命具体实践进行了伟大结合,开辟了中国革命的正确道路。

学生活动:进行任务分配,分组讨论以下问题。

红色政权怎样形成——列举井冈山道路的发展历程。

◆设计意图

培养学生合作探究能力。

重大事件都有哪些——列举开辟井冈山道路至中华苏维埃共和国成立期间的重要事件和重要会议。

斗争形式发生了哪些变化——列举开辟井冈山道路之前和之后,中共领导的革命武装的斗争形式变化。(夺取城市胜利转为工农武装割据)

7. 暮色茫茫别红都

问题八:为何前四次反"围剿"取得了胜利,而第五次反"围剿"会失败?

环节八:教师利用图表信息和图片材料对学生进行提问,在学生回答的基础上进行一定的补充。

	时间	领导人	采用战术	结果
第一次至第四次反“围剿”	1930至1933年	毛泽东(前三次) 周恩来、朱德(第四次)	避敌主力,诱敌深入 集中优势,各个击破	胜利
第五次反“围剿”	1933至1934年	博古 李德(共产国际)	分散兵力,冒险进攻,保守防御	失败

学生活动:结合材料,比较分析前四次反“围剿”取得胜利和第五次反“围剿”失败的原因。

8. 三军过后尽开颜

问题九:遵义会议为何“生死攸关”?

问题十:请从“宣言书、宣传队、播种机”的角度,分析长征胜利的伟大意义。

环节九:教师简略介绍长征初期面临的艰难险阻,以及中国共产党在这个过程中面临的问题,分析遵义会议的历史意义。

学生:从长征的历史角度来讲,遵义会议开始确立以毛泽东为代表的马克思主义正确路线在党中央的领导地位,在此后的长征途中,实施了正确的战略战术,从而打破敌人围追堵截,挽救了红军。

从中国新民主主义革命的角度讲,遵义会议之后,中国共产党从幼年走向成熟。

长征胜利的伟大意义:

为什么是宣言书?宣告中国革命转危为安。

为什么是宣传队?播下火种,宣传马列主义。

为什么是播种机?保存和培养了基干力量。

教师:遵义会议一个月后,毛泽东在指挥战斗之后写下了“雄关漫道真如铁,而今迈步从头越”,感怀革命成果的来之不易,憧憬日后的峥嵘岁月。

◆**设计意图**

同本课主题进行前后对照,从诗词中感悟历史,培养学生家国情怀。

重读《忆秦娥·娄山关》的创作背景,感悟中国革命历程的艰辛与伟大。

二、本课小结

雄关漫道真如铁:国民革命的失败—南京国民政府的成立及性质—民族工商业和社会经济奠定曲折发展。

而今迈步从头越:中国共产党开辟革命新道路——创建人民军队、工农武装割据、建立红色政权,再到遵义会议、长征胜利,中国共产党在这个过程中积累了丰富而宝贵的经验。

第三部分　课后评价系统

一、教学评价

根据《普通高中历史课程标准(2017年版2020年修订)》课程内容要求及学业质量水平的描述,将学生在完成本课学习后的学业质量水平划分为4级。

水平1:能够运用所学知识,认识中国共产党在大革命失败后开辟革命新道路,是立足于中国实际,将马克思主义中国化的必然选择。

水平2:能够根据图文材料,概述南京政府成立后中国革命和中国社会政治经济发展的基本情况,厘清不同历史时期中国革命跌宕起伏的历史事实,知道中国共产党在不同历史阶段战略方针的调整与变化。

水平3:能够运用历史术语,对国民大革命失败的原因、南京政府的性质、“黄金十年”的历史背景、中国共产党革命道路的选择、长征精神的丰富内涵进行解释,并能够从相关的史料中找到印证。

水平4:通过对本课内容的学习,体会革命道路的艰难险阻和早期中国共产党人英勇无畏的革命气概。

二、本节学业质量水平检测

中国共产党经过遵义会议从幼年期迈入成熟期,在这一过程中经历了共产国际的指导、国共合作的探索、“城市中心论”的模仿,中国共产党逐渐从蹒跚学步变得步履铿锵。在理论与实践的勇敢尝试中渐渐走向了胜利。请以“中国共产党早期的独立探索之路”为主题，自拟题目，写一篇历史小短文。(要求：论题明确，史论结合，逻辑清晰，表述准确，200—300字。)

水平	分值	要求
水平4	10—12	论点明确，思路清晰，史论结合，前后一致，语言通顺
水平3	7—9	论题论点符合要求，基本做到根据史实论证，思路清晰
水平2	4—6	论题论点基本符合要求，论述不够严谨，语言较通顺
水平1	0—3	论点模糊，缺乏史实依据，逻辑混乱，语言不够通顺

三、教学设计特点与反思

1. 设计立意明确，凸显情境教学。本教学设计以毛泽东词为线索，由此铺展本课内容所展现的历史背景，使学生在赏析文学作品的同时，能够分析和思考其内涵，在融入历史情境的过程中感受“雄关漫道”的艰难险阻，体会中国共产党人“而今迈步从头越”的革命英雄主义情怀。

2. 教学环节缜密，问题导向清晰。在设计教学环节的过程中，立足于学生的真实学情和认知规律，以问题为导向，层层递进，环环相扣，不断提升学生在课堂教学中的参与度，增强学生对问题探究的热情，通过小组讨论、合作探究、总结归纳等方式，锻炼学生解决问题的能力。

3. 指向核心素养，基于评价教学。通过认真解读和分析课程标准，明确本节课的重难点内容，并通过解决关键问题，使学生掌握必备知识，培养关键能力，落实核心素养教学；基于评价进行教学，能够更精准地掌握学生对新课内容的把握程度，做到教、学、评一体化。

4. 本教学设计在背景方面阐述过多，对重难点内容的讲授过于笼统，内容稍显冗长，不够精干简练，教学目标不够简洁。在内容上，关于民族资本主义的阐述不够详细，“长征精神”的解释不够明确。

第八单元

中华民族的抗日战争和人民解放战争

单元设计

一、单元概述

本单元包括第23课《从局部抗战到全面抗战》、第24课《全民族浴血奋战与抗日战争的胜利》和第25课《人民解放战争》,可划分为抗日战争和人民解放战争两个阶段。主要内容有:日本侵华主要史实、抗日民族统一战线的形成、抗日民族统一战线下正面战场和敌后战场的抗战、人民解放战争等。抗日战争突出强调十四年抗战的连续性,分析日本发动侵华战争的原因、中华民族团结一致共同抵抗外来侵略以及两个战场的抗日活动,同时说明中国共产党在抗日战争中如何发挥中流砥柱的作用。人民解放战争的胜利,不仅是中国共产党在军事上的胜利,同时也是政治上的胜利,中国共产党顺应时代发展潮流,代表了中国最广大人民的根本利益,得到了广大民众的支持。

二、总体目标

1.构建抗日战争和人民解放战争的重大历史事件的时间轴。

2.阐释抗日战争是一场全民族团结的抗战,中国国民党正面战场抗战和中国共产党敌后战场抗战相互配合,中国共产党在抗日战争中发挥了中流砥柱的作用。

3.叙述抗战的典型事迹,感悟伟大的抗战精神,多角度解释十四年抗战在中华民族伟大复兴中的历史意义。

4.比较国共两党在政治、经济上的内外政策,分析国民党政权在大陆统治终结的原因,以及共产党领导中国人民取得解放战争胜利的原因和历史意义。

三、教学策略

1.把握矛盾变化,构建知识联系。阶级矛盾和民族矛盾是近代中国的两大主要矛盾,从九一八事变开始,中日民族矛盾逐渐上升为中国社会的主要矛盾,国共对立为代表的阶级矛盾逐渐下降到次要位置。随着抗日战争的胜利结束,中国共产党领导的人民大众和美帝国主义支持的国民党反动派之间的矛盾逐渐成为主要矛盾。可以在授课过程中结合结构示意图,一方面让学生了解抗日战争和解放战争的内在联系,另一方面帮助学生理解中国共产党在整个抗日战争和解放战争过程中发挥的重要作用。

2.涵育家国情怀,培养国家意识。家国情怀是学习历史和探究历史应具有的人文追求。应引导学生感悟中华民族英勇不屈的抗争精神,培养学生的历史使命感和国家民族意识。本单元涉及的时段是新民主主义革命走向胜利的关键时期,家国情怀素养的渗透是要特别关注的。

3.强调合作学习,注重情境创设。在具体教学过程中要注重小组合作学习、创设情境问题,引导学生深度学习,落实历史学科五大核心素养教学。

四、活动建议

做好初高中统编教材的有效衔接教学,提高课堂学习的有效性。高中统编教科书与初中统编教科书相比,在内容的深度和广度方面等都有较大变化。教师在教学前应熟悉初中历史统编教科书,研究初高中历史课程标准,为上好高中新课做好准备工作。

在把掌握课堂教学时间的基础上注重经典史料解读;充分利用图片、视频等丰富的素材激发学生学习兴趣;充分发挥师生交流研讨的作用,促进学生深度学习;课堂活动中要充分调动学生参与研讨的积极性。

五、评价检测要点

1.日本发动侵华战争的原因,日本帝国主义的侵略罪行。

2.西安事变和平解决及历史意义。

3.抗日民族统一战线的形成。

4.正面战场、敌后战场抗战的主要史实及中国共产党是全民族抗战的中流砥柱。

5.中国战场是世界反法西斯战争的东方主战场。

6.国民党政权在大陆统治覆灭的原因,中国共产党领导人民取得中国革命胜利的原因。

第23课　从局部抗战到全面抗战

全四虎[①]

第一部分　课前预设系统

一、课标解读

课标的内容要求:了解日本军国主义的侵华罪行;通过了解正面战场和敌后战场的抗战,感悟中华民族英勇不屈的精神,认识中国共产党是全民族团结抗战的中流砥柱;认识中国战场是世界反法西斯战争的东方主战场,理解十四年抗战胜利在中华民族伟大复兴中的历史意义。

本课重点知识主要包括日本侵华罪行、局部抗战、全面抗战、抗日民族统一战线形成等。日本帝国主义发动侵华战争,给中华民族带来了深重的灾难,要认清日本发动战争的侵略本质。中国共产党从民族大义出发,促成西安事变和平解决,推动了抗日民族统一战线的形成;在极端困难的情况下坚持抗战、反对妥协,坚持团结、反对分裂,坚持进步、反对倒退,成为引领全民族抗战的一面旗帜,起到中流砥柱的作用。

①作者简介:全四虎,中学一级教师,赤峰市林东第一中学历史教师。

二、教学内容分析

本课上承《南京国民政府的统治和中国共产党开辟革命新道路》,下启《全民族浴血奋战与抗日战争的胜利》。南京国民政府建立后,实行专制统治,一方面参与军阀混战,另一方面对工农红军大规模"围剿"。中国共产党武装反抗国民党的反动统治,建立农村革命根据地,全力反"围剿"。当时的国内和国际环境,为日本发动侵华战争提供了可乘之机。

本课有日本侵华和中国抗战两条线索。第一子目"局部抗战",说明了日本侵华的原因和过程,以及中国共产党领导的东北抗日联军抗日史实。第二子目"全面抗战的开始"主要介绍七七事变和抗日民族统一战线的形成。第三子目"日军的侵华暴行"揭示了日本军国主义的侵略行径和罪恶本质。

涉及的核心概念:局部抗战、全面抗战、西安事变、七七事变、抗日民族统一战线、全民族抗战等。

三、教学对象分析

高一学生在初中阶段已经学过中华民族的抗日战争,包括九一八事变与西安事变、七七事变与全民族抗战、正面战场的抗战、敌后战场的抗战、抗日战争的胜利等内容。初中课程对一些重大历史事件介绍比较详细,学生已经基本掌握了抗日战争的知识,例如日本侵华战争的原因、过程,全民族的抗战,抗日战争胜利的历史意义等,已经具备一定的问题探究能力,因此在学习新课时应在课前布置预习任务。在教学条件允许的情况下,可以先让学生在课前浏览相关的视频、图片、文字史料,以便节约课堂时间,提高学习效率。

四、教学目标

1.从相关史料中获取有效信息,分析和解释日本发动侵华战争的原因。

2.梳理九一八事变、华北事变、一二·九运动、西安事变、卢沟桥事变、抗日民族统一战线等有关抗日战争的重要史实。

3.理解中国共产党从民族大义出发,促成西安事变和平解决,使西安事变成为时局扭转的关键;分析第二次国共合作和抗日民族统一战线建立对于推动全国各界走向全面抗战、全民族抗战的伟大历史意义。

4.通过日本军国主义的侵华暴行说明日本发动战争的侵略本质;理解全民族团结抗战是十四年抗战胜利的重要基石。

五、教学重难点

1. 教学重点：抗日民族统一战线的形成，日本帝国主义的侵略罪行。

2. 教学难点：日本发动侵华战争的原因、西安事变和平解决的原因，理解中国共产党是全民族团结抗战的中流砥柱。

六、教学立意与整体思路

本课的主要线索为从局部抗战到全面抗战，主要内容有日本帝国主义从局部侵华到全面侵华、抗日民族统一战线的形成以及日本军国主义在侵华过程中犯下的滔天罪行。因此，基于课标将本课内容分为四个部分。

第一部分：白山黑水千秋恨——日本侵华的原因。结合学生课前预习，展示相关史料，多角度分析日本发动侵华战争的原因，了解中国共产党领导东北人民进行艰苦卓绝的抗战活动。

第二部分：西安捉蒋翻危局——西安事变和平解决的意义。爱国将领张学良、杨虎城发动兵变即“西安事变”，展示西安事变相关史料并结合西安事变后各方态度，引导学生思考哪种方式更有利于西安事变的和平解决、为什么中国共产党主张要和平解决西安事变，认识中国共产党在促成抗日民族统一战线形成中发挥的重要作用。

第三部分：国共御侮齐抗敌——统一战线的建立。1937年9月，中国国民党中央通讯社发表《中共中央为公布国共合作宣言》，标志着以国共合作为基础的抗日民族统一战线正式形成。中国共产党不仅推动西安事变的和平解决，同时也是抗日民族统一战线的坚决捍卫者，无论是面对日本侵略者的猖狂进攻，还是面对国民党顽固派的反共摩擦，中国共产党的爱国主义立场从未发生丝毫的动摇，坚持抗战、反对妥协，坚持团结、反对分裂，坚持进步、反对倒退，成为引领全民族抗战的一面旗帜。中国共产党始终坚持维护最广大人民的利益，成为抗日战争的中流砥柱，领导中国革命取得最终的胜利。

第四部分：国殇屈辱永铭记——日本侵华的实证。展示日本侵华期间所犯下的累累罪行，思考日本武士道精神与其历史文化传统的相关性，认识日本帝国主义的凶残本质，警惕日本军国主义势力的复活。

七、板书设计

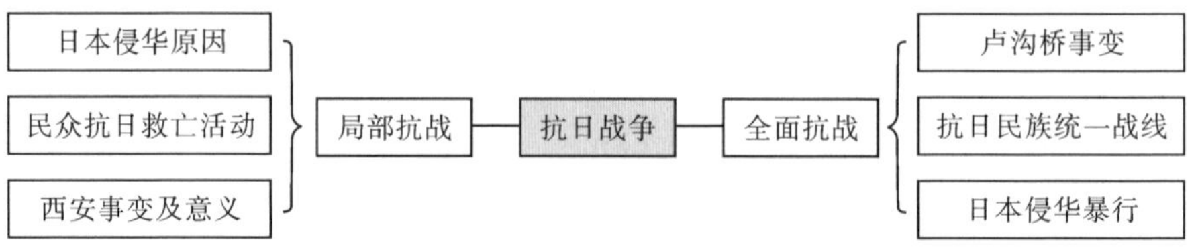

第二部分　课堂实施系统

一、教学活动过程

(一)导入环节

如果丧失对历史的记忆,我们的心灵就会在黑暗中迷失。

——[俄]克柳切夫斯基

> ◆**设计意图**
>
> 引用俄国历史学家的名言,引导学生思考历史记忆对人类精神生活的重要性。

局部抗战（1931—1937）　全民族团结抗战（1937—1945）

	1927	1929	1931	1932	1933	1935	1936	1937		1938	1939	1940		1945
中方→			十四年抗战开始	十九路军抗战		一二·九运动		西安事变	国共合作抗战					
日方→	田中奏折	经济危机	九一八事变	一·二八事变、伪满洲国	进犯长城	华北事变		七七事变、南京大屠杀		重庆大轰炸		扶植汪伪政权	细菌战	华北「三光」政策

教师活动:展示日本历次侵华大事件时间轴,讲述日本历次侵华的时间和史实,明确局部侵华和全面侵华的区别。

> ◆**设计意图**
>
> 一方面让学生自主了解基础知识,另一方面让学生自主分析教科书相关资料,培养学生自主学习与分析能力及时空观念。

(二)教学内容

1. 白山黑水千秋恨——日本侵华的原因

材料1:《田中奏折》,奏折内容:……“寓明治大帝之遗策,第一期征服台湾,第二期征服朝鲜……第三期灭亡满蒙,以及征服支那领土……尚未实现。”①

材料2:据官方统计,1931年日本失业工人达413000人,1932年达489000人,加上半失业者,人数达300万人。危机对农村的打击尤为严重……全国农家负债总额高达47亿日元,平均每户837日元。②

材料3:在中国方面,由于执政的国民党……实行“攘外必先安内”政策……对日本的侵略则采取一再妥协退让的政策。③

教师:日本为什么发动侵华战争?

学生活动:结合教科书和相关史料分析日本发动战争的原因。

日本蓄谋已久的大陆政策,满足资本主义经济发展的需要。(根本原因。)

日本法西斯政权(军部)转移因经济大危机产生的国内矛盾。(现实原因。)

教师:日本是以“灭亡中国”为基本国策。其一方面需要通过发动侵华战争来满足日本扩张土地的深层需要,另一方面在国内资本主义发展的同时,日本狭小的国内市场和低下的消费能力成了资本主义发展的最大阻碍,日本迫切需要原材料和廉价的劳动力,而中国资源和劳动力众多并且成本低廉,加之1929年世界性经济大危机的冲击,日本经济持续衰退对日本社会的正常运行产生了灾难性影响。这使日本迫切需要通过发动战争来转移国内矛盾。

教师:面对日本的侵略,当时东北军为何会奉行不抵抗政策?

◆设计意图

根据相关史料,分析东北军执行不抵抗政策的原因、列强的态度,多角度分析日本发动侵华战争的原因。

材料4:蒋介石却认为:“中国存亡之关键,不在外患,而在内忧,不在步步入侵的日本帝国主义,而在盘踞国内为国家心腹之祸的土匪,目前我们只要安内,则攘外就不成为问题,把匪剿清以后,来对付日本帝国主义。”④

①傅波.辽东地区民族抗战研究[M].沈阳:辽宁民族出版社,2002:112-113.

②吴于廑,齐世荣.世界史:现代史编(上卷)[M].北京:高等教育出版社,1995:275-276.

③军事科学院军事历史研究部.中国抗日战争史(上)[M].北京:解放军出版社,2015:256-257.

④熊义,姚鹏.新世纪社会科学精粹[M].沈阳:沈阳出版社,2005:118.

材料5:我(张学良)认为日本利用军事行动向我们挑衅,所以我下了不抵抗命令。我希望这个事件能和平解决。[①]

材料6:美国驻日大使约瑟夫·C.格鲁说:“我并不怀疑日本军人抱有称霸亚洲的幻想,但我仍然认为,他们的力量是扎根于一种防御的态度,即恐惧俄国,担心日本的安全。”……美国重视美日关系,仍然打算以承认日本在中国东北之特殊利益作代价换取日本遵守“门户开放”和“九国公约”,极力回避与日本的冲突……张伯伦提出:“在满洲事变发生之初,日本曾容忍中国方面无数挑衅的举动,因此,局势是非难分,我的同情完全在日本方向。”……1931年12月至1932年2月,英国与日本政府通过外交渠道进行了秘密接触,提出英国不会干涉日本对东北发动的侵略战争,在中国东北地区继续推行“门户开放”原则。[②]

学生活动:从文字材料中提取历史信息,结合课前预习,小组讨论,总结日本侵华的原因。

根本原因:日本蓄谋已久的大陆政策,满足日本资本主义发展的需要。

现实原因:日本法西斯政权(军部)转移因经济大危机产生的国内矛盾。

有利时机:国共对峙,国民党的不抵抗政策,未做充分的战备。

国际因素:英法等国实行绥靖政策。

◇总结与过渡

面对日本帝国主义的不断侵略,中国共产党组织东北人民进行艰苦卓绝的敌后抗战,展开了一系列反抗日本帝国主义侵略的活动。国民党反动派对日本帝国主义的不抵抗政策,致使日本侵略者步步紧逼,导致东北沦陷。

材料7:华北之大,已经安放不得一张平静的书桌了!

——《清华大学救国会告全国民众书》[③]

教师:华北为何容不下一张平静的书桌?北平

◆**设计意图**

通过华北事变,认识到中华民族到了最危急的时刻,一二·九运动促进了中华民族的伟大觉醒,掀起了抗日救亡运动的新高潮。

①唐德刚.张学良口述历史[M].北京:中国档案出版社,2007:136-137.

②李莹,王瑜鹭.九一八事变前后美、英、苏对日政策的演变及中日两国的政策取向[J].“九一八”研究,2016(00),81-86.

③转引自清华大学校史研究室.清华大学史料选编:第二卷(下)[M].北京:清华大学出版社,1991:906.

学生为何游行示威?

学生:日本侵略者占领东北三省以后,又将侵略矛头指向华北,逼迫南京国民政府签署了一系列协定,策动"华北自治",总称为"华北事变"。国民党反动派消极抗日,积极反共,激起北平学生的大规模示威游行。

◇总结与过渡

国民党反动派全力剿共,给日本帝国主义扩大侵略创造了机会,致使华北沦陷,民族危机进一步加深。在中国共产党抗日民族统一战线政策的感召之下,爱国将领张学良和杨虎城发动"兵谏",以武力逼蒋抗日。

2. 西安捉蒋翻危局——西安事变的历史意义

材料8:1936年10月22日,蒋介石由南京飞抵西安,严令进剿红军。张学良当面表示反对,并提出停止内战,一致抗日的要求,遭蒋拒绝,两人大吵。随后几日发动兵谏,扣留蒋介石。①

材料9:当是时也,共产党之停止内战,共同抗日,高唱入云,实攻我心,不只对良个人,并已动摇大部分东北将士,至少深入少壮者之心。②

西安事变后各方态度。

国民党亲日派:何应钦积极部署讨伐张学良、杨虎城。

国民党亲美派:宋美龄、宋子文等为和平解决西安事变,营救蒋介石,积极奔走。

国民党地方实力派:山东省政府主席韩复榘在12月21日密电张学良,称赞张氏之非常行动为"英明壮举"。四川省主席刘湘在12月19日致张学良的电文中认为张对蒋的行为"无非欲促成抗敌救国之伟业,以求我国家民族之生存"。此外,国民政府副总统、桂系首领李宗仁,云南省政府主席龙云等主张"停止内战,共同抗日"。

中国共产党:中共中央在对国际国内的政治形势进行正确分析之后,确定了和平解决西安事变的基本方针,主张用和平方式解决西安事变,反对新的内战,并派周恩来赴西安参加谈判,促进西安事变和平解决。

①申伯纯.西安事变纪实[M].北京:人民出版社,2008:201-202.

②张学良.张学良文集[M].北京:新华出版社,1992:1195.

教师活动:提出问题。

1.结合材料及所学知识,分析各方对西安事变的解决态度。

2.结合所学知识,分析哪种方式更有利于西安事变的解决。

3.结合教科书内容,概括西安事变和平解决的原因和历史意义。

学生活动:从文字材料中提取有关历史信息,结合课前预习,讨论西安事变和平解决的原因。

1.中华民族危机的加深是促成西安事变和平解决的根本因素。

◆设计意图

西安事变的和平解决是多方面力量和各种因素共同作用的结果,其中起到重要作用的是当时国际国内形势。面对空前严重的民族危机,全国抗日救亡运动日趋高涨,"停止内战,一致抗日"已经成为全国人民的普遍要求。中国共产党是抗日民族统一战线的发起者、捍卫者和领导者,还是全民族抗战胜利的精神旗帜。

2.张学良、杨虎城发动西安事变的目的是"逼蒋抗日"而不是杀害蒋介石。

3.以周恩来为首的中国共产党代表团的努力。

4.宋子文、宋美龄等人对和平解决西安事变起到促进作用。

教师活动:结合教科书引导学生分析西安事变的历史意义。

◇总结与过渡

西安事变和平解决,基本结束了长达十年的内战,开始了国共两党第二次合作和一致抗日的新阶段,促成了抗日民族统一战线的建立。

3.国共御侮齐抗敌——统一战线的建立

材料10:起来,为巩固民族的团结而奋斗,为推翻日本帝国主义的压迫而奋斗,胜利是属于中华民族的。抗日战争胜利万岁!

——《中国共产党为公布国共合作宣言》①

材料11:再没有妥协的机会,如果放弃尺寸土地与主权,便是中华民族的千古罪人……就只有牺牲到底,无丝毫侥幸求免之理。如果战端一开,那就是地无分南北,年无分老幼,无论何人,皆有守土抗战之责任,皆应抱定牺牲一切之决心。

——蒋介石1937年出席庐山第二次共同谈话会讲话②

①转引自罗正楷.中国共产党大典[M].北京:红旗出版社,1996:339-340.

②转引自李良志.抗战时评[M].开封:河南大学出版社,2018:126-127.

教师：根据材料分析中国共产党提出的“国共合作宣言”的主张，这一时期国共关系将会发生什么样的变化？产生什么样的影响？

学生活动：根据材料分析出核心主张，国共两党由对抗走向合作。推动了抗日民族统一战线的形成。

教师：蒋介石庐山讲话表明了国民党什么立场？对统一战线的形成有何作用？

学生：庐山讲话标志着抗日民族统一战线的正式形成。

◆设计意图

蒋介石从“剿共”到抗日态度的转变是与中国共产党的推动密不可分的，认识到中国共产党在抗日民族统一战线形成过程中所起的推动作用，是抗日战争的中流砥柱。

◇总结与过渡

1937年9月22日，国民党中央通讯社发表了中国共产党提出的国共合作宣言，蒋介石承认中国共产党的合法地位。至此在中国共产党的推动下抗日民族统一战线正式形成。中国共产党领导敌后战场抗战与国民党正面战场抗战相互配合，和日军展开浴血奋战。伴随着国民党正面战场四次大战的失败，抗战进入相持阶段。1937年11月，国民政府撤离南京，12月13日，日军攻陷南京，在南京进行了持续6周的屠杀。日军在敌后根据地实施野蛮的“三光”政策，暴行令人发指。

4. 国殇屈辱永铭记——日本侵华的实证

根据教科书第三目“史料阅读”（材料略，教科书136页）有关内容分析。

教师：是什么让同为人类的日本侵略者人性沦丧，犯下滔天罪行？

学生：日本的武士道精神。日本想通过暴行最快灭亡中国，消磨中国人民反抗的斗志。

教师：面对日本的暴行和日本右翼势力的复活我们应该怎么办？（引导学生思考）

学生：揭露日本侵略历史，警惕日本右翼势力。

◆设计意图

引导学生思考日本武士道精神与其历史文化传统的相关性，认识到日本帝国主义的凶残本质，警惕日本军国主义势力的复活。通过民族屈辱历史使学生铭记历史，珍爱和平。

二、本课小结

日军制造了一系列侵略暴行，给中国人民带来了沉重的灾难。九一八事变是日本局部侵华的开始，东北沦陷，伪满洲国建立，中华民族所面临的民族危机空前加深。面对日本的侵略，中国共产党领导的东北抗日联军展开了一系列英勇的斗争，书写了可歌可泣的英雄篇章。华北事变、华北沦陷使中华民族的危机进一步加深，在中国共产党的领导之下，北平学生发动一二·九运动，掀起了抗日救亡运动新高潮。中国国民党爱国将领张学良和杨虎城发动震惊中外的“西安事变”。在中国共产党的推动下，西安事变和平解决，成为抗日战争的重大转折。七七事变后，蒋介石发表抗战讲话。9月，国民党中央通讯社发表中国共产党提出的国共合作抗战宣言，蒋介石承认中国共产党的合法地位。至此，在中国共产党的推动下，国共第二次合作实现，抗日民族统一战线正式形成。

日本在侵华期间所犯罪行罄竹难书，这是中华民族不能忘记的，引导学生要牢记历史、珍爱和平、努力学习、报效祖国，绝不让历史悲剧重演。

第三部分　课后评价系统

一、教学评价

根据《普通高中历史课程标准（2017年版2020年修订）》课程内容要求及学业质量水平的描述，将学生在完成本课学习后的学业质量水平划分为4级。

水平1：了解抗日战争进程的历史分期，如局部抗战和全面抗战。知道抗日战争时期相关地理名词与方位。能够知道抗日战争史料分为文献史料、图像史料、实物史料、口述史料等多种类型。能够说出从局部抗战到全面抗战的经过及结果。能够通过对抗战期间英雄事迹的了解，体悟中华民族英勇不屈的精神；能够通过日本侵华期间所犯罪行的影片、图片、文字史料等相关信息，引起思想上的感同身受。学会用唯物史观的基本方法，分析日本发动侵华战争的原因。

水平2:能够将抗日战争期间各派力量的表现定位在特定的时间和空间框架下,能够利用历史年表、历史地图等方式对抗日战争相关史事加以描述,理解空间和环境因素对认识历史的重要性。能够选择、组织和运用相关材料并运用相关历史术语,对抗日战争时期具体史实作出解释。

水平3:通过抗战期间人民群众的表现来理解人民群众在历史发展中的重要作用。能够分辨抗日战争期间对共产党和国民党发挥作用的不同历史解释,说明导致这些不同解释的原因并加以评析。能够深刻理解西安事变及其和平解决在中国社会发展中占有重要的历史地位。能够深刻理解中国共产党是抗日民族统一战线坚决捍卫者,始终坚持维护最广大人民的利益,成为抗日战争的中流砥柱,领导中国革命取得最终的胜利。

水平4:能够根据需要并运用相关材料和正确方法,独立绘制抗日战争相关图表,并加以说明。能够恰当地运用史料对抗日战争进行论述。

二、本节学业质量水平检测

阅读材料,回答问题。(试题原创。)

材料12:中国人民抗日战争胜利是中国共产党发挥中流砥柱作用的伟大胜利。中国共产党自成立之日起就把实现中华民族伟大复兴作为自己的历史使命,捍卫民族独立最坚定,维护民族利益最坚决,反抗外来侵略最勇敢。在抗日战争时期,在民族危亡的历史关头,中国共产党以卓越的政治领导力和正确的战略策略,指引了中国抗战的前进方向,坚定不移推动全民族坚持抗战、团结、进步,反对妥协、分裂、倒退。中国共产党高举抗日民族统一战线的旗帜,坚决维护、巩固、发展统一战线,坚持独立自主、团结抗战,维护了团结抗战大局。中国共产党人勇敢战斗在抗日战争最前线,支撑起中华民族救亡图存的希望,成为全民族抗战的中流砥柱!

——习近平《在纪念中国人民抗日战争暨世界反法西斯战争胜利75周年座谈会上的讲话》

阅读材料并结合抗战期间的相关史实,说明中国共产党“在全民族抗战中发挥了中流砥柱的作用”。(要求:300字左右,史论结合,论从史出,逻辑严密,表述准确。)

水平	分值	评价要求
水平3	10—12	观点明确，多角度论证，逻辑严密，论述充分，表达清晰
水平2	5—9	观点较明确，能结合材料和相关史实论证观点，论述较充分，表达清晰
水平1	0—4	观点不明确，未能利用材料或史实解释观点，论述不充分，表达不清晰

答案示例：

面对日本侵略，中国共产党最早举起抗日救国旗帜，积极倡导、推动建立了抗日民族统一战线；中国共产党为中国抗战制定了正确的政治路线和军事战略；中国共产党广泛发动和组织各阶层群众，使日军陷于人民战争的汪洋大海之中；中国共产党开辟敌后战场，成为坚持抗战的中坚力量；坚持抗战，反对分裂，巩固抗日民族统一战线；中国共产党领导的军队在战争中付出极大牺牲，为争取抗日战争胜利做出了重大贡献等。

由此可见，中国共产党在全民族抗战中发挥了中流砥柱的作用，这是中国人民抗日战争取得完全胜利的决定性因素。

三、教学设计特点与反思

本课教学设计为避免与初中历史学习内容的简单重复，同时兼顾高一学生自主学习能力有限的现实，合理创设问题情境，注重学生思维能力的培养和提升，突出价值导向，落实家国情怀素养。注重讲述典型人物事迹等历史细节，让历史课堂更加丰富多彩，激发学生的学习兴趣，同时通过问题分析，提高学生的历史解释素养。通过提供一系列的史料和设计情境问题，提高学生分析问题、解决问题的能力，培养史料实证素养。十四年抗战，时间跨度较长，地理范围较广，注重历史时间轴的运用，使学生对抗战的进程有非常深刻的了解，培养时空观念素养。

本课设计仍有一些不足，主要表现在以下几个方面：引用史料过多，学生探讨问题的时间不充分；学生参与度不够，只有少数学生参与课堂互动；五大核心素养的教学还有待进一步落实。

第24课　全民族浴血奋战与抗日战争的胜利

王婧娴[1]

第一部分　课前预设系统

一、课标解读

课标对“中华民族的抗日战争”这一专题的要求：了解日本军国主义的侵华罪行；通过了解正面战场和敌后战场的抗战，感悟中华民族英勇不屈的精神，认识中国共产党是全民族团结抗战的中流砥柱；认识中国战场是世界反法西斯战争的东方主战场，理解十四年抗战胜利在中华民族伟大复兴中的历史意义。

在学习本课时，需要了解正面战场和敌后战场抗战的史实及意义，正确认识正面战场和敌后战场的关系，体会抗日战争中空前的民族觉醒和全民族团结一致、誓死不屈、共同抗敌的决心和意志，这是抗日战争能坚持十四年之久并取得最后胜利的重要法宝。中国共产党在整个抗战中的重要贡献和所起到的中流砥柱作用是抗战胜利的重要原因。中国战场是世界反法西斯战争的东方主战场，中国人民抗日战争的胜利，捍卫了国家主权和领土完整，促进了中华民族的觉醒和中华民族的大团结，有力地推动着中华民族伟大复兴。

二、教学内容分析

本课主要介绍了全面抗战开始后的形势以及抗日战争走向胜利的进程。本课将重点内容分为四个部分：“正面战场”“敌后战场”“东方主战场”“抗日战争的胜利”。

涉及的核心概念包括：正面战场、敌后战场、国民党片面抗战路线、中共全面抗战路线、全民族抗战、抗日民族统一战线、“三三制”、减租减息政策、资源西迁运动等。

本课要解决的关键问题有：第一，如何看待国共两党所领导的正面战场和

---

①作者简介：王婧娴，中学二级教师，内蒙古自治区第二地质中学历史教师。

敌后战场在抗战不同阶段中的贡献，体会中国的抗日战争是全民族抗战，形成了伟大的抗战精神，体现了前所未有的民族凝聚力。第二，正确认识中共在全民族团结抗战中的中流砥柱作用。第三，正确认识中国作为世界反法西斯战争的东方主战场的地位和作用。第四，如何理解十四年抗战胜利在中华民族伟大复兴中的历史意义。

三、教学对象分析

高一年级学生在初中已经学习过中华民族的抗日战争，知道从局部抗战到全国性抗战的史实；知道国共两党在正面战场和敌后战场抗战的主要史实；知道中国战场是世界反法西斯战争的东方主战场；对中国军民在抗战中孕育的抗战精神有所体会；认识到抗日战争胜利在中华民族伟大复兴中的重要历史意义。但学生可能对共产党在抗日战争的中流砥柱地位没有形成深刻认识，对中华民族英勇不屈的抗战精神缺乏深刻的感悟，对中国抗日战争胜利在中华民族伟大复兴中的历史意义缺乏深刻的理解。因此，教师将基于课标要求，在学生原有的认知基础上让他们进行更深入的学习与拓展，引导他们进行深度思考。

四、教学目标

1. 通过课前预习，以思维导图、时间轴或表格的形式梳理中国的抗日战争，包括正面战场的抗战、敌后战场的抗战，以及全国各界各阶层人民开展抗战的基本情况。

2. 通过对史料的概括、对比分析，说明抗日战争离不开国共两党的相互配合，尤其认识到中国共产党是全民族团结抗战的中流砥柱。

3. 分小组品读讨论正面战场和敌后战场的抗战家书，体会抗战的艰巨与全民族浴血奋战的悲壮，感悟中华民族在最危险的时刻实现了第一次完全意义上的觉醒和团结一致。

4. 结合史料阅读，多角度概括十四年抗战胜利在中华民族伟大复兴中的历史意义，说明中国是世界反法西斯战争的东方主战场。

五、教学重难点

1. 教学重点：正面战场的抗战、敌后战场的抗战，以及全国各族各阶层人民的抗战；十四年抗战胜利在中华民族伟大复兴中的历史意义。

2. 教学难点：国共两党在抗战中的地位及作用；中国共产党是全民族团结

抗战的中流砥柱。

六、教学立意与整体思路

本课教学设计以抗战家书为切入口，一封家书，一段历史，一份家国情怀，突出强调全民族团结抗战，感悟中华民族在最危险的时刻，实现了第一次完全意义上的觉醒，体现了前所未有的民族凝聚力和对国家高度的认同感、归属感、使命感，以及抗战中形成的伟大的抗战精神，这种“来自东方的力量”开启了古老中国凤凰涅槃、浴火重生的历史新征程！将永远激励中国人民克服一切艰难险阻，为实现中华民族伟大复兴而奋斗！

根据这个教学思路对本课教学内容进行重新整合，通过任务驱动、创设情境、问题探究等环节，在“分步递进，分层达标”的教学思路下开展深度学习。第一部分“重读抗战家书，重回抗战时代”，播放赵一曼抗战家书朗读视频，通过创设情境，增强学生历史代入感。学生通过课前预习，课上小组合作，讨论正面战场的抗战、敌后战场的抗战，以及全国各界各阶层人民开展抗战的基本情况。教师讲授相关史实、概念，学生认识到中国的抗日战争是全民族团结抗战。在此基础上，通过史料探究教学法，运用“认知冲突”理论，学生理解抗日战争离不开国共两党的相互配合，尤其认识到中国共产党是全民族团结抗战中的中流砥柱。第二部分“品读抗战家书，感悟抗战精神”，采用小组合作学习法，体现开放性原则，各小组品读抗战家书，感悟抗战精神。第三部分“深思抗战意义，汲取民族复兴力量”，通过史料探究教学法，多角度概括并分析十四年抗战胜利在中华民族伟大复兴中的历史意义，学生认识到中国是世界反法西斯战争的东方主战场，激发民族自信心和自豪感，体会伟大的抗战精神是中华民族宝贵的精神财富，将永远激励中国人民克服一切艰难险阻，为实现中华民族伟大复兴而奋斗。

七、板书设计

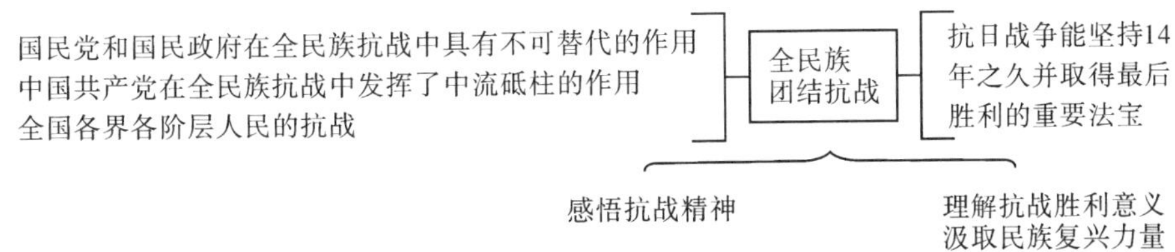

第二部分　课堂实施系统

一、教学活动过程

(一)导入环节

1931年日本发动九一八事变,东三省沦陷;1935年日本发动华北事变,中华民族陷入巨大的灾难之中。然而中国人民不曾屈服,随着西安事变的和平解决,全国团结抗战的局面初步形成,1937年7月7日,卢沟桥事变爆发,中国全面抗战由此开始。中国共产党推动国共第二次合作实现,抗日民族统一战线正式形成。

学生活动:回顾从局部抗战到全面抗战的史实。

◆设计意图

"以旧带新",培养学生的时空观念,激发学生探究历史的兴趣,引出本课的主题。

◇总结与过渡

今天我们非常有幸生活在一个国泰民安的时代,当年的那场战争早已离我们远去,但战场上留下的一封封家书,却成为历史永远的见证。今天我们就一起透过抗战家书看全民族抗战,看我们的民族是如何重塑国魂、浴火重生,感受那穿越时空的精神和力量。

(二)新课讲授

1. 重读抗战家书,重回抗战时代

情境一:播放赵一曼抗战家书朗读视频。

学生活动:观看视频及介绍,谈感受。

教师:这封家书让我们动容,在那个战火纷飞的年代,有无数个像赵一曼一样的中华儿女,义无反顾地走向战场,用自己的方式抗击着日本侵略者,中华民族到了最危险的时刻,没有国,就没有家,如果你是当时的中国青年,你会

◆设计意图

抗战家书是历史永远的见证,通过播放赵一曼抗战家书朗读视频,增强学生的历史代入感,以此为切入口引领学生走进全民族抗战的岁月。

做出怎样的抉择？抗战不是一个人的事，而是全民族的事！

◇总结与过渡

中国的抗日战争就是一场全民族团结抗战（板书），那全民族的团结抗战是如何体现的呢？

情境二：播放中国抗日战争真实影像。

知识整合：全民族抗战史实

抗战力量	抗日救亡事件	主体身份	救亡方式
正面战场的抗战	防御阶段：1937年8月至11月，淞沪会战	国民党军队	武装斗争 经济抗战
	1937年8月至1940年底，国统区工业、高校等资源西迁，迁到西南、西北大后方，这些壮举鼓舞了全国人民的抗战决心，为抗战胜利奠定了物质和精神基础	国民党中央政府、军队、人民群众	
	1937年9月，太原会战	国民党军队	
	平型关大捷（首次大捷，国共合作的典范）	国民党军队、共产党军队	
	忻口会战（抗战初期华北战场规模最大、战斗最激烈） 1938年1月至5月，徐州会战 台儿庄大捷（最大胜利） 1938年6月至10月，武汉会战，会战前，毛泽东发表《论持久战》，作为战略指导理论，抗战转入战略相持阶段 相持阶段：1941年12月，第三次长沙会战胜利 1942年2月，中国远征军入缅作战	国民党军队	
敌后战场的抗战	防御阶段：1937年8月，红军改编为八路军、新四军	共产党军队	武装斗争，新民主主义的政治、经济、文化
	建立敌后抗日根据地，开展游击战争，发动人民群众进行斗争	共产党军队、其他抗日武装	

续表

抗战力量	抗日救亡事件	主体身份	救亡方式
	相持阶段:1940年下半年,百团大战,打破日军的“囚笼”,敌后战场逐渐成为全国抗战的主战场	共产党军队	建设和社会改革,激发人民群众抗战积极性
	1941年,皖南事变,国民党消极抗战,反共倾向日益增长。共产党坚持抗战、团结、进步的方针,实行减息减租政策,开展大生产运动,以“三三制”为原则实行民主选举	共产党政府、军队	
大江南北全国各界各阶层人民的抗战	全欧华侨抗日救国联合会、以陈嘉庚为首的南洋各属华侨筹赈祖国难民总会、旅美华侨救国会三大侨团最具代表性	海外华人华侨	捐助抗日物资,回国投资,归国参战,抗日宣传
	台湾少年团抗战	儿童	参军抗战
	香港各界救国联合会、香港学生赈济会、中国妇女兵灾筹赈会、澳门各界救灾会	港澳同胞	救济难民和伤员,进行抗日救亡宣传,自卫武装,建立抗日救亡团体等
	大青山蒙古族游击队,马本斋与冀中回民支队,女战士金顺姬等朝鲜族抗日英烈,李春润、邓铁梅等满族抗日志士,中南、西南地区各少数民族奋起御侮,西藏宗教领袖坚决主张抗日,新疆各族民众积极支援全国抗战	少数民族	武装抗敌,捐款捐物,慰劳战士,购买国债等

续表

抗战力量	抗日救亡事件	主体身份	救亡方式
	宋庆龄、何香凝抗日募捐，创办伤兵医院，建立全国性的妇女抗日救亡组织；国内各派势力如桂系、川系、粤系、滇系、湘系、西北军、东北军、中央军等纷纷起誓共赴国难；其他党派和团体如中华民族解放行动委员会、国家社会党、中国青年党、中华职业教育社、乡村建设派等也竞相表示拥护团结抗日	国内各团体和党派势力	捐款捐物，慰劳救护，参军抗战等

材料1：抗日民族统一战线是否只限于国共两个党呢？不是的，它是全民族的统一战线，两个党仅是这个统一战线中的一部分。抗日统一战线是各党各派各界各军的统一战线，是工农兵学商一切爱国同胞的统一战线。①

材料2：宛平的工人、农民、老人、妇女、孩子，都自发地走出家门，有的帮助修建战斗工事，有的帮助运送战斗物资，有的帮助救护伤员。其他各地的各种团体和民众，或发表通电，或举行游行，或组织抗日团体，或捐款捐物，或直接参加了不同形式的抗日活动，甚至直接组织或参加抗日武装，走向抗战第一线。②

学生活动：从视频、文字材料中提取历史信息，结合课前预习，展开小组讨论。小组代表发言交流，研讨以下问题。

（1）什么是全民族抗战？

（2）中国的抗日战争如何体现全民族团结抗战？

（3）为什么中国能实现全民族团结抗战？

教师：中国的抗日战场和其他反法西斯国家不同，分为正面战场和敌后战场，正面战场是指与敌人正面对峙的战场，主体力量是国民党，实行片面抗战路线，单纯依靠政府和军队，国民党在战争防御阶段发动了几次大规模的会战，共产

◆设计意图

通过播放视频让学生对“全民族团结抗战”有一个感性上的认识，烘托抗战的气氛。通过知识表格的

①毛泽东．毛泽东选集(第2卷)[M]．北京：人民出版社，1991：365-366.

②沈继英，柳成昌．卢沟桥事变前后[M]．北京：北京出版社，1986：73-80.

党也曾配合国民党领导的正面战场作战，比如平型关大捷，被称作国共合作的典范。因此正面战场是防御阶段的主战场。敌后战场是在敌后与敌人相争，主体力量是中国共产党，建立敌后抗日根据地，实行全面抗战路线，依靠和发动人民抗战，开展游击战争，抗战转向相持阶段后，敌后战场逐渐成为全国抗战的主战场。

教师讲述后，小组代表交流问题的讨论成果，教师点评。

展示概念：全民族抗战指的是在中国共产党积极倡导的抗日民族统一战线的旗帜下，以国共两党为基础，除了少数汉奸卖国贼外，工农商学兵各界、各族人民、各民主党派、抗日团体、社会各阶层人士和爱国华侨广泛参加的反抗日本侵略的抗战。

总结和史料阅读，小组讨论交流，利用不同类型的史料，对所探究的问题进行探究，培养学生史料实证素养和历史解释素养，突破本课重点，真正认识到中国的抗日战争是军民一心，不分地域，不分民族，不分阶级和阶层，不分党派、团体，不分男女老少的全民族团结抗战，日本侵略者陷入人民战争的汪洋大海中。这次抗日战争之所以能实现全民族团结抗战是因为民族意识的空前觉醒，在抗日民族统一战线的旗帜下，国共两党实现第二次合作，体现出前所未有的民族凝聚力，和对国家高度的认同感、归属感和使命感。

◇总结与过渡

通过以上学习我们认识到中国的抗日战争是全民族团结抗战，国共合作，两个战场相互支援、相互配合，在抗日民族统一战线的旗帜下，联合全体爱国人民反抗日本侵略。那如何认识国共两党在抗战中的贡献呢？

情境三：(A组材料)

材料3：从整个战争过程来说，国民党始终是当时中国的第一大党、执政党，控制整个国家机器，它是否抗战，决定着中国中央政府是否抗战。而这一点，有着多方面的意义。

国民党是当时中国第一大党，它所控制的军队是当时中国最有军事实力的军队。国民党军队人数1937年是170余万，并有海陆空军，1945年有军队440万；而同期中国共产党领导的军队人数分别是5.6万人和100万人。

国民政府是中国国家的代表，它代表中国进行抗战外交，在不同的阶段，国民政府根据战争形势和国际关系格局的变化，制订了不同的外交政策和策略，与苏、美、英等国家结成反法西斯国家同盟，争取政治、经济、军事上的支持和援助。

——摘编自刘会军《全民族抗战新论——兼谈国共两党在抗日战争中的地位和作用》①

材料4：整个全国抗战时期，国民党正面战场以伤亡3220419人的沉重代价，先后进行22次大会战、1117次重要战斗、38931次小战斗，歼灭日军53万余人。

——摘编自刘庭华《抗日战争时期的国民党正面战场》②

（B组材料）

材料5：中国共产党制定了全面抗战路线和持久战的军事战略思想，是全民族抗战的军事战略指导者，为抗战胜利指明了方向；在军事组织上领导着敌后战场，建立了许多抗日根据地，与正面战场互相配合，有效吸引和沉重打击敌人，实行的是新民主主义的政治、经济、文化制度，使八路军、新四军和人民革命抗日武装迅速崛起壮大。

在抗日战争中，中国共产党人的先锋模范作用，对鼓舞群众、凝聚人心、坚持抗战发挥了至关重要的作用。比如八路军的"狼牙山五壮士"、新四军的"刘老庄连"，东北抗联的"八女投江"等共产党领导下的英雄群体，赵一曼、杨靖宇、左权等众多英烈事迹。

——摘编自孙俊杰《中国共产党与抗日战争的胜利》③

材料6：在战略相持阶段开始后的两年中，中国共产党领导的敌后战场抗击并牵制58%至62%的日军和几乎全部伪军，粉碎日军千人以上至5万人的"扫荡"近百次，作战1万余次，成为全国抗战的主战场。④

①刘会军．全民族抗战新论——兼谈国共两党在抗日战争中的地位和作用[J]．史学集刊，2007(04)：27-32.

②刘庭华．抗日战争时期的国民党正面战场[J]．历史教学，1986(07)：17-22.

③孙俊杰．中国共产党与抗日战争的胜利[J]．郑州大学学报(哲学社会科学版)，2015(04)：157-161.

④《中国抗日战争史简明读本》编写组．中国抗日战争史简明读本[M]．北京：人民出版社，2015：161，272-273.

学生活动：A组、B组学生根据手中持有的材料，通过小组讨论，归纳出材料中的学者是如何认识国共两党在抗战中的贡献的。小组代表发言交流。

问题研讨：(1)如何认识国共两党在抗战中的贡献？

(2)为什么两组同学会得到不同的观点？

◆**设计意图**

通过A、B组学生代表交流各组讨论成果，让学生产生"认知冲突"，进而掌握研究历史的方法，知道占有的史料不同、关注点不同、立场不同、史观不同都会影响到对同一历史事实的历史解释。

再通过A、B组材料的综合对比分析，使学生正确认识国共两党在抗战中的地位和作用，进而认识到中国共产党是全民族团结抗战的中流砥柱，突破本课难点。

◇总结与过渡

通过以上学习，我们认识到国共两党在抗战中的地位和作用，国民党和国民政府在全民族抗战中具有不可替代的作用，中国共产党是全民族团结抗战的中流砥柱，国共合作，在抗日民族统一战线的领导下，实现了全民族团结抗战。接下来，我们再次品读抗战家书，感受全民族抗战下形成的抗战精神。

2. 品读抗战家书，感悟抗战精神

情境一：安徽舒城胡孟晋烈士1939年在敌后战场的家书。

材料7：我们又要离别了，当你听了离别的声音，或者不高兴吧！

亲爱的，谁不愿骨肉的团聚，谁不留恋家庭的甜蜜，要知道国家民族重要，个人前途重要，因此，又要别离亲人，而远征他乡了……二月来的团聚欢谈，畅言国事，解释问题，你的政治水准提高了，民族意识加强了，革命的阵营中，增加一位健将了。

……请你安心在乡努力妇女解放的事业，成为女英雄，我在外对革命之伟业亦更加努力呵！别了，别了！①

①中国人民大学博物馆，中国人民抗日战争纪念馆.抗战家书：我们先辈的抗战记忆[M].北京：中国人民大学出版社，2015:75-76.

情境二：新四军某连连长程雄在1940年3月的家书。

材料8：儿这次为了民族，为了阶级，为了可爱的家乡，为了骨肉相连的弟妹，求得生存和幸福，儿不得不来信辞别双亲大人，如果不能活着的话，双亲大人应保重玉体，抚育好弟妹……现在儿就要离开大别山，走上最前线消灭敌人，保卫中华，望双亲不要悲伤挂念儿为伟大而生，光荣而死，是我做儿子最后的心意，罪甚！罪甚！①

情境三：张自忠将军在1940年枣宜会战前亲笔昭告各将领、各部队。

材料9：看最近之情况，敌人或要再来碰一下钉子，只要敌来犯，兄即到河东与弟等共同去牺牲。国家到了如此地步，除我等为其死，毫无其他办法。更相信只要我等能本此决心，我们的国家及我五千年历史之民族，决不致亡于区区三岛倭奴之手。为国家民族死之决心，海不清，石不烂，决不半点改变，愿与诸弟共勉之。②

情境四：戴安澜在1942年率远征军赴缅作战期间的家书。

材料10：余此次奉命固守（缅甸）同古……现在孤军奋斗，决以全部牺牲，以报国家养育！为国战死，事极光荣。所念者，老母外出，未能侍奉。端公（叔祖父）仙逝，未及送葬……我要部署杀敌，时间太忙，望你自重，并爱护诸儿，侍奉老母。老父在皖，可不必呈闻。③

情境五：左权将军在1942年反"扫荡"时写给妻子的家书。

材料11：志兰！亲爱的：别时容易见时难，分离二十一个月了，何日相聚？念、念、念、念！愿在党的整顿之风下各自努力，力求进步吧！以进步来安慰自己，以进步来酬报别后衷情。④

学生活动：小组合作探究，每小组选出一人作为信使，学生分小组品读抗战家书，感悟抗战精神。

◆**设计意图**

学生通过对抗战家书的品读，从中感悟伟大的抗战精神，即天下兴亡、匹夫有责的爱国情怀，视死如归、宁死不屈的民族气节，不畏强暴、奋战到底的英雄气概，百折不挠、坚忍不拔的必胜信念，万众一心、共御外侮的团结精神，拉近历史与现实的距离，自然生成家国情怀素养。

①见上书71页。

②见上书84页。

③见上书99页。

④见上书136页。

◇总结与过渡

以上这些抗战家书是中华民族伟大抗战精神的真实写照，在这些抗战精神的激励下，我们取得了十四年艰苦抗战的最终胜利。这些抗战家书也将永远激励中华民族克服艰难险阻，为实现中华民族伟大复兴而奋斗。

3. 深思抗战意义，汲取民族复兴力量

材料12：抗日战争的胜利让形势发生了转变，前所未有地改变了中国的国际形象和国际地位，中国重新以大国身份登上国际舞台，参与国际事务。中国人民靠长达14年独立自主地反抗日本军国主义侵略战争，找回了失落已久的民族自信。①

材料13：中国人民抗日战争的伟大胜利，彻底粉碎了日本军国主义殖民奴役中国的图谋，有力捍卫了国家主权和领土完整，彻底洗刷了近代以来抗击外来侵略屡战屡败的民族耻辱！

……

中国人民抗日战争的伟大胜利，坚定了中国人民追求民族独立、自由、解放的意志，开启了古老中国凤凰涅槃、浴火重生的历史新征程！②

学生活动：分组讨论总结，小组代表发言。

问题研讨：

（1）结合材料一、二及所学知识思考14年抗战胜利的原因及伟大意义。

（2）在全民族抗战的背景下，民族精神得到最广泛最深刻的塑造和践行，以史为鉴，作为新时代的爱国青年要如何践行家国情怀，助力中

◆**设计意图**

升华教学立意，以史为鉴，将历史与现实联系起来，引导学生在对中国的抗日战争胜利的意义进行深入思考的基础上，进一步思考作为新时期的爱国青年要如何践行爱国，助力中华民族伟大复兴，培养学生的历史思维和家国情怀。引导学生从做题向做人、做事转变，从知识学习向价值引领实践创新改变。

①陈中奎.中国人民抗日战争的胜利是中华民族复兴的伟大起点[J].海军工程大学学报(综合版)，2015(03)：19-22.

②习近平.在纪念中国人民抗日战争暨世界反法西斯战争胜利75周年座谈会上的讲话[EB/OL].(2020-09-03)[2022-12-20].www.gov.cn/gongbao/content/2020/content_5544303.htm.

华民族伟大复兴？请结合史实加以论述。

二、本课小结

通过一整课的学习，大家要认识到中国的抗日战争是一场全民族团结抗战，以国共合作为基础，在抗日民族统一战线的旗帜下，联合全体爱国人民反抗日本侵略，这是抗日战争能坚持十四年之久并取得最后胜利的重要法宝。

抗日战争的胜利凸显出中国共产党在全民族团结抗战中的中流砥柱作用，彰显了伟大的抗战精神，是中华民族从近代的屈辱抗争到走向伟大复兴的历史转折点。

读史以明智，知古以鉴今，我们要从全民族抗战的伟大胜利中汲取民族复兴的力量，多一些家国情怀，坚持中国共产党的领导，坚定不移地走中国特色社会主义道路，铸牢中华民族共同体意识，继续在中华民族伟大复兴的道路上踏实前行。

第三部分　课后评价系统

一、教学评价

根据《普通高中历史课程标准（2017年版2020年修订）》课程内容要求及学业质量水平的描述，将学生在完成本课学习后的学业质量水平划分为4级。

水平1：能够将唯物史观运用于分析全民族团结抗战胜利的原因及意义的探究中，并将其作为认识全民族抗战的历史现象和解决情境问题的指导思想。能够了解全民族团结抗战中大事的历史分期，在叙述时能够运用恰当的时间和空间表达方式；能够辨别教学中对国共两党的抗日贡献的历史解释，能够将这些解释与自己的课前认识相比较；能够通过阅读抗战家书，表现出对祖国和人民的深情大爱，认识本课的学习价值。

水平2:能够将唯物史观运用于分析全民族团结抗战胜利的原因及意义的探究中,并将其作为认识全民族抗战的历史现象和解决情境问题的指导思想。能够将全民族团结抗战定位在时间和空间的框架下,能够运用历史年表等方式对全民族抗战的相关史事加以描述;能够认识国共两党在全民族抗战中的相关史事,理解空间和环境因素对认识历史与现实的重要性。分析国共两党对抗日的贡献,认识到国民党和国民政府在全民族团结抗战中具有不可替代的作用,中国共产党是全民族团结抗战的中流砥柱。能分析出14年抗战胜利的原因,在抗日民族统一战线的旗帜下,国共合作,相互支援、配合,实现了全民族团结抗战,尤其是中国共产党是全民族团结抗战的中流砥柱;能够通过阅读抗战家书,表现出对祖国和人民的深情大爱,认识本课的学习价值。

水平3:能够通过全民族抗战理解人民群众在历史发展中的重要作用,能够史论结合、实事求是地论述历史与现实问题;能够运用特定的时间和空间术语对全民族抗战加以概括和说明;在探究全民族团结抗战的表现和国共两党在抗战中的贡献时,能够对史料进行整理和辨析,能够运用不同类型的史料,对所探究的问题进行互证;能够分辨国共两党对抗战贡献的不同的历史解释,尝试从来源、性质和目的等多方面,说明导致这些不同解释的原因并加以评析;能够通过品读抗战家书,感悟家国情怀,以史为鉴,能够表现出对历史的反思,从历史中汲取经验、教训,更全面、更客观地认识历史和现实社会问题。

水平4:能够通过全民族抗战理解人民群众在历史发展中的重要作用,能够史论结合、实事求是地论述历史与现实问题;能够根据需要并运用相关材料和正确方法,独立绘制全民族抗战史实的表格,并加以说明。分析国共两党在抗战中的贡献、14年抗战胜利的原因及伟大意义;在探究全民族团结抗战的表现和国共两党在抗战中的贡献时,能够比较、分析不同来源、不同观点的史料。能够通过品读抗战家书,感悟家国情怀,以史为鉴,表现出对历史的反思,从历史中汲取经验、教训,更全面、更客观地认识历史和现实社会问题。

二、本节学业质量水平检测

阅读材料,回答问题。

材料14:不同时期《人民日报》对抗战纪念的报道

时期	抗战纪念报道
1950—1960年	“中苏共同战斗史”“反对美国单独对日媾和”“光荣归于苏联”“全盘否定的国民党正面战场”“等待革命援助的日本人民”
1960—1965年	“渐渐消失的苏联”“人民战争万岁”
1980—1990年	“承认国民党正面战场”“展现全民族抗战”“以友好求和平的对日历史呈现”
1990—2010年	“抗战融入二战史”“美苏等国的友谊重拾”“侵略历史不容抹杀”

——摘编自袁慧《媒体纪念中的“抗日战争”记忆——以〈人民日报〉抗日战争纪念报道为中心(1950—2010)》①

问题:请根据表格提供的材料,围绕抗战报道的变化,自拟论题,并结合任何一个或整体时段予以阐述。(要求:主题明确,阐述须史论结合。)

评价要求:观点要具体明确(3分);论述要准确、符合史实,做到史论结合(9分)。

水平	分值	具体要求
水平4	10—12分	所拟论题符合要求,指向明确,能够引用具体史实支撑论题;史实准确,分析合理,结论顺理成章;论述完整、清晰,逻辑严谨,语言通顺
水平3	7—9分	所拟论题符合要求,指向明确,能够围绕所拟论题,阐述自己的观点;所举史实、论题基本能构成逻辑关系;论述较完整、清晰,语言通顺
水平2	4—6分	所拟论题基本符合要求,指向较明确,所举史实对论题支撑不足,或史实与结论之间逻辑性不强;论述不够严谨,语言较通顺
水平1	0—3分	所拟论题基本符合要求,指向较明确,所举史实对论题支撑不足,或史实与结论之间逻辑性不强;论述不够严谨,语言较通顺

①袁慧.媒体纪念中的“抗日战争”记忆——以《人民日报》抗日战争纪念报道为中心(1950—2010)[D].上海:复旦大学,2014:23-35.

本题属于开放性试题，以下示例仅做答题参考，不作为唯一答案，其他答案只要符合题意，亦可同等得分。

答案示例：

抗战报道的变化带有显著的时代印记。

1950—1960年，中华人民共和国成立后，在美苏冷战局势下，中苏建立了友好同盟互助关系。海峡两岸关系紧张，国共两党的阶级矛盾依然存在。所以这时期《人民日报》的抗战纪念与反美斗争紧密相连，将中国抗战史建构为中苏两国两党友好合作共同战斗的历史，全盘否定国民党正面战场的作用，强调中国共产党对抗日战争所做的贡献。1960—1965年，中苏关系破裂，苏联支援中国抗战的历史片段渐渐消失，而代之“人民战争万岁”的历史建构。1980—1990年，改革开放以来，革命史观淡化，中日两国正式建交，《人民日报》抗战纪念走出了政党对立的话语，将抗战历史重新建构为国共合作为基础的抗日民族统一战线下的全民族抗战史。呈现以友好求和平的对日历史，同时警醒日本右翼军国分子，侵略战争的性质不容模糊。1990—2010年，苏联解体，冷战结束，和平与发展成为时代的主题，中国与苏联、美国等国作为世界反法西斯同盟的战友，共同作战的历史又被提起，铭记历史、以史为鉴成为《人民日报》建构抗战史的重要内容。

综合上述，时代背景影响《人民日报》对抗战纪念的报道，应还原历史的真相，对抗战记忆进行更深入的挖掘和反思。

三、教学设计特点与反思

本课教学设计是在“分步递进，分层达标”的教学思路下，在建构主义理论的指导下，通过任务驱动、创设情境、问题探究等环节开展深度学习。

以抗战家书为切入口，一封家书，一段历史，一份家国情怀，突出强调全民族团结抗战，感悟中华民族在最危险的时刻，实现了第一次完全意义上的觉醒，体现了前所未有的民族凝聚力和对国家高度的认同感、归属感、使命感，以及抗战中形成的伟大的抗战精神，即天下兴亡、匹夫有责的爱国情怀，视死如归、宁死不屈的民族气节，不畏强暴、奋战到底的英雄气概，百折不挠、坚忍不拔的必胜信念，万众一心、共御外侮的团结精神，这种来自东方的力量开启了古老中国凤凰涅槃、浴火重生的历史新征程！将永远激励中国人民克服一切艰难险阻、为实现中华民族伟大复兴而奋斗！

从课堂实施来看，已初步做到情境创设、任务驱动、问题探究，增加学生活动、交流和展示的时间，引导学生深度学习。对全民族抗战概念进行解析，突破重点，培养学生的历史思维和解决问题的能力，尤其是通过品读抗战家书环节，让学生感受了抗战时期的家国情怀，并继承弘扬抗战精神。

本节课限于时间、难度和内容，需要学生在课前进行充分的预习，否则课堂时间不充足，学生自主探究的活动时间就会减少。此外，鉴于抗战材料的庞杂，有一些问题的挖掘还缺乏深度，需要教师进一步删减材料。

第25课　人民解放战争

梁国艳[①]

第一部分　课前预设系统

一、课标解读

本课课标的内容要求：通过了解全面内战的爆发及人民解放战争的进程，分析国民党政权在大陆统治灭亡的原因，探讨中国共产党领导人民取得中国革命胜利的原因和意义。

抗日战争胜利后中国共产党赴重庆谈判，为争取和平民主建国做出巨大的努力；由于国民党坚持独裁专制、一党专政导致全面内战爆发。国民党政权在政治上实行独裁统治，在经济上进行大肆搜刮，在军事上发动内战，最终不得民心；共产党在政治上为和平民主建国积极奔走，在经济上实行土地改革，在军事上制定正确的战争策略，在人民的支持下，最终取得了新民主主义革命的胜利，实现了人民当家作主的愿望。

①作者简介：梁国艳，中学二级教师，赤峰市松山外国语学校历史教师。

二、教学内容分析

本课内容上承抗日战争，下启新中国的成立，主要讲述了抗日战争胜利后中国共产党人为争取和平、民主与国民党进行的一系列斗争，它们是新民主主义革命的重要组成部分。本课一共包括四方面的内容：争取和平民主的斗争、全面内战的爆发、国民党政权的统治危机以及新民主主义革命的胜利。

本课涉及的核心概念有：联合政府、《双十协定》、自卫战争、战略反攻、战略决战、第二条战线、土地改革。

关键问题有：分析中国共产党取得人民解放战争胜利的原因；比较国统区和解放区统治政策的不同，认识中国共产党全心全意为人民服务的宗旨；理解新民主主义革命取得胜利的意义。

三、教学对象分析

初中统编教科书八年级上册第23、24课对本课涉及的相关内容进行了较为细致的阐述。其中第23课讲述了重庆谈判、国民党发动内战、解放区居民的自卫反击；第24课讲述了解放区的土地改革、三大战役和南京解放等内容。因此，学生对本课的基本史实有一定的了解。但由于学生分析问题、解决问题的能力仍然相对较弱，辩证思维、批判思维和创新意识有待提高，学生很难独立、准确、完整地分析国民党政权覆灭的原因和中国共产党领导人民取得中国革命胜利的原因，这就需要教师进行精心的教学设计，引导学生深度学习。

四、教学目标

1.通过了解抗日战争胜利后中国面临着两种命运斗争的严峻局面以及中国共产党为争取和平民主建国而做出的一系列努力，感悟中国共产党全心全意为人民服务的宗旨。

2.通过学习解放战争的基本进程，构建人民解放战争的时空坐标。

3.通过比较国共两党在政治、经济上的内外政策，分析国民党政权在大陆统治灭亡的原因以及中国共产党能够领导中国人民取得新民主主义革命胜利的原因。

4.通过了解“紫石英号”事件，对比近现代中国在遭受外来侵略或干涉时的不同反应，感悟现代中国的强大，增强民族自尊心与自信心。

五、教学重难点

1. 教学重点：重庆谈判、人民解放战争的进程、中国共产党领导人民取得中国革命胜利的原因及意义。

2. 教学难点：国民党政权在大陆统治覆灭的原因、中国共产党领导人民取得中国革命胜利的原因。

六、教学立意与整体思路

本课围绕着中国共产党致力于人民解放事业这一核心主线展开。抗日战争胜利后，中国共产党尝试通过重庆谈判、参加政治协商会议等和平手段争取民主建国。全面内战爆发后，中国共产党从人民利益出发，在准确地估计国际国内形势的基础上制定了正确的作战策略，最终在人民的支持下建立了新中国。

本课线索清晰明了，学生可利用课前预习了解重庆谈判、内战爆发及人民解放战争的进程。通过对比两党政策，分析国民党政权覆灭的原因以及中国共产党取得新民主主义革命胜利的原因，并从中感悟中国共产党人全心全意为人民服务的宗旨。

本节课的教学方法有：自主探究、合作探究、启发式教学。

七、板书设计

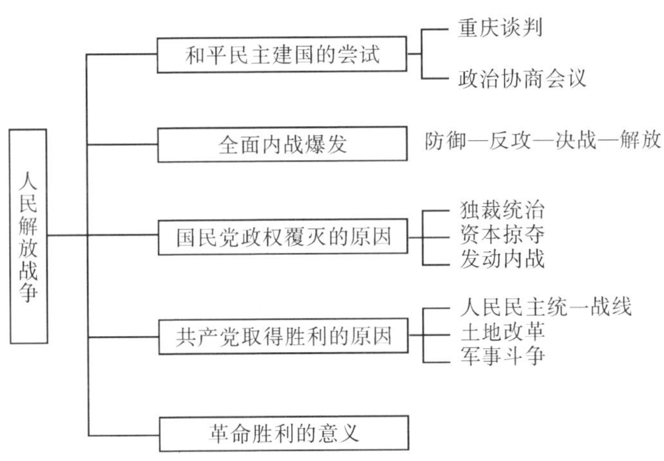

第二部分　课堂实施系统

一、教学活动过程

材料1:共毛态度鬼怪,阴阳叵测……断定其人绝无成事之可能,而亦不足妨碍我统一之事业,任其变动,终不能跳出此掌一握之中。①

材料2:时至今日,由余养育完成之党国,而由余毁灭之,此境此情,将何以堪!如果党国果真绝望,则尚有此残躯立足之余地,其将有何面目见世乎!②

教师:从以上两则材料可以看出蒋介石人生态度有何变化?造成这种变化的原因是什么?让我们带着这两个问题走进今天的课堂——第25课《人民解放战争》。首先我们来看第一个问题:和平民主建国的尝试。

◆设计意图

根据材料提出问题,引发学生的探究欲望,激发学生学习的兴趣。

材料3:毛泽东指出:目前摆在中国人民面前的有两个前途。美帝国主义和国民党反动派,要使中国回到不独立、不自由、不民主、不统一、不富强的老状态里。这是个黑暗的前途。中国共产党和中国人民要彻底打败日本侵略者,把中国建设成为一个独立、自由、民主、统一、富强的新国家。这是个光明的前途。我们要努力争取实现光明的前途。③

教师:抗战胜利后,出现了哪两种不同的建国方针?

学生:共产党号召和平、民主、团结,主张成立联合政府,力争建立一个新民主主义的国家;国民党打着“和平建国”的旗号,坚持独裁和内战的方针。

◆设计意图

让学生了解抗日战争胜利后中国面临的两种命运、两个前途决战的严峻局面。

①杨天石.找寻真实的蒋介石:蒋介石日记解读[M].重庆:重庆出版社,2015:72.

②杨天石.找寻真实的蒋介石:蒋介石日记解读[M].重庆:重庆出版社,2015:279.

③人民教育出版社历史室.中国历史:第四册[M].北京:人民教育出版社,1995:86.

材料4：倭寇投降，……和平局面，可期实现……特请先生克日惠临陪都，共同商讨，事关国家大计，幸勿吝驾，临电不胜迫切悬盼之至。

——1945年8月14日

来电诵悉……深望足下体念国家之艰危，悯怀人民之疾苦……甚有赖于先生之惠然一行，共定大计……

——1945年8月20日

来电诵悉……惟目前各种重要问题，均待与先生面商……国家前途实利赖之……特再驰电速驾！

——1945年8月23日①

教师：如果你是中国共产党的领导人，你是否会接受蒋介石邀请赴重庆谈判？请说明理由。

学生：会接受邀请，为了国家的命运和民族的前途我甘愿冒险去和国民党谈判。

◆设计意图

感受以毛泽东为首的中国共产党人为争取和平民主建国勇入"虎穴"的胆识和胸襟，感悟中国共产党全心全意为人民服务的宗旨。

材料5：目前与共产党谈判，乃系窥其要求与目的，以拖延时间，转移国际视线，俾国军抓紧时机，迅速收复沦陷区中心城市。待国军控制所有战略据点、交通线，待寇军完全受降后，再以有利之优越军事形势与共产党作妥协谈判。如彼不能在军令、政令统一原则下屈服，即清剿之。

——蒋介石给国民党各战区司令长官的绝密电报(1945年9月20日)②

教师：蒋介石邀请毛泽东重庆谈判的主要目的是什么？

学生：假和平，真内战，为内战拖延时间。

教师：重庆谈判取得了哪些成就？

学生：签署了《双十协定》，协定规定，坚决避免内战，建设独立、自由和富强的新中国。1946年，初政治协商会议召开并通过了和平建国纲领案等五项协议。

◆设计意图

通过材料了解中国共产党人为争取和平民主建国而做出的巨大努力，同时揭露蒋介石假和平、真内战的阴谋。

①摘编自卓兆恒．重庆谈判资料[M]．成都：四川人民出版社，1980：6-8.

②摘编自金冲及．转折年代：中国·1947[M]．北京：生活·读书·新知三联书店，2017：20.

◇总结与过渡

虽然重庆谈判期间国共两党签署了《双十协定》,确立了和平民主建国的方针,并于1946年初召开了政治协商会议,但中国历史的走向并没有像人民所期待的那样——建立联合政府,而是走向了战争。

接下来我们学习第二个问题:全面内战的爆发。

教师:请同学们按时间顺序把人民解放战争的进程讲述给你的同桌听。

学生:1946年6月,国民党以围攻中原解放区为起点,向解放区展开大规模的进攻,全面内战爆发;1947年3月,国民党军队发动对陕北解放区和山东解放区的重点进攻;1947年6月,刘伯承、邓小平率领晋冀鲁豫解放军主力千里跃进大别山,揭开了战略反攻的序幕;1948年秋,人民解放军发动了三大战役,基本摧毁了国民党的主要军事力量;1949年4月,人民解放军发起渡江战役,解放南京,国民党蒋介石集团在大陆的统治覆灭。

◆**设计意图**

学生在自主梳理、讲述解放战争的进程中,提升时空观念和历史解释等素养。

◇总结与过渡

短短三年,中国共产党就领导中国人民推翻了国民党在大陆的统治,这与国共两党的内外政策是息息相关的。接下来我们学习第三个问题:分析国民党政权在大陆统治灭亡的原因,探讨中国共产党取得新民主主义革命胜利的原因。

材料6:1946年10月,国民党单方面宣布将召开所谓的国民大会,10月25日,年高德劭的中国民主同盟主席张澜发表谈话说:“此次国大召集令,国民党一党单独颁布,这表明国民党完全推翻政治协议。”11月4日,他明确宣布:“民盟绝不参加一党国大。”

——摘编自《张澜文集》①

材料7:1947年10月,人民解放军发表宣言,其中说:“联合工农兵学商各被压迫阶级、各人民团体、各民主党派、各少数民族、各地华侨和其他爱国分子,组

①谢增寿,何尊沛,张广华.张澜文集[M].北京:群言出版社,2013:299-306.

成民族统一战线,打倒蒋介石独裁政府,成立民主联合政府。"这就是人民解放军的、也是中国共产党的最基本的政治纲领。

——毛泽东《目前形势和我们的任务》①

材料8:1946年5月,《大公报》的一名记者调查了上海主要行业的月平均工资。上海主要行业的月平均工资大约为10万法币,但在1946年2月底,上海高校教授的平均月工资大约只有5.2万至7.8万法币。1946年12月,昆明公立小学教师的月工资大约为8万法币,这样的收入据说无法维持城市里两到三口之家的基本生活。1947年4月,天津一个低层政府职员的月收入是20万法币,这笔钱仅能支付他的伙食费和其他生活杂费,还不包括房租。

——摘编自《中国的内战:1945—1949年的政治斗争》②

材料9:根据新华社电讯和各地方报纸材料,晋冀鲁豫边区到十月间已有两千万农民获得土地,每人所有土地可达三至六亩。苏皖边区在十二月初已有一千五百万农民分得土地,平均每人在两亩以上。而东北解放区由于地广人少,又没收分配了大量原来由日伪控制的土地,到十月底为止,农民得地两千六百万亩,每人平均六至七亩。③

教师:根据以上四则材料并结合所学知识,比较国共两党在政治、经济方面的措施,分析国民党政权在大陆统治灭亡的原因,探讨中国共产党领导人民取得中国革命胜利的原因。

学生:国民党政权在政治上实行独裁统治,在经济上进行大肆搜刮,扩张官僚资本,在军事上发动内战,最终不得民心,丧失政权;而共产党在政治上为和平民主建国积极奔走,建立人民民主统一战线,在经济上实行土地改革,在军事上制定正确的战争策略,在人民的支持下,最终取得了新民主主义革命的胜利。

◆**设计意图**

学生在探讨这一问题的过程中认识到民心所向是中国共产党取得新民主主义革命胜利的关键因素。

教师:国民党因其不能解决中国社会的根本矛盾,不能应对中国社会的发展要求,不能代表广大民众的切身利益,从而失去了民众的支持,丧失了在中国大陆的统治权。而中国共产党能够始终顺应时代发展的潮流,代表了中国最广大

①转引自金炳镐.民族纲领政策文献选编:第1编[M].北京:中央民族大学出版社,2006:363.

②[美]胡素珊.中国的内战:1945—1949年的政治斗争[M].启蒙编译所,译.北京:当代中国出版社,2014:29-33.

③金冲及.五十年变迁[M].北京:中央文献出版社,2004:695-696.

人民的根本利益,得到了广大民众的支持,所以中国共产党能领导人民取得中国新民主主义革命的胜利。中国共产党领导人民取得中国人民革命胜利的意义有哪些?

学生:中国人民革命的胜利,是马克思主义普遍原理与中国革命具体实践相结合的胜利,是毛泽东思想的胜利,从根本上改变了中国社会的发展方向,是20世纪人类历史上最具影响的伟大事件之一。

二、本课小结

通过本课的学习,我们了解到抗日战争胜利后中国面临的严峻形势,知道了中国共产党人为争取和平民主建国参加的重庆谈判和政治协商会议,理清了解放战争的基本脉络。我们通过阅读材料在对比中明白了国民党政权覆灭的必然性,也知道了中国共产党取得新民主主义革命胜利的原因,通过本课学习我们要深刻感悟到中国共产党人全心全意为人民服务的宗旨。

第三部分 课后评价系统

一、教学评价

根据《普通高中历史课程标准(2017年版2020年修订)》课程内容要求及学业质量水平的描述,将学生在完成本课学习后的学业质量水平划分为4级。

水平1:能够知道抗战胜利后中国面临两种命运、两个前途的抉择;分析蒋介石三次邀请毛泽东赴重庆谈判的真实意图,了解《双十协定》;知道人民解放战争的基本史实,准确描述时空信息;能够根据材料分析出国民党政权在大陆统治灭亡的原因以及中国共产党取得新民主主义革命胜利的原因;理解新民主主义革命胜利的意义。

水平2:能够知道抗战胜利后中国面临的两种命运、两个前途的抉择;分析蒋介石三次邀请毛泽东赴重庆谈判的真实意图,了解《双十协定》;能够利用时间轴、地图等方式对人民解放战争的时空信息做精准描述;能够区分不同史料的相关价值,从而做出清晰的判断;能够使用相关术语对历史事件或历史现象进行描述;能够根据材料分析出国民党政权在大陆统治灭亡的原因以及中国共产党取得新民主主义革命胜利的原因;理解新民主主义革命胜利的意义。

水平3:能够从唯物史观的角度认识抗战胜利后中国面临的两种命运、两个前途的抉择;能够把握人民解放战争时空信息的相互联系,并用准确的语言加以描述与概括;能够在比较中分析国民党政权覆灭的原因及中国共产党取得新民主主义革命胜利的原因;能够感悟中国共产党人全心全意为人民服务的宗旨。

水平4:能够从唯物史观的角度认识抗战胜利后中国面临的两种命运、两个前途的抉择;能够综合分析、比较人民解放战争相关信息并在此基础上做出科学的解释;能够在比较中分析国民党政权覆灭的原因及中国共产党取得新民主主义革命胜利的原因;能够感悟中国共产党人全心全意为人民服务的宗旨。

二、本节学业质量水平检测

阅读材料,回答问题。

材料10:1949年,渡江战役即将发起时,英国军舰“紫石英号”擅自闯入长江人民解放军防线。人民解放军奋起反击,毙伤英军百余人。4月30日,中国人民解放军就英国军舰暴行发表声明,要求英国、美国、法国在长江、黄浦江和中国其他各处的军舰、军用飞机、陆战队等武装力量,迅速撤离中国的领水、领海、领土、领空,不要帮助中国人民的敌人打内战。中国人民革命军事委员会和人民政府愿意考虑同各外国建立外交关系,这种关系必须建立在平等、互利、互相尊重主权和领土完整的基础上。外国政府如果愿意考虑同我们建立外交关系,就必须断绝同国民党残余力量的关系,并且把在中国的武装力量撤回去。

——摘编自《马克思主义著作辞典》①

根据材料并结合所学知识,指出人民解放军在处理“紫石英号”事件时的表现与清政府处理鸦片战争时的表现有何不同,并分析其原因。

①王金凤,刘庆,刘文悌.马克思主义著作辞典[M].长春:东北师范大学出版社,1992:314-315.

[答案示例]

不同:①具有强烈的主权意识;②坚决反对外来侵略;③奉行独立自主的和平外交政策。

原因:①有成熟政党的领导;②有广大人民群众的支持;③有科学理论做指导;④有强大的军事力量做后盾。

三、教学设计特点与反思

本课教学设计以课标为导向,以立德树人为宗旨,力争全方位落实学科核心素养,充分挖掘初高中历史统编教科书的相关内容设置问题,注重辩证思维、批判思维和创新意识的培养,学生在分析问题、解决问题的基础上形成正确的历史认知。

本课教学设计做到了重点突出、难点突破,着重分析国民党政权覆灭的必然性及中国共产党取得新民主主义革命胜利的原因,学生在学习过程中能够真切感悟到中国共产党全心全意为人民服务的宗旨。

本课教学设计注重史料教学和情境创设,充分调动学生学习的积极性,学生在教师引导下通过探究性学习完成学习任务。在学习过程中学生获取和解读历史信息的能力、分析历史问题的能力和历史探究能力等得到相应的提高。

在学习过程中学生可能出现的问题有:不能从阶级属性的角度分析国民党的政策;不能准确定义人民解放战争的性质;不能区分官僚资本主义和民族资本主义等概念。这需要教师准确释义,促进学生深度学习,助推学生核心素养的发展。

第九单元

中华人民共和国成立和社会主义革命与建设

单元设计

一、单元概述

1949至1978年，是新中国进行社会主义革命和建设的历史时期。站起来的中国各族人民在中国共产党领导下，在新民主主义革命胜利成果的基础上，实现了从新民主主义到社会主义的历史性转变，全面确立社会主义基本制度，为当代中国一切发展进步奠定了根本政治前提和制度基础。社会主义制度基本建立后，新中国以苏联的经验教训为鉴戒，独立探索适合中国国情的社会主义建设道路，在曲折探索中积累了社会主义建设的重要经验；在“一穷二白”的基础上建立了独立的比较完整的工业体系和国民经济体系，发展了社会主义的经济、政治和文化，取得了举世瞩目的成就。古老的中国以崭新的姿态屹立在世界东方。

二、总体目标

本单元的教学，要引导学生认识中国共产党领导下的新中国30年来所取得的发展和成就，理解中国社会主义道路探索过程中的艰难，培养为国家富强、人民幸福而奋斗的精神，增强道路自信、理论自信、制度自信、文化自信，浸润中华民族伟大复兴的信念和情怀。

三、教学策略

本课涉及的内容非常多，知识点比较分散，在教学过程中很难面面俱到，因而要选取重点、突破难点；在教学方法上，采取多种方式，如利用任务驱动进行探究学习，既培养学生的自主探究能力，又使学生体验合作学习的快乐，提高课堂效率。本课教学设计体现核心素养理念，基于唯物史观引领，注重时空定位，培养学生史料实证、历史解释的能力，涵养家国情怀。

四、活动建议

学生从教科书和教师提供的史料中提取有关信息，进行小组合作探究，比较完整、规范地回答教师问题；通过观看视频或去当地的烈士陵园参观，了解新中国成立的艰难，深刻体会抗美援朝战争中志愿军战士为了国家、人民视死如归的精神。

五、评价检测要点

了解新中国成立后的基本史实；运用唯物史观解释20世纪50至70年代新中国成立、社会主义制度确立、社会主义建设道路之间的联动性；感悟这一时期中国人民艰苦奋斗、奋发图强的精神风貌，注意与现实生活的联系。

第26课 中华人民共和国成立和向社会主义的过渡

聂 永[①]

第一部分 课前预设系统

一、课标解读

本课课标的内容要求：认识中华人民共和国成立的伟大意义；概述新中国

①作者简介：聂永，中学一级教师，赤峰市林东第一中学历史教师。

巩固人民政权的主要举措;认识新中国为民主政治建设和向社会主义过渡所作出的努力。

中华人民共和国的成立开启了中国历史发展的新纪元,具有深远的历史意义。认识这一伟大意义,需要从近代史的发展轨迹来理解。例如,标志着近代以来中国争取民族独立、人民解放的历史任务基本完成,宣告中国人民当家作主的时代已经到来,具有五千多年文明历史的中华民族进入了新的发展阶段:结束了帝国主义列强压迫、奴役中国人民的历史,中国人民从此站立起来了;结束了封建主义、官僚资本主义统治的历史,中国人民在政治上翻了身,第一次成为国家的主人;等等。新中国成立后,中国共产党领导全国各族人民,为巩固新政权和新中国的民主政治建设作出了艰苦卓绝的努力,为新中国民主政治建设和向社会主义过渡作出巨大贡献。

二、教学内容分析

本课涉及政治、经济、军事、外交、思想各领域,内容繁多、知识繁杂。共分为四个子目,分别为中华人民共和国的成立、人民政权的巩固、开创独立自主的和平外交、社会主义基本制度的建立。第一子目主要讲述了从筹备新中国到开国大典,涉及中华人民共和国第一届政治协商会议的内容、影响,《中国人民政治协商会议共同纲领》在社会主义过渡时期所起的作用和中华人民共和国成立的伟大意义。第二子目主要讲述了人民政权巩固的背景和在经济、政治、军事上所采取的措施。第三子目主要介绍了新中国初期的外交方针和在外交上所取得的非凡成就,也可以看作外交上巩固政权的重要举措。因此,在设计教学时,可以适当整合教科书的内容。第四子目介绍了新中国成立后在经济、政治领域向社会主义过渡所作出的努力,以及毛泽东思想在过渡时期所起的指导性作用。在经济上提出了过渡时期的总路线,三大改造和"一五"计划并举;政治上第一届全国人民代表大会召开,颁布了中华人民共和国第一部社会主义宪法,确立了人民代表大会制度、中国共产党领导的多党合作和政治协商制度以及民族区域自治制度。

三、教学对象分析

学生在初中阶段已经学习"中华人民共和国成立""抗美援朝""第一个五年计划""人民代表大会制度""三大改造""独立自主的和平外交"等相关内容,

具有一定的知识基础。本课全方位展现了新中国成立初期在政治、经济、外交、思想等方面的措施和成就,要求学生在已有知识的基础上能有一个整体认识,并且准确把握知识之间的联系,深刻理解新中国成立和社会主义革命的深远意义。

四、教学目标

1.分析新中国成立的伟大意义和为巩固政权采取的措施。

2.归纳概括新中国初期的外交的背景和采取的措施。

3.分析《中华人民共和国宪法》体现的民主、法制原则。

4.概述新中国为向社会主义过渡所做出的努力。

五、教学重难点

1.教学重点:新中国成立的伟大意义、巩固新生政权的主要举措、独立自主的和平外交。

2.教学难点:社会主义基本制度在中国全面确立的深远意义。

六、教学立意与整体思路

本课围绕着中华人民共和国成立展开。新中国成立具有划时代的意义,它既是新民主主义革命胜利的成果,又是中国特色社会主义发展的根本政治前提和制度基础。本课开始,对中国历史的学习进入现代史阶段,这就需要全面客观地把新中国成立和社会主义革命放到整个中国发展史和世界史中分析其价值和意义,需要在20世纪50年代的历史时空中理解认识新中国巩固政权的措施。需要通过情境的设置去触动学生灵魂深处的家国情怀,认识新中国的成立是中华民族命运的转折点,是中华民族伟大复兴的新起点。历史学习应该让学生行走在理性和感性之间,在冷静的头脑和心情激荡之间转换,实现学科核心素养的培育和爱国主义教育,增强民族自豪感和责任感,强化为中华民族崛起而努力的坚定信念,完成立德树人的教育目的。

七、板书设计

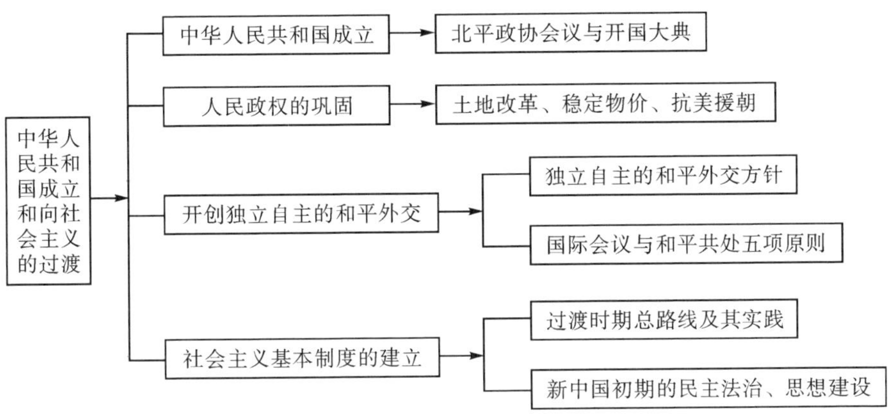

第二部分　课堂实施系统

一、教学活动过程

播放《开国大典》纪录片，让学生通过纪录片真实的场面感受那激动人心的一刻。从1840年到1949年，中国人民经过100多年艰苦卓绝、前赴后继的英勇斗争，终于推翻了帝国主义、封建主义和官僚资本主义的压迫，中国人民终于站起来了！那么中国人民将建立一个什么样的国家呢？新中国又是怎么建立起来的呢？中国领导人又是怎样巩固新生政权的呢？引导学生阅读课文的前言部分并思考，导入新课。

◆**设计意图**

利用学生熟悉的内容导入，激发学习的兴趣，调动学习的主动性。

任务一:中华人民共和国的成立

教师:1949年10月1日举行的开国大典,正式向世界宣告了中华人民共和国的成立。新中国是如何成立的?新中国成立的意义又是什么?

学生:新中国的筹备工作是通过中国人民政治协商会议第一届全体会议实现的。中华人民共和国的成立,结束了帝国主义、封建主义和官僚资本主义长期压迫和剥削中国各族人民的历史,人民真正成为国家的主人,从根本上改变了中国社会的发展方向,为实现由新民主主义向社会主义过渡创造了前提条件。中华民族开始以崭新的姿态立于世界民族之林,中国历史进入新纪元。

教师:1949年9月21日至30日,中国人民政治协商会议第一届全体会议在北平召开。会议代表包括中国共产党、各民主党派、无党派人士,各区域代表和人民解放军代表等,大会特别邀请了自辛亥革命以来不同历史时期有影响的代表人物,包括孙中山夫人宋庆龄,以及前国民党政府官员、国民党军队起义将领等。从中可以看出,这实际上确立了一种新型的政党制度。对于这种建立在合作基础上的政党制度,中国民主建国会第八届中央委员会主席成思危有以下观点。

材料1:西方的政党制度是"打橄榄球",一定要把对方压倒。我们的政党制度是"唱大合唱"……要大合唱,就要有指挥,这个指挥无论从历史还是现实来看,都只有中国共产党才能胜任。①

教师:欧美主要国家实行怎样的政党制度?

学生:两党制或多党制。

教师:中国实行怎样的政党制度?

学生:中国共产党领导的多党合作和政治协商制度。

教师:历史上,中国曾试图学习西方的政党制度,通过竞选,一党上台执政,其他党派作为反对党。然而,党派纷争给中国带来了极大的政治混乱。抗战胜利后,为了进行和平民主建国,中国尝试实行多党派政治协商的办法,取得了一定的效果。在新中国成立前夕,政治协商制度成为中国历史的选择。新政协会议把社会各方面的人士聚集在一起,把社会各方面的意见和

> ◆**设计意图**
> 让学生认识到,中国特色的政党制度是特定历史条件下形成的,而且具有特殊的政治优势。

①陈键兴,茆雷磊.中国民主党派不是"政治花瓶"[N].人民日报(海外版),2006-09-20(004).

智慧聚合在一起，为经济建设同时也为其他各项建设提供了政治保障与智力支持，促进了经济建设和其他各项建设的发展。

◇总结与过渡

新中国在全世界的瞩目下成立了，这个占世界人口五分之一的东方大国实现了民族独立，中国人民从此站起来了。那么这是不是意味着我们已经高枕无忧了，可以过上安定、祥和的生活了？显然不是。1949年10月1日22点，结束了开国大典活动的毛泽东回到中南海，他对身边警卫说了这样一段话。

材料2：我们用了28年办了一件大事，把三座大山搬掉了，也就是头上的问题解决了，下一步要解决脚下的问题了。解决脚下的问题任务还很重，建设我们这样大的国家要花大的力气。①

任务二：人民政权的巩固

教师："脚下的问题任务"主要有哪些?(军事、经济。)

学生：军事——肃清土匪和一切反革命武装、抗美援朝；

经济——土地改革、"银元之战""米棉之战"、统一财经。

◇总结与过渡

新中国成立初期，面临许许多多的困难。在这些困难中，又以市场动荡、物价飞涨问题最为急切、严重。因为这不仅关系民生，还影响经济的恢复，甚至政权的稳定等。为此，新生的人民政权"花大的力气"开展了"银元之战""米棉之战"。

材料3：国民党特务也猖狂叫嚣："只要控制了'两白一黑'(大米、棉纱、煤炭)，就能置上海于死地。"在投机商人的操纵下，上海从6月21日至7月21日，米价上涨4倍，纱价上涨1倍。从10月下旬到11月下旬，米价上涨3倍，纱价上涨3.8倍，布价上涨3.5倍，煤油、火柴上涨2倍。②

①张家康.毛泽东在建国后的九十二天[J].党史纵横，2014(07)：8-12.

②孙启泰，杨伟欣.共和国经济大决策(第一卷)[M].北京：中国经济出版社，1999：83-84.

教师:“两白一黑”为何如此重要?

学生:三者既是保障人民生活的重要物资,也是恢复工业生产必不可少的原料或能源。

教师:上海物价迅速上涨的主要原因是什么?

学生:敌对势力的干预;不法商人的操纵;多年战争造成的物资相对匮乏等。

教师:“银元之战”和“米棉之战”影响是什么?

学生:全国物价趋于稳定,结束了连续十几年物价暴涨的局面,人民政府赢得了全国人民的信任。

教师:为了平抑物价,中央采取统一财经的措施,并从全国调集大批物资运往上海。这不仅使新生政权取得了“米棉之战”的胜利,还赢得了民众的信任。正因如此,毛主席指出,平抑物价、统一财经,其意义“不下于淮海战役”。甚至有西方经济学家指出,制止通货膨胀、稳定物价,中国最有经验,有很成功的经验。

◆**设计意图**

让学生认识到,“米棉之战”不仅是一场经济斗争,还是一场军事斗争,更是一场政治斗争;“米棉之战”中,中央政府不仅平抑了物价,还统一了财经,这成为后来计划经济体制建立的重要背景之一。

◇总结与过渡

与城市不法商人斗争的过程中,中央人民政府还在农村进行着一场更为复杂的斗争,这就是土地改革。

教师:土地政策的实质是要消灭封建土地所有制,这也是民主革命遗留下来的最主要的任务之一。中华人民共和国成立后,我国很多地区还没有解放,所以随着解放战争的推进,土地改革也逐渐在全国展开。这次土地改革变地主土地所有制为农民土地所有制,是否意味着土地公有?土地改革的意义又是什么?

◆**设计意图**

让学生通过回忆初中教科书,大致了解《中华人民共和国土地改革法》的主要内容,并对个别内容进行较深入的思考,从而认识土地改革的深远意义。

学生:不是,因为土地归农民私有。

土地改革的基本完成,废除了两千多年来的封建剥削制度,消灭了地主阶级;广大农民在政治上、经济上翻了身;解放了农村生产力,农业生产迅速发展;

进一步巩固了人民民主政权;为国家工业化开辟了道路。

教师:土地改革,根据全国解放后的新情况,将过去限制和打击富农经济的政策变为保存富农经济的政策,主要是为了更好地孤立地主,减少土改运动的阻力,归根到底是为了早日恢复和发展生产。

◇总结与过渡

经过一系列努力,到1952年底,仅用三年时间,工农业生产就超过了历史最高水平,解放前遭到严重破坏的国民经济得到全面恢复,为国家开展有计划的经济建设创造了条件。然而,朝鲜半岛爆发了战争,美国等进行武力干涉,并将战火烧到中国边境。国内的政治、经济建设需要一个相对安定的国际环境。1950年10月至1953年7月,中国开展了抗美援朝战争。

材料4:从此,帝国主义再也不敢轻易地做出以武力侵略新中国的尝试,保证中国的经济建设和社会改革得到了一个长时间内相对稳定的和平环境。①

材料5:中国人民同朝鲜人民一道取得抗美援朝战争的胜利,不仅支援了朝鲜人民,抗击了美国侵略者,保卫了国家安全,为维护亚洲和世界和平做出了重要贡献,而且对改变地区和世界战略格局都有重要意义和深远影响……中国人民在这场严酷的战争中,谱写了气吞山河的英雄壮歌,创造了伟大的抗美援朝精神,积累了宝贵的精神财富……这场为和平正义而战的战争,打出了新中国的国威和军威,充分体现了中国人民不畏强权、维护和平的决心和力量,展示了中华民族的浩然正气,极大地提高了中国的国际地位,赢得了世界人民的尊敬,加重了中国在处理亚洲和国际事务中的分量。②

材料6:抗美援朝战争的节节胜利,还极大地激发了中国人民的爱国热忱,极大地增强了中华民族的自信心和自豪感,同时也进一步消除了部分国人中的崇美、恐美心理……这种宝贵的精神力量……对促进国内政治经济建设也发挥了十分巨大的作用。全国人民……政治觉悟和生产积极性空前高涨,国民生产总收入几乎是成倍地增长,促进了国民经济的恢复。③

①金冲及.二十世纪中国史纲(简本):下册[M].北京:社会科学文献出版社,2012:512.

②刘国新.如何认识抗美援朝战争[J].前线,2019(05):20-25.

③李慎明."抗美援朝"为新中国的站立、发展和壮大奠定了坚实基础——观北京电视台六集电视文献片《伟大的抗美援朝》有感[J].红旗文稿,2014(13):8-12.

教师:依据材料4至6,结合时代背景,归纳抗美援朝的历史意义。

◆设计意图

让学生阅读不同的论述,并按照自己对抗美援朝战争的理解,做出自己的评价,提高历史解释素养和家国情怀素养。

学生:①保卫了中朝两国的独立与安全,为我国的社会主义改造和社会主义建设赢得了一个相对和平的环境。②打击了美帝国主义的侵略政策和战争政策,打破了美国不可战胜的神话,极大地鼓舞了全世界人民保卫和平、反对侵略的勇气和信心,对国际局势产生了深远的影响。③极大地激发了全国人民的爱国热情和进行经济建设的积极性。④极大地提高了我国的国际威望。

◇总结与过渡

抗美援朝战争的胜利,打出了国威和军威,提高了中国的国际地位;志愿军涌现出的英雄模范和功臣可歌可泣的英雄事迹汇成强大的民族凝聚力,形成了伟大的抗美援朝精神,鼓舞着全国人民为保卫和建设祖国而团结奋斗。作为新生的政权,如何处理与周边国家以及国际社会的关系,成为摆在中国共产党人和中央人民政府面前的一个重要问题。受美国的影响,西方国家普遍对新中国采取敌视的态度,这势必增加了新中国外交的困难。那么,新中国是如何在困境中处理复杂国际关系的呢?

任务三:开创独立自主的和平外交

教师:1949年10月1日,中央人民政府发布公告:“凡愿遵守平等、互利及互相尊重领土主权等项原则的任何外国政府,本政府均愿与之建立外交关系。”可以说,新中国从建立的第一天起,就确立了独立自主的和平外交政策。其中,“一边倒”是毛泽东对新中国在外交上坚决站在以苏联为首的社会主义阵营一边、反对以美国为首的帝国主义阵营的立场的形象表达,它同“另起炉灶”“打扫干净屋子再请客”,构成了新中国成立初期的三大外交方针。

材料7:我们在国际上是属于以苏联为首的反帝国主义战线一方面的,真正的友谊的援助只能向这一方面去找,而不能向帝国主义战线一方面去找。

——毛泽东《论人民民主专政》①

教师:毛泽东为什么说向苏联寻找"真正的友谊的援助"?

学生:历史上中国共产党从成立那一刻就受到了苏联的帮助,在之后的抗日战争和解放战争中,苏联都对中国进行了很多无偿援助;中国和苏联同属社会主义国家,社会制度和意识形态相同;二战后以美国为首的西方资本主义国家对苏联等社会主义国家实行敌视政策。

◆设计意图

让学生认识到,"一边倒"方针是特定历史条件的产物,并非长久之策,并能够做出理性的评价。

◇总结与过渡

"一边倒"使新中国在保障人民革命胜利成果、捍卫和平以及维护独立与主权的斗争中,不致处于孤立地位。在新中国成立后的第一年,就同苏联等十多个社会主义国家正式建立了外交关系,为与其他国家建立外交关系打下良好的基础。二战后新独立的约30个亚非拉国家形成了东西方两大阵营之外的"中间地带"。同时新中国也开始大规模进行社会主义改造和建设,需要有一个和平友好的国际环境。受这些国内外因素的影响,新中国开始调整外交三方针,大力倡导各国在和平共处五项原则的基础上发展友好关系。

教师:中国在朝鲜战争基本结束后,开始把调整与亚洲国家的关系作为自己外交中的一项主要工作,以打破美国对中国的遏制。鉴于印度与中国尚存在着若干重大悬而未决的问题,以及印度在亚非国家中的重要性,中国从1953年6月起,首先着手发展与印度的关系。周恩来在12月会见来访的印度代表团时,提出以和平共处五项原则来处理中印之间的分歧。

材料8:新中国成立后就确立了处理中印两国关系的原则,那就是互相尊重

①转引自全国人大常委会办公厅,中共中央文献研究室.人民代表大会制度重要文献选编(一)[M].北京:中国民主法制出版社,2015:17.

领土主权、互不侵犯、互不干涉内政、平等互惠和和平共处的原则。

——周恩来《和平共处五项原则》①

教师：与“一边倒”相比，和平共处五项原则体现了中国外交怎样的发展变化？

学生：从重视社会制度和意识形态的革命外交向较为成熟的国家外交转变，在重视与社会主义国家交往的同时，也开始重视与非社会主义国家发展外交关系。

教师：和平共处五项原则提出后有何发展？和平共处五项原则提出的意义是什么？

学生：和平共处五项原则的适用范围不断扩大，逐渐成为处理国与国关系的普遍准则，标志着新中国外交政策的成熟。

教师：和平共处五项原则虽然首先是为处理中国与亚非国家的关系而提出的，但它一经提出就被中国领导人作为一项长期方针，并很快成为处理国与国关系的普遍准则，包括不同社会制度的国家之间以及社会主义国家之间。可以说，和平共处五项原则的提出为中国的对外关系开创了一个新时代。

◆**设计意图**

让学生认识到，和平共处五项原则的内涵与适用范围在实践中是不断发展的，培养学生唯物史观、时空观念等核心素养。

◇总结与过渡

随着恢复国民经济和巩固人民政权的顺利完成，新中国进入大规模建设时期，其目标就是把中国建设成为一个社会主义国家。为此，中央政府制定了过渡时期总路线。

任务四：社会主义基本制度的建立

材料9：现在我们能造什么？能造桌子椅子，能造茶碗茶壶，能种粮食，还能磨成面粉，还能造纸，但是，一辆汽车、一架飞机、一辆坦克、一辆拖拉机都不能造。

——毛泽东《关于中华人民共和国宪法草案》②

①转引自中华人民共和国外交部，中共中央文献研究室.周恩来外交文选[M].北京：中央文献出版社，1990：63.

②转引自全国人大常委会办公厅，中共中央文献研究室.人民代表大会制度重要文献选编(一)[M].北京：中国民主法制出版社，2015：185.

教师:从材料9中可以得到什么信息?

学生:新中国成立初期,我国的经济十分落后,工业水平很低。

教师:中国的工业水平相当落后,中国近代史的教训使中国人民认识到落后就要挨打,尽快实现工业化就成了当务之急。1953年,我国政府提出了过渡时期的总路线。过渡时期的总路线中的"过渡"指什么?

学生:指的是从新民主主义国家转变为社会主义国家。

教师:阅读过渡时期总路线的内容,想一想总路线提出了几个目标,它们之间存在怎样的关系?

学生:社会主义工业化和逐步实现国家对农业、手工业和资本主义工商业的社会主义改造,两者之间的关系是发展生产力和变革生产关系同步进行。

教师:为了实现过渡时期的总路线,人民政府制定了第一个五年计划。思考"一五"计划的基本任务、成就和影响。

学生:"一五"计划时间:1953—1957年。

基本任务:集中主要力量发展重工业,建立国家工业化和国防现代化的初步基础;相应地发展交通运输业、轻工业、农业和商业;相应地培养建设人才。

成就:鞍山钢铁公司无缝钢管厂等三大工程、长春第一汽车制造厂、沈阳机床厂和飞机制造厂等建成投产。交通运输建设也取得很大成就,新建宝成、鹰厦等铁路30余条;川藏、青藏、新藏公路相继通车,密切了祖国内地与边疆地区的联系;1957年,武汉长江大桥建成,连接了长江南北的交通。

影响:我国开始改变工业落后的面貌,向社会主义工业化迈进。

教师活动:要求学生阅读教科书,概括出三大改造的具体措施、经过和影响。

学生:国家对农业进行社会主义改造,主要是把分散的个体农民组织起来,引导他们参加农业生产合作社,走集体化和共同富裕的社会主义道路;个体手工业者参加了手工业生产合作社;国家对资本主义工商业的社会主义改造,逐步发展为企业的公私合营,公私双方共同经营企业,公方代表居于领导地位。在改造过程当中,国家对资本家占有的生产资料实行赎买政策,即按全行业公私合营时资本家的资本发给定息。这种赎买政策,实现了和平过渡,是中国社会主义改造的创举。

教师活动:展示"第一个五年计划期间工业交通建设主要成就分布示意图"(图

略,见初中统编教科书八年级下册第20页),在学生回答的基础上进行总结:三大改造的完成标志着社会主义制度在中国的基本建立。

◇总结与过渡

到1956年底,国家基本上完成了对农业、手工业和资本主义工商业的社会主义改造,实现了生产资料私有制向社会主义公有制的转变,社会主义制度在我国建立起来。这是中国历史上最深刻的社会变革。我国从此进入社会主义初级阶段,社会主义建设蓬勃开展起来,随着大规模经济建设时期的到来,社会主义政治建设也提上了日程。

教师:根据初中、高中统编教科书,归纳1954年《中华人民共和国宪法》的性质、体现的原则及影响。

学生:性质:是新中国第一部社会主义类型的宪法。体现的原则:宪法体现了人民民主和社会主义两大原则。影响:开创了人民民主的全新阶段;为新中国的政治建设提供了法律保障;调动了人民建设社会主义的积极性。

教师展示三张图片:中国人民政治协商会议第一届全体会议会场(图略,见初中统编教科书八年级下册第3页)、人民代表步入第一届全国人民代表大会第一次会议会场(图略,见初中统编教科书八年级下册第21页)、1965年西藏自治区成立大会(图略,见普通高中课程标准实验教科书历史必修一第96页)

教师:以上三幅图片分别反映了我国实行哪些政治制度?它们正式确立的基本前提有哪些?结合所学知识概括指出上述政治制度在我国政治生活中的地位。

学生:第一张图反映的是人民代表大会制度,第二张图反映的是中国共产党领导的多党合作和政治协商制度,第三张图反映的是民族区域自治制度。它们正式确立的基本前提是新中国的成立、中国共产党和国家的统一领导。

教师:人民代表大会制度是我国最根本、最重要的政治制度;中国共产党领导的多党合作和政治协商制度、民族区域自治制度是我国的基本政治制度;它们初步构成了我国社会主义的政治制度体系。

当时的欧美主要国家并未实行普选制,选民受到财产、种族等条件限制;而中国从1953年起,年满18周岁即享有选举权与被选举权。欧美主要国家实行两院制，而中华人民共和国全国人民代表大会为我国最高权力机关，拥有立法、司法以及产生中央人民政府等权力。为什么中国选择与西方不同的政治制度呢？

材料10：我们采用民主集中制，而不采用资产阶级议会制。议会制，袁世凯、曹锟都搞过，已经臭了。在中国采取民主集中制是很合适的。我们提出开人民代表大会……不必搞资产阶级的议会制和三权鼎立等。

——毛泽东《建立人民民主专政的国家》①

教师：为什么说“在中国采取民主集中制是很合适的”？

学生：中国人难以接受议会制，照搬西方道路行不通；中国共产党有召开代表大会的成功经验。

教师：在建立中华人民共和国和社会主义制度的过程中，毛泽东发挥了独特的作用，毛泽东思想不仅是新民主主义革命的指导思想，也是社会主义革命、社会主义建设的指导思想。

◆**设计意图**

让学生认识到，人民代表大会制度是基于国情与历史而确立的具有中国特色的政治制度，是中国人民历史的选择。

二、本课小结

从中华人民共和国成立，到1956年基本完成对生产资料私有制的社会主义改造，短短的七年间，中国迅速恢复了国民经济，有计划地开展了经济建设，抗美援朝、保家卫国，在农村开展了土地改革，发动社会主义合作化运动，在城市大规模开展了国有化运动，成功地进行国家工业化，初步建立了社会主义经济制度和政治制度。

①转引自全国人大常委会办公厅，中共中央文献研究室.人民代表大会制度重要文献选编(一)[M].北京：中国民主法制出版社，2015:6.

第三部分 课后评价系统

一、教学评价

根据《普通高中历史课程标准(2017年版2020年修订)》课程内容要求及学业质量水平的描述,将学生在完成本课学习后的学业质量水平划分为4级。

水平1:了解现代中国的历史分期;能够叙述第一届政协、新中国成立、土地改革、过渡时期总路线、日内瓦会议、万隆会议等历史事件的基本状况。

水平2:能够利用历史年表描述新中国成立及过渡到社会主义的过程;能够尝试运用史料论证中国共产党领导的多党合作和政治协商制度的合理性、抗美援朝的意义、"一边倒"外交政策的必要性、新中国进行"一五"计划的紧迫性;能够运用相关历史术语解释"银元之战""米棉之战""另起炉灶""打扫干净屋子再请客"等概念;解释"一五"计划与第一届人大召开的关系,三大改造与社会主义制度在中国的建立的关系。

水平3:能够对新中国成立初期的措施、活动有整体的认知和概括,运用唯物史观的观点解释新中国成立至社会主义制度确立的史实之间的关联与互动。

水平4:全面、客观地认识为什么要建设社会主义;立志为新时代中国特色社会主义建设、中华民族伟大复兴作出自己的贡献。

二、本节学业质量水平检测

(原创题)阅读材料,回答问题。(15分)

材料11:1950年6月,中共中央在北京召开了七届三中全会,会上毛泽东明确提出在今后三年左右时间内的中心任务是争取国家财经状况的根本好转,为实现这个中心任务必须合理调整工商业。根据《共同纲领》的规定,党和政府调整资本主义工商业的方针和政策是"公私兼顾,劳资两利、城乡互助、内外交流"。三中全会后,工商业的合理调整全面展开,调整的范围很广,最突出的三个基本环节:①调整公私关系。国家主要是通过对私营工业的加工订货和产品的统购包销等方式,把私营工业逐步纳入国家计划的轨道,逐步消灭私营工业生产的盲目性和无政府状态。②调整劳资关系。资本主义工商业者必须确认工人的民主权利,适当提高工人的工资和福利待遇,但又要保证资本主义工商业者获得合理的利润,以利于生产的恢复和发展。③调整产销关系,主要是克服生产中的无政府状态。

由于七届三中全会路线的贯彻，新民主主义经济关系的理顺，再加上土改的逐步完成和城乡物资交流活动的开展，国营工商业得到发展，私管工商业亦摆脱了困境，走上了发展的道路。

——摘编自王桧林《中国现代史》

(1)根据材料并结合所学知识，概括新中国成立后“合理调整工商业”的原因。(7分)

(2)根据材料并结合所学知识，说明新中国成立后“合理调整工商业”的作用。(8分)

答案示例：

(1)新中国成立，巩固政权的需要；为了争取国家财经状况的根本好转；私营工商业的发展存在诸多问题，面临发展困境；落实《共同纲领》规定的新民主主义经济方针和政策；汲取苏联社会主义建设的经验教训。(任答3点给7分)

(2)使资本主义工商业初步克服了自身生产的盲目性和无政府状态，度过了日益萎缩的困境，特别是有利于国计民生的企业得到了迅速的恢复和发展；有力促进了整个国民经济的恢复和发展，使我国的财政经济状况出现了新气象；一定程度上提高了工人的工资和福利待遇；客观上促进了国营工商业的发展；有利于政权巩固；使国家积累了对资本主义工商业进行社会主义改造的初步经验。(任答4点给8分)

三、教学设计特点与反思

本课涉及的内容非常多，在教学过程中不可能做到面面俱到，因而突出重点、突破难点，如中华人民共和国成立的伟大历史意义，巩固政权的主要举措，新中国的民主政治建设和向社会主义过渡的措施，和平共处五项原则的内涵及意义，三大制度的建立及民主政治建设等。

本课旨在培养和提高学生的历史学科核心素养，坚持唯物史观引领，注重时空观念的定位，培养史料实证、历史解释的能力。通过本课学习，学生树立追求民主的科学精神，形成对国家、民族的历史使命感和社会责任感，提升家国情怀。

但在实际教学中，出现教师讲解过多和学生主动参与偏少、教学预设目标与课堂形成偏离、重历史知识讲解和忽视学科核心素养等问题。

第27课　社会主义建设在探索中曲折发展

谢　非[①]

第一部分　课前预设系统

一、课标解读

本课课标的内容要求：了解20世纪50—70年代中国探索社会主义建设道路的曲折发展和伟大成就，认识“文化大革命”的错误及教训；理解政治、经济、外交、国防等领域的成就在新中国历史上所具有的开创性、奠基性意义；了解和感悟这一时期中国人民艰苦奋斗、奋发图强的精神风貌。了解毛泽东对中国革命和社会主义建设的贡献，认识毛泽东思想对近现代中国的深远影响。

1956—1976年是中国现代史上一个特殊的阶段，其突出的特点是探索、曲折和发展。20年间，在中国共产党的领导下，中国人民艰苦奋斗、奋发勇为，在国防科技、经济建设、和平外交诸方面取得了伟大成就，在探索中国社会主义道路的过程中积累了丰富的经验。

二、教学内容分析

本课包括全面建设社会主义、“文化大革命”、伟大的建设成就三个子目，主要讲述20世纪50年代到70年代中国探索社会主义建设道路的曲折发展和成就。社会主义建设在曲折发展中探索出了一条适合中国国情的社会主义道路，积累了重要经验，建立了独立的国民经济体系，为改革开放以来所取得的成就提供了物质基础、宝贵经验和理论准备，具有开创性、奠基性意义。

本节课的主要概念与核心知识包括：全面建设社会主义时期、中共八大、“大跃进”、人民公社化运动、八字方针、“文化大革命”、四个现代化、三线建设、整风运动等。

①作者简介：谢非，中学二级教师，赤峰市翁牛特旗乌丹第一中学历史教师。

三、教学对象分析

学生在初中时已初步了解中共八大、“大跃进”和人民公社化运动、八字方针、“文化大革命”，对于这一时期的伟大建设成就等主要史实有较好的知识储备。基于培养历史学科核心素养的需要，本课对探索历程的时间与阶段进行梳理，便于学生形成良好的时空观念，能更好地了解社会主义道路的建设过程。

四、教学目标

1.梳理20世纪50至70年代中国探索社会主义建设道路的基本史实，分析这一时期取得的成就所具有的开创性、奠基性意义。

2.通过对教科书的阅读、归纳，在梳理“文化大革命”相关史实的基础上，说明“文化大革命”的性质。

3.通过对相关历史资料的阅读、分析，认识毛泽东对社会主义建设的贡献及毛泽东思想对现代中国的深远影响。

4.通过对相关先进典型和英雄模范人物的了解，感悟这一时期中国人民艰苦奋斗、奋发图强的精神风貌。

五、教学重难点

1.教学重点：社会主义在探索中的良好开端和曲折发展、社会主义建设的成就和经验。

2.教学难点：“文化大革命”的性质。

六、教学立意与整体思路

本着高度整合知识，突出时序性，关注阶段性特征的目的，确立本课的立意和主题为“探索”。本设计以探索为主线，以若干历史节点为线索，不过多涉及历史细节，不回避探索中的失误，着力揭示历史发展规律，明确毛泽东思想是中国共产党集体智慧的结晶，对新中国的成立与发展产生了深远的意义。

依据这一主题立意，将教科书内容进行了整合，将“全面建设社会主义”“文化大革命”整合成一目，并且另加一目“反思中前行”，培养学生的反思意识，使本节课形成了“实践中探索”“砥砺中奋进”“反思中前行”三个子目。“实践中探索”一目讲述1956—1978年间建设社会主义的历程，“砥砺中奋进”一目通过表格总结这一时期的伟大建设成就,"反思中前行"一目总结社会主义建设探索的经验与教训。

七、板书设计

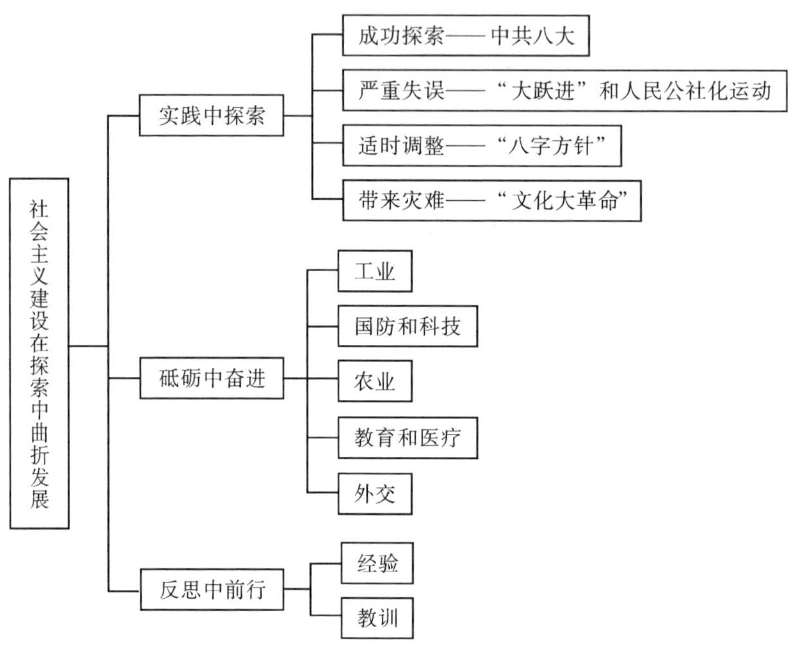

第二部分　课堂实施系统

一、教学活动过程

(一)导入环节

教师:(展示雷锋图片)雷锋精神就是全心全意为人民服务的精神,雷锋是20世纪50至70年代社会主义建设无私奋斗的代表,他忠于党和人民,立足本职,苦干实干。下面,就让我们走进那段激情岁月,并了解社会主义建设的艰辛曲折发展。

> ◆**设计意图**
> 以熟悉的历史人物导入,引起学生兴趣,同时让学生了解和感悟这一时期中国人民艰苦奋斗、奋发图强的精神风貌。

(二)教学过程

第一目　实践中探索

1. 成功探索——中共八大

材料1:改变生产资料私有制为社会主义公有制这个极其复杂和困难的历史任务,现在在我国已经基本上完成了。我国社会主义和资本主义谁战胜谁的问题,现在已经解决了。[①]

材料2:国家的统一,人民的团结,国内各民族的团结,这是我们的事业必定要胜利的基本保证。

——毛泽东《关于正确处理人民内部矛盾的问题》[②]

教师活动:提出问题。

(1)根据材料1并结合教科书内容思考,中国八大是在怎样的背景下召开的?请概括中共八大的主要内容。

(2)阅读材料2并结合所学知识,评价《关于正确处理人民内部矛盾的问题》。

学生:(1)社会主义三大改造完成,社会主义计划经济在中国基本确立,中国社会主义工业化全面开展。明确了主要矛盾和主要任务。

(2)《关于正确处理人民内部矛盾的问题》提出了正确处理人民内部矛盾的一系列方法、方针和政策。

◆**设计意图**

以材料为依据,培养学生的概括及解决问题的能力。

◇总结与过渡

中共八大是探索我国社会主义建设道路的一个重要里程碑,它的意义在于提出和初步解决了我国社会主义建设中的许多重大问题。它明确指出国内主要矛盾和党、国家的主要任务,提出了全面开展社会主义建设的任务,对新时期经济建设、民主建设和执政党建设指明了方向。但是,中共八大后短短两年为何从“在综合平衡中稳步前进”变为“多快好省建设社会主义”?

①刘少奇.中国共产党中央委员会向第八次全国代表大会的政治报告[J].黄河建设,1956(10):3-26.

②转引自中共中央文献研究室编.毛泽东文集(第7卷)[M].北京:人民出版社,1999:204.

2. 严重失误——"大跃进"、人民公社化运动

材料3:这块高产田面积一亩零七厘五,黑土壤,二等田,共收干谷一十四万零二百一十七斤四两。这块高产中稻田,从九月九日上午十点钟开镰,共有四百多人参加收割。在一条宽广的公路上,三十部打谷机终日隆隆作响。新装上滚珠轴承的四十二辆车子,五十九个肩挑社员络绎不绝地运往晒谷坪,经过了十一个多小时的苦战,直到当天下午九时三十分才全部收割完毕。

——《并禾密植挖掘土地潜力,广西、四川、云南中稻创亩产6万—13万斤纪录》①

材料4:1958年5月,中共八大二次会议,正式通过"鼓足干劲、力争上游、多快好省地建设社会主义"的总路线。但是党在提出总路线的同时,却忽视了对我国社会政治经济情况的准确分析,轻率地发动了"大跃进"运动。先是在农业生产上片面追求高指标,报刊不断宣传"高产卫星"。与此同时,其他工业、交通、邮电、教育、文化、卫生等事业也都开展"全民大办"。这种"以钢为纲"所带来的一系列大办,把"大跃进"推向了高潮,使以高指标、瞎指挥、浮夸风为主要标志的"左"的错误严重地泛滥开来,打乱了正常的经济建设秩序,浪费了巨大的人力和物力,造成国民经济比例的严重失衡。②

教师:阅读材料3和材料4,找出在社会主义总路线指导下的工作出现了什么问题,并指出"大跃进"和人民公社化运动的特点。

学生:忽视了客观的经济发展规律;否定了国民经济计划的综合平衡;夸大了主观意志和主观努力的作用;盲目求快、急于求成。

片面追求高速度、高指标;人民公社化运动特点:"一大二公",即人民公社规模大、公有化程度高。

◆设计意图

引导学生学习社会主义建设在探索中曲折发展,了解探索中出现的失误、对失误的调整以及对错误进行科学分析,提高分析问题、解决问题的能力,培养史料实证等核心素养。

①转引自义务教育教科书教师教学用书.中国历史八年级.下册[M].北京:人民教育出版社,2018:81.

②杨尧,宋佳佳,崔叶竹.浅析毛泽东的社会主义观——以大跃进、人民公社为视角[J].学理论,2012(17):7-8.

◇总结与过渡

毛泽东和党中央对“大跃进”等错误已经有所察觉和认识，开始努力领导全党纠正这些错误，并取得一些成果。

3. 适时调整——“八字方针”

教师：中共中央对经济进行调整，提出“调整、巩固、充实、提高”方针。八字方针有何效果？

学生活动：八字方针对经济的恢复与发展起到重要作用。

◇总结与过渡

经济调整工作取得了明显的效果。但建设社会主义的道路并不是一帆风顺的，“文化大革命”给党、国家和各族人民带来严重灾难。

4. 带来灾难——“文化大革命”

材料5：实践证明，“文化大革命”不是也不可能是任何意义上的革命或社会进步。它根本不是乱了敌人而只是乱了自己……历史已判明，“文化大革命”是一场由领导者错误发动，被反革命集团利用，给党、国家和各族人民带来严重灾难的内乱。①

材料6：习近平指出，我们党领导人民进行社会主义建设，有改革开放前和改革开放后两个历史时期，这是两个相互联系又有重大区别的时期，但本质上都是我们党领导人民进行社会主义建设的实践探索……虽然这两个历史时期在进行社会主义建设的思想指导、方针政策、实际工作上有很大差别，但两者决不是彼此割裂的，更不是根本对立的。不能用改革开放后的历史时期否定改革开放前的历史时期，也不能用改革开放前的历史时期否定改革开放后的历史时期。要坚持实事求是的思想路线，分清主流和支流，坚持真理，修正错误，发扬经验，吸取教训，在这个基础上把党和人民事业继续推向前进。②

①关于建国以来党的若干历史问题的决议[EB/OL].(2021-11-09)[2023-03-11].https://www.12371.cn/2021/11/09/ARTI1636454249781129.shtml.

②习近平谈“中国特色社会主义”：道路就是党的生命[N/OL].(2013-01-05)[2023-03-11].politics.people.com.cn/n/2013/0105/c1024-20099340.html.

材料7:尽管毛主席过去有段时间也犯了错误,但他终究是中国共产党、中华人民共和国的主要缔造者。拿他的功和过来说,错误毕竟是第二位的,他为中国人民做的事情是不能抹杀的。从我们中国人民的感情来说,我们永远把他作为我们党和国家的缔造者来纪念。①

教师:根据材料5分析"文化大革命"的性质。以史为鉴,说说"文化大革命"这段沉重历史给我们哪些教训。

学生:"文化大革命"是一场由领导者错误发动,被反革命集团利用,给党、国家和各族人民带来严重灾难的内乱。我们由此认识到必须保障和发展人民民主,健全和加强社会主义法制,建设社会主义法治国家,建设社会主义政治文明。

教师:根据材料6和材料7并结合所学,总结归纳毛泽东对中国革命和社会主义建设的贡献,认识毛泽东思想对近现代中国的深远影响。

学生活动:小组讨论,回答问题。

奠定中国特色社会主义的根本政治前提和制度基础;提供了开创中国特色社会主义的宝贵经验;为开创和发展中国特色社会主义作了理论准备;为中国特色社会主义打下物质技术基础等。

◆**设计意图**

通过阅读材料培养学生正确认识问题的能力。

毛泽东思想是中国共产党人宝贵的精神财富;毛泽东思想是实现中华民族伟大复兴这一中国梦的精神支柱;毛泽东思想对加强执政党建设具有重要的指导作用等。

◇总结与过渡

激情的岁月伴随着艰辛曲折的发展。请同学们自主绘制社会主义经济建设的曲线图。

学生活动:绘制曲线图,展示曲线图,并根据教师所给示例完善曲线图。

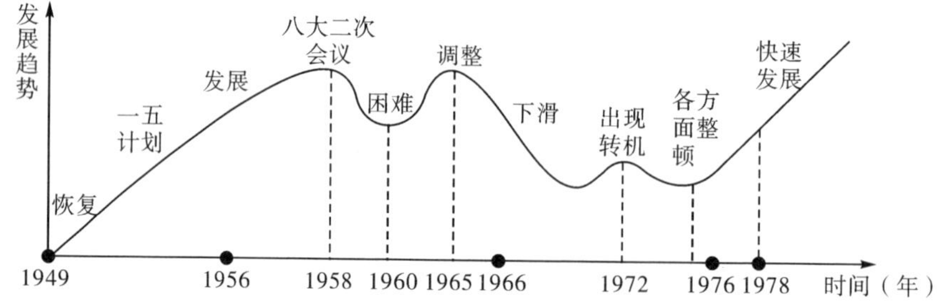

①张曙.邓小平与中国共产党百年历程[M].北京:商务印书馆,2021:238.

◆设计意图

建立清晰的时间坐标，并且强调阶段性，有利于学生理解所学内容。

◇总结与过渡

社会主义建设虽然曲折，但我们仍然取得了一些重要的建设成就。

第二目　砥砺中奋进——伟大的建设成就

教师：阅读教科书第165—167页，填写表格，探究问题。

领域	成就
工业	
国防和科技	
农业	
教育和医疗	
外交	

◆设计意图

结合社会主义建设时期的国防科技、经济建设和外交等成就，认识毛泽东思想对新中国的发展产生的深远意义。从"家国情怀"角度感悟中国人民艰苦奋斗、奋发图强的精神风貌，培养学生的归纳概括能力、自主探究能力、小组合作探究能力。

学生活动：以教科书内容为依据，梳理新中国成立到改革开放前的伟大建设成就，完成表格。

教师：这些伟大的建设成就，在新中国历史上都具有开创性、奠基性的意义，为新的历史时期开创中国特色社会主义道路提供了物质基础、宝贵经验和理论准备。

◇总结与过渡

这是一个艰苦奋斗的年代，也是一个奋发图强的创业年代，一个理想闪光的年代，一个意气风发、欣欣向荣的年代！社会主义建设年代的时代精神是什么？

学生：勤劳勇敢、自强不息、艰苦奋斗、顽强拼搏等。

◇总结与过渡

以史为镜，可以知兴替。社会主义建设中的经验与教训值得深思。

第三目　反思中前行——经验+教训

材料8：以毛泽东同志为核心的党的第一代中央领导集体带领全党全国各族人民完成了新民主主义革命……确立了社会主义基本制度，成功实现了中国历史上最深刻最伟大的社会变革，为当代中国一切发展进步奠定了根本政治前提和制度基础。在探索过程中，虽然经历了严重曲折，但党在社会主义建设中取得的独创性理论成果和巨大成就，为新的历史时期开创中国特色社会主义提供了宝贵经验、理论准备、物质基础。①

教师：依据材料8并结合所学回答，从1956—1976年社会主义建设探索出现的失误中，我们可以吸取怎样的经验与教训？

学生：社会主义建设中的经验与教训，如进行经济建设，不能急于求成，必须尊重经济发展的客观规律；生产关系的调整必须适应生产力发展的现实水平；进行社会主义建设不能照搬外国经验，必须符合本国国情等。

◆**设计意图**

以史为鉴，能客观地看待这段历史，并总结其经验教训。

二、本课小结

道路决定命运，找到一条正确道路是多么不容易。中国特色社会主义不是从天上掉下来的，是党和人民历尽千辛万苦、付出各种代价取得的根本成就。改革开放前的社会主义实践探索，是党和人民在历史新时期把握现实、创造未来的出发阵地，没有它提供的正反两方面的历史经验，没有它积累的思想成果、物质成果、制度成果，改革开放也难以顺利推进。

◆**设计意图**

感悟历史，升华情感。引导学生感悟社会主义建设的千辛万苦，培养家国情怀，提升历史学科素养。

穿越血与火的历史烟云，历经建设和改革的风雨洗礼，中国以全新的姿态屹立在东方！一代又一代先辈前赴后继，我们不能忘记过去的艰难曲折，我们要为欣欣向荣的国家而自豪，更为能够投身充满机遇和挑战的现代化建设而骄傲！

---

①胡锦涛.坚定不移沿着中国特色社会主义道路前进　为全面建成小康社会而奋斗——在中国共产党第十八次全国代表大会上的报告[J].前线，2012(12)：6-25+2.

第三部分 课后评价系统

一、教学评价

根据《普通高中历史课程标准(2017年版2020年修订)》课程内容要求及学业质量水平的描述,将学生在完成本课学习后的学业质量水平划分为4级。

水平1:能够提取教科书中有效信息,梳理20世纪50—70年代社会主义建设道路的曲折发展和伟大成就;能认识“文化大革命”的错误及教训。

水平2:能够归纳20世纪50—70年代中国探索社会主义建设道路的经验;能够基于毛泽东对中国革命和社会主义建设的贡献,认识毛泽东思想对近现代中国的深远影响;能够客观地评价毛泽东同志的历史地位。

水平3:能够利用不同史料论述20世纪50—70年代所具有的开创性、奠基性意义的重要成就。

水平4:能够感悟这一时期中国人民艰苦奋斗、奋发图强的精神风貌,并与现实生活相联系,激发为建设社会主义现代化强国而努力学习的热情。

二、本节学业质量水平检测

1.阅读材料,完成下列要求。(改编题)

材料9:20世纪50—70年代新中国经济与外交发展状况简表

时间	经济状况	外交状况
20世纪50年代	土地改革在新解放区推行; 国家财经根本好转,国民经济恢复; 一五计划和三大改造完成; 八大二次会议后,“大跃进”和人民公社化运动兴起	抗美援朝战争胜利; 和平共处五项原则提出; 新中国参加日内瓦会议和万隆会议 中苏关系恶化; 这一时期越南、法国、印度等与中国建交,建交国家有23个
20世纪60年代	开始提出“八字方针”; 经济经历困难后逐渐恢复; “文化大革命”波及经济领域	中苏关系恶化; 这一时期古巴、法国等与中国建交,建交国家有16个

续表

时间	经济状况	外交状况
20世纪70年代	周恩来、邓小平先后主持中央工作时期,经济好转; 十一届三中全会召开,开始以经济建设为中心,经济体制改革开始	中国恢复联合国合法席位; 中日邦交正常化; 中美建交; 这一时期西方与中国建交国家达62个

——摘编自王桧林《中国现代史》(下册)

从表中提取相互关联的经济与外交信息,自拟论题,并结合所学知识予以阐述。(要求:写明论题,可以从表中一个时期提取信息并论证,也可以结合几个时期综合论证,史论结合)

[答案示例]

论题:经济实力决定外交,外交为经济建设服务。

阐述:新中国成立以来经济实力的增强是中国外交取得成就的基础,而新中国的外交活动为国内建设赢得了和平的国际环境。1950年至1952年土地改革进行,使广大农民分到了土地,调动了农民生产积极性,推动了农业的发展;同时国民经济逐步恢复,新中国经济状况好转,这些均为抗美援朝战争的胜利奠定了经济基础。而抗美援朝战争的胜利又为开展大规模的国内经济建设创造了和平的国际环境。

总之,经济实力在一定程度上决定外交,而外交要为经济建设服务。

三、教学设计特点与反思

本教学设计紧紧抓住"探索"这个主题,围绕"社会主义建设的曲折探索历程"这条主线进行教学。

通过对教科书内容的整合,按时间顺序归纳我国社会主义建设成就,让学生形成对祖国的自豪感,树立中国特色社会主义道路自信、制度自信,培养学生爱国主义情怀;在具体、典型的史实基础上,用抽象的理论进行归纳并表达,让学生辩证、全面、客观和理性地理解历史事件,解决本课学习的重点和难点。

教师主要运用讲授法、合作探究法、材料分析法等教学方法,整合教科书内容,采取分层递进教学,采用多媒体辅助教学,既有图片资料,又有文字材料,学生能够感受到这一时期我国人民的艰难探索与成就。

本课运用材料较多,学生难免会产生疲劳感,所以应精简材料,注重提升学生的学习兴趣,提高课堂的参与度。

第十单元

改革开放与社会主义现代化建设新时期

单元设计

一、单元概述

本单元讲述的是中国改革开放新时期的历史。改革开放新时期,是在党和国家总结我国社会主义建设正反两方面经验,实现工作中心转移的基础上展开的。因此,改革开放与社会主义现代化新时期的历史是在实事求是的基础上开创的中国特色社会主义新时期,改革开放是中华民族发展史上的又一次伟大转折,推动了中国特色社会主义事业的伟大飞跃。本单元的主旨在于突出改革开放在新中国历史上的地位和成就,以及在中国特色社会主义理论体系中的历史地位。

本单元共有两课,第28课《中国特色社会主义道路的开辟与发展》侧重介绍两部分内容:一部分讲述改革开放的历史进程,从党的十一届三中全会实现伟大的历史转折开始,到2010年中国国内生产总值超过40万亿元,经济总量跃升至世界第二位,成为仅次于美国的第二大经济体;另一部分讲述“一国两制”与祖国统一大业。第29课《改革开放以来的巨大成就》讲述改革开放的伟大成就,也分两部分:一部分重点讲述理论,即中国特色社会主义理论体系的形成与发展;另一部分讲述经济快速增长、综合国力不断提升和国际影响力不断扩大。

本单元主要内容可分为五个方面:一是改革开放的历程及成就,从伟大的历史转折开始,简述改革开放的历程以及改革开放在各个领域取得的成就、综合国力及国际影响力的不断提高;二是论述"一国两制"理论的提出及成功实践,对实现祖国完全统一的重大意义;三是中国特色社会主义理论体系的形成与发展;四是中国特色社会主义进入新时代的重大意义;五是对中国特色社会主义道路、理论体系、制度、文化的形成过程及意义的系统认识。

二、总体目标

本单元的学习重点有四个:一是了解改革开放40多年来的基本线索和各个重要发展阶段的基本特征及内在联系;二是了解改革开放40多年来,中国在政治、经济、外交等各方面所取得的巨大成就;三是了解经过长期努力,中国特色社会主义进入了新时代,我国社会主要矛盾已经转化为人民日益增长的美好生活需要和不平衡不充分的发展之间的矛盾,这是判断我国历史发展方向的主要依据;四是了解改革开放40多年来共产党建设中国特色社会主义所取得的巨大成就以及中国改革开放、和平发展对世界的意义。

根据上述分析,将本单元的学习目标制定如下:简述改革开放的历程,列举改革开放的成就;叙述"一国两制"对实现祖国完全统一的重大意义;简述中国特色社会主义理论体系的形成与发展;阐释中国特色社会主义进入新时代的重大意义。

三、教学策略

以课标为基准,制定以学生为主体的单元学习目标,围绕学习目标开展教学活动和教学评价,形成教、学、评一体化。通过分组合作的方式探究核心问题,实现有效教学。

教师要引导学生运用唯物史观的基本原理,在时空框架下把握改革开放的历史。这段历史距离现在并不遥远,可以引导学生在学习这段历史的过程中,多注重历史和现实的联系。教师要特别注意厘清这段历史的基本线索,帮助学生理解这段历史进程中的变化与延续、继承与发展、原因与结果,建构这段历史发展的前后联系。例如,探究改革开放的原因,就要和之前的史实相联系。改革开放每一次进步是与之前的发展相比较而言的,改革开放的每一项重大决策也只有在具体的时空架构中才能找到其合理性。当把身边的事物融入历史知识当中去的时候，学生才真正具备了家国情怀和人文追求。学习本单元要坚持正确的价值观念，运用唯物史观的观点和方法发现问题、思考问题、解决问题，在真实情境中发展历史学科核心素养。

四、活动建议

首先，本单元时间跨度大，涉及内容庞杂，学生较难从整体上建构对这一时期历史的认知，建议教师在宏观上把握本单元的内容，对课程内容进行整体分析和分类归纳，把十一届三中全会、改革开放、中国特色社会主义道路的开辟和发展等核心内容归纳到统一的时间序列中加以整合，以便于让学生更好地理解这段历史进程中的变化与延续，继承与发展。要帮助学生建构这段历史的前后联系，明确改革开放与中国特色社会主义道路的内在关系。

其次，对于本单元的核心概念，建议采取概念群式的解读，帮助学生分析每一个核心概念之间的内在联系。从邓小平理论到习近平新时代中国特色社会主义思想的发展过程，我们应该引导学生结合科学理论出现的背景，分析科学理论要解决的核心问题是什么，这些重大理论在逻辑上有何内在联系。把这些理论串联在一起掌握，就可以逐渐形成对中国特色社会主义道路的理性认知和情感认同。

最后，要注重历史核心素养在本单元教学中的培养。运用史料，创设历史情境，对改革开放决策的必要性与可能性进行历史解释；以时间脉络和空间地图来感知改革开放历史进程中的发展变化。

五、评价检测要点

对中国特色社会主义道路、理论体系、制度、文化的形成过程及意义的系统认识；从核心概念和核心内容入手，形成对本单元内容的宏观整体把握。

第28课 中国特色社会主义道路的开辟与发展（同课异构一）

王中宇[①]

第一部分 课前预设系统

一、课标解读

本课的核心概念是“中国特色社会主义道路”，与本课相关的课标内容：认识真理标准问题讨论和党的十一届三中全会的历史意义；认识“一国两制”对实现祖国完全统一的重大意义；认识中国特色社会主义进入新时代的重大意义，认清我国发展新的历史方位；形成对中国特色社会主义道路、理论体系、制度、文化的形成过程及意义的系统认识。

根据课标要求可知“中国特色社会主义道路的开辟与发展”是本课的核心问题，我们要明确党的十一届三中全会是中国特色社会主义道路的伟大起点，改革开放和“一国两制”的实施是对中国特色社会主义道路的发展和完善。在实际学习中，要注意了解改革开放40多年来的基本线索和各个重要发展阶段的基本特征，并在此基础之上，厘清各个重要发展阶段之间的内在联系。学习中要注意突出以习近平同志为核心的党中央的作用。本课所涉及的历史距离现在并不遥远，课堂教学中，可以多引导学生用身边的实例见证历史的巨变，以现实的质感触摸历史，例如，在学习党的十一届三中全会时，可以让学生结合身边的实例，谈谈党的十一届三中全会召开后，我们的社会生活在哪些方面发生了变化。

二、教学内容分析

本课内容包括伟大的历史转折、改革开放进程、“一国两制”与祖国统一大业三个子目，讲述了1978年以来中国发展进程中的重要史实，涉及党的十一届

①作者简介：王中宇，中学一级教师，赤峰市敖汉旗教育教学研究中心历史教研员。

三中全会、农村和城市的经济体制改革、对外开放、“一国两制”与祖国统一大业等重点内容。本课的核心内容是改革开放及同时期中国特色社会主义道路的开辟和发展，因此，需梳理改革开放的基本线索和各个重要发展阶段的基本特征及内在联系；需要认识到改革开放以来我们取得的一切成绩和进步的根本原因在于开辟了中国特色社会主义道路，形成了中国特色社会主义理论体系，确立了中国特色社会主义制度，发展了中国特色社会主义文化。这些内容理论性较强，时间跨度较大，要求学生具备一定的历史分析能力。

三、教学对象分析

学生在初中时已经学习过十一届三中全会、改革开放的进程及“一国两制”等重要史实，通过各类媒介对改革开放等内容也有一些了解。经过初中三年的历史学习，已经建立了基本的唯物史观，能够认识到中国特色社会主义道路体系需要以改革开放以来形成的中国特色社会主义市场经济为基础；有一定的合作探究能力，可以通过合作的方式探讨中国特色社会主义道路形成的重大意义；已经具有初步的识图能力，可以在此基础上进一步培养时空观念。改革开放四十多年来的成就不胜枚举，学生对中国特色社会主义道路并不陌生，适时地结合国内外热点时事来学习本课，有助于对本课核心知识的理解。

由于本课时间跨度大，涉及范围广，学生较难从整体上建构对这一时期历史的认知，从而把握改革开放各阶段的内容及特征。另外，本课出现了一些新的名词概念，如保税区、《反分裂国家法》等，会给学生理解教科书内容带来一定的困难。

四、教学目标

1.列表整理改革开放的进程、“一国两制”构想的实践，叙述改革开放、“一国两制”的基本史实，能够解释历史事件之间的时空联系。

2.研读史料，获取历史信息，从开辟与发展中国特色社会主义道路的角度，阐述真理标准问题讨论和十一届三中全会的历史意义、“一国两制”对实现祖国完全统一的重大意义。

3.简述社会主义现代化建设的基本经验，说出对港澳回归祖国的感想，提高民族自豪感。

五、教学重难点

1.教学重点:十一届三中全会的历史意义;“一国两制”的理论与实践。

2.教学难点:改革开放和社会主义现代化建设的基本经验。

六、教学立意与整体思路

中国特色社会主义道路是中国共产党对现阶段纲领的概括,是中国人民的历史选择,是我党在社会主义现代化建设新时期开辟的一条最符合中国国情的发展道路。本课在教学中始终以“中国特色社会主义道路”为核心,在这一前提下,从两个大方面进行教学设计:一方面,从时间和空间两个维度,引导学生理解“中国特色社会主义道路”的“中国特色”;另一方面,带领学生梳理中国特色社会主义道路的发展历程,并从中总结我国社会主义现代化建设的经验。

在整个学习过程中,要依据“论从史出”的原则,从史料中提取历史信息,并适时地创设历史情境,在情境中感悟历史,力求引导学生像历史学家一样探索历史。

七、板书设计

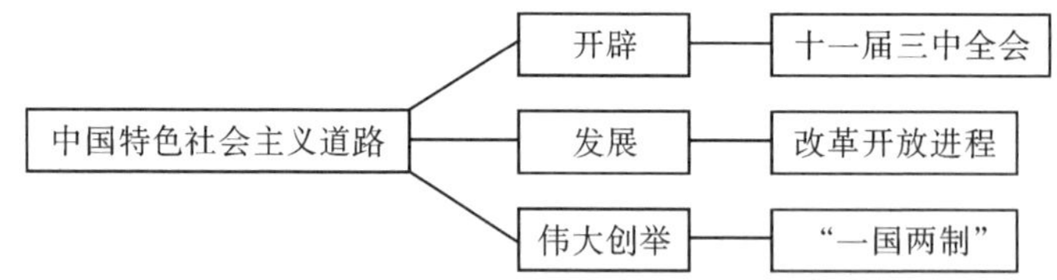

第二部分　课堂实施系统

一、教学活动过程

(一)导入环节

教师活动:展示图片“中共十一届三中全会会场”(图略,见教科书第169页)。

让同学们通过课前预习说一说党召开这次会议的目的。

学生：寻找新的社会主义发展道路。

◆**设计意图**

通过展示图片"中共十一届三中全会会场"，还原真实的历史情境，使学生对党的十一届三中全会这一重要历史事件有初步的了解，同时通过思考十一届三中全会召开的目的，引出本课的主题——中国特色社会主义道路的开辟与发展。

◇总结与过渡

1978年底，党的十一届三中全会在北京召开，全会作出了改革开放的重大决议。在此后改革开放的实践中，党逐渐摸索出一条符合我国国情的中国特色社会主义发展道路，并且在这条正确的道路上不断努力探索，最终取得了社会主义现代化建设的巨大成就。这条中国特色社会主义道路是如何开辟的，又是如何发展完善的？这是我们本课学习的核心内容。

第一子目　伟大的历史转折

教师活动：展示图片"《光明日报》发表《实践是检验真理的唯一标准》评论员文章"（图略，见教科书第169页）。

1978年5月《光明日报》邀请特约评论员发表了题为《实践是检验真理的唯一标准》的文章，引起了社会上的广泛关注。阅读教科书第169页上方第一段小字部分并结合图片，说说"真理标准问题的讨论"对当时人们的思想解放起到了怎样的作用。

学生：重新确立了实事求是的马克思主义思想路线，为历史性转折做了重要的思想理论准备。

◆**设计意图**

"真理标准问题的讨论"是十一届三中全会召开的一个重要历史背景，学生以教科书中图文为史实依据，再现这一时期的基本史实，有助于其更好地学习十一届三中全会的内容。

◇总结与过渡

为什么十一届三中全会被称为“伟大的历史转折”？带着这个疑问，我们来学习十一届三中全会。

教师：同学们先阅读一下“伟大的历史转折”这一子目的内容，自主从教科书中梳理出十一届三中全会的主要内容。

学生：十一届三中全会的主要内容包括：把党和国家的工作中心转移到经济建设上来，实行改革开放；恢复党的民主集中制；拨乱反正，平反冤假错案。

教师：请结合身边的实例，谈谈十一届三中全会召开后，我们的社会生活在哪些方面产生了变化。

学生：经济生活方面，个人物质生活和文化水平提高，商店、超市取代供销社；民主政治方面，基层民主自治机构（如村委会、社区居委会）出现；法治建设方面，平反冤假错案，公民依法维权；等等。

◆**设计意图**

学生在梳理十一届三中全会主要内容的前提下，从身边发生的实例谈十一届三中全会给人们日常生活带来的变化，这不仅能为学生创设历史情境，同时又能引导学生初步感受十一届三中全会给中国社会带来的变化。

◇总结与过渡

十一届三中全会不仅改变了我们每一个当代中国人的生活，同时也给整个国家带来了巨变。

教师：“问题探究”引用了习近平总书记的一段讲话内容（材料略，见教科书第174页），高度概括了1978年以来中国发生的巨变，同学们依据这则材料，说说我们国家40年多来发生了哪些变化。

学生：依据习近平总书记讲话的内容，我们可以概括出我国自1978年至今发生了两大变化。以十一届三中全会为标志，我国进入了改革开放的新征程；从农村到城市，各阶层人民的生产积极性得到了有效调动，40年多来改革开放的

◆**设计意图**

引导学生从史料中提取相关的历史信息并加以分析整合，得出史料中的主要观点。学生通过分析十一届三中全会在国家层面上给中国带来了哪些转变，即可总结出十一届三中全会的历史意义。这一子目的教学设计旨在引领学生利用教科书正文和其他材料，由浅入深地对

成就是全体中国人民用双手书写的,反映出十一届三中全会为改革开放奠定了必不可少的群众基础和社会基础。

十一届三中全会实现全面的认识,在这个过程中着重培养学生的史料实证学科核心素养。

◇总结与过渡

在十一届三中全会上,党作出了一个伟大、正确的决定——改革开放。今天,我们国家实力的迅速增强、我们每个人生活发生翻天覆地的变化,从根本上说都是改革开放带来的。

第二子目 改革开放进程

教师:同学们依据教科书"改革开放进程"这一子目的内容,从实践和理论两个方面,列表叙述改革开放的进程。

学生活动:列表。

改革开放进程

实践	对内改革:农村实行家庭联产承包责任制;城市实行经济体制改革
	对外开放:1980年,在东南沿海设立4个经济特区,引进外资,学习外国先进技术和管理经验;1984年,进一步开放14个沿海港口城市;陆续建立起一批经济技术开发区和保税区,形成从沿海到沿江,从沿边到内陆全方位对外开放的格局;2001年,中国正式加入世界贸易组织,进一步参与经济全球化进程
理论	1982年,中共十二大提出建设有中国特色的社会主义;1987年,中共十三大提出了社会主义初级阶段的理论;1992年,中共十四大提出建立社会主义市场经济体制 2000年,中共十五届五中全会提出"走出去"开放战略

◆**设计意图**

这一子目内容比较繁杂,教科书中描述了大量党和政府在改革开放期间做出的重大举措,指导学生通过列表的方式,分门别类地把这些重大举措整理出来,使改革开放的进程按历史时序清晰地呈现在学生面前,便于学生掌握其中特定的时间与空间之间的联系,着重培养学生的时空观念。

◇总结与过渡

以十一届三中全会为起点，我国进入了改革开放新时期，党和国家为了完成现代化建设做出了不懈的努力。

教师：我国在建设社会主义现代化事业的过程中，积累了大量的经验，接下来请同学们阅读“历史纵横”（材料略，见教科书第171页）、“问题探究”的第一段材料（材料略，见教科书第174页）以及材料1，分组讨论：你从我国现代化建设的过程中获得了哪些启示？

材料1：社会主义阵营中的两大既成经济模式皆行不通，便把渴望变革的中国逼上了一条独自探索、充满了不确定性的道路，由此我们可以从理论的层面理解，为什么会有“中国特色的社会主义市场经济”的提法。①

学生：我国现代化建设成功的经验非常丰富。保持社会政治安定是现代化建设的重要保证；发展经济要循序渐进、戒骄戒躁，遵守客观经济规律，这样才能实现经济稳定高速发展；在自力更生的基础上同各国开展平等的互利合作；重视科学研究和教育工作；从我国的实际国情出发，制定现代化发展战略。

◆设计意图

组织学生利用典型材料探讨我国现代化建设的成功经验，使学生了解到党和国家摸索出来的中国特色社会主义道路是符合我国实际国情的现代化发展道路，它遵循了客观经济规律。在这个过程中，学生能够潜移默化地认识到社会存在和社会意识之间的辩证关系，加深对唯物史观的深入理解。

◇总结与过渡

党和国家在改革开放过程中，以实现现代化为目标，不断总结现代化建设的经验，在这个过程中，我们总结的最重要的经验就是从实际出发、从国情出发，遵循客观经济规律，制定一条符合本国国情的现代化发展道路，这条道路就是中国特色社会主义道路，我国几十年来改革开放的进程就是对中国特色社会主义道路不断发展完善的过程。

①吴晓波.历代经济变革得失[M].杭州：浙江大学出版社，2016：194.

第三子目　“一国两制”与祖国统一大业

教师:通过不断地深化改革,我国的经济实力得到了快速提升,党也逐渐摸索出了一条中国特色社会主义发展道路,我们的现代化建设一日千里,到了这个时候,一个重大的历史遗留问题被提上了国家议程,那就是如何完成祖国统一大业,这关乎中华民族的根本利益,为了早日实现国家统一,我们党和政府做出了不懈努力。请同学们阅读“‘一国两制’与祖国统一大业”这一子目的内容,以表格形式列举我们党和国家为完成祖国统一大业做出的努力。

◆设计意图

党和政府为了落实“一国两制”、完成祖国统一大业,做出了许多努力。指导学生通过列表的方式将这些内容整理出来,使学生对“一国两制”的基本史实形成初步的了解。

学生活动:列表。

为港澳回归做出的努力	为台湾回归做出的努力
1984年12月和1987年4月,分别同英国和葡萄牙政府签署联合声明; 1997年7月1日,对香港恢复行使主权,成立香港特别行政区; 1999年12月20日,对澳门恢复行使主权,成立澳门特别行政区	1979年元旦发表《告台湾同胞书》,推动两岸经济文化交流; 1992年11月,两岸达成“坚持一个中国原则”的重要共识,即“九二共识”; 1993年4月,在新加坡举行“汪辜会谈”,两岸关系发展迈出了重要的一步; 2005年3月,全国人大通过《反分裂国家法》,表现了党和国家维护国家统一的决心; 2015年11月7日,两岸领导人习近平和马英九历史性握手,翻开了两岸关系历史性一页

教师:1997年香港回归和1999年澳门回归,是“一国两制”实施以来取得的重大成就,请阅读“学思之窗”(材料略,见教科书第172页),结合教科书第172页“中英香港政权交接仪式”和“中葡澳门政权交接仪式”两幅图片,分组讨论:你对香港和澳门回归祖国的感想有哪些?

学生:增进了香港、澳门同内地之间的经贸关系;有利于中央政府支持港澳两地的长期繁荣

◆设计意图

指导学生依据文字史料,对香港和澳门回归祖国的史实进行理性分析和客观评判,提升学生历史解释的核心素养;两幅图片材料分别是香港和澳门回归祖国的政权交接仪式,现场宏大的气势使学生对祖国的热爱油然而生,很容易让学生产生民族自豪感,这一学习过程有利于培养学生的家国情怀。

和稳定;标志着祖国统一大业向前迈出重要一步;提升了中国人民的民族自豪感和民族凝聚力。

教师:香港、澳门的回归,使"一国两制"从构想变成现实,这证明了完成祖国统一大业的重要前提就是坚持"一国两制"。结合"史料阅读"(材料略,见教科书第172页),探讨"一国两制"对实现祖国统一大业的重大意义。

学生:"一国两制"是实现祖国和平统一的重要制度,是中国特色社会主义的伟大创举,是党不断完善中国特色社会主义理论体系的结果。

教师:是的,"一国两制"不但是实现祖国和平统一的重要制度,也是中国特色社会主义的伟大创举,它进一步发展了中国特色社会主义道路,是中国特色社会主义理论体系的重要组成部分。

◆设计意图

通过分析史料中香港和澳门回归的意义,引申出"一国两制"对完成祖国统一大业的意义,以小见大、由点到面地对史实做出准确解释。

◇总结与过渡

改革开放新时期的历史,本质上是党和国家开辟、发展中国特色社会主义道路的历史,在这条正确的道路上,中国人民完成现代化建设、实现中华民族伟大复兴的目标指日可待。

二、本课小结

本节课,我们首先学习了十一届三中全会的主要内容及历史意义,认识到十一届三中全会是我国历史上的伟大转折,自此以后我国开始了社会主义现代化事业建设的新篇章,开辟了一条具有中国特色的社会主义发展道路;其次,我们再现了我国四十多年来改革开放的历史进程,从中感受到了我们党和国家在认清我国发展新的历史方位的前提下,不断深化改革,使中国特色社会主义道路得到了发展和完善;最后,我们探讨了"一国两制"对完成祖国统一大业的重大意义,认识到"一国两制"是中国特色的社会主义的伟大创举。我们只有坚持走中国特色社会主义道路,才能实现中华民族伟大复兴的中国梦。

第三部分 课后评价系统

一、教学评价

根据《普通高中历史课程标准(2017年版2020年修订)》课程内容要求及学业质量水平的描述,将学生在完成本课学习后的学业质量水平划分为4级。

水平1:能够认识到我国自十一届三中全会以来所发生的历史转变都是生产力向前发展的结果。知道以十一届三中全会为起点,中国进入了改革开放和社会主义现代化建设新时期。能够有条理地讲述本课涉及的历史事件,概括史实的基本发展进程。具有对祖国和人民的深情大爱,能够认识到社会主义核心价值体系是社会主义制度的内在精神和生命之魂。

水平2:能够认识到我国自十一届三中全会以来所发生的历史转变都是生产力向前发展的结果。能够利用历史年表描述改革开放的进程和"一国两制"的落实。能够运用历史学专业术语对本课的某一个具体的史事作出解释。具有对祖国和人民的深情大爱,能够认识到社会主义核心价值体系是社会主义制度的内在精神和生命之魂。

水平3:能够认识到中国特色社会主义市场经济体系的建立是中国特色社会主义理论体系形成的经济基础,能够辩证地看待两者之间的关系。能够把握改革开放进程中发生的各个历史事件之间的时间联系。能够在探究本课问题时,自主搜集相关史料。能够认识到我党开创的中国特色社会主义道路是创造人民美好生活、实现中华民族伟大复兴的必由之路。

水平4:能够认识到中国特色社会主义市场经济体系的建立是中国特色社会主义理论体系形成的经济基础,能够辩证地看待两者之间的关系。能够运用正确的方法,独立绘制有关本课史实的图表,并加以说明。能够认识到我党开创的中国特色社会主义道路是创造人民美好生活、实现中华民族伟大复兴的必由之路。

二、本节学业质量水平检测

中国和印度两个国家，在国情方面有着许多相似之处。20世纪80年代，中国和印度几乎同时对外开放，面对汹涌澎湃的全球化浪潮，如何重返国际市场，走上强国之路是当时中印两国共同的国家主题。在接下来的40多年里，中国国家实力迅速增强，然而印度的发展却相对缓慢，为什么中国的改革开放取得了巨大成就？复旦大学经济学院教授陆铭先生著述的《十字路口的中国经济》很好地解答了这个问题。

◆**设计意图**

使学生认识到中国社会主义现代化事业取得巨大成功的主要原因在于党认清了我国的国情，并走出了一条适合我国现阶段国情的中国特色社会主义道路，形成对中国特色社会主义道路的认识和自信。

依据教科书中的相关内容，制作“改革开放40年大事记简表”，并结合《十字路口的中国经济》，谈谈中国改革开放为什么能够取得巨大成就。

水平	具体要求
水平1	在论述中国改革开放取得巨大成就的原因时，能够尝试从教科书以外的渠道获取相关史料；能够从所获得的史料中提取有关“改革开放”的信息
水平2	能够知道十一届三中全会是中国进入社会主义事业发展新时期的光辉标志；能够利用历史年表对我国改革开放的历程加以描述；能够正确认识史学专著的史料价值；能够使用相关历史术语描述改革开放的进程
水平3	能够使用特定的时间和空间术语对改革开放的历程加以概括和说明；在探讨中国改革开放取得巨大成就的原因时，能够利用教科书中的史料同史学专著进行互证，形成更全面、丰富的解释
水平4	能够比较史学专著的观点与教科书中的观点有何不同，分析观点产生分歧的原因；在尽可能占有史料的基础上，尝试验证教科书中的观点；能够运用唯物史观阐释中国改革开放取得巨大成就的原因

三、教学设计特点与反思

本课教学设计的核心特色是教、学、评一致性，在解读课标的基础上制定可观察、可操作、可评价的教学目标，教学目标的叙写注重历史核心素养的培养，依据教学目标设计教学过程，课后学业评价依据教学目标和历史学科核心素养等分层次划分了本课学习质量水平。

本课教学设计特别注重发挥史料对教学的支架作用,尤其是充分使用教科书中的图文材料,力求使学生做到利用史料再现史实,并对史实做出理性客观的解释或论述。

本课教学过程始终以中国特色社会主义道路的开辟和发展为主线,与学生共同探讨中国社会主义现代化建设获得成功的历史经验。本课内容主要讲述的是当代中国四十多年来的历史,这段历史距离我们现在并不遥远,甚至某些历史事件是我们当代中国人亲身经历过的。因此,在教学过程中始终注意引导学生注重历史与现实之间的联系,希望学生能够将本课学习到的历史知识与家乡、民族和国家的发展繁荣结合起来,更清晰、更具体地认识开辟和发展中国特色社会主义道路的重大意义。

第28课 中国特色社会主义道路的开辟与发展(同课异构二)

赵 宇[①]

第一部分 课前预设系统

一、课标解读

本课课标的内容要求是:认识真理标准问题讨论和党的十一届三中全会的历史意义;认识改革开放以来中国在各个领域取得的成就、综合国力及国际影响力的不断提高;认识"一国两制"对实现祖国完全统一的重大意义。

十一届三全会后,中国进入改革开放和社会主义现代化建设新时期。与此同时,中国共产党带领各族人民开创并发展了中国特色社会主义。十一届三中

①作者简介:赵宇,赤峰学院历史文化学院2020级学科教学(历史)硕士研究生。

全会的召开是开辟中国特色社会主义道路的历史起点，为中国特色社会主义理论体系的形成提供了重要思想来源；改革开放是中国人民和中华民族发展史上的一次伟大革命，是实现中华民族伟大复兴的关键一招；而“一国两制”科学构想的提出为早日完成祖国统一大业提供了政策保证，为解决国际争端和历史遗留问题提供了新的思路和方式。改革开放的前三十年是探索适合中国国情的社会主义道路的重要时期，经过党和人民的艰苦努力，开辟和发展了中国特色社会主义道路。

二、教学内容分析

本课主要讲述了1978年以来中国特色社会主义道路的开辟与发展，包括伟大的历史转折、改革开放进程、“一国两制”与祖国统一大业三个子目，涉及十一届三中全会、平反冤假错案、农村和城市的经济体制改革、对外开放、“一国两制”与祖国统一等相关史实，在整个单元教学中起着承上启下的重要作用。在“改革开放和社会主义现代化”这一单元大概念的统领下，教学着重突出本课的核心问题——改革开放以及同时期中国特色社会主义道路的开辟和发展，需要明确这一时期各个重要发展阶段的基本特征，认识到改革开放以来我们取得一切成绩和进步的根本原因，归结起来就是：开辟了中国特色社会主义道路，形成了中国特色社会主义理论体系。高举中国特色社会主义伟大旗帜，最根本的就是要坚持这条道路和这个理论体系。

三、教学对象分析

高一学生在初中阶段已经学过十一届三中全会、改革开放和“一国两制”等重要史实，对本课的主干内容有一定的了解，且大部分学生对这一时期的历史人物很感兴趣。由于本课涉及范围较广，时间跨度也较大，还出现了诸如保税区等新名词，学生较难建构起对本课内容的整体认知，对深入理解关键问题也存在一定困难，所以需要给学生布置课前预习任务。

四、教学目标

1.通过对相关图文材料的分析，简述对内经济体制改革和对外开放的基本史实，认识到中国综合国力在改革中不断提升。

2.通过对典型材料的分析，概述十一届三中全会的相关史实和历史意义。

3.通过对本课知识的宏观把握和相关材料的探究，分析“一国两制”对祖国统一的重要作用，认识到祖国统一是大势所趋。

五、教学重难点

1.教学重点：中共十一届三中全会的历史意义；“一国两制”的实践。

2.教学难点：对内经济体制改革和对外开放。

六、教学立意与整体思路

本课围绕“改革开放以及同时期内中国特色社会主义道路的开辟和发展”这一核心问题进行整体设计。首先，用1977年尚未恢复职务的邓小平写给中共中央的信进行导入，激发学生的探究欲望，从而过渡到本节课的第一个环节“伟大的历史转折”。通过材料分析十一届三中全会的具体内容以及重大意义，通过表格梳理平反冤假错案以及社会主义民主法治建设的过程。以十一届三中全会为起点，中国进入了改革开放和社会主义现代化建设的新时期，在此基础上引导学生思考，改革开放还为中国带来了什么。继而进入第二个环节“改革开放进程”。通过材料分析、绘制表格等了解改革在农村、城市取得的新突破以及社会主义市场经济体制的建立过程，体会改革开放是决定当代中国命运的关键所在。与此同时，也要明确完成祖国统一大业是中华民族的根本利益，进而进入第三个环节“‘一国两制’与祖国统一大业”。通过分析邓小平拒绝英国要求的“底气”，引导学生自主学习，归纳梳理港澳回归以及两岸关系发展的相关内容，认识到祖国统一是必然趋势，以此增强民族自信心和认同感。

七、板书设计

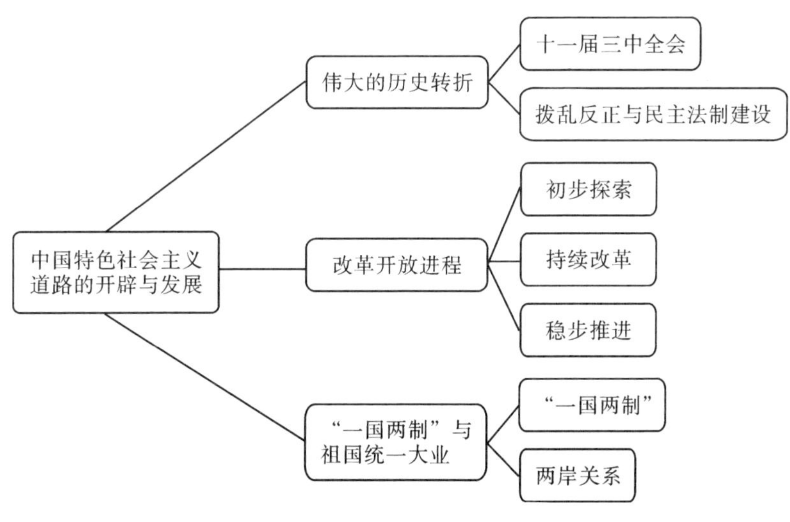

第二部分　课堂实施系统

一、教学活动过程

(一)课前预习

学生活动:预习新课,根据教科书内容自主制作"改革开放大事年表"。

◆设计意图

学生对本课即将学习的改革开放相关内容做到初步了解,认识到中国特色社会主义道路发展的艰难以及取得的巨大成就。

(二)导入环节

材料1:1977年4月10日,邓小平在写给中央的信中……阐述了对待毛泽东思想的科学态度:"我们必须世世代代地用准确的完整的毛泽东思想来指导我们全党、全军和全国人民,把党和社会主义的事业,把国际共产主义运动的事业,胜利地推向前进。"①

教师活动:展示材料1,引导学生思考此时邓小平为何强调我们要世代运用"准确的完整的毛泽东思想"来指导工作,据此认识十一届三中全会召开的背景。

学生:"文化大革命"结束后,"左"倾的错误并未得到及时纠正,"两个凡是"的观点盛行,极大地阻碍了拨乱反正和新时期各项工作的开展,1978年5月,真理标准问题的讨论在全国范围内开展,在邓小平的支持下,这次讨论否定了上述错误观点,强调实践是检验真理的唯一标准,坚持实事求是,为后续改革工作提供了坚实的思想基础,十一届三中全会就是在这样的时代背景下召开的。

◆设计意图

以材料内容为线索,激发学生的探究意识,教师将学生带入问题情境的同时也对学生的预习情况有一定的了解。

◇总结与过渡

理论思想已经准备就绪,接下来就是实践环节,我们的党和国家又是怎么做的呢?这一切又将给步履维艰的中国带来什么?接下来,就让我们一起学习第28课《中国特色社会主义道路的开辟与发展》。

①中共中央文献研究室,邓小平研究组.邓小平[M].沈阳:辽宁人民出版社,2018:347-348.

(三)新课讲授

环节一:伟大的历史转折

1. 十一届三中全会

材料2:史料阅读(略,见教科书第170页)。

材料3:1978年12月召开的中国共产党十一届三中全会,确定了新的工作方针,这是经济现代化道路历史性转折的契机。这次会议决定把经济建设为中心的现代化建设,作为中国共产党工作的重点,停止使用以"阶级斗争为纲"的口号。

从1979年开始,全党工作重点和全国人民的注意力转移到社会主义现代化建设上来。要获得国民经济持续、稳定的发展,必须保持必要的政治安定,按照客观经济规律办事……这次会议标志着中国经济的发展步入改革、开放的道路。

——摘编自赵德馨《中国近现代经济史 1842—1991》①

教师活动:展示材料2、3,引导学生思考我们党为"解决新的矛盾"是如何"重新学习"的,以及"学习"结果是什么,在此基础上总结十一届三中全会的主要内容及意义。

学生:我们党为"解决新的矛盾"于1978年12月召开了十一届三中全会,会上决定将工作重心由"阶级斗争"转移到"经济建设",确定改革开放的战略决策,重新确立党的思想路线、政治路线和组织路线,恢复民主集中制,并决定进行"拨乱反正"工作。此次会议的召开实现了新中国成立以来党和国家历史上具有深远意义的伟大转折,开启了改革开放和社会主义现代化建设新时期。

◆**设计意图**

通过对材料的分析和理解,学生能够更深入了解党在十一届三中全会以来认识与工作的变化,培养历史解释能力。

①赵德馨.中国近现代经济史1842—1991(第二册)[M].郑州:河南人民出版社,2003:315-319.

2. 拨乱反正与民主法治建设

教师活动:组织学生自主阅读教科书,完成下列表格。

表1

拨乱反正	
原则	
具体表现	

表2

民主法治建设		
时间	结果	意义
1981年6月 中共十一届六中全会		
1982年 五届全国人大五次会议		

学生活动:自主阅读并填写表格。

◆设计意图

通过表格形式梳理知识内容,增强学生概括归纳能力,此处不作为本课设计的重点内容,学生大体了解即可。

◇总结与过渡

十一届三中全会实现了历史的伟大转折,重新确立了党的指导思想和行动路线,拨乱反正有效地调动了社会各阶层人员的积极性,同时也加快了社会主义民主法治建设的步伐,真正拉开了改革开放新时期的序幕。下面我们就一起来深入了解一下让中国的经济生活彻底改头换面的改革开放。

环节二:改革开放进程

1. 初步探索

(1)对内改革。

①农村:家庭联产承包责任制。

材料4:我们分田到户,每户户主签字盖章。如以后能干,每户保证完成每户的全年上交和公粮,不再向国家伸手要钱、要粮,我们干部坐牢杀头也甘心,大家社员也保证把我们的小孩养活到18岁。[①]

教师活动:播放《百炼成钢:中国共产党的100年》第四十三集《联产承包责任制》的节选视频。要求学生结合材料4回答,协议书中"我们分田到户"是纠正什么运动的错误?后来成了国家实施的哪项政策?这项新政策实施的结果如何?据此了解家庭联产承包责任制实施的背景、结果和重要意义。

学生:协议书中"我们分田到户"是纠正了人民公社化运动的严重"左"倾错误;后来成了国家在农村推广实施的家庭联产承包责任制;新政策的实施改变了我国农村旧的经营管理体制,极大地调动了农民的生产积极性,农民收入明显增加,我国农业总产值逐年递增等。

◆设计意图

通过材料分析、视频观看使学生深刻体会改革成果的来之不易,提高材料分析的能力,培养家国情怀。

②城市改革。

材料5:"30多年来苦心经营的国营企业,被三五年发展起来的个体和集体经济大大超过了。"厂长们在谈到这一问题时忧心忡忡,他们说,我们温州国营工业结构轻型,设备陈旧,老化……工资分配、用工制度、干部任免、产品价格等方面,被捆得死死的……我们是被捆绑着手脚同个体和集体竞争的。[②]

教师:结合材料5,补充城市经济体制改革的时间、中心环节、内容及意义。

时间	1984年以后全面展开
中心环节	增强企业活力,把企业搞活
内容	在管理体制上,政企分开,简政放权;在所有制上,变单一的公有制经济为以公有制经济为主体、多种所有制经济共同发展;在分配上,实行以按劳分配为主、多种分配方式并存的分配制度
意义	调动了各方面的积极性,企业有了竞争机制,增强了活力,效益显著提高,经济得到快速发展

①安徽省社会科学院当代安徽研究所.影像中国70年[M].合肥:安徽人民出版社,2019:58.

②田学祥.跋涉者的履痕——一个中年记者的独白[M].北京:新华出版社,1992:78.

(2)对外开放

教师:思考我国的开放格局及特点。

学生:我国的开放格局是经济特区—沿海开放城市—沿海经济开放区—内地,特点为全方位、多层次、宽领域。

◆设计意图

通过材料分析、表格填写及地理位置观察,引导学生了解经济新发展的对外开放政策和开放格局,并在这一过程中进一步理解中国特色社会主义道路的发展进程。

2. 持续改革

教师活动:引导学生利用时间轴的方式呈现出中共十二大、十三大、十四大、十五届五中全会等相关内容。

学生活动:自主阅读教科书,通过时间轴的方式呈现出各个会议的主要内容及发展情况。

◆设计意图

就时间轴的特点而言,操作方便且灵活、直观,能够直接显示各个会议的先后顺序及内容变化,有效避免了因时间混乱而产生混淆,有效帮助学生理清事件发展脉络。

3. 稳步推进

材料6:2001年11月10日,世界贸易组织(WTO)第四次部长级会议作出决定,接纳中国加入WTO。它意味着历经15年的奋争与期待,中国终于昂首跨入WTO大门!

15年,相对于人类历史长河实在是极短的一瞬,而对于所有参与或关注这场马拉松谈判的人来说,15年又是一次十分漫长曲折甚至带有戏剧性色彩的征程。15年来,伴着复关和入世谈判,中国现代化、市场化进程又向前迈出一大步,社会面貌和经济生活发生了沧桑巨变,成为21世纪全球经济舞台上举足轻重的一员。

——龚雯《让历史铭记这十五年——中国加入世贸组织谈判备忘录》①

材料7:1978年,我国经济总量仅位居世界第十位;2008年超过德国,居世界第三位;2010年超过日本,居世界第二位,成为仅次于美国的世界第二大经济

①转引自张逸明.李海滨.世界贸易组织知识读本[M].北京:中央文献出版社,2002:330.

体。经济总量占世界的份额由1978年的1.8%提高到2012年的11.5%。2008年下半年国际金融危机爆发以来，我国成为带动世界经济复苏的重要引擎，2008—2012年对世界经济增长的年均贡献率超过20%。①

教师活动：展示材料6、7，引导学生体会中国加入世界贸易组织的艰难，了解中国自改革开放以来世界经济总量飞速增长，跃升至世界第二位；引导学生体会改革开放对中国经济发展起到的重大作用。

学生：中国经济总量在不断改革发展中跃居世界第二，没有改革开放，就没有中国的今天，也就没有中国的明天。经过四十多年的不懈奋斗，中国特色社会主义进入了新时代。我们要实现“两个一百年”奋斗目标，实现中华民族伟大复兴的中国梦，只有坚持走中国特色社会主义道路，走改革开放这条正确之路、强国之路、富民之路，将改革开放进行到底。

◆**设计意图**

数据直观、明确，更具说服力，培养实证意识。

◇总结与过渡

改革开放吹响了时代的号角，我们对内改革，对外开放，坚持走中国特色社会主义道路，发展中国特色社会主义经济，与此同时更不忘努力完成祖国统一大业，这是中华民族的根本利益所在。

环节三：“一国两制”与祖国统一大业

1.“一国两制”

材料9：1982年9月，英国首相撒切尔夫人访问中国，就香港前途问题与中国领导人进行会谈。邓小平表明了中国政府收回香港、维护中国主权与统一的坚定立场……驳回了英方“以主权换治权”的要求，使中英关于香港问题的谈判朝着1997年顺利回归，“一国两制”的方向稳步发展。

——摘编自《邓小平与撒切尔夫人交锋记》②

①国家统计局.改革开放铸辉煌 经济发展谱新篇——1978年以来我国经济社会发展的巨大变化[N].人民日报，2013-11-06(010).

②邓小平与撒切尔夫人交锋记[N/OL].(2009-08-03)[2023-03-14].www.china.com.cn/photo/txt/2019-08/03/content_18255548.htm.

材料10:香港问题为什么能够谈成呢？并不是我们参加谈判的人有特殊的本领,主要是我们这个国家这几年发展起来了,是个兴旺发达的国家,有力量的国家……粉碎“四人帮”以后,主要是党的十一届三中全会以后,五年多的时间确实发生了非常好的变化。我们国家的形象变了,国内的人民看清了这一点。国际上也看清了这一点……当然,香港问题能够解决好,还是由于“一国两制”的根本方针或者说战略搞对了,也是中英双方共同努力的结果。

——邓小平《在中央顾问委员会第三次全体会议上的讲话》(1984.10.22)①

教师活动:要求学生思考英方要求“以主权换治权”的实质以及香港问题能够谈成的原因,认识中国综合国力的提升以及“一国两制”根本方针的提出对祖国统一大业的重大意义。在此基础上总结“一国两制”方针的提出背景,引导学生自主学习港澳回归的基础知识。

学生:英方要求“以主权换治权”的实质是继续保持在香港的统治,“香港问题”能谈成的原因在于改革开放提升了中国的综合国力,中国与西方各国的关系得到改善,且党和国家领导集体解放思想,进行理论和政策创新,提出“一国两制”的根本方针。

学生活动:自主阅读教科书,了解港澳回归的相关内容。

◆设计意图

通过材料对历史事物进行理性分析和客观评判,培养学生历史解释的能力。体会中国发展带来的底气与自信,培养学生家国情怀与民族自豪感,增强对祖国统一的认同感。自主阅读归纳,培养学生的自学能力。

2. 两岸关系

时间	表现	两岸关系
1949年	大陆与台湾处于隔离不交流状态	
1979年		大陆主动
1987年	台湾当局允许台湾居民赴大陆探亲,两岸长期隔绝的状态被打破	
1992年		
1993年		
2005年		
2015年	“习马会”	

①转引自张尉萍,舒以.中国共产党指导思想文库.邓小平理论卷[M].北京:中国经济出版社,1998:310.

教师活动：展示表格，引导学生完成表格填写，梳理新中国成立以来两岸关系的变化过程，让学生认识到祖国统一是大势所趋。

学生活动：在教师的引导下完成表格填写，体会两岸关系变化以及双方为祖国统一做出的努力与贡献。

◆设计意图

通过自主阅读梳理归纳，增强学生独立思考、概括总结的能力。

二、本课小结

教师活动：在学生预习活动制作的“改革开放大事年表”、课堂上制作的有关几次重要会议时间轴的基础上，教师引导学生完成更为具体的“改革开放大事记时间轴”制作，培养学生的时空观念，同时对本课学习内容进行回顾和总结。

学生活动：在教师的引导下完成时间轴制作，对本课内容进行整体回顾。

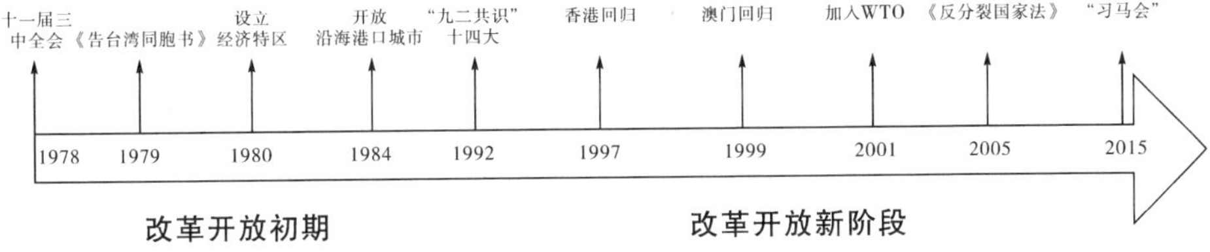

第三部分 课后评价系统

一、教学评价

根据《普通高中历史课程标准（2017年版2020年修订）》课程内容要求及学业质量水平的描述，将学生在完成本课学习后的学业质量水平划分为4级。

水平1：能够认识到中国经济飞速发展、综合国力日益增强是“一国两制”构想顺利实施以及祖国统一大业稳步推进的基础，是人民群众创造的。在叙述改革开放的发展过程时，能够运用恰当的时间和空间表达方式。在探究十一届三中全会的内容及意义、家庭联产承包责任制的背景及内容等相关问题时，能够尝试从多渠道获取与该问题相关的材料，且能够在所获得的材料中提取有关信息。能够辨别教学中对中国特色社会主义道路的历史解释,将这些历史解释与自己的课前认识相比较;能够对改革开放时期的新变化加以分析。能够表现出对改革开放和“一国两制”构想实施的认同和欣赏,认识到本课的学习价值。

水平2:能够认识到中国经济飞速发展,综合国力日益增强是“一国两制”构想顺利实施以及祖国统一大业稳步推进的基础,是人民群众创造的。能够利用历史年表、时间轴等方式对社会主义民主法治建设、两岸关系变化等史实加以描述;能够认识中国特色社会主义道路开辟与发展的来龙去脉,理解空间和环境因素对改革开放的重要性。在论述问题的过程中,能够尝试将材料作为论据论证自己的观点,例如能够分析出“一国两制”构想的顺利实施建立在中国综合国力不断提升的基础上,中国与西方各国的关系得到改善,且党和国家领导集体解放思想,进行理论和政策创新。能够通过对材料的分析尝试解释十一届三中全会、家庭联产承包责任制、城市经济体制改革等历史事件的原因与意义,并能够尝试从历史的角度解释现实问题。能够体会中国特色社会主义道路开辟与发展过程中的艰难险阻,意识到没有改革开放,就没有中国的今天;通过港澳回归的必然性和两岸关系的进步,认识到祖国统一是大势所趋,增强对祖国统一的认同感。

水平3:能够从生产力与生产关系、经济基础决定上层建筑的辩证关系来理解社会主义现代化建设新时期里的发展、变化及意义,认识到人类社会的发展方向是前进上升的,但道路是迂回曲折的。能够把握相关史实的时间、空间联系,并用特定的时间和空间术语对较长时间段的史实加以概括和说明,例如经过十届三中全会的召开,到农村实施家庭联产承包责任制、城市进行经济体制改革,对外实现开放新格局,我们一直走在改革开放和社会主义现代化建设的新时期,至2010年,中国经济总量跃居世界第二位,综合国力日益提升。在探究改革开放的发展进程时,能够对相关材料进行整理和辨析。尝试从目的、来源等多方面分辨城市经济体制改革、港澳台问题解决等相关问题不同的历史解释,能够说明导致不同历史解释的原因。能够判明中国特色社会主义道路建设中的价值取向,正确看待改革开放;能够在对中国特色社会主义道路建设的叙述中体现出正确的历史观。

水平4:能够从生产力与生产关系、经济基础决定上层建筑的辩证关系来理解社会主义现代化建设新时期里的发展、变化及意义,认识到人类社会的发展方向是前进上升的，但道路是迂回曲折的。能够在对改革开放和“一国两制”构想实施的分析过程中，将其置于具体的时空框架下，且能够选择恰当的时空尺度对其进行分析、综合、比较，在此基础上做出合理的解释。在探究十一届三中全会、对内体制改革以及“一国两制”构想的实施时，能够恰当地运用材料做出对所探究问题的论述。在独立探究历史问题时，能够在现有材料的基础上阐述以往的观点或提出新的历史解释，例如从改革开放的稳步推进能建立自己对中国特色社会主义道路建设的相关叙述。能够在学习过程中表现出对中国特色社会主义道路建设的反思，从历史中汲取经验教训，更客观、全面地认识历史和现实社会问题；能够将历史学习所得与祖国的繁荣发展相结合，立志为新时代中国特色社会主义建设、中华民族伟大复兴做出自己应有的贡献。

二、本节学业质量水平检测

（本题改编自2020年全国卷Ⅲ卷·42）阅读材料，完成下列要求。

下表摘自1995年7—8月对江苏昆山和浙江乐清部分农民进行的调查统计，调查对象中近60%为18—35岁的青壮年（单位：%）。

重新选择职业意向明确的统计结果					
	经商	去乡镇企业工作	读书上大学	去大城市打工	继续种田
如果有机会重做选择，你将选择	35.2	14 1	31.8	2.7	8.5

根据上表并结合所学知识拟定一个论题，并加以阐述。（要求：论题明确，持论有据，论证充分，表述清晰）

［答案示例］

论题：改革开放的深入开展带动了就业观念的转变。

论述：随着十一届三中全会的召开，我国拉开了改革开放的序幕。在农村地区推行家庭联产承包责任制，大力发展乡镇企业，在城市中开展了国有企业的改革。这一系列变化使改革观念逐步深入人心，也促进了人们就业观念的转变，特别是在农村地区，农民就业的选择不再局限于土地。随着市场经济体制改革目标的确立，市场经济被人们所认知与推崇，越来越多的农民想要下海经商，这都是改革开放不断深入发展所带来的变化。

因此，只有进一步推进改革开放，才能进一步带动思想解放。

三、教学设计特点与反思

本课教学设计采用“自学—指导式”与“问题—探究式”相结合的教学方法，转变学生的学习方式，构建师生互动的课堂。在整个教学过程中为学生提供广阔的活动空间，帮助学生探索解决问题的方法；多元评价学生的学习过程，强调学习过程中师生间、学生间动态的信息交流，让学生获得一种积极的情感体验；引导学生体会中国特色社会主义道路建设的艰辛与磨难，增强学生的民族自豪感和对祖国统一的认同感。

本课学习内容时间跨度大、涉及范围广，教学时应找到一条更鲜明的主线来串起较为分散的知识点。

第29课　改革开放以来的巨大成就

孟凡强[①]

第一部分　课前预设系统

一、课标解读

课标的内容要求：认识改革开放以来中国在各个领域取得的成就、综合国力及国际影响力的不断提高；认识邓小平理论对建设中国特色社会主义的重要指导意义；认识“三个代表”重要思想是加强和改进党的建设、推进我国社会主义自我完善和发展的强大理论武器；认识科学发展观是马克思主义关于发展的世界观和方法论的集中体现；认识中国特色社会主义进入新时代的重大意义，认清我国发展新的历史方位；认识习近平新时代中国特色社会主义思想是全党全国人民为实现中华民族伟大复兴而奋斗的行动指南；形成对中国特色社会主

①作者简介：孟凡强，中学高级教师，赤峰市克什克腾旗经棚一中历史教师。

义道路、理论体系、制度、文化的形成过程及意义的系统认识。

学习本课要厘清中国特色社会主义理论体系的形成与改革开放所取得巨大成就之间的关系，树立正确的政治方向，坚定中国特色社会主义道路自信、理论自信、制度自信、文化自信。

二、教学内容分析

上一课主要侧重讲述改革开放的历史进程，本课则主要侧重从国内和国际、理论结晶和实践成果的角度讲述改革开放的巨大成就。因果逻辑关系清晰，核心问题突出。第一子目是本课重点，按时序讲述改革开放和社会主义现代化建设的理论结晶。第二子目从国家总体实力、基础设施建设、精神文明建设和社会主义核心价值观、教育和文化、国防和军事等方面认识新中国改革开放以来所取得的巨大成就。第三子目主要介绍了中国全方位推进对外关系发展，以及中国在国际事务中的作用、影响和贡献。中国正从经济全球化的积极参与者变成更具有影响力和作用力的推动者，为世界和平与发展提供中国方案。

三、教学对象分析

初中统编历史教科书八年级下册中第三、五、六单元，已涉及建设中国特色社会主义、为实现中国梦而努力奋斗、钢铁长城（国防建设）、外交事业的发展、科技文化成就、社会生活的变迁等内容，学生对中国特色社会主义理论体系的内容、中国综合国力的不断提升、国际影响力不断扩大有了一定程度的感性认识，但对理论产生的背景、综合国力的提升及新形势下中国全方位外交布局、新型国际关系及中国承担大国责任、推动构建人类命运共同体，为世界和平与发展提供中国方案等问题缺乏系统的认识和深入理解。

四、教学目标

1. 运用1978年至今的中国历史时间轴和教科书的内容，简述中国特色社会主义理论体系形成和发展的过程。

2. 深入研读原始文献和教科书内容，概括邓小平理论、“三个代表”重要思想、科学发展观、习近平新时代中国特色社会主义思想基本内涵及解决的问题，解释这些思想对中国特色社会主义建设及发展的重要贡献。

3. 自读教科书和课前查阅相关资料，归纳改革开放以来取得的巨大成就。

4. 研读教科书和中国外交的最新消息，解释全方位外交的概念，同时说明中国在国际事务中发挥的重要作用。

五、教学重难点

1. 教学重点：中国特色社会主义理论体系、综合国力的提升、国际影响力的不断扩大。

2. 教学难点：中国特色社会主义理论体系形成的历史过程、不同历史阶段的理论贡献及内在逻辑、新时代中国特色社会主义理论的历史地位。

六、教学立意与整体思路

本课主题是中国特色社会主义理论体系的形成和历史意义。从中国特色社会主义理论体系的形成与发展、综合国力不断提升、国际影响力不断扩大这三个方面，多角度展示改革开放以来的中国在政治、经济、外交等各领域所取得的巨大成就。把教科书内容整合成有序的知识信息，辅助多种手段，运用各种材料创设情境、设计问题链，学生就可以自己走进历史。

七、板书设计

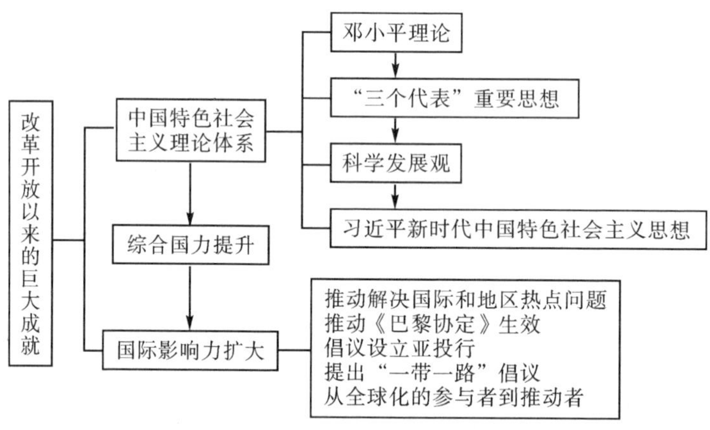

第二部分　课堂实施系统

一、教学活动过程

(一)导入环节

教师活动:播放视频《中国改革开放40年的经济“逆袭史”》。

问题设计:改革不停顿,开放不止步,40多年来,改革开放不仅改变了中国,也影响了世界。请回答,改革开放以来我国为什么能够取得举世瞩目的巨大成就?

学生活动:观看视频思考并回答问题(坚强的领导核心;坚定的人民立场;正确的方法;科学的思想的指引;等等)。

改革开放以来我国能够取得举世瞩目的巨大成就的根本原因:开辟了中国特色社会主义道路,形成了中国特色社会主义理论体系(科学理论指导实践活动取得成果),确立了中国特色社会主义制度,发展了中国特色社会主义文化。

◆**设计意图**

联系现实创设情境,紧扣教学内容进行设问,激发学生的学习兴趣,学生可以直观感受中国崛起的过程,并链接本课知识,想到是中国特色社会主义理论指导我国改革开放取得了伟大成就。

(二)新课讲授

◇总结与过渡

改革开放40多年来,在中国特色社会主义理论的指导下,中国共产党领导改革开放和社会主义现代化建设伟大实践取得了累累硕果,中国特色社会主义理论体系是坚持和发展中国特色社会主义的行动指南。

第一目　中国特色社会主义理论体系的形成与发展(理论学习)

教师:阅读教科书第一目内容,归纳概括填写下面表格。

阶段	理论	核心或精髓	解决的问题	写入党章	意义/地位
形成	邓小平理论	解放思想、实事求是	什么是社会主义、怎样建设社会主义	1997年中共十五大	指引着我国社会主义现代化事业不断前进
发展	“三个代表”重要思想	解放思想、实事求是、与时俱进	建设什么样的党、怎样建设党	2002年中共十六大	是中国共产党的立党之本、执政之基、力量之源
	科学发展观	解放思想、实事求是、与时俱进、求真务实	新形势下实现什么样的发展、怎样发展	2007年中共十七大	是马克思主义关于发展的世界观和方法论的集中体现,是马克思主义中国化的重大成果
	习近平新时代中国特色社会主义思想	实事求是、人民中心、知行合一	新时代坚持和发展什么样的中国特色社会主义、怎样坚持和发展中国特色社会主义	2017年中共十九大(2018年十三届人大一次会议写入宪法)	中国特色社会主义理论体系的重要组成部分,是全党全国人民为实现中华民族伟大复兴而奋斗的行动指南

教师活动:展示材料,引导学生阅读材料,解答问题。

材料1:1982年,在中国共产党第十二次全国代表大会上,邓小平明确提出:我们的现代化建设,必须从中国的实际出发。"把马克思主义的普遍真理同我国的具体实际结合起来,走自己的道路,建设有中国特色的社会主义。"……1992年初,邓小平到南方视察。在视察过程中,他发表一系列重要谈话,强调党的基本路线要管一百年,动摇不得;社会主义的本质,是解放生产力,发展生产力,消灭剥削,消除两极分化,最终达到共同富裕;计划和市场都是经济手段;改革开放胆子要大一些,敢于试验;要抓住时机,发展自己,关键是发展经济;发展才是硬道理……①

◆设计意图

阅读教科书,从整体上把握中国特色社会主义理论体系的确立和发展过程,感知四大理论在内核上的延续性,内容上的创新性和与时俱进性。在此基础上,结合教科书知识分析以下材料,学生能够验证中国特色社会主义理论体系中的观点,坚信中国特色社会主义理论体系是指导党和人民沿着中国特色社会主义道路实现中华民族伟大复兴的正确理论,是立于时代前沿、与时俱进的科学理论,提升知识梳理与历史解释素养。

(1)材料1反映的核心思想是什么?邓小平理论想解决什么问题?它的思想精髓是什么?有什么积极意义?

学生:思想——邓小平理论,走自己的路,建设有中国特色的社会主义;邓小平有关党的基本路线、社会主义的本质、计划与市场、改革开放的论断。

解决问题——什么是社会主义,怎样建设社会主义。思想精髓——解放思想,实事求是。

意义——邓小平理论是开创和引领中国特色社会主义事业不断前进的旗帜。

◆设计意图

注重初高中知识衔接,立足初中教科书中丰富的材料,温故而知新,明确邓小平的科学论断,认识邓小平理论对建设中国特色社会主义的重要指导意义,深化对历史的理解,提升历史解释能力。

材料2:在中共十六大上,"三个代表"重要思想被确立为中国共产党的指导思想。"三个代表"重要思想的核心内容为中国共产党要始终代表中国先进生产力的发展要求,代表中国先进文化的前进方向,代表中国最广大人民的根本利益。它进一步回答了什么是社会主义、怎样建设社会主义的问题,创造性地回

①义务教育教科书　中国历史(八年级下册)[M].北京:人民教育出版社,2017:46-47.

答了建设什么样的党、怎样建设党的问题。①

(2)材料2反映的核心思想想要解决的问题是什么？思想精髓是什么？有什么积极意义？

学生:“三个代表”重要思想解决问题——建设什么样的党,怎样建设党。思想精髓——解放思想、实事求是、与时俱进。积极意义——“三个代表”重要思想是对马克思列宁主义、毛泽东思想、邓小平理论的继承和发展,反映了当代世界和中国的发展变化对党和国家工作的新要求,是加强和改进党的建设、推进我国社会主义自我完善和发展的强大理论武器,是中国共产党集体智慧的结晶,是党必须长期坚持的指导思想。始终做到“三个代表”,是我们党的立党之本、执政之基、力量之源。

◆设计意图

中国特色社会主义理论随着实践不断发展,理解“三个代表”重要思想是对马克思列宁主义、毛泽东思想、邓小平理论的继承与发展,对党的建设提出了具体的要求和做法指导,积累了治党治国新的宝贵经验。

材料3:在看到成绩的同时,也要清醒认识到,我们的工作与人民的期待还有不小差距,前进中还面临不少困难和问题,突出的是:经济增长的资源环境代价过大;城乡、区域、经济社会发展仍然不平衡;农业稳定发展和农民持续增收难度加大;劳动就业、社会保障、收入分配、教育卫生、居民住房、安全生产、司法和社会治安等方面关系群众切身利益的问题仍然较多,部分低收入群众生活比较困难……我们要高度重视这些问题,继续认真加以解决。②

(3)依据材料3并结合所学知识回答,21世纪初,我国发展的过程中出现了哪些问题？以胡锦涛同志为主要代表的中国共产党人提出了怎样的解决方案？其思想意义如何？

学生:21世纪,我国经济的发展进入快车道,在发展过程中,经济发展和社会发展、城市发展和农村发展还不够协调的问题日益突出。在此关键节点,以胡锦涛为代表的中国共产党人提出了科学发展观。科学发展观解决的问题:新形势下实现什么样的发展、怎样发

◆设计意图

材料的选取、问题的设计有利于学生理解科学发展观提出的背景,有利于学生直观理解科学发展观的内涵,认识它的提出顺应了时代发展的需要,有利于解答现实问题,有利于国家的长远发展。

①义务教育教科书 中国历史(八年级下册)[M].北京:人民教育出版社,2017:48.

②胡锦涛.高举中国特色社会主义伟大旗帜 为夺取全面建设小康社会新胜利而奋斗[N].人民日报,2007-10-25(001).

展等重大问题;意义:这既是针对已存在问题提出的解决方案,也是未来发展的方法论。是马克思主义关于发展的世界观和方法论的集中体现,是马克思主义中国化的重大成果。

(4)阅读教科书,思考问题:中国特色社会主义进入新时代,我国社会的主要矛盾是什么?习近平新时代中国特色社会主义思想要解决什么问题?其思想精髓是什么?有什么意义?

学生:社会主要矛盾——人民日益增长的美好生活需要和不平衡不充分的发展之间的矛盾。解决问题——新时代坚持和发展什么样的中国特色社会主义、怎样坚持和发展中国特色社会主义。思想精髓——实事求是、人民中心、知行合一。意义——是马克思主义中国化的最新成果,是中国特色社会主义理论体系的重要组成部分,是全党全国人民为实现中华民族伟大复兴而奋斗的行动指南。

◇总结与过渡

当今世界各种问题和挑战不断出现。但同时,当代中国也正处于近代以来最好的发展时期,经济潜力足、韧性强、回旋空间大、政策工具多的基本特点没有变。如何抓住机遇、迎接挑战,是摆在中国面前的一个课题。习近平新时代中国特色社会主义思想是全党全国人民为实现中华民族伟大复兴而奋斗的行动指南。纵观历史,在中国特色社会主义理论的指引下,中国改革开放取得巨大成就,国民经济保持着快速增长,基础建设走在世界前列,国防和军队改革取得历史性突破,中国的综合国力不断提升。

第二目 综合国力不断提升

(实践成就)

教师活动:请同学们阅读教科书相关内容,包括"学习聚焦""学思之窗""历史纵横",归纳概括我国综合国力不断提升的表现。

◆**设计意图**

结合材料,联系课内外知识,通过具体数据、图片展示、视频播放,教师引导学生从国家总体实力、基础设施建设、精神文明建设和社会主义核心价值观、教育和文化、国防军事等多维度归纳我国综合国力不断提升的表现,让学生直观感受我国综合国力的提升,学会提取材料信息,增强概括及分析问题能力,培养学生史料实证、家国情怀等历史学科核心素养。

归纳概括:综合国力不断提升

<table>
<tr><td rowspan="5">不断上升的综合国力</td><td>持续增强的经济实力</td><td>2020年中国经济总量突破100万亿元,2013年至2019年,中国对全球经济增长的贡献率接近30%。中国的外汇储备超过3万亿美元,位居全球第一</td></tr>
<tr><td>领先世界的基建设施</td><td>高速铁路运营里程超过4万千米,高速公路里程突破15.5万千米,都居世界第一。世界港口吞吐量前十位里面中国占有7席</td></tr>
<tr><td>精彩纷呈的高新科技</td><td>(1)以“复兴号”为代表的新一代高铁技术、特高压输变电技术、“神威·太湖之光”超级计算机、“奋斗者”号全海深载人深水器、载人航天和探月工程、C919大型客机、世界最大单口径球面射电望远镜FAST(天眼)等,都展示了中国自主研发和制造的实力;
(2)中国移动通信技术实现了4G同步、5G引领跨越的快速发展,得益于云计算、移动通信和卫星精准定位系统,中国移动支付走在世界前列,全球将近40%的网上交易发生在中国;
(3)以港口机械装备全自动化、物流全自动分拣流水线等为代表的人工智能,助推中国在新一轮科技革命和产业变革中实现跨越式发展</td></tr>
<tr><td>蓬勃发展的文教事业</td><td>(1)思想道德建设:国民素质和社会文明程度显著提高。在全社会弘扬社会主义核心价值观,构筑共同的思想道德基础;
(2)中共十八大以来,国家继续把教育放在优先发展的位置上,教育总体发展水平进入世界中上行列。文化产业持续发力,文化创作弘扬中华优秀传统文化。中国文化加快走出去步伐,推动文明互鉴,传播中国声音</td></tr>
<tr><td>稳步提升的国防力量</td><td>(1)形成军委管总、战区主战、军种主建新格局,人民军队组织架构和力量体系实现革命性重塑,中国人民解放军整体实力跃升,向着世界一流军队迈进;
(2)武器装备加速发展,军事斗争准备取得重大进展;
(3)解放军坚决维护国家主权、安全、发展利益。划设东海防空识别区,执行钓鱼岛维权斗争、南海常态化战斗巡航,有效进行海上维权、反恐维稳、抢险救灾、国际维和、亚丁湾护航、人道主义救援等重大任务</td></tr>
</table>

◇总结与过渡

在中国特色社会主义理论体系的指引下，改革开放取得巨大成就，中国的综合国力不断提升，为我们的外交事业提供了坚实基础。中国全方位外交布局彰显中国特色大国外交的新辉煌，使中国国际影响力不断扩大。

第三目　国际影响力不断扩大

材料4：我们要坚持多边主义，不搞单边主义；要奉行双赢、多赢、共赢的新理念，扔掉我赢你输、赢者通吃的旧思维。协商是民主的重要形式，也应该成为现代国际治理的重要方法，要倡导以对话解争端、以协商化分歧。我们要在国际和区域层面建设全球伙伴关系，走出一条"对话而不对抗，结伴而不结盟"的国与国交往新路。大国之间相处，要不冲突、不对抗、相互尊重、合作共赢。大国与小国相处，要平等相待，践行正确义利观，义利相兼，义重于利。

——习近平《携手构建合作共赢新伙伴，同心打造人类命运共同体》①

问题：根据材料并结合所学知识，说明当代新型国际关系的主要特征，并回答中国倡导和平崛起的主要原因。

教师：主要特征根据关键句子信息概括；主要原因从国内、国际两个层面分析。

学生：对话而不对抗，结伴而不结盟，不冲突、不对抗、相互尊重，合作共赢。

儒家"和而不同"的历史传统；国内现代化建设发展需要；改革开放后强大的综合国力；世界大国的国际地位；邓小平20世纪80年代和平外交理念的延续；经济区域集团化与经济全球化的影响；和平与发展的世界潮流。

◆**设计意图**

通过时政新闻和相关评论，让学生感知21世纪以来中美关系的发展及中国在国际舞台上影响力不断提升。

材料5：中国人民将继续与世界同行，为人类作出更大贡献，坚定不移走和平发展道路，积极发展全球伙伴关系……共建"一带一路"倡议源于中国，但机会和成果属于世界，中国不打地缘博弈小算盘，不搞封闭排他小圈子，不做凌驾于人的强买强卖。需要指出的是，"一带一路"建设是全新的事物，在合作中有

①转引自中共中央文献研究室．十八大以来重要文献选编（中）[M]．北京：中央文献出版社，2016：696.

些不同意见是完全正常的，只要各方秉持和遵循共商共建共享的原则，就一定能增进合作、化解分歧，把“一带一路”打造成为顺应经济全球化潮流的最广泛国际合作平台，让共建“一带一路”更好造福各国人民。①

教师：这是习近平主席在2018年博鳌亚洲论坛发表的主旨演讲。2018年博鳌经济论坛的主题是“开放创新的亚洲，繁荣发展的世界”，为此，中国做出了哪些努力？

学生：提出并实施以“共商、共建、共享”为核心理念的“一带一路”倡议；成立亚洲基础设施投资银行，对国际金融体系提供有益补充。

◆设计意图

培养学生提取信息和解读史料的能力，提高史料实证和历史解释素养，进一步提升认知，培养家国情怀。

学生活动：阅读教科书，梳理我国国际影响力不断扩大的表现。

	外交	宗旨(或原则)	活动(或成就)	作用
国际影响力不断扩大	推动建设新型国际关系	相互尊重、公平正义、合作共赢	(1)积极发展全球伙伴关系，扩大同各国的利益交会点； (2)推进大国协调和合作，构建总体稳定、均衡发展的大国关系框架； (3)按照“亲、诚、惠、容”的理念，深化同周边国家关系； (4)对非洲关系提出“真、实、亲、诚”理念，形成中国与非洲国家休戚与共、共同发展、文明互鉴的友好合作关系； (5)中国同欧洲、拉美之间也相互增进了解，加强合作	

①习近平.论坚持全面深化改革[M].北京：中央文献出版社，2018：460-463.

续表

	外交	宗旨(或原则)	活动(或成就)	作用
	以联合国为中心发挥大国作用	倡导和平共处五项原则，支持联合国在国际事务中发挥核心作用	推动和平解决诸如朝鲜半岛核问题、伊朗核问题、叙利亚问题、中东和平进程等国际和地区热点问题	中国正从经济全球化的积极参与者变成更具有影响力和作用力的推动者。中国坚持和平发展道路，推动构建人类命运共同体，为世界和平与发展提供中国方案
	促进全球治理体系改革与完善，积极推动经济全球化	共商、共建、共享的核心理念	(1)推动气候变化《巴黎协定》生效； (2)中国倡议设立的亚洲基础设施投资银行，是对既有国际金融体系的有益补充； (3)提出共建“一带一路”倡议	

二、本课小结

国家综合国力不断提升和国际影响力不断扩大，充分说明了中国特色社会主义制度的优越性，中国特色社会主义理论体系是系统科学的理论体系，中国特色社会主义道路是指引中国发展繁荣的正确道路。在中国特色社会主义理论的指引下，中华民族迎来了从站起来、富起来到强起来的伟大飞跃，迎来了实现中华民族伟大复兴的光明前景。让我们铭记习近平总书记的话：“新时代的中国青年要以实现中华民族伟大复兴为己任，增强做中国人的志气、骨气、底气，不负时代，不负韶华，不负党和人民的殷切期望！”

第三部分　课后评价系统

一、教学评价

依据《普通高中历史课程标准(2017年版2020年修订)》及“学业质量评价标准”相关要求，将学生对本课内容的学习及掌握情况划分为4个层级。

水平1:能够了解中国特色社会主义理论体系形成和发展的过程；能够梳理

改革开放以来我国综合国力提升和国际影响力不断扩大的主要史实,增强对家乡、民族、国家的认同感和自豪感。

水平2:认识我国综合国力和国际地位的提升与中国特色社会主义理论体系的不断发展是相辅相成、相互促进的;能够把握中国共产党领导中国人民走向国家富强和民族复兴的历史进程,形成正确的世界观、人生观、价值观。

水平3:能够运用相关史料,解释中国特色社会主义理论体系与我国综合国力提升、国际影响力不断扩大之间的辩证关系,对改革开放以来的巨大成就形成系统认识。

水平4:深刻感受习近平等党和国家的领导人为实现中华民族伟大复兴而奋斗的家国情怀,以及强烈的历史使命感和责任感,能够为新时代中国特色社会主义建设贡献力量。

二、本节学业质量水平检测

改编题(水平3):阅读材料,完成下列要求。(12分)

材料6:1978年底,中国共产党十一届三中全会揭开了我国改革开放的序幕,实现了新中国成立以来具有深远意义的伟大转折。以下是我国改革开放以来社会发展的部分关键词:真理标准、小岗村、中美建交、伤痕文学、“一国两制”、“三转一响”、喇叭裤、第一生产力、经济特区、计划生育、“万元户”、义务教育、“希望工程”、农民工、手机、市场经济、南方谈话、股市、依法治国、互联网、入世、神舟号、莫言、高铁、中国梦、“一带一路”、共享经济。

——据长街《从“关键词”看改革开放40年》等整理

从材料中选取四个或四个以上关键词,确定一个主题,并就该主题结合所学知识展开阐述。(要求:明确写出所选关键词和主题,观点正确,史实充分,史论结合,逻辑清晰)

[参考示例]

关键词:南方谈话、市场经济、入世、神舟号、高铁、中国梦。

主题:科学的指导思想助推改革开放取得巨大成就。

阐述:1978年12月,党的十一届三中全会召开,把工作重心转移到经济建设上来,做出改革开放伟大决策。

20世纪80年代末到90年代初,改革开放面临复杂的国内外形势。在国内,改革遇到重重阻力;国际上,东欧剧变,苏联解体。我国的改革进入关键时期。1992年初,邓小平在视察南方期间发表重要谈话,打破了传统观念的束缚,进一步解放了人们的思想,推动改革开放进入一个新的阶段。2001年,中国加入世界贸易组织。经过长期努力,迎来全体中华儿女勠力同心、奋力实现中华民族伟大复兴中国梦的新时代。无论是高铁等基础设施,还是“神舟号”飞船等高新科技均成果显著,中国综合国力不断提高,国际影响力不断扩大。

总而言之,党正确的指导思想进一步推进改革开放伟大事业,要实现中华民族的伟大复兴,必须坚持思想解放,坚持中国特色社会主义理论的指导。

评价标准:

一等(10—12分)①紧扣主题,观点明确;②引用史实充分,进行有理有据的阐述;③论证充分,逻辑严密,表述清楚。

二等(5—9分)①能够结合主题,观点较明确;②合理引用史实,阐述内容不全面;③论证较完整,表述清楚,逻辑较清晰。

三等(0—4分)①偏离主题,观点不明确;②未引用史实;③论证欠缺说服力,逻辑不够清晰,表述不清楚,时序混乱。

三、教学设计特点及反思

基于历史学科核心素养的五大方面,即“唯物史观、时空观念、史料实证、历史解释、家国情怀”展开本课的教学设计。在教学过程中以“学生的全面发展”为本,依托课标、紧扣教材、聚焦热点,坚持问题导向,围绕核心主题,以问题链的方式整合本课内容,选取统编版初中、高中教科书的经典材料,挖掘教科书辅助材料“历史纵横”“学思之窗”“学习聚焦”,突出重点,突破难点,在问题设计、师生互动中充分体现学生的主体性地位,引导学生开展自主学习、结对学习、小组讨论等多种学习活动,调动学生思考问题、探究问题、解决问题的主动性,引导学生以史料为依据,以理解为基础,理性分析,提升历史学科思维能力和核心素养。

活动课 家国情怀与统一多民族国家的演进

南庆东[1]

第一部分 课前预设系统

一、指导思想

历史学是在一定历史观指导下叙述和阐释人类历史进程及规律的学科。通过本课，梳理中国多民族统一国家的发展和演变历程，建立时空框架，培养家国情怀，引导学生对祖国形成高度认同感、归属感、责任感和使命感。

基本理念：培养和提高学生的历史学科核心素养，促进学生自主学习、合作学习和探究学习，形成具有历史学科特征的正确价值观念、必备品格与关键能力。

二、教学内容分析

本课是活动课，学生通过对全册书整体知识的学习和了解，理清统一多民族国家的演进历程，通过对历史事件、典型人物的进一步学习，深化国家认同和民族认同。教师组织学生运用已有或已学知识，对历史阶段进行划分，对知识体系进行重构，收集和整理、筛选史料并形成小组探究主题。培养学生甄别史料、发现问题、提出问题和解决问题的能力。学生以小组合作探究的方式围绕主题展开活动，形成个人命运与国家命运、民族命运紧密结合的价值观念，增强学生爱国情怀、民族认同和民族凝聚力的培养，认识中华民族多元一体格局是历史发展的必然趋势。

梳理、总结统一多民族国家演进的过程，构建系统的知识网络体系，增强时空观念，进一步认识统一多民族国家的形成和发展是中国历史发展的主流和必然趋势。认识国家统一、民族团结是中国发展的重要基石。

梳理为统一多民族国家发展和进步做出突出贡献的重要历史人物和重大

---

①作者简介：南庆东，中学一级教师，赤峰市元宝山区平庄煤业高级中学历史教师。

历史事件，深刻体悟家国情怀的内涵。理解个人发展同国家命运的密切关系，树立对祖国、对中华民族的认同感，确立正确的国家观、民族观。

三、教学重难点分析

1. 教学重点：叙述统一多民族国家的发展过程，说明中国历史发展的总趋势。

2. 教学难点：领悟国家统一、民族团结是中国发展的重要基石，增强维护国家统一、铸牢中华民族共同体意识。

四、教学对象分析

学生通过对本册教材的系统学习，已经初步了解和掌握基础知识，能够从宏观上认知各时期政治、经济、文化、军事、民族政策、对外关系等情况，对本课做了知识上的重要准备。学生能独立娴熟运用互联网搜集整理资料，初步具备了史料辨析能力。但作为高一学生，历史学科素养方面如史料实证等还有待提高，教师应积极引导，给出指导性的意见或建议。

五、课前准备

（一）充分利用教科书、学校图书室、网上云博物馆、政府官网等资源，为学生提供历史资料来源。

（二）分配活动任务

按照历史发展的时序分成三个小组：中国古代组、中国近代组和中国现代组，确定活动主题，各组组员按照活动主题，分工完成相关活动任务。

中国古代组的活动主题：中国古代民族交融和版图的发展演变。围绕主题搜集整理中国古代各时期的地图和民族组成演变的史料，探讨统一多民族国家演进过程、主要措施和历史作用。

中国近代组的活动主题：中国近代民族抗争。从近代各个时期不同阶级进行的争取民族独立、反对外来侵略的历史事实中，发掘具有代表性的民族英雄、典型事迹，激发学生爱国情怀，进一步感受个人命运的发展与国家、民族的命运息息相关。

中国现代组的活动主题：现代中国维护国家统一、繁荣发展。小组成员围绕主题，整理现代以来的祖国统一和繁荣发展的相关历史事件。

(三)课下准备

(1)查阅、搜集资料;

(2)摘录、整理资料;

(3)讨论、汇编资料。

六、教学立意与整体思路

1.教学立意

从中国古代历史、近代历史和现代历史中,选取各时期的典型事件和典型人物,围绕多民族统一国家的发展探究学习。

2.整体思路

围绕“家国情怀与统一多民族国家的演进”为主题开展活动,从三个方面体会多民族统一国家的形成和发展过程,并感悟家国情怀:中国古代组——民族交融和版图的发展演变;中国近代组——民族抗争;中国现代组——国家统一、繁荣发展。围绕主题,收集史料,选取典型历史事件和历史人物,采用史料实证、“论从史出”的史学研究方法,通过小组合作探究形成学习报告,培养学生提出问题和解决问题的能力。

七、板书设计

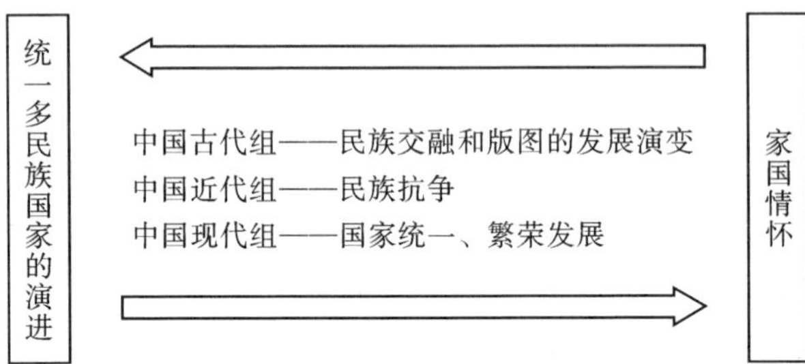

第二部分 课堂实施系统

一、教学活动过程

教师活动:播放背景音乐——歌曲《龙的传人》。

教师:费孝通教授指出:“中华民族作为一个自觉的民族实体,是近百年来中国和西方列强对抗中出现的,但作为一个自在的民族实体则是几千年的历史过程所形成的。”① 通过研究中国古代各时期疆域的演变过程,探讨我国古代统一多民族国家的形成和发展,以及促进民族交融的因素。

第一组:中国古代组——民族交融和版图的发展演变

学生活动:投影展示古代中国各时期疆域图。

统一多民族国家形成与演进

阶段	进程	作用
先秦时期	孕育	夏、商、周三代,民族逐步交融,形成汉族前身
秦朝时期	开端	疆域北起大漠,南至南海,西达今甘肃四川云南一带。“中国”一词已经代表整个秦王朝所统治的地区
汉朝时期	巩固	中国建立起一个以汉族为主体、包括众多民族在内的统一国家,为中国统一多民族国家的基本疆域和民族关系奠定了坚实基础
三国两晋南北朝时期	民族交融	各族人民在杂居的过程中相互交往,民族隔阂逐渐消解,并呈现出民族大交融的发展趋势。为以后隋唐时期统一多民族国家的形成与发展奠定基础
隋唐时期	发展	隋朝完成全国统一,完善中央集权制度。唐朝出现繁盛局面,民族关系上,实行开明的民族政策,实行和亲政策促进民族交融
宋元时期	民族进一步交融	元朝实现国家统一,民族交融呈现出新发展,加强对全国的管辖
明清时期	确立	加强中央集权,疆域空前;民族关系上,加强对边疆少数民族的管理

①费孝通.文化的生与死[M].上海:上海人民出版社,2013:539.

教师活动:列举中国古代历史各时期为巩固统一多民族国家采取的措施和民族交融的表现,以及为促进民族交融和祖国统一做出了巨大贡献的典型人物及事迹。

学生:统一多民族国家的形成发展过程:

1.形成和初步发展:秦朝建立;汉朝初步发展。

秦朝巩固统一的措施:秦始皇创立中央集权制度;统一度量衡、货币;统一文字、焚书坑儒等。

汉朝"大一统"的措施:解决王国问题;盐铁官营;北击匈奴等。西汉张骞开通"丝绸之路",促进丝路沿途各民族的共同繁荣。

2.繁荣:隋唐时期。隋朝完成统一,创立科举制;唐朝文成公主入藏,汉藏"和同为一家",册封少数民族首领。

3.新发展:元朝时,我国统一多民族国家有了新发展。国家统一,建立行省制度,加强对全国的管辖,疆域空前壮大;民族交融。

4.巩固:明清时期,是统一多民族国家的巩固时期。明清加强中央集权,疆域空前;加强对边境及少数民族地区管辖;土尔扈特部回归等。

民族交融的高潮:

1.春秋战国时期:诸侯争霸促进了民族交融,出现民族交融的高潮。

2.三国两晋南北朝时期:五胡内迁,出现民族交融的趋势;北魏孝文帝改革推动了民族交融和少数民族封建化进程。

3.辽宋夏金元时期:民族政权的并立,推动了民族交融;元朝统一,推动了民族交融高潮的出现。

◆**设计意图**

通过梳理我国古代版图发展演变和各民族交融,培养学生时空观,让其认识到中国的历史是中国境内各民族共同缔造的,中国的版图也是各民族共同开创的。在中国漫长的历史发展进程中,经济文化的交往把中国各民族紧密地联系在一起,从而形成了相互依存、相互促进、共同发展的民族关系,共同创造和发展了中华文明。

教师:请同学们思考,促进民族交融的因素有哪些?

学生:国家统一的局面、经济文化交流、统治者的政策(或改革)、民族战争、民族迁徙等。

第二组:中国近代组——民族抗争

教师活动:播放背景音乐:中华人民共和国国歌《义勇军进行曲》。

教师:每当国歌响起,中华儿女团结奋进、共御外侮的场景就会涌现在我们的脑海。请第二组同学为我们展示抗日战争中中华民族维护祖国统一的典型事件和人物事迹。

学生活动:投影展示人民英雄纪念碑碑文全文。

从1840年鸦片战争开始到1949年新中国成立,109年!一个世纪!中国人民为抵御外侮、保卫家园,无数仁人志士抛头颅洒热血,前赴后继,为争取民族独立、国家富强不懈奋斗!

日本侵略与中华民族十四年抗战

阶段	时间	日本方面	中国方面
局部侵华与中国人民抗日	1931—1935年	九一八事变,建立伪满洲国	中国人民抗战开始
	1935—1937年	策动华北事变,妄图占领华北五省	抗日救亡运动新高潮
全面侵华与全民族抗日	1937—1938年10月	卢沟桥事变爆发,日本全面侵华	全民族抗战开始(防御阶段)
	1938年10月—1944年	调整侵华政策,建立汪伪政府	中国共产党成为抗战主力(相持阶段)
	1944—1945年	逐步失败,直至无条件投降	全民族抗战取得全面胜利(反攻阶段)

学生活动:烽火家书寄深情——抗日将领左权。

左权(1905—1942),1925年加入中国共产党,是中国工农红军和八路军高级将领,无产阶级革命家、军事家。左权年少离家,投身军旅,戎马倥偬十余年,34岁时在抗战前线遇到了刘志兰。1939年4月16日,左权与刘志兰结为伉俪,第二年5月,生下了女儿左太北。

日军疯狂进攻太行山根据地,八路军总部经常转移。1940年8月30日,左权不得不把妻子和女儿送往延安。这次分别竟是刘志兰母女与左权的永别!

1940年11月12日,得知妻女平安到达延安后,左权给妻子写了第一封信,

21个月后，左权牺牲，其间左权总共给妻子写了12封信，其中有一封遗失了，保存下来11封，共1.6万字。

材料1：聪敏活泼的太北小家伙很远的离开，长久的不能看到她，当然更增加我的悬念。我只希望你一方面照顾着太北，同时又能很好安心的学习，有便时多写几封信给我。志兰亲爱的，最近的期间内恐难见面的，相互努力工作与学习吧!(1940年11月12日第1封)

延安的天气，想来一定很冷了。记得太北小家伙似很怕冷的，在砖壁那几天下雨起风天气较冷时，小家伙不就手也冰冷，鼻子不通奶也不能吃吗？现在怎样？半岁了，较前大了一些，总该好些吧!希当心些，不要冷着这个小宝贝，我俩的小宝贝。(1940年12月23日第2封)①

材料2：在闲游与独坐中，有时总仿佛有你及北北与我在一块玩着，谈着。特别是北北非常调皮，一时在地下，一时爬着妈妈怀里，又由妈妈怀里转到爸爸怀里来，闹个不休，真是快乐。可惜三个人分在三起，假如在一块的话，真痛快极了……志兰!亲爱的，别时容易见时难。分离廿一个月了，何日相聚，念念、念念。(1942年5月22日第11封)②

这是左权将军牺牲前三天(1942年5月22日)写给妻子刘志兰的最后一封家书。

左权写这些家书时，正值抗日战争进入相持阶段，敌后战场也迎来了最为艰苦的岁月。敌人的凶残并没有吓倒根据地军民，反而更加坚定了他们抗战的决心。

材料3：“我们不管他怎样，在目前在本身工作上努力根据地之巩固军队的强大，随时准备着对付敌之北进。”“敌图改变我根据地性质的企图，也不会放松的，一切均有待我们准备在极严重极艰苦的环境中去战胜敌人。”“全区党政军民均在纷纷准备粉碎敌人的进攻，我们的工作也就更急迫更紧张些了。”③

一封家书，一段历史。左权家书为我们保留了一份反映敌后抗战历史的珍贵史料；同时也具有重要的伦理价值，夫妻爱情、父女亲情和爱国之情，凝聚在一封封家书中，释放出震撼人心的力量。

---

①左太北.左权将军家书[M].北京，解放军出版社，2002:10-13.

②见上书71页。

③见上书14、24、34页。

教师:伟大的抗日战争是中国各族人民共同书写的华章。在抗日战争中有哪些地方抗日组织?

学生活动:

抗日战争时期地方抗日组织

名称	主要人物	活动范围及革命事迹
大青山游击队	李井泉、姚喆等	开创大青山游击根据地,开辟绥西游击区,并先后组建过萨托工委、包头县委、萨县县委等地方党组织
萨托抗日游击队	王经雨、杨思华等	在包头、归绥、武川和固阳、民生渠等地截铁路、端据点、打伏击、锄汉奸,先后与敌作战70余次,在大青山坚持敌后游击战争,被誉为飘扬在大青山上的一面抗日红旗
东北抗日联军	赵尚志、杨靖宇等	主要活动在东北地区,斗争长达十四年,牵制七十六万日军,消灭十八万日伪军,有力地支援了全国的抗日战争和世界反法西斯战争
察哈尔民众抗日同盟军	冯玉祥、吉鸿昌、方振武等	活动于华北北部察哈尔,冲破政府当局错误的对日妥协政策;收复多伦和察东四县等失地

教师活动:补充其他省份的抗日组织,使学生体会到抗日战争的全民族性。

◆设计意图

通过中国近代历史人物和大事件的展示,培养学生民族责任感和使命感,通过了解抗日战争的伟大胜利,了解中国人民为维护国家统一而进行的不断抗争与奋斗。通过典型人物的典型事迹的介绍,了解英雄人物的铁骨柔情、家国情怀。

第三组:中国现代组——国家统一、繁荣发展

教师活动:播放背景音乐:歌曲《母亲是中华》。

教师:经历了百年沧桑,我们祖国走向伟大复兴!请第三组同学为我们展示国家统一、繁荣发展的现代中国各领域取得的成就。

学生活动:

(屏幕展示:《七子之歌·香港》全文。)

这是爱国诗人闻一多先生创作的《七子之歌》组诗中的一首,以此表达香港"失养于祖国、受虐于异类"的悲哀之情。

1981年邓小平"一国两制"的提出,为实现祖国和平统一开辟了新的战略构想。1981年12月,中共中央作出1997年7月1日对香港恢复行使主权的决定。经过22轮谈判,1984年12月19日,中英两国政府正式签署《关于香港问题的联合声明》,确认中华人民共和国政府于1997年7月1日对香港恢复行使主权。

1997年7月1日零时,香港回家了!

穿越了150年的岁月沧桑,洗刷了百年民族耻辱,香港——漂泊海外的游子回到祖国母亲怀抱!

(背景音乐:歌曲《七子之歌·澳门》。)

1999年12月20日零时,澳门回家了!

教师:发展中的中国开启了中国发展的新时代。请同学们列举国家在各个领域取得的骄人成就。

学生:在航空、航天方面,"嫦娥五号"开启了我国首次地外天体采样返回之旅;"天问一号"迈出了我国自主行星探测的第一步;"北斗三号全球卫星导航系统"正式开通,射电望远镜(FAST)正式投入使用;"国产大飞机"C919起飞;载人航天技术进一步发展等。

在航海方面,"海斗一号"在马里亚纳海沟成功完成首次万米海试与试验性应用任务,填补了我国万米作业型无人潜水器的空白;"奋斗者"号在马里亚纳海沟成功坐底,标志着我国在大深度载人深潜领域达到世界领先水平。

在经济发展方面,中国经济令世界瞩目,

◆**设计意图**

展现中国在各方面取得的辉煌成就,从中体会祖国繁荣富强与各族人民团结奋进,共同发展是分不开的。经济繁荣,民族团结,国家富强,强大的中国才能屹立东方。作为青年学生,应该有民族担当,努力学习,为建设更加美好的中国而贡献出我们的力量!

浦东开发区“三十而立”，中国经济持续发展，成为世界第二大经济实体。

在科技领域，我国科技事业加快发展，创新能力大幅提升，在基础前沿、战略高技术、民生科技等领域取得一批重大科技成果。

二、本课小结

通过本节活动课，同学们进一步了解和掌握了学习历史的方法，学会了如何搜集、整理史料，以及在众多的史料中如何筛选和使用史料。在探究历史问题的过程中，做到独立思考和小组交流合作，切实提高发现问题、分析问题和解决问题的能力。作为新时代的高中生，需要铭记历史，学好文化知识，成为中国文化的继承者和传承者，为实现伟大的民族复兴，为实现伟大的中国梦而不断努力奋斗！

第三部分　课后评价系统

一、教学评价

依据《普通高中历史课程标准(2017年版2020年修订)》及“学业质量评价标准”相关要求，将学生对本课内容的学习及掌握情况划分为三个层次。

水平1:掌握搜集、辨识史料的基本方法和途径。能够认识统一多民族国家形成的基本史实及其发展的时间顺序，了解历史大事件和历史人物。

水平2:运用唯物史观学习和探究具体历史问题，形成理性、客观的分析和评判。

水平3:使学生形成对祖国的认同感和正确的国家观;形成对中华民族的认同感和正确的民族观。

二、本节学业质量水平检测

1.每位同学对自己在本组活动中的参与情况进行总结，对本组成果进行客观评价。(要求:主题鲜明，论述翔实，逻辑严密，表达清晰，1500字左右。)

2.谈谈本节课中对你最有触动的内容并说出原因。

3.选取我国历史发展的任一时期,谈一谈国家与个人,整体与个体之间的关系。

三、教学设计特点与反思

本课为活动课,教师在组织开展活动时,要调动学生的主观积极性,指导学生开展资料搜集与整理、小组分工与合作、相关知识和问题的学习与探究、探究成果的总结与呈现。活动中,学生要运用所学知识进行探究活动,解决探究问题。学生在活动中呈现出对开展活动的热情与积极性,达到预设要求。学生分组合作,组内分工,针对问题相互探讨,达成一致意见,最终找出解决问题的办法。但在问题研究的方法与路径设计、成果的总结与呈现上还存在一定的不足,主要体现在问题不够深化,与目标有背离,有的小组在搜集整理材料时,对信息来源以及资料的翔实可靠性缺乏辨析能力,所以在这些方面需要进一步培养与提升。

后 记

《从教材到教学——中学历史教学设计(〈中外历史纲要(上)〉)》是2021年度内蒙古自治区三科统编教材“铸魂工程”专项课题(一般课题)“历史课堂教学设计研究”(课题批准号:NGHZX2021253)的阶段性研究成果,也是高校与地方中学教育密切合作,构建教研一体化实践的有益尝试。

参与本书案例编写的人员涵盖了赤峰市中心城区和旗县区优秀高中历史一线教师、教研员和赤峰学院历史文化学院学科教学(历史)方向硕士研究生。每篇案例都是在研读课标、吃透教材的基础上,结合学情,经过精心设计、反复推敲、认真打磨完成的,力争推动历史学科核心素养落实,实现高效课堂教学,为广大中学一线教师提供借鉴和参考。

在此,特别感谢赤峰市教育科学研究中心历史教研员唐志刚老师在本书的编写思路、体例设计、案例编写和编辑过程中做出的努力和付出的辛劳,感谢赤峰学院历史文化学院院长孙永刚教授、副院长吕富华教授的大力支持!感谢上海特级教师李惠军老师和内蒙古自治区教学研究室历史教研员单爱民老师为本书欣然作序!

中学历史课程承载着历史学的教育功能,历史学科核心素养是学科育人价值的集中体现,是学生通过学科学习而逐步形成的正确价值观、必备品格和关键能力。积极探索中学历史教学的理论与方法,培育学科核心素养,是落实立德树人根本任务,也是中学历史教育教学研究者和一线教育工作者的职责和使命。我们将以本书的出版为起点,再接再厉,开启新的探索。

敬请各位同人和读者对本书中存在的不足之处批评指正,以待日后修正完善。

李月新

2022年5月于赤峰